本书为国家社科基金 2016 年度专项工程项目"十八大以来党中央治国理政新理念新思想新战略的理论体系研究"（16ZZD018），浙江大学马克思主义理论和中国特色社会主义研究与建设工程专项项目（16MGC0402）的阶段性成果。

国外中国模式研究评析

成 龙◎著

RETHINKING
OF OVERSEAS RESEARCH ON
CHINA MODEL

人民出版社

目　　录

导论：一个亟待深入研究的重大课题

20世纪40年代，毛泽东在《新民主主义论》、《论联合政府》等文章中指出：即将成立的新民主主义的共和国，既和"旧式的、欧美式"的资产阶级专政的共和国相区别，也和"苏联式的、无产阶级专政的"社会主义共和国相区别，原因是这两种模式都不适合中国的国情。20世纪80年代，邓小平在阐述中国特色社会主义的过程中，多次使用了"中国模式"概念。邓小平之后的党和国家领导人相继沿用了"中国模式"这一概念。党的十八大以来，习近平总书记既回应国内外关于中国模式的讨论，阐述坚持和发展中国模式的必要性，又明确提出"中国方案"的新概念，为世界提供中国发展经验的参考。与国内研究相一致，国外学者、人士在研究中国特色社会主义的过程中，也沿用了"中国模式"概念。进入21世纪，特别是在乔舒亚·库珀·雷默（Joshua Cooper Ramo）发表《北京共识》一文后，中国模式成为国际社会更为普遍的概念，其研究骤然升温。国际社会一方面高度评价中国模式，探索中国成功的"秘诀"，另一方面又提出诸多极具挑战性的问题。深入研究国外关于中国模式的研究，对于我们拓展学术视野，打造马克思主义中国化研究新品牌，进一步总结发展经验，明确中国发展在整个世界现代化进程中的历史方位，深入理解和贯彻习近平新时代中国特色社会主义思想，实现中华民族伟大复兴，无疑具有重要的借鉴意义。

一、国外中国模式研究的历史追溯

国外关于"中国模式"的研究由来已久。早在 20 世纪 50、60 年代，新中国的建设方式就引起国外学者、人士的高度关注。国外关于"中国模式"的研究，总体可分为六个阶段。

（一）早期探索研究阶段

早在 20 世纪 60 年代，"中国模式"的概念在国外研究中已经出现，但当时"中国模式"的意义所指主要是中国在某个领域所采取的具体方式、方法和措施。如，1961 年 5 月 26 日美国《时代周刊》就曾经谈到，几内亚领导人塞古·杜尔推动的"人力投资计划"，就是在借鉴当时的"中国模式"。这里所谓的"中国模式"，是指志愿者利用闲暇时间修建公路和学校。但由于几内亚的气候条件和人们的劳动习惯，这一模式在几内亚难以推广和实施。1967 年 5 月 26 日，美国《时代周刊》的另一篇文章也曾提到"中国模式"的概念，并用"红色中国模式（Red Chinese Model）"一词来指代中国的"文化大革命"。香港大学出版社 1965 年出版了由牛津大学教授韦纳尔·克拉特（Werner Klatt）主编的《中国模式：政治、经济及社会观察》（*The Chinese Model：A Political，Economic and Social Survey*）一书，英国著名的中国问题专家斯图尔特·柯尔比（E.Stuart Kirby）在为此书所作的序言中明确指出，这本书的目的就是要研究"中国模式"的特点、优势等问题。该书最后一篇文章题为"中国模式与发展中国家"，分析了"中国模式"对发展中国家的影响。①

据汤森和沃马克所著的《中国政治》一书，20 世纪 70 年代，西方学者就曾展开关于"中国模式"的讨论。有人"指责西方学者未能认真地对待中国模式，他们将自己的种族中心观念和价值观强加于中国的现实，从而错误地理解

---

① 参见 Werner Klatt，*The Chinese Model：A Political，Economic and Social Survey*，Hong Kong：Hong Kong University Press，1965，pp. 205–218。

和解释中国革命以及从中产生的毛泽东主义体制"。在这段话的后面，作者做了一个注解："对这一问题的彻底表述，可参见 J.佩克《革命与现代化和修正主义：两条路线的斗争》，纽约，1973 年"。作者接着指出："这一论题大多产生于毛泽东从 50 年代中期统治了中国政治的那些政策。这些政策看起来使中国脱离了集权主义模式、苏联模式和各种发展中国家模式，并规定了取代这些模式的毛泽东主义形式的发展模式的主要方面。因此，正如在辩论中所引证的，'中国模式'确实意味着一种'毛泽东主义模式'。"①那么，独特的"毛泽东主义模式"到底包含着怎样的内容？作者指出：人们认为它具有以下一些因素。"首先，其目标是国家独立和自力更生，朝向自给自足以避免经济和政治上对其他国家的依赖。第二，它寻求全面发展，强调农业部门，该部门在迅速发展过程中最可能落后；它提倡中央集权化，以刺激地方增长和积极性，并指导资源（人力、服务、设施和资金）从城市转移到农村地区。第三，它强调大众动员和参与，以此作为达到社会、经济和政治目标的手段；它把群众运动对于官僚程序和机构所造成的不稳定效应看作是健康的，至少是可以接受的，也以类似的态度看待伴随着将这种群众运动的做法神圣化而来的知识和技能的贬值。第四，它坚持继续革命，认为反复的、有可能是暴力的斗争对于防止资本主义复辟是必要的，这种复辟倾向甚至有可能在党内产生。正确的意识形态——绝对地献身于集体主义、平均主义和共享的社会——是革命成功的关键；必须在日常生活中实践之，并把这种意识形态作为评价人物及其行为、社会和文化表现的首要标准。"②

1977 年，施拉姆在《马克思主义者毛泽东》一文中指出："'照搬苏联'的政策（正如毛在 1962 年所说），早在 50 年代中期就被部分地抛弃了。""甚至在 1955 年底，当毛刚开始思考中国独特发展道路的可能性时，他就首先是从

---

① ［美］詹姆斯·R.汤森、布兰特利·沃马克：《中国政治》，顾速、董方译，江苏人民出版社1994 年版，第 23—24 页。

② ［美］詹姆斯·R.汤森、布兰特利·沃马克：《中国政治》，顾速、董方译，江苏人民出版社1994 年版，第 23—24 页。

政治上看问题的。"①1980年3月,日本季刊《现代经济》刊登了日一桥大学石川滋、东京大学宇泽弘文、内田忠夫等人《对中国经济的看法》一文,该文把毛泽东执政时期"中国经济政策的基干"称为"毛泽东战略"或"中国模式"。② 1981年,在《简评毛泽东》一文中,施拉姆再次指出:毛泽东对中国"独特道路"的探索是相对于"苏联模式"的,"他设计了一个比苏联更纯洁、激进、人道的新社会主义模式"。③ 1984年,在《我看毛泽东》一文中,施拉姆直接运用了"中国模式"的概念,"就1949年以后发生的事情而言,50年代前期,毛泽东致力于社会主义建设。作为特点,人们经常引用以下两点:(1)群众为了自己的事业应该动员起来。(2)在经济发展中,比起技术因素来,应该更强调人的因素。许多西方观察家认为这两点在10年前显示了'中国模式'对苏联模式的优越性。"④

史华慈也认为:"毛(同其他领导人一样)从根本上意识到,斯大林的模式不适合于中国,意识到农业对于中国的重要性,意识到并不存在可以轻易地加以利用的'现代化'模式,中国必须找到自己的现代化道路。我认为,这就是毛主义阶段的更坚实的遗产。"⑤尼克·奈特在《毛泽东和中国的社会主义道路》一文中指出,在20世纪50至60年代,毛泽东力图制定一种经济发展战略(中国的社会主义道路)。"在这方面,毛泽东是航行在一条基本上未曾探测过的轨道上。他所寻求的发展战略同苏联模式迥异,而20世纪50年代初,中国所沿用的正是这种模式。毛泽东后来逐渐感到苏联模式基本上不适合中国国情,对它有了清醒的认识,这就促使毛泽东去寻找一种同中国社会经济的特点和需要相适合的发展战略。毛泽东提出了一条中国式的社会主义道路(不

---

① [美]施拉姆:《马克思主义者毛泽东》,载萧延中主编:《外国学者评毛泽东》第1卷,中国工人出版社2002年版,第11页。

② 《日本〈现代经济〉刊登座谈纪要:日三位学者对中国经济政策的看法》,《参考消息》1980年6月12日。

③ 参见萧延中主编:《外国学者评毛泽东》第2卷,中国工人出版社2002年版,第220页。

④ 参见萧延中主编:《外国学者评毛泽东》第2卷,中国工人出版社2002年版,第260页。

⑤ [美]史华慈:《毛泽东思想的形成》,载萧延中主编:《外国学者评毛泽东》第1卷,中国工人出版社2002年版,第27页。

管当代中国人对它作何评价),应当说这是对马克思主义理论和实践作出的一个极为重大的贡献,因为这条道路开辟了一个新的天地,提出了一种不受苏联模式束缚的社会主义过渡时期发展战略。"①

(二)正式开始研究阶段

20 世纪 70 年代末,邓小平第三次复出,开始突破"两个凡是"的教条,进行全方位的拨乱反正。党的十一届三中全会后,中央开始全面纠正"文化大革命"的错误,停止以"阶级斗争为纲"的路线,把党和国家的工作重心转移到经济建设上来,作出实行改革开放的伟大战略决策,开辟了中国特色社会主义道路。国外学者、人士试图弄清中国特色社会主义与苏联模式的社会主义、晚年毛泽东的社会主义、西方资本主义之间的关系,标志着国外对"中国模式"研究踏上正式的途程。

1979 年 1 月,美国《时代周刊》刊文指出:为实现四个现代化的目标,"邓和他的支持者们开创了一条崭新的道路,这在有人看来,可能会是一条'资本主义道路'。"②1980 年 9 月 19 日,南斯拉夫《战斗报》刊登该报评论员特斯利奇的《建立本国的模式》一文,认为中国开始"对内部体制进行根本的改革","建立自己的社会主义国家的模式";换句话说,"中国在放弃外国模式",亦即不走"外国公式的道路"。如今中国既坚持"科学社会主义"的原则,又遵循"本国的特点的原则"。"对世界社会主义发展的进程来说,中国的这一行动具有重大意义。"③1984 年 12 月,苏联第一副总理阿尔希波夫来华访问,英国路透社记者撰写的新闻分析指出:"苏联批评中国经济改革但却对中国的成功感兴趣","中国对于自从改革开始以来,它的农业加工业的迅速增长感到高兴,它对苏联人的回答是一个告诫:除非苏联采用中国模式,否则它的经济

---

① Nick Knight, Mao Zedong and the Chinese Road to Socialism, *Marxism in Asia*, New York: ST. Martin's Press, 1985, p. 95.

② 参见齐欣等编译:《世界著名政治家、学者论邓小平》,上海人民出版社 1999 年版,第 7、11—12 页。

③ 《南〈战斗报〉说中国人大会议的意义在于中国建立自己的社会主义国家模式》,《参考消息》1980 年 9 月 27 日。

决不会成功"。① 1985 年 6 月,阿根廷《一周》杂志刊登对阿根廷众议院议长卡洛斯普格列塞的采访,在回答记者提问时指出:"中国已经抛弃了苏联模式代之以中国模式"。② 1986 年南斯拉夫《战斗报》发表托米利诺维奇的文章说,苏联对中国经济体制改革很感兴趣并提出要研究"中国模式"。1987 年 8 月 19 日,巴西学者在比较中巴两国技术模式优劣之后,在《商业新闻报》发表文章认为,中国自主发展技术堪为楷模。文章还提出"中国模式应成为巴西的榜样"。1988 年底法国《发展论坛报》发表文章认为,自中国宣布实行对外开放和经济现代化以来,改革使中国模式逐渐变为计划经济与市场经济并存的中间模式。③ 1988 年,戴维·W.张(David Wen-Wei Chang)在《邓小平领导下的中国》一书中认为,中国正在搞的是一种"混合模式":1.坚持社会主义原则;2.抛弃苏联经济体制;3.仿效匈牙利经济模式;4.吸收美国企业管理模式的精华;5.学习日本的发展经验;借鉴台湾地区经济成功的经验;结合传统的注重实践的特色。"事实上,这种新体制就其本身来说是一种新模式,这就是邓小平的'有中国特色的社会主义'。"④

尼克松于 1990 年曾谈到他和邓小平在 1985 年的会晤,谈及中国模式能否运用于第三世界国家的问题。他说:"在我们的会晤快要结束时,我说,中国的改革由于得到成功,也许可以成为第三世界的许多国家的模式,特别是因为苏联的模式已经名声扫地……邓用很响亮的语调说,他不赞成输出经济模式,苏联永远不会承认中国的做法优越。邓强调说:'他们想使大家仿效他们的模式'。"⑤英国学者古德曼等人认为,中国的改革尽管曾经受到苏联以往不

① 《路透社新闻分析:苏联批评中国经济改革但对中国的成功感兴趣》,《参考消息》1984 年 12 月 26 日。

② 《阿根廷众议院议长谈访华观感》,《参考消息》1985 年 8 月 18 日。

③ 参见秦宣:《"中国模式"之概念辨析》,《前线》2010 年第 2 期。

④ David Wen-Wei Chang, *China under Deng Xiaoping: Political and Economic Reform*, Macmillan Press, 1988, p. 266.

⑤ [美]尼克松:《我更加确信,邓小平是当代最重要的领导人之一》,载齐欣等编译:《世界著名政治家、学者论邓小平》,上海人民出版社 1999 年版,第 39 页。

成功的改革的影响,但"中国的改革不仅仅是以前那些改革的翻版"。① 在
1991 年 5 月,苏联尚未解体之前,一批有影响的苏联政治学家认为,苏联应进
行接近于中国模式的改革,在经济上以技术突破为基础,在政治上建立一种强
硬的权威的政治结构。苏联学者 B.奥克蒂斯托夫在 1991 年发表文章指出:
"1983 年至 1987 年这个时期,是中国从理论上探索新的社会主义模式的最积
极的时期,这个时期以中共十三大(1987 年)通过具有中国特色社会主义的理
论轮廓而告结束。正是在这个时期,中国社会学界系统地研究了根据中国具
体实际情况对社会主义理论和实践所进行的新的探索过程,试图制定出本民
族的社会主义模式。"②在这里,"中国模式"意味着适合本民族特色的社会主
义模式。

(三)回顾反思研究阶段

中国与东欧、苏联等社会主义国家几乎同时发起改革,到 20 世纪 80 年代
末 90 年代初,苏东国家相继发生剧变。中苏改革有何异同,中国的未来前途
如何? 对此,国外学者、人士结合邓小平南方谈话,对"中国模式"进行深入反
思,得出了不同的,甚至是截然相反的回答。

1991 年 11 月,已经失去执政地位的罗马尼亚共产党重新公开活动,并提
出要在罗马尼亚采用中国模式。1992 年 10 月,保加利亚科学院院士尼·波
波夫在接受中国记者采访时说:"中国目前选择并实践的模式,是唯一可以挽
救和建设社会主义的模式,是唯一正确的充满希望之路。"③1993 年 5 月,匈牙
利《新闻报》发表文章认为,中国模式引起世界兴趣。7 月,墨西哥《至上报》
发表文章认为,古巴正在模仿中国,学习中国模式。9 月,埃及《金字塔报》发
表文章盛赞中国经济体制改革和对外开放,认为中国模式既不同于东欧模式,

---

① [英]古德曼等:《中国的挑战》,俞晓秋、尹铁钢译,中国华侨出版公司 1990 年版,第
2 页。
② 中共中央党史研究室第三研究部编译研究处编:《国外中共党史中国革命史研究译文
集》第二集,中共党史出版社 1999 年版,第 174 页。
③ 刘洪潮、蔡光荣主编:《外国要人名人看中国(1989—1992)》,中共中央党校出版社 1993
年版,第 154—155 页。

也不同于俄罗斯模式,中国重新融入世界经济主流。1993 年,日本学者松田学通过对中苏改革步骤的对比,指出:"苏联试图首先通过政治改革来带动经济改革,结果,不但造成国内政治的混乱局面,而且也使得经济改革没有任何保障。而在中国,对经济的改革优先于对政治的改革。""中国在经济改革过程中充分发挥了华侨资本、众多的企业家以及拥有市场经验和知识的个人的作用,这一点是苏联无法与之相比的。"①

　　1994 年,美国学者朱利奇·约翰逊(Juliet Johnson)在《俄罗斯应采用中国经济改革的模式?》一文中指出:"休克疗法失败的原因有二。第一,休克疗法的社会后果使得政府难以实行下去。第二,休克疗法不允许机构和企业有足够的时间去适应新的条件,从而导致一片混乱和企业的失败,而在不那么严酷的条件下,企业本来是会生存下去的。"②1996 年,英国剑桥大学发展学委员会主席彼得·诺兰(Peter Nolan)在《中国的兴起与俄罗斯的衰落》一文中,认为邓小平的权威性的、实用的、经济第一的战略给中国提供了一种相对温和而又成功的转折,而戈尔巴乔夫和叶利钦的以民主第一,然后迅速走向资本主义的战略导致了一种灾难性的失败。邓小平懂得坚定不移地保持秩序和稳定。这是依靠强有力的共产党进行有效统治的关键性条件。这为试验性的、渐进的改革提供了良好的环境,并且果断地维护了集体主义的价值和社会主义制度的架构。③ 1997 年 11 月,南斯拉夫总统米洛舍维奇在访问中国后明确表示,希望按中国模式进行经济改革。同年,日本著名国际社会活动家中江要介在其所著的《中国的发展方向——犹存的社会主义大国》一书中指出,由于迄今为止的世界社会主义阵营之核心的苏联突然发生大转变,中国的动向就成为新的焦点而呈现于世人面前。"我认为大概不会由于苏联的解体,而使

---

　　① ［日］松田学:《中国的经济改革是否成功——与苏联的比较及今后的课题》,《国外社会科学快报》1993 年第 10 期。

　　② Juliet Johnson,"Should Russia Adopt the Chinese Model of Economic Reform?",*Communist and Post-Communist Studies*,No. 1,1994.

　　③ 参见 Peter Nolan,China's Rise,Russia's Fall:Politics,Economics & Planning in Transition from Stalinism,*The China Journal*,July 1996,p.192,193。

中国不得不改变其政治体制和经济改革路线。"①1998年底,恰逢党的十一届三中全会召开20周年,一些海外著名学者研究机构和新闻媒体等纷纷发表文章,评述我国改革开放的伟大成果及经验教训,认为中国发展模式是明智可取的。②

(四)走向高潮研究阶段

世纪之交,随着信息网络技术的发展,全球化的步伐进一步加快,中国紧跟时代发展步伐,不断调整自己的发展战略,取得了显著成效,国际社会盛赞中国取得的成就,但对"中国模式"的讨论尚带有一定的质疑,"中国模式"是否存在? 是否超越了"华盛顿共识"? 如果存在"中国模式",它的独特性又体现在哪里? "中国模式"何以成功? 这些问题,成为国际社会讨论的热点。

2002年,卡瓦吉特·辛格(Kavaljit Singh)在《从"北京共识"到"华盛顿共识":中国通往自由化和全球化之路》一文中,首次把中国的发展模式称作"北京共识"。2003年9月,俄罗斯《消息报》发表题为《什么是中国模式》的文章,认为"中国模式"最显著的特点是中国改革注重民众利益。同年11月,美国《新闻周刊》发表杰弗里·加滕的文章《中国的经验》,作者建议"学习中国模式"。2004年5月,雷默在英国《金融周刊》发表题为《北京共识:提供新模式》的文章,再次提出"北京共识"(The Beijing Consensus)的概念,拉开了国际社会大范围内讨论"中国模式"的序幕。同年5月9日,英国作家威尔·赫顿在英国《卫报》上发表题为《伟大的中国商城》一文,认为中国特色社会主义是"一个新的经济模型,它融合了资本主义的发展原理,但又受到国家的指导,而国家时刻牢记必须提高数以亿计的人民的生活水平和生活质量"。5月20日,墨西哥《每日报》刊登题为《中国:亚洲地平线》的文章,认为中国奇迹是依照自身情况理智制定社会经济政策的结果。5月27日,英国《卫报》刊登题为《中国解决亿万人民温饱问题的经验》一文,认为中国的崛起为其他国家提供

---

① 〔日〕中江要介:《中国的发展方向——犹存的社会主义大国》,天津编译中心译,国际文化出版公司1997年版,第1—2页。

② 参见秦宣:《"中国模式"之概念辨析》,《前线》2010年第2期。

了除西方发展模式之外的一个强有力的选择。6月14日,联合国秘书长科菲·安南在圣保罗接受新华社记者提问时说,中国依靠独特模式实现发展的有益经验的确值得其他国家,特别是发展中国家借鉴。7月20日,美国著名经济学家、诺贝尔奖获得者、纽约哥伦比亚大学终身教授斯蒂格利茨在接受中国记者采访时,对"中国模式"也给予充分肯定。他认为,中国的巨大成功,对世界经济产生了积极影响,其他国家也分享到中国经济的成果,在全球经济持续低迷的背景下,"中国模式"具有很好的启示性。2004年10月22日,俄罗斯《远东问题》杂志刊登季塔连科的题为《论中国现代化经验的国际意义》的文章,指出在社会主义处于深刻危机和战略撤退的情况下,"邓小平提出的建设中国特色社会主义理论避免了社会主义被撤出历史舞台的危险,提出了用社会主义来代替自由派的'历史末日'的模式","它既保持了继承性,又总结了全球化条件下进行政治改革和开放的新经验"。①

　　2005年8月,由中央编译局主办的"中国发展道路国际学术研讨会"在天津举行,中外学者围绕"中国模式"是否存在、如何界定其独特性、它何以成功、是否超越了"华盛顿共识"等问题展开讨论,国外学者提交的论文有雷默的《为什么要提出"北京共识"?》、萨米尔·阿明的《欧亚:走向新的际遇》、大卫·施韦卡特的《从这儿你到不了那儿:对"北京共识"的思考》、阿里夫·德里克的《"北京共识":谁承认谁,目的何在?》、托马斯·海贝勒的《中国是否可视为一种发展模式?——七个假设》、苏南达·森的《全球金融中的中国》、林春的《承前启后的中国模式》、格里高利·陈的《建设高效能政府——中国治理改革之经验》等。② 从提交论文的情况来看,一方面,绝大多数国外学者高度评价"中国模式",思考中国能够成功的经验。但也有一些学者对中国模式尚持怀疑态度。如,第三世界论坛主席萨米尔·阿明在论及"中国模式"时,认为"现在谈这个('北京共识')没有太大意义,这还是个过程,还处在寻找、

---

　　① 沈云锁、陈先奎主编:《中国模式论》,人民出版社2007年版,第2页。
　　② 参见俞可平等主编:《中国模式与"北京共识":超越"华盛顿共识"》,社会科学文献出版社2006年版。

探索的过程中"①。德国杜伊斯堡-埃森大学政治学研究所、东亚研究所所长托马斯·海贝勒（Thomas Heberer）认为，中国正处在从计划经济向市场经济的转型期，"因此我认为所谓的'中国模式'并不存在。中国的这一转型期将伴随着急剧的社会变革和政治改革，这一过程是渐进的、增量的，在这种条件下，我们谈论'中国模式'还为时过早"②。

（五）深化共识研究阶段

2009 年，中国迎来新中国成立 60 周年大庆。而恰在这时，美国及欧洲国家却爆发了大规模的金融危机，在西方经济一片萧条的情况下，"中国模式"却一枝独秀，得到全世界更多人的认同，共识在增加。"中国模式"将对世界造成怎样的影响、它如何走向未来，成为这一时期研究的重点。

2009 年，由拉兹鲁·伊斯拉姆（Nazrul Islam）主编的《中国的复兴：走向未来的问题》一书，共收录 13 篇论文。主编者在"导言"中指出："中国的崛起正震荡着整个世界。一方面，中国已经成为世界工厂，几乎全球每个角落都有中国提供的廉价商品。……世界战略平衡随中国崛起而改变。"另一方面，"中国能否保持它的增长？ 能否解决随增长而出现的新问题？ 它能否实现中国政府在国际范围宣称的'和平崛起'？ 这些问题引起越来越多的人的关注。"③基于这种疑问，作者从经济学的视角，对中国未来走向进行了全方位的探讨。在中国有 27 年工作经历的约翰·霍夫曼（W. John Hoffmann）在《未来中国——世界最充满活力的地区》一书中，一一列举各种形式的"中国崩溃论"并予批驳。他指出，自 20 世纪 80 年代早期改革以来，有关中国即将崩溃的预言已有好多次。但迄今为止，却没有任何一个单一的或相关的问题导致中国崩溃。当问题出现时，中国领导人表现出他们的机敏、实用、耐心、对新观念的

---

① 俞可平等主编：《中国模式与"北京共识"：超越"华盛顿共识"》，社会科学文献出版社 2006 年版，第 44 页。

② ［美］托马斯·海贝勒：《中国是否可视为一种发展模式？ ——七个假设》，载俞可平等主编：《中国模式与"北京共识"：超越"华盛顿共识"》，社会科学文献出版社 2006 年版，第 113 页。

③ Edited by Nazrul Islam, *Resurgent China: Issues for the Future*, Palgrave Macmillan, 2009, p. 1.

开放,并从中发现新的方向。中国的适应能力以及影响变化的能力是无法估量的。①

　　学贯中西的英国著名学者马丁·雅克(Martin Jacques)在《当中国统治世界:中国的崛起和西方世界的衰落》一书中预言,未来中国对世界的影响,"将可与20世纪的美国媲美,甚至有可能会超越美国。"②新加坡东亚研究所所长郑永年在《中国模式:经验与困局》一书中指出:"中国模式不仅属于中国历史,也属于世界历史。"③意大利经济学家洛丽塔·纳波利奥尼(Loretta Napoleoni)赞扬"中国选择了一条正确的道路","中国模式成为最大的赢家"。④约瑟夫·格雷戈里·马奥尼指出:"在过去二三十年中,其他很多国家也都遭受了西方模式的危害。然而,中国却对此采取了抵制的态度。……众所周知,中国的改革和发展仍然任重道远。尽管如此,其他国家正在走向衰败,中国却在不断崛起。这就促使人们提出了这样的问题:我们是否有需要向中国学习的地方?"⑤英国著名经济学家彼得·诺兰(Peter Nolan)认为,中国的"第三条道路"是一种完整的哲学,把既激励又控制市场的具体方法与一种源于统治者、官员和老百姓的道德体系的深刻思想结合在一起。这是中国体制生存"没有选择的选择"。由于采取"没有选择的选择",所以,中国自己的生存可能提供了一座灯塔,作为对美国主导的走向自由市场原教旨主义冲动的一种替代选择,从而促进全球的生存和可持续发展。这不仅是中国的十字路口,而且是整个世界的十字路口。⑥

---

　　① 参见 W.John Hoffmann,*China Into the Future:Making Sense of the World's Most Dynamic Economy*,John Wiley & Sons(Asia)Ptc.Ltd.,2008,pp. 10—11。

　　② [英]马丁·雅克:《当中国统治世界:中国的崛起和西方世界的衰落》"导言",张莉、刘曲译,中信出版社2010年版,第11—13页。

　　③ [新加坡]郑永年:《中国模式:经验与困局》,浙江人民出版社2010年版,第4、1页。

　　④ [意]洛丽塔·纳波利奥尼:《中国道路:一位西方学者眼中的中国模式》,孙豫宁译,中信出版社2013年版,第14页。

　　⑤ [美]约瑟夫·格雷戈里·马奥尼:《我们应该向中国学习什么?》,载迈克尔·赫德森等主编:《中国未来30年》Ⅲ,中央编译出版社2013年版,第214页。

　　⑥ 参见 Peter Nolan,China at the Crossroads,*Journal of Chinese Economic and Business Studies*,No. 1,2005。

　　此外,罗斯·加诺特(Ross Garnaut)的《中国30年改革与经济发展经验》、托尼·安德烈阿尼(Tony Andréani)的《中国融入世界市场是否意味着"中国模式"的必然终结?》、马丁·哈特-兰茨伯格(Martin Hart-Landsberg)的《对中国改革经验的批判性评估》、阿里夫·德里克(Arif Dirlik)的《重访后社会主义:反思"中国特色社会主义"的过去、现在和未来》、让-克洛德·德洛奈(Jean-Claude Delaunay)的《对中国特色社会主义的研究》、赫伯特·S.叶(Herbert S.Yee)主编的《中国的崛起:威胁还是机遇》、麦克法夸尔(Roderick Mac-Farquhar)主编的《中国政治:中华人民共和国60年》,威廉·A.卡拉汉(William A.Callahan)的《中国梦:未来20种可能前景》、戴维·兰普顿的《一脉相承的领导者:治理中国,从邓小平到习近平》也都是这一时期具有代表性的著作。2014年,俄罗斯科学院远东研究所出版的纪念季塔连科诞辰80周年的纪念文集——《中国踏上复兴之路》,其中收录的文章包括:《中国模式:性质与进程》(Я.M.贝格尔)、《新的地区与世界秩序形成中的俄中战略伙伴关系基础》(A.B.维诺格拉多夫)、《中国特色社会主义与"伟大中国梦"》(Г.Д.别萨拉博夫)、《科学与创新在中国国民经济现代化中的作用》(A.B.奥斯特洛夫斯基)、《投资政策在中国建设和谐社会中的作用》(Л.B.诺沃谢洛娃)、《政权更迭之后的中国、美国和俄罗斯:意识形态与地缘政治之间》(A.C.达维多夫)等。加拿大知名比较政治哲学家贝淡宁(Daniel A.Bell)所著《中国模式:精英政治与民主的局限》(Princeton University Press,2015)一书,针对西方民主模式存在的问题,对中国的精英民主模式做了深入思考,认为中国的政治模式能够最大程度地趋利避害,从而做到依据官员的德行和能力来选任和提拔领导人,对调和社会矛盾有积极作用。美国发展经济学家龙安志(Laurence J. Brahm)在《融合经济学:实用主义怎样改变世界》(Palgrave,2014)一书中认为,"华盛顿共识"正在走向死亡,我们需要一种新的共识。30年前,中国拒绝了世界银行、国际倾向基金组织和美国财政部自发推销的新自由主义和休克疗法,决定推行自己的政策。这是"融合经济学"的首次试验。结果不言而喻。"中国向其他发展中国家证明,除了华盛顿共识之外还有其他可行的选择,同时中国也推翻了'市场原教旨主义'。为了达到目的,中国大胆地将市场经济和计划经济相结合。中国立足国情,奉行实用主义,确立返璞归真的经济观,并不在意理论。这个方法确实激励了所有发展中国家打破陈规、寻求变通。"①

(六)高度肯定研究阶段

党的十八大以来,以习近平同志为核心的党中央,深入研究世界发展规律,在总结国内外经验教训的基础上,为破解世界共同面临的难题,提供了"中国方案",得到国外绝大多数学者和人士的高度称赞。国外学者认为,中国正在迎来一个"习近平时代"(Xi Jinping Era)。2014年,罗斯玛丽·福托(Rosemary Foot)发表文章,认为"习近平时代将'有所作为',实现国家统一和民族复兴是其重要抉择"。② 美国纽约大学终身教授熊玠(James C.Hsiung)所著《习近平时代:他通往中国梦的全面战略》一书,将习近平与毛泽东、邓小平联系起来,认为"以毛泽东为代表的中国共产党人,带领中国人民实现了国家独立,建立起了新中国,从此,中国人民的命运就掌握在了自己手里;以邓小平为代表的中国共产党人带领中国走上了改革的道路,而他们所开辟的中国特色社会主义道路让中国重返世界舞台中央;现在,实现国家复兴的任务落在了以习近平为代表的新一任中国领导班子上,中国前所未有地接近了实现国家伟大复兴的梦想"③。由罗纳德·本尼迪克(Roland Benedikter)和维丽娜·诺沃特尼(Verena Nowotny)合编的《中国的未来:问题、疑难及其前景》(China's Road Ahead:Problems,Questions,Perspectives,Springer,2014),全书分为9章,对习近平时代的中国进行全面研究。认为中国正在成长为一个巨人。习近平领导下的新政府开启全方位改革,很多方面的变化都是史无前例的。

美国著名中国问题专家、《毛泽东传》作者罗斯·特里尔(Ross Terrill)主

---

① Laurence J. Brahm, *Fusion Economics:How Pragmatism is Changing the World*, Palgrave, 2014,p.10.

② Rosemary Foot,"Doing Some Things"in the Xi Jinping Era:The United Nations as China's Venue of Choice,*International Affairs*,No.5,2014,p.1085.

③ James C.Hsiung,*The Xi Jinping Era:His Comprehensive Strategy toward of China Dream*,Beijing Times Chinese Book co.,LTD.Press,2015,p.10.

编的《习近平复兴中国：历史使命与大国战略》（美国时代出版公司 2016 年版）一书，围绕中国未来 30 年将呈现怎样的发展走势、中国将与世界展开怎样的互动这两大主题，明确提出中共十八大以来中央领导集体的历史使命是领导中国完成三大治理，即执政党治理、国家治理、全球治理；规避两大陷阱，即中等收入陷阱、修昔底德陷阱；实现一大跨越，即从发展中国家向发达国家的跨越，进而实现中华民族伟大复兴。① 曾经写过《他改变了中国——江泽民传》的罗伯特·劳伦斯·库恩（Robert Lawrence Kuhn）就习近平治国理政思想发表看法。他说，中国在走一条什么路？大家都在寻求答案。"四个全面"就是习近平治国理政的新思想、新观点、新论断。"四个全面"中的每一"全面"都有其语言特色和实质内容。"全面建成小康社会"是目标，"全面深化改革"是手段，"全面依法治国"是原则，"全面从严治党"是行动或要务。每一项"全面"都能寻求到政策渊源，2002 年党的十六大报告中就提出了"全面建设小康社会"；1978 年党的十一届三中全会开启改革开放新的历史时期；1997 年党的十五大明确提出建设法治国家；而强调"党纪"则始于 1921 年建党之初。②

由俄罗斯汉学家尤里·塔夫罗夫斯基撰写的《习近平：正圆中国梦》（埃克斯莫出版社 2015 年版）一书，俄文版在俄罗斯出版第一次，印刷 12000 册，全部销售一空。2016 年 4 月 12 日，中共中央党校举办大有书局领导干部读书会，邀请作者参加。塔夫罗夫斯基在对话中指出："像正在做新汽车结构设计的工程师一样，中国的领导人通过解决具体问题、做试验、选择最佳方案，逐步优化调整好新的生产。他们耐心地、一步一步地设计了自己的模式——'中国特色社会主义'。他们在促进经济发展和提高社会福利的基础上，逐步完善国家管理体制。因此，中国很有前途。"③2015 年美国《时代周刊》评选出年度全球一百位最有影响力人物，中国国家主席习近平再次入选。这是习近平自 2009 年首次入选以来，第六次入选《时代周刊》全球百位年度最有影响

---

① 参见《新一轮"赶考"，历史关口风高浪急》，《学习时报》2016 年 9 月 5 日。

② 参见《罗伯特·库恩谈习近平全面治国理政》，中国青年网 2016 年 3 月 12 日（http://news.youth.cn/gn/201603/t20160312_7737303.htm）。

③ 石伟、闫书华：《一位俄罗斯学者眼中的习近平》，《学习时报》2016 年 4 月 14 日。

力人物,就任中国国家主席之后,第三次入选。

2016 年 7 月 1 日,在庆祝中国共产党成立 95 周年大会上,习近平发表重要讲话,提出"中国共产党人和中国人民完全有信心为人类对更好社会制度的探索提供中国方案"①。2016 年 8 月 12 日,新加坡《联合早报》发表题为《"中国方案"与改革前途》的评论文章,其作者国际文化战略研究和咨询专家伟达指出:"中国方案"确实属于战略综合层次上的认知筹划,综观人类文明进步成长的历史,其主要动力就是能够不断推出更好的发展方案,并不断淘汰过时落后的方案。美国 19 世纪的南北内战,为什么最后以北方胜利告终? 因为北方能提供当时更好、更合理的社会发展方案。中国在 1911 年为什么结束了有两千多年历史的封建王朝制度? 因为当时的民主革命能提供更加合理、文明的发展方案。苏联 20 世纪 50 年代曾誓言要与西方资本主义进行"和平竞赛",也等于是向当时的世界提出了"苏联方案"。但 40 年后"苏联方案"却没能通过历史考验,反被"美国方案"所淘汰取代。很明显,探索人类更好的社会制度,仅仅有决心和意愿是绝对不够的。最关键的还是要敢于不断改革突破,保证一个文明能持续释放出崭新的青春活力。从中国的特定历史和现状来看,所谓"中国方案"欲真正经受住历史和未来的考验,须着重解决好文明关注重心、政权与民权的平衡、形而上下对称这三大核心难题。②

2016 年 9 月,G20 峰会在浙江杭州召开,"构建创新、活力、联动、包容的世界经济"是本届峰会的主题。其中,"创新增长方式"被作为峰会重点议题,这与中国确立的以创新发展为首的五大发展理念高度吻合,体现了中国智慧。美国智库彼得森国际经济研究所客座研究员麦克法夸尔表示,杭州峰会将继续推动全球经济治理改革进程,因为作为全球最大新兴经济体的中国正在引领峰会的筹办过程,并参与国际规则的制定。贝塔斯曼基金会中国研究专家容恺桦说,中国已成长为 21 世纪最重要的全球经济力量之一,在全球经济治理中发挥着至关重要的作用。中国可以为全球经济治理贡献一种不那么以西

---

① 习近平:《在庆祝中国共产党成立 95 周年大会上的讲话》,《人民日报》2016 年 7 月 2 日。

② 参见[美]伟达:《"中国方案"与改革前途》,新加坡《联合早报》2016 年 8 月 12 日。

方为中心的思路。印尼东盟南洋基金会主席苏尔约诺认为,杭州峰会有望成为未来全球经济新秩序的转折点。目前全球正迈向以互联网+、人工智能等为代表的第四次工业革命。中国是全球创新舞台上的佼佼者,也是最快迈向智能时代的国家之一。中国在电子商务、社交媒体应用和网络支付等领域已经接近甚至赶上美国。美国国际经济研究所高级研究员卡恩对中国促进全球贸易增长和加强全球投资政策协调的做法表示赞赏,认为这是提振全球经济增长的正确方式。当前全球贸易正处于非常关键的时刻,面临很大的贸易保护主义压力,特别需要中国发挥领导力来抵制贸易保护主义,以更加务实和理性的方式应对贸易问题。①

2017 年 1 月 16 日,习近平抵达瑞士达沃斯,出席世界经济论坛 2017 年年会并发表讲话,对振兴全球经济提出"中国方案"。在习近平主席发表演讲后,瑞士联邦主席多丽丝·洛伊特哈德(Doris Leuthard)在现场称习近平主席的演讲让人记忆深刻,令人鼓舞,再次表明她与习近平主席有谋求开放、推动全球化的共同价值观。世界经济论坛创始人兼首席执行官克劳斯·施瓦布(Klaus Schwab)说,这是在一个重要场合进行的一场非常重要的演讲。新加坡国立大学李光耀公共政策学院马凯硕教授称习近平主席不仅关注中国,而且放眼全球;习近平主席在演讲里透露的令人鼓舞的远见与现在一些试图推行封闭政策的国家领导人形成强烈反差。德国森维安(Senvion)公司首席执行官(CEO)盖斯纳先生(Geissinger)称习近平主席的演讲富有远见,是关于未来、全球化和开放世界的最新表达。他称习近平反对贸易保护主义、主张推进全球化,让人印象深刻、倍感鼓舞。货币金融机构官方论坛(OMFIF)研究部主任达纳埃·基里亚科保洛(Danae Kyriakopoulou)说,习近平的演讲令人印象深刻,有力地捍卫了经济全球化。当前,我们处于关键的历史阶段,美国和英国过去是经济自由化和全球化的拥护者和捍卫者,但如今他们却裹步不前,同邻国的经济关系也日渐疏远,在这种情况下,习近平的讲话展示了

---

① 参见《G20峰会:"中国方案"备受期待》,新浪新闻中心网(http://news.sina.com.cn/o/2016-08-26/doc-ifxvitex8990426.shtml)。

他在世界舞台的领导力。习近平主席的此次演讲,是在世界处于发展的选择关口,经济复苏乏力、逆全球化抬头、政治格局动荡的背景下进行的。此次演讲向世界其他经济体展示了中国坚定不移推动全球化的决心,展示了中国在全球化发展中的责任和担当,为贸易自由化、经济全球化注入了正能量。①

2017年10月,中共十九大的召开引起国际社会的强烈反响。美国前总统国家安全事务助理布热津斯基认为,习近平主席"睿智而有远见","对国际和国内问题都有着良好的判断"。俄罗斯学者尤里·塔夫罗夫斯基评价他是"有极高才智的人,有坚定信念的人,担当现在和创造未来的人"。中国问题专家罗伯特·库恩在听了十九大报告后说:"作为中国共产党的核心,习近平把中国带到了新的历史起点上。"联合国秘书长古特雷斯指出:在习近平领导下,"中国已成为多边主义的重要支柱"。《华尔街日报》的文章认为,在全球舞台上,习近平主席将中国打造成不同于西方的一个选择,拥有独特的政治体系和文化,是一个在贸易、平等和气候变化等方面领先的国家。美国《外交》双月刊网站报道称,在中国模式中,许多人看到了自己国家的光明未来。对全世界雄心勃勃的国家来说,这是一个具有吸引力的选项。② 德国专家就何谓中国经济模式、它比美国模式好在哪里展开讨论。推动这场讨论的是维尔纳·吕格默尔出版的新书《资本主义方案——比较西方和中国资本主义模式》。在研究美国资本主义模式的形成过程后,吕格默尔得出结论:"美国资本主义仍旧是18世纪那样的掠夺式资本主义。"他认为,倘若美国打算在世界上某个角落做某件事情,无论是投资、战争、间谍行动抑或其他,始终是"以美国国家利益为出发点",而他国国家利益则永远不在美国人的考虑范围内,而"中国模式惠及八方"。③

---

① 参见《习近平达沃斯论坛演讲引发强烈反响,各国政要学者纷点赞》,中国新闻网2017年1月18日(http://www.chinanews.com/gn/2017/01-18/8127622.shtml)。

② 参见《外国人眼里的习近平:担当现在和创造未来的人》,《人民日报》2017年11月17日。

③ 参见《俄媒关注德国学者著书探讨中国模式》,参考消息网2017年10月11日(http://www.jtxbgzx.com)。

二、国外中国模式研究的问题及方法特点

围绕"中国模式"的概念内涵、探索时间、成功因由、性质特点、哲学基础、适用范围、世界影响、未来发展等问题,国外学者展开热烈争论,形成了各种不同的,甚至截然相反的观点。由于国外学者以旁观者的身份观察和研究"中国模式",相对而言,意识形态的成分较少,呈现出一定的客观性,其中不乏真知灼见,值得我们借鉴参考。

(一)文本研究与现实考察相结合

一般来讲,国外从事"中国模式"研究的学者、人士,大多是从文本研究开始的。他们往往精通中文,具有"汉学"的扎实基础,被誉为"中国通"。他们不惜花费大量的精力财力,搜集中国领导人的各种著作、论文、讲话、书信与批文,并重新加以编辑、翻译、整理。在国外学者的著作中,对毛泽东、邓小平、江泽民、胡锦涛、习近平等人文献的引用之广泛、知悉之准确,往往令人惊叹,让人不得不佩服。例如,日本学者竹内实曾以主编《毛泽东集》而著称,美籍英国学者施拉姆因主编《毛主席同人民的谈话》(*Chairman Mao Talks to the People*)而蜚声西方。在西方关于毛泽东思想的四次大论战中,争论双方都把毛泽东的"文本"作为立论的根据。雷默是"北京共识"概念的提出者,是清华大学兼职教授,据《不可思议的年代》一书介绍,"他一半时间在中国,一半时间在美国"。"北京共识"中有一段话,典型反映了他对文献的钻研之深之细。"在 2002 年秋天的第 16 次党代会上,江泽民发表了 90 分钟的告别讲话,其中用了 90 次'新'字。"[①]即使国内学者,也未必能够做到如此细致的阅读。

另外,国外学者的研究,又不仅仅停留在文本上,有条件的学者总是一而再再而三地到中国进行实地考察,在与中国学者、政治家、普通人的交流、碰撞中把问题的研究引向深入。傅高义(Ezra F.Vogel)为完成《邓小平时代》这部

---

① Joshua Cooper Ramo,The Beijing Consensus,*The Foreign Policy Centre*,2004,p. 10.

总计64.3万字的巨著,除阅读《邓小平年谱》和《邓小平文选》,还查阅了中外与邓小平相关的所有档案和文献,拜访了邓小平的家人和好友,还前往新加坡、澳大利亚、英国、日本等地,与邓小平打过交道的中外政界要人及学术名家进行交流,对以往的中外文献展开批判,深入挖掘"邓小平时代"的开创过程及其特征。傅高义本人指出:"在试图理解邓小平和他的时代的过程中,我阅读了赞扬他、批评他或者努力以学者的方式方法做研究的人所写的著作。"①戴维·兰普顿在《一脉相承的领导者:治理中国,从邓小平到习近平》一书"导论"中交代,此书的完成以作者与中国领导人558次的会谈以及相应的案例研究、文献分析为基础。② 作者在"导论"中指出:"在558次与中国领导者的会谈、案例研究、不可胜数的文献分析的基础上,本书剖析了自1977年邓小平重新走向权力舞台以来中国极其特殊的发展过程,审视了中国国内政治、对外关系、自然的和人为的灾害、军民关系以及中国人的谈判方式"③,反映了作者扎实的文献基础和实证考察的功夫。其他学者如德里克、傅士卓、季塔连科等,也都与中国学术界、政界有着广泛的交流,他们多次到中国亲身感受中国改革开放的进程,以旁观者的身份直陈自己的看法,反映出不断靠近客观、全面的学术追求。这与国内一些学者或者从"本本"到"本本",或者以现象取代历史,缺少文献基础的片面研究有很大区别。

(二)结构研究与问题研究相结合

结构研究意在总结和发现"中国模式"的核心思想和发展规律,问题研究则注意发掘"中国模式"存在的问题及其发展方向。国外学者对"中国模式"的研究,一方面十分注意总结"中国模式"的经验,并从经验发现其结构和规律。雷默的"三个定理说"、奈斯比特的"八大支柱说"、巴里·诺顿的"制度创新说"、埃里克·安德森的"六大支柱说"、戴维·W.张等人的"混合模式说"、

---

① [美]傅高义:《邓小平时代》,生活·读书·新知三联书店2013年版,第 viii 页。
② David M.Lampton,*Following the Leader:Ruling China,from Deng Xiaoping to Xi Jinping*,University of California Press,2014,p. 1.
③ David M.Lampton,*Following the Leader:Ruling China,from Deng Xiaoping to Xi Jinping*,University of California Press,2014,p. 1.

亚历山大·萨利茨基的"综合模式说",都具有总结经验、揭示规律的性质。他们高度评价"中国模式",充分肯定中国发展的世界意义,批驳"中国威胁论"、"中国崩溃论"、"中国责任论"、"中国拖累论"、"中国失速论"等论调。

另一方面,国外学者、人士也表达了对中国发展中实际问题的担忧。如辛西亚·W.卡恩的《中国的可持续发展之路》、托马斯·I.帕利的《中国发展模式的外部矛盾》、大卫·皮亚肖德的《反思中国的不平等与贫困》、迈克尔·T.克拉里的《中国的战略性能源困境》、杰瑞·马贝斯的《中国的环境问题与粮食安全》等文章,对中国发展中的生态环境、资源补给、粮食安全、贫富差距、政治民主、国际环境等问题,做了如实的分析,提出了许多富有见地的对策和建议,其使用资料之翔实、数据之准确,绝不输于国内学者。

(三)中国传统与现代文明相结合

如何正确处理中国传统与西方现代文明的关系?国外相当多的学者能够注意从中国自身的传统出发解读中国模式,评价中国模式与西方现代文明的关系。戴维·W.张指出:自 19 世纪末 20 世纪初以来,中国一直存在着三种互相影响的政治文化或政治思想,这就是中国土生土长的文化传统、辛亥革命的新民主主义传统、1949 年苏联化的马克思主义传统。在中国努力向现代化前进,使自己各方面赶上世界先进水平的时代,这三种政治传统之间的对抗从未停止过。[①] 在中国的传统中,统治者和官员要遵循人所共知的固定的优良行为准则。人民是法官,有权对统治者下结论。按照墨子的学说,人民能够决定是否将暴君杀掉。近些年来,对孔子思想的研究,重又形成了一股热潮,这是一个良好的开端,是一种对待民族传统文化的建设性态度。"中国特色社会主义"最终将证明这些特色会被发现并得到保留。[②] 马丁·雅克一再强调,现代性绝非只有一种,中国并不是真正传统意义上的民族国家,而是文明国

[①] 参见 David Wen-Wei Chang, *China under Deng Xiaoping:Political and Economic Reform*, Macmillan Press,1988,p. 64。

[②] 参见 David Wen-Wei Chang, *China under Deng Xiaoping:Political and Economic Reform*, Macmillan Press,1988,p. 68。

家。未来数十年内,中国将越来越多地表现出发达国家和发展中国家的综合特征。"中国将从根本上推动世界变革,其深度远远超出过去两个世纪中任何新兴的全球大国。"①俄罗斯学者 A.B.维诺格拉多夫认为,中国惊人的长期发展绩效根植于世界上最古老的中华文明传奇般几无损伤的承继。"邓小平领导的 1978 年改革对中国文明的历史功绩在于,它使由外界影响和革命活动带来的现代与传统二者之间冲突转向统一。改革以退却为起点,其中包括新的革命传统。"②国际文化战略研究和咨询专家伟达认为,中国传统文化一向比较重人治,轻法治;多直觉,少科技;习惯于暗箱操作,不善于透明建设;强于说长篇大道理,弱于提升具体行为等等。如果 21 世纪的"中国方案"里面还包含了众多类似杂质,而不能尽快有效对之过滤克服,"中国方案"的有效性和感召力必然大打折扣,甚至在激烈竞争中落败。③ 这种对中国传统文化缺点的批评也是相当中肯的。

另外,国外相当一些学者认为,"中国模式"虽然善于借鉴吸收现代西方文明的成果,但中国并没有走资本主义道路,而是在传统社会主义与现代资本主义之外,找到了一条新的发展道路,他们称之为"中国式社会主义"、"后社会主义"、"第三条道路"等。美国著名马克思主义经济学家和苏联问题研究专家大卫·M.科茨,美国前国务卿基辛格,印度经济学家阿嘎瓦拉(Ramgopal Agarwala),美国学者雷默,法国学者、国际马克思大会社会主义学科主席安德烈阿尼(Tony Andréani)等人都坚持这样的观点,批驳认为中国走了资本主义道路的观点。

(四)多视域多层面比较研究的方法

国外学者、人士善于运用比较研究的方法,既有横向的世界层面的比较,也有纵向的历史层面的比较;既有社会主义与资本主义之间的比较,也有社会

---

① [英]马丁·雅克:《当中国统治世界:中国的崛起和西方世界的衰落》,张莉、刘曲译,中信出版社 2010 年版,第 340 页。

② [俄]A.B.维诺格拉多夫:《中国文明发展的新阶段:起源与前景》,载王新颖主编:《奇迹的建构:海外学者论中国模式》,中央编译出版社 2011 年版,第 50—56 页。

③ 参见[美]伟达:《"中国方案"与改革前途》,新加坡《联合早报》2016 年 8 月 12 日。

主义内部或发展中国家相互间的比较;还有领导人人格风范、社会主义观等方面的比较。

意大利财经问题专家洛丽塔·纳波利奥尼通过对全球改革的比较,特别是对邓小平领导的中国改革与里根、撒切尔领导的西方新自由主义改革异同的比较,说明为什么"中国模式成为最大赢家"、"亚当·斯密为什么打不赢马克思"的道理。德里克(Arif Dirlik)的《重访后社会主义:反思"中国特色社会主义"的过去、现在和未来》一文则通过对中国特色社会主义的过去、现在和未来的反思比较,说明"20 年后,中国社会主义的性质似乎更加清晰"。弗拉基米尔·波波夫(Vladimir Popov)的《广阔视野下中国与俄罗斯的转型比较》、彼得·拉特兰(Peter Rutland)的《后社会主义国家与新发展模式的变化:俄罗斯与中国的比较》则通过中俄两国转型过程及其结果的比较,试图寻找两国转型的共性及其在未来全球发展中的位置。"中国和俄罗斯为全球化理论家提供了一条普遍的经验,那就是,世界并不是'平的',强大的国家可以在新的世界经济秩序中找到合适的角色。"①

此外,阿什瓦尼·塞斯(Ashwani Saith)的《中国与印度:不同绩效的制度根源》、阿玛蒂亚·森(Amartya Sen)的《社会发展中的和谐与不和谐:中国与印度的经验比较》、姜明武(Khuong M.VU)的《经济改革与绩效:中国与越南的比较研究》、马克·比森(Mark Beeson)的《东亚的发展型国家:中国与日本的经验比较》,则是对中国与亚洲国家改革经验的比较研究。2016 年以来,随着英国脱欧,美国大选特朗普上台,以及全球民粹主义、贸易保护主义、反全球化势力的抬头,国外学者开始进一步加强对"中国方案"和"美国方案"的比较研究,表达对"中国方案"的信任和信心。

三、国内关于国外中国模式研究的分析和评价

随着国外"中国模式"研究热潮的兴起,国内理论界开始对国外学者、人士

---

① [美]彼得·拉特兰:《后社会主义国家与新发展模式的变化:俄罗斯与中国的比较》,载王新颖主编:《奇迹的建构:海外学者论中国模式》,中央编译出版社 2011 年版,第 253 页。

的研究进行翻译、分析和评价,出版了大量论文、论著,主要有以下几种情况。

(一)对国外著作的翻译和介绍

20 世纪 80、90 年代,"中国模式"的研究还包含在邓小平理论的研究中,代表性译文和译著主要有:覃火杨主编的《海外人士谈中国社会主义》(1990),金羽、李惠让、温乐群主编的《海外人士心中的邓小平》(1993),冷溶主编的《海外邓小平研究》(1993),俞可平主编的《海外学者论中国经济改革》(1997),刘海藩、杨春贵主编的《邓小平理论研究文库》第 5 卷(1997),中共中央党史研究室第三研究部编译研究处编写的《国外中共党史中国革命史研究译文集》(1999),齐欣等编译的《世界著名政治家、学者论邓小平》(1999),等等。这些译文集说明,受历史条件和研究者认识水平的限制,国外学者、人士的研究视野相对狭小,还主要是对中国改革开放具体政策及事件的描述性研究,"就事论事"的味道比较浓,理论性远远不够,系统而有分量的论文和专著还比较少。

进入 21 世纪以来,随着国外"中国模式"的研究骤然升温,国内与之相关的译文和译著也大量涌现,主要有:印度著名经济学家阿嘎瓦拉的《中国的崛起:威胁还是机遇?》(陶冶国等译,2004),宿景祥、齐琳主编的《国外著名学者政要论中国崛起》(2007),劳伦·勃兰特、托马斯·罗斯基等主编的《伟大的中国经济转型》(方颖、赵扬等译,2009),约翰·奈斯比特等的《中国大趋势:新社会的八大支柱》(魏平译,2009),王新颖主编的译文集《奇迹的建构:海外学者论中国模式》(2011),罗纳德·哈里·科斯、王宁的《变革中国:市场经济的中国之路》(徐尧、李哲民译,2013),康拉德·赛茨的《中国:一个世界强国的复兴》(许文敏、李卡宁译,2007),魏柳南的《中国的威胁》(王宝泉、叶寅晶译,2009),沈大伟的《中国共产党:收缩与调适》(吕增奎、王新颖译,2012),洛丽塔·纳波利奥尼的《中国道路:一位西方学者眼中的中国模式》(孙豫宁译,2013),等等。这些译著说明,随着中国改革开放和中外交流的拓展,国外学者、人士研究的视野进一步扩大,更加注意挖掘隐藏在现象背后的东西,研究的理论性、系统性、整体性大大加强。

（二）对国外研究的理论梳理和回应

20世纪90年代,国内学者开始对国外研究进行比较系统的梳理和评析。马启民的《国外邓小平理论研究评析》(1999),是国内最早评析国外邓小平理论研究的著作,但对正面的资料关注较多,对挑战问题重视不够,第一手资料相对不足。成龙的《海外邓小平研究新论》(2004)、《海外马克思主义中国化理论研究》(2009),对国外研究的历程、主要问题及主要观点、研究特点等问题进行了新的梳理和评析,特别是对国外研究提出的挑战问题展开理论辨析。

进入21世纪以来,理论界就"中国模式"的问题从多方面展开讨论,出版了一批论文和专著。代表性著作有:俞可平等主编的《中国模式与"北京共识":超越"华盛顿共识"》,潘维主编的《中国模式:解读人民共和国的60年》,赵剑英、吴波主编的《论中国模式》。这些著作虽然研究视角不同、编写方式不同,但贯穿其中的主要问题都是:中国模式是否存在,如何看待中国模式与"华盛顿共识"的关系,中国模式为何能够成功,如何看待其未来发展。程恩富主编的《中国模式之争》(2013)一书,把中国模式之争概括为概念之争、特征之争、意义之争,收集了国内相关主要论文。此外,沈去锁、陈先奎主编的《中国模式论》(2007),齐世泽的《论中国模式》(2009),张宇主编的《中国模式:改革开放三十年以来的中国经济》(2008),李风华的《中国经济崛起的10大秘密》(2010),徐庆全编写的《中国经验:改革开放30年高层决策回忆》(2008),张剑荆的《中国崛起:通向大国之路的中国策》(2005),韩保江的《中国奇迹与中国发展模式》(2008),何一平的《中国模式的经济学探究》(2016),董必荣的《面向21世纪的中国模式研究》(2016),潘世维的《中国模式研究》(2016),也从不同视角,不同程度地对国外学者的研究做了回应。从总体上看,国内研究主要有两类观点。

一类观点充分肯定和赞成中国模式。程恩富、赵曜等认为,"中国模式"概念不是外国的专利,早在20世纪80年代,邓小平就多次提到"中国模式"。"中国模式"已经基本成熟,主要依据就在于无论在经济建设、政治建设还是在文化建设、社会建设等方面,中国都已经形成了比较完整、比较成熟、比较定型的制度。准确把握"中国模式"应当注意三个问题:它是马克思主义中国化的模式;它是社会主义的模式;它是发展中大国的发展模式。① 虽然中国模式具有较强的民族色彩,或说"中国特色",但这丝毫不意味着中国模式不可以供外国学习和借鉴,也丝毫不意味着可以否认中国模式给世界提供了普遍适用的经验。任何一个发展模式都并非完美无缺,都会面临这样那样的挑战。中国模式与中国道路密切相关,"道路"、"理论体系"共同构成了中国模式。② 张维为认为,"中国模式"有八个特点:实事求是,民生为大,稳定优先,渐进改革,顺序差异,混合经济,对外开放,有一个比较中性、开明、强势的政府。随着中国的崛起,中国模式对于外部世界的影响可能会越来越大。中国的经验本质上是中国自己国情的产物,其他国家难于模仿。但是,中国模式所包含的某些理念和实践,可能会产生相当大的国际影响,如实事求是、民生为大、渐进改革、不断试验、"良政还是劣政"比"民主还是专制"更重要等。③ 潘维把中国模式分成三个子模式:"社稷"社会模式,"民本"政治模式,"国民"经济模式。把三个子模式整合在一起,就是"中国模式"。其中,政治模式是精致的首脑,社会模式是伟岸的躯干,经济模式的国与民两大部分分别提供了两只粗壮的腿脚和两只巨大的翅膀。中华因这中国模式而腾飞。④

徐崇温指出,不同的人们站在不同的立场和角度关注中国模式,就会得出不同的甚至完全相反的意见。当前对"中国模式"的研究存在四个误解。误解一:"中国模式"并不是由中国人,而首先是由一些别有用心的外国人提出来的,意在遏制中国的进一步发展;实际上也并不存在所谓的中国模式。误解二:"模式"一词含有"示范、样板"之意,因此要慎言"中国模式"。误解三:中国模式就是"北京共识",可供别国借鉴和参考。误解四:要慎言中国模式,因为中国模式还没有完全成功,甚至还没有定型,因此,谈论中国模式还为时过早。⑤ 郑杭生认为,用"中国模式"概括中国特色社会主义这种新型社会主义

---

① 参见程恩富、辛向阳:《如何理解"中国模式"》,《人民日报》2010年9月15日。
② 参见程恩富:《关于中国模式研究的若干难点问题探析》,《河北经贸大学学报》2011年第1期。
③ 参见张维为:《一个奇迹的剖析:中国模式及其意义》,《红旗文稿》2011年第6期。
④ 参见潘维:《中国模式,人民共和国60年的成果》,《绿叶》2009年第4期。
⑤ 参见徐崇温:《对"中国模式"有四个误解》,《北京日报》2010年4月12日。

发展模式,十分简洁,非常鲜明,有利于扩大自己的影响,必须说是利大于弊的。不仅如此,"模式"这个概念是国内外使用率很高的概念之一,具有很高的通用性和普遍的易接受性,有利于促进国际对话。"中国模式"并不是空洞的概括,而是有实实在在的内容,有自身的结构和层次。在"自上而下"方面,中国特色社会主义是一种前所未有的创新性的社会主义。在"自下而上"方面,随着中国社会重心日益下移,全国范围的城市社区建设和社会主义新农村建设,正在蓬勃开展。连接"自上而下"和"自下而上"经验的,是各个"地方经验"。①

中国民众如何看待"中国模式"? 对此,人民论坛《千人问卷》调查组于2008年发起问卷调查,结果显示:74.55%的受调查者认可"中国模式",认为"中国模式"有六个关键词:改革、发展、渐进、试验、开放、稳定。63.7%的受调查者认为,"中国模式"主要是指中国特色的市场化,"中国模式"的主要特点在于强有力的政府主导、渐进式改革以及对内改革与对外开放同时进行。56.28%的受调查者认为,"成为世界上经济增长最快的国家"是"中国模式"所取得的最大成就。74.56%的受调查者认为,金融危机将是对"中国模式"的一次检查,也是一次转型的机会,"中国模式"完善的重点集中在缩小贫富差距、加快推进民生改革以及注重城乡协调发展等方面。②

另一类观点则对"中国模式"表示怀疑和否定。李君如认为,讲"模式"有定型之嫌。这既不符合事实,也很危险。危险在哪里? 一会自我满足,盲目乐观;二会转移改革方向,在旧体制还没有完全变革、新体制还没有完善定型的情况下,说我们已经形成了"中国模式",以后就有可能把这个"模式"视为改革的对象。因此,他赞成"中国特色",而不赞成"中国模式"。现在,还是慎重提"中国模式"为好。③ 高放认为,关于"中国模式"的探讨,存在着三种较为极端的看法。一是完全否认中国模式的存在,二是完全赞同中国模式,认为有

① 参见郑杭生:《"中国模式"是一个新故事》,《人民论坛》2010年第31期。
② 参见人民论坛《千人问卷》调查组:《74.55%民众认可"中国模式"——民众如何看待"中国模式"调查》,《人民论坛》2008年第24期。
③ 参见李君如:《慎提"中国模式"》,《学习时报》2009年12月7日。

自己特色的中国模式已经形成，三是不认同甚至完全否定中国模式。这三种各走极端的看法，都是以偏概全，未能总揽全局。当前中国领导人之所以不提"中国模式"，是因为"中国模式"正在形成过程中，远未定型。① 俞可平指出：近来，国内有学者提出，"中国特色社会主义道路是对苏联模式的突破"，并提出了"中国模式"与"苏联模式"的三个重大原则区别，即在对待社会主义社会的阶级斗争和如何构建新社会的问题上的区别；在对待商品市场和资本主义的问题上的区别；在发展观上是坚持"民本"思想还是坚持"国家至上"（实质是"君本"思想），是坚持科学发展还是"唯意志论"发展的区别。"中国模式"或"中国道路"并没有完全定型。虽然它的一些典型特征开始显现出来，但我们的现代化任务还没有完成，我们对"中国模式"仍然处于探索之中，可能探索的路途还很长。以为"中国模式"已经是一条成熟的现代化道路，既可解决国内发展中的一切问题，又可供他国模仿，这不仅过于乐观，而且对我们解决目前面临的各种严峻挑战甚至是有害的。②

包心鉴认为，"中国模式"是一个伪命题。所谓"中国模式"，是关于中国特色社会主义的一种认识误导，或者说是一个背离中国特色社会主义本质与要求的伪命题。我国仍然处在社会主义的初级阶段，刚刚解决温饱走向富裕、前进道路上尚面临着严峻挑战、众多矛盾和巨大风险的中国，没有形成所谓的"中国模式"，更没有必要迷恋所谓的"中国模式"。③ 冯海波、崔伟认为，西方学者率先提出"中国模式"概念，却并未就其内涵形成一致共识。西方学者用"中国模式"概念指称"中国经验"、"中国道路"的实质是故意忽略"中国经验"和"中国道路"的最大特点——党的领导与社会主义制度。考察"中国模式"概念产生的背景与过程，可以发现"模式论"是作为中国"威胁论"、"责任论"、"领导论"的替代品而出现的，虽然"模式论"有了难以否认的全新内容，却仍然不能改变其本质上的否定意义。真正意义上具有普适性的中国模式并

---

① 参见高放：《"中国模式"的题中之义》，《同舟共进》2011年第6期。
② 参见俞可平：《"中国模式"并没有完全定型》，《人民论坛》2009年第18期。
③ 参见包心鉴：《关于"中国模式"的辨析与中国道路的思考》，《学习论坛》2011年第2期。

不存在。① 吴江认为，"中国模式"被世人热议，我们应当更加自警自检，如实估量自己，谨行慎思，绝不可自我膨胀，自夸"盛世"。须知我们确确实实仍处在发展之中，离发达还很远。尤其腐败盛行使"中国模式"面临生死考验。我们必须慎之又慎，一失策成千古恨。② 吴敬链指出：有些人把前几年有人针对所谓"华盛顿共识"提出的所谓"北京共识"提升到"中国模式"的高度，说是以强有力的政府控制整个社会经济体系为特征的"中国模式"将成为世界仿效的榜样。这是一种误解。在应对全球金融危机过程中，政府高强度介入经济，到底是福是祸？现在还未可定论。③ 高尚全虽然不反对"中国模式"的讨论，但反对把"中国模式"界定为：政府主导，受控市场。认为所谓模式是定型的东西，如果把政府行政主导、受控市场作为"中国模式"，就会转移我国的社会主义市场经济的改革方向，就会影响深化改革。④

（三）国内研究存在的主要问题

虽然"中国模式"在国内一度引起强烈反响，但目前的研究还有待深化，迄今尚未出版过以国外研究为主题的专著。主要存在四个方面的问题：一是对国外研究的历史缺乏系统的研究，把国外研究仅仅视为 21 世纪以来的事情，对更早的研究，以及不同发展阶段的特点及其相互联系没有进行系统研究，缺乏历史感和系统性。二是对国外研究提出的挑战性问题缺乏深入研究和回答。如：如何看待中国模式的独特创新？如何看待中国模式与"华盛顿共识"的关系？如何看待中国模式与马列主义、毛泽东思想的关系？如何看待中国模式的世界意义？如何看待中国模式的未来发展？这些重大问题关系中国前途和命运，绝不是一时一地的研究所能解决的，需要不断地深入思考和回答。三是一些学者把"模式"当作定型化、固定化概念，从外交策略的角度，否定"中国模式"，或者主张对"中国模式"要"慎提"、"缓提"、"不提"，一定程度影

---

① 参见冯海波、崔伟：《"中国模式"的概念批判》，《前沿》2011 年第 21 期。
② 参见吴江：《"中国模式"面临生死考验》，《北京日报》2009 年 2 月 9 日。
③ 参见吴敬链：《中国模式祸福未定，我们不要忘乎所以》，《中国改革》2010 年第 9 期。
④ 参见高尚全：《强调"中国模式"可能误导改革》，《人民论坛》2012 年 7 月（上）。

响了研究的深入开展。四是研究视角相对狭小,往往限于政治学、经济学、国际关系学的对策性和应用性研究,缺少哲学、价值学、文化学的深层理论研究。

四、本书的研究思路、方法及主要观点

(一)研究思路和方法

本书力图运用马克思主义哲学的基本原理,以"中国历史"和"世界历史"为尺度,围绕国外关于"中国模式"研究,既进行系统梳理和评析,针对挑战问题,澄清国内外模糊认识,又对"中国模式"形成的历史进程、成功因由、性质特点、哲学基础、世界意义、未来发展等问题进行深入研究,为加强国内外学术交流,推进马克思主义中国化学科建设,进一步总结发展经验,为深入贯彻习近平新时代中国特色社会主义思想,把中国建设成为现代化世界强国,实现中华民族伟大复兴,提供方法论思考和借鉴。

本书以问题为导向,采取"三步走"的研究步骤和"五个结合"的研究方法:

所谓三步走就是:第一步,对国外研究的各种文献进行系统的梳理和分析,从中发现问题,并弄清国外研究的基本脉络。第二步,将国外研究提出的问题暂时加以"搁置",从国外研究返回到国内研究,看看国内政治领袖和学者又是怎么看这些问题的。第三步,再次回到问题本身,反观国外学者提出的问题,既肯定其合理成分,又揭示其思想疏漏和错误,并借题发挥,对中国模式形成的历史逻辑、成功经验、性质特点、哲学基础、世界意义、未来发展等问题作出新的思考,形成关于"中国模式"研究的系统性理论。

所谓"五个结合":一是政治层面研究与学术层面研究相结合。二是传统文化研究与现代文明研究相结合。三是文本研究与现实考察相结合。四是大众化研究与专业化研究相结合。五是国外研究与国内研究相结合。①

---

① 参见成龙:《海外马克思主义中国化理论研究》,广东人民出版社 2009 年版,第 597—506 页。

（二）主要观点

中国模式是中国共产党人依据马克思主义基本原理，总结国内外社会主义建设的经验教训，吸取世界上其他国家的发展经验而逐渐形成的，适合于当下中国特点的发展模式，是马克思主义中国化近百年不断积累的创造性成果。

1."模式"是事物存在的方式和样态。大到宇宙间的星球、小到微电子颗粒，都以自己特定的模式运行着。"模式"体现了人们对事物认识的分类，是对事物运行规律的理论把握。任何模式都处于发展之中，在不同的阶段有不同的模式，呈现阶段性、层级性的特点。迄今为止，世界上不存在任何一劳永逸的发展模式。尽管中国还处在社会主义初级阶段，但初级阶段有初级阶段的模式，高级阶段有高级阶段的模式，不能认为只有到了高级阶段才有所谓"模式"。

理论界有人认为，能称之为"模式"的东西，起码应具备两个基本属性：一是凝固性，二是可复制性，中国特色社会主义还处于改革发展的实践之中，没有任何理由将其凝固为一种僵化的模式而企图向别的国家输出与复制。笔者认为，这是值得商榷的。试问：世界上有哪一个模式是凝固不变的呢？从资本主义的发展模式来看，无论英美国家的盎格鲁-撒克逊模式，还是西欧、北欧国家的莱茵模式，无不处在变革之中。据英国阿纳托莱·卡列茨基（Anatole Kaletsky）《资本主义 4.0》一书，资本主义的发展迄今已经历了四个时代，形成了四个版本的资本主义，作者深刻揭示了资本主义在不同时代的发展特点。作者指出："资本主义从来就不是一个遵循固定规则的静态体系，因此在这一体系中政府和私有企业间的责任划分也不是一成不变的。与现代经济理论的各种学说相反，世界上根本不存在控制资本主义经济行为的永恒定律。事实上，资本主义是一种适应性体系，它会随着环境的改变而不断变化和发展，当这一体系受到深刻危机的严重威胁时，便会演变为一种更适应新环境的新形式，以替代原有的形式。"①从社会主义国家的发展模式来看，马克思、恩格斯

---

① ［英］阿纳托莱·卡列茨基：《资本主义 4.0》，胡晓姣等译，中信出版社 2011 年版，第 10—11 页。

曾根据 19 世纪西欧国家资本主义的实践,从理论上设计过社会主义的发展模式,但最早付诸实践的并不是马克思、恩格斯的模式,而是列宁以"新经济政策"为主要内容的发展模式,但这一模式很快被苏联模式所取代。第二次世界大战后,各社会主义国家先后采用了苏联模式,但在实行的过程中,各个国家的情况并不完全一致,如苏联模式在南斯拉夫、东德、匈牙利、中国的情况各不一样。20 世纪 80 年代前后,各社会主义纷纷进行改革,但改革的指导思想、方法策略、最终结果又大相径庭。由此可见,所谓"模式"只是大体框架稳定,并不是根本凝固不变。

至于一个模式能否输出和复制,取决于主观和客观两方面的情况,认为一讲"模式"就必然意味着输出和复制,这也是不能成立的。历史上最强调输出的是"苏联模式"和"美国模式"。这两种模式对外输出都具有霸权主义的性质。就"苏联模式"的输出而言,一方面,苏联是世界上第一个社会主义国家,经受了第二次世界大战的考验,第二次世界大战结束后,在整个社会主义阵营,苏联具有绝对的实力,其大国沙文主义、霸权主义提升了这一模式向其他社会主义国家推行输出的可能性;另一方面,从各社会主义国家的情况来看,其不仅缺乏经验,还缺乏资金、技术、人才,不得不求助于苏联。因此,照搬照抄苏联模式,是主观和客观两方面结合的结果。"中国模式"在形成过程中,从毛泽东、邓小平到习近平,从来没有将自己的模式强加于人的意思。正如邓小平指出的,"各国的事情,一定要尊重各国的党、各国的人民,由他们自己去寻找道路,去探索,去解决问题,不能由别的党充当老子党,去发号施令。"①

2.创建"中国模式"是中国共产党人一以贯之的追求。早在 20 世纪 40 年代,在《新民主主义论》《论联合政府》等文章中,毛泽东就发出"中国向何处去"的疑问。他提出:"我们要建立一个新中国",即一个新民主主义的共和国,"这种新民主主义共和国,一方面和旧形式的、欧美式的、资产阶级专政的、资本主义的共和国相区别",另一方面,"也和苏联式的、无产阶级专政的、

---

① 《邓小平文选》第二卷,人民出版社 1994 年版,第 319 页。

社会主义的共和国相区别"①。原因是无论"欧美式的",还是"苏联式的",都不适合中国的国情。20世纪50年代,毛泽东发表《论十大关系》,其思想主旨是"以苏为鉴,引以为戒"。他指出:"不可能设想,社会主义制度在各国的具体发展过程和表现形式,只能有一个千篇一律的格式。"②要打倒奴隶思想,埋葬教条主义,独立自主干中国式的现代化。对于马列主义,也要采取辩证的态度,"如果每句话,包括马克思的话,都要照搬,那就不得了"③。

20世纪70年代后期,以邓小平同志为核心的党的第二代中央领导集体,在"百废待兴"、"千头万绪"中担当了开辟中国特色社会主义道路、重新规划中国发展模式的重任。邓小平一再指出:"我们搞的现代化,是中国式的现代化。我们建设的社会主义,是有中国特色的社会主义。"④1988年5月18日,在会见莫桑比克总统希萨诺时,邓小平发表了一段十分经典的谈话。他说:"世界上的问题不可能都用一个模式解决。中国有中国自己的模式,莫桑比克也应该有莫桑比克自己的模式。"⑤同年10月17日,他在会见罗马尼亚共产党总书记齐奥塞斯库时再次指出:"社会主义国家之间的经验相互可以参考、借鉴,但绝不能照搬,都是一个模式不行。"⑥1989年5月16日,邓小平在会见来访的戈尔巴乔夫时,他进一步指出:"在革命成功后,各国必须根据自己的条件建设社会主义。固定的模式是没有的,也不可能有。墨守成规的观点只能导致落后,甚至失败。"⑦

邓小平之后,江泽民和胡锦涛一再强调世界发展模式的多样性。1999年10月22日,在英国剑桥大学的演讲中,江泽民进一步指出:"中国既不能照抄西方资本主义国家的发展模式,也不能硬搬其他国家建设社会主义的模式,而

---

① 《毛泽东选集》第二卷,人民出版社1991年版,第675页。
② 《建国以来毛泽东文稿》第六册,中央文献出版社1992年版,第143页。
③ 《毛泽东文集》第七卷,人民出版社1999年版,第42页。
④ 《邓小平文选》第三卷,人民出版社1993年版,第29页。
⑤ 《邓小平文选》第三卷,人民出版社1993年版,第261页。
⑥ 中共中央文献研究室编:《邓小平思想年谱(1975—1997)》,中央文献出版社1998年版,第415页。
⑦ 《邓小平文选》第三卷,人民出版社1993年版,第292页。

必须走适合自己国情的发展道路。"①2000 年 9 月,在联合国千年首脑会议上的讲话中,江泽民再次指出:"如同宇宙间不能只有一种色彩一样,世界上也不能只有一种文明、一种社会制度、一种发展模式、一种价值观念"②。2004年 6 月 14 日,在罗马尼亚议会演讲中,胡锦涛指出:"应该尊重各国根据各自国情选择的发展道路和发展模式"③。2005 年 4 月 22 日,在亚非峰会上,胡锦涛指出:"尊重各国选择社会制度和发展模式的自主权,推动不同文明友好相处、平等对话、发展繁荣,共同构建一个和谐世界。"④这是十六大以后中央面对大调整、大变革的世界,首次正式提出"构建和谐世界"的理念,而尊重不同的社会制度、发展模式则成为这一理念最基本的内容。习近平总书记也认为,"正如一棵大树上没有完全一样的两片树叶一样,天下没有放之四海而皆准的经验,也没有一成不变的发展模式"⑤。2014 年 4 月 2 日,在欧洲学院的演讲中,习近平再次强调:"中国不可能全盘照搬别国的政治制度和发展模式,否则的话不仅会水土不服,而且会带来灾难性后果。"⑥2016 年 7 月 1 日,在庆祝中国共产党成立 95 周年大会上的讲话中,习近平明确提出,中国共产党人和中国人民完全有信心为人类对更好社会制度的探索提供"中国方案"。在这里,"中国方案"的意涵所指与"中国模式"并没有本质的不同。

3."中国模式"是对世界发展模式的综合创新。在国内外关于"中国模式"的研究中,有一类观点过分强调"中国模式"的独特性,从而割裂"中国模式"与世界其他发展模式之间的联系。另一类观点则完全否认"中国模式"有自己的特点,把"中国模式"等同于对"新自由主义"模式的模仿或照搬照抄。笔者认为,这两类观点都未能客观地把握"中国模式"。"中国模式"本质上是

---

① 江泽民:《在英国剑桥大学的演讲》,《人民日报》1999 年 10 月 23 日。

② 《江泽民思想年编(1989—2008)》,中央文献出版社 2010 年版,第 484—485 页。

③ 胡锦涛:《巩固传统友谊扩大互利合作——在罗马尼亚议会的演讲》,《人民日报》2004年 6 月 15 日。

④ 《十六大以来重要文献选编》,中央文献出版社 2006 年版,第 850—851 页。

⑤ 习近平:《中国不照搬抄他国发展模式》,网易财经 2013 年 3 月 20 日(http://money. 163.com/13/0320/05/8QCSIN5M00253B0H.html)。

⑥ 《习近平欧洲学院演讲:中国不能全盘照搬别国模式》,新浪财经 2014 年 4 月 2 日(http://finance.sina.com.cn/china/20140402/070518687795.shtml)。

一种以"继承、学习、创新、自主、渐进、协调、可持续、开放、平等、共享"为主要特征，以实现中国现代化为主要目标的"综合创新"模式。党的十一届三中全会以来，我们党突破原有思维模式的束缚，果断停止"以阶级斗争为纲"的方针，实现了世界观、价值观、社会主义观和时代观的飞跃。一方面，注意吸取世界上一切发展模式的经验，作为社会主义的有益补充；另一方面，又坚决抵制资本主义的政治制度和价值观念，逐渐形成了以公有制为主体，多种所有制经济共同发展，坚持以按劳分配为主体，多种分配方式并存的分配制度，极大调动了广大人民群众的积极性和主动性。"中国模式"是对苏联模式的突破，对"英美模式"的扬弃，对"北欧模式"的借鉴，对"拉美模式"的警戒。正如俄罗斯科学院世界经济和国际关系研究所主任研究员亚历山大·萨利茨基在接受记者采访时所说："中国提出并实施了综合性发展方案。方案中囊括了一切：日本的经验，新兴工业国家、苏联和其他国家的经验。"①又说："中国汲取了其他国家的经验，并使这些经验适应本国的条件。从中国模式的基础上可找到苏联的'骨架'、新兴工业国家的成就、美国的成就，还有注重社会福利的资本主义的特点。中国成功地汲取了所有这些经验。"中国模式的特点恰恰在于，设计师没有规定一种绝对的固定的国家发展形式。中国开始实行改革开放，不断扩大与外界的交流渠道，不断进行试验。"中国对试验的结果进行研究和分析，从而建立起这种模式。而许多外国评论人士都能在本国历史和现代发展中找到这种模式的某些特点。"②这是很有道理的。

4."中国模式"以马克思主义哲学为自己的哲学基础。如何看待中国模式的哲学基础？国外学者提出"实用主义论"、"儒家社会主义论"、"三种传统论"、"文明融合论"、"务实主义论"等观点。的确，"中国模式"秉承了中华民族的优良传统，吸取了世界文明和世界现代化的先进成果，但"马中西"三种哲学在"中国模式"中的地位并非三足鼎立、并驾齐驱的。马克思主义哲学始终是"中国模式"最为根本的哲学基础，这突出表现在中国特色社会主义理论

---

① 关健斌：《俄罗斯人如何解读"中国模式"》，《青年记者》2009 年第 28 期。

② ［俄］亚历山大·萨利茨基：《中国让"现代化"的概念在世界得以普及》，新华网 2009 年 9 月 7 日（http://news.xinhuanet.com/world/2009-09/07/content_12008340.htm）。

体系对马克思主义哲学精髓的新概括，对马克思主义实践观点的新论述，对辩证法原理的新运用，对唯物史观的新发展。尽管实用主义与中国模式所体现的时代精神、民族精神、思想来源、世界观、价值观、真理观、历史观等方面有很多共同点，但绝不能因此将中国模式归结为"实用主义"。美国毛泽东思想研究专家施拉姆曾说：邓小平理论"实用"，但并不等于实用主义。这种评价是比较中肯的。我们强调弘扬优秀民族文化遗产，但并不等于要用儒家文化取代马克思主义，把"中国模式"归结为"儒家社会主义"、"儒教—列宁主义"都是过于简单化的观点。

5."中国模式"具有多方面的世界意义。如何使发展中国家摆脱贫困落后状态，走上现代化之路，这是第二次世界大战后的一个世界性难题，世界各国的思想家为此而苦思冥想，费尽周折，提出了多种方案，但最终归于失败。中国作为世界上最大的发展中国家，曾经照搬照抄苏联模式，走了许多弯路，在经历了许多挫折和失败后，终于走出一条适合中国特点的现代化之路，表现出多方面的世界意义：它释放了占世界1/5人口的潜力，推进了世界生产力的大发展；它开辟了发展中国家走向现代化的崭新之路，颠覆了资本主义是"人类历史终结"的结论；在"东欧剧变"之后，在世界社会主义陷于低潮的困境中，中国坚持走自己的道路，迎来了社会主义的辉煌，极大推进了国际共产主义运动；中国的发展，为世界各国间的合作发展创造了诸多机遇。在"中国模式"形成的过程中，邓小平提出"南北对话"、"南南合作"的理念，江泽民提出反对霸权主义、促进世界格局多极化的理念，胡锦涛提出构建和谐世界的理念，习近平提出合作共赢、打造人类命运共同体的新理念，为整个世界的和平发展作出了贡献。

6.中国模式其未来前景无限美好。当下，中国模式的确面临多方面的挑战，总体可归结为五个方面的问题：一是缩小发展差距，凝聚改革共识问题；二是转变经济结构，实现发展方式现代转型问题；三是发展社会主义民主，实现国家治理体系和治理能力现代化问题；四是加强社会道德诚信建设，促进社会主义精神文明建设问题；五是维护世界和平，构建周边国际和平环境，实现中国与世界共同发展问题。但同时我们也应看到，四十年的改革开放为中国走向未来提供了诸多有利条件。"中国模式"具有多方面的存在基础：扎实深厚的历史基础、开放进取的思维基础、有益大局的政治基础、多元共进的经济基础、稳中求进的战略基础、勇于创新的民众基础、借鉴世界优秀文明成果的文化基础、中国共产党的领导基础。任何形式的"中国崩溃论"、"中国失败论"都将不攻自破。

7.国外绝大多数学者的研究是值得肯定的。国内有学者认为，"中国模式"的提出有着深刻的背景和目的，毫无疑问具有怀疑和否定市场经济改革的底色，是继"中国威胁论"、"中国责任论"之后的又一个阴谋。笔者认为，国外学者、人士关于"中国模式"的研究由来已久，经历了一个从早期探索、正式开始、回顾反思、走向高潮、深化共识到高度肯定的过程。绝大多数国外学者、人士对"中国模式"的研究是比较客观的，目的在于总结"中国经验"，判断世界未来发展趋势，为本国战略策略的制定提供参考。如雷默的"三个定理说"、奈斯比特的"八大支柱说"、巴里·诺顿（Barry Naughton）的"两个层面说"、戴维·W.张的"混合模式说"、亚历山大·萨利茨基的"综合模式说"，都具有总结经验、揭示规律的性质。他们高度评价"中国模式"，充分肯定中国发展的世界意义，批驳"中国威胁论"、"中国责任论"、"中国崩溃论"等论调。另外，国外学者、人士也善意地表达了对中国发展中实际问题的担忧，提出了许多富有见地的对策和建议，是值得我们参考借鉴的。当然，国外学者、人士的研究，由于受立场、观点、方法及其客观条件的限制，也发表了一些值得商榷的，甚至是错误的言论。

8."中国模式"具有许多自己的独特性，体现在：强调人民对资本和国家的主体地位，这是中国模式的独特价值指向；发展开放包容的市场经济，这是中国模式独特的经济特征；不断完善中国特色的政治制度，这是中国模式的独特政治保障；开掘中国优秀传统文化的价值，这是中国模式的独特文化品格；实现中国发展与世界发展的统一，这是中国模式的独特世界构想；把改革创新作为治国理政的根本之道，这是中国模式的独特动力机制；坚持问题引导和整体思考的思维方法，这是中国模式的独特理论基础；注意总结近现代以来中国现代化经验，这是中国模式的独特历史基础；把共产党的领导作为社会主义的本质特征,这是中国模式的独特领导力量。

(三)可能创新

1.双向推进的研究视角。一方面,从国外"中国模式"研究出发,既反映正面评价,也反映挑战问题,揭示习近平新时代中国特色社会主义思想的广阔而深远的思想前提;另一方面,站在新时代的背景下,审视国外关于"中国模式"的研究,回答挑战问题,推进对习近平新时代中国特色社会主义思想理论体系的研究。

2.系统的资料梳理。本书使用的资料可分四类:一是国外研究的第一手资料,约200余篇(部);二是国内已翻译的资料,约100余篇(部);三是已有的相关国外研究,约30余篇(部);四是其他资料。

3.跨学科多元结合的研究方法。本书采取"三步走"的研究步骤和"五个结合"的研究方法,坚持跨学科研究和动态研究,从整体上揭示中国特色社会主义及习近平新时代中国特色社会主义思想的理论逻辑和实践逻辑。

4.具有一定启发意义的观点。紧扣国内外研究提出的挑战性问题,针对已有的观点,对"中国模式"及其合法性、历史进程、成功因由、性质特点、哲学基础、世界意义、未来发展、独特创新等问题进行深入研究,提出一些与以往有所不同的观点。

第一章　国外中国模式成功因由的研究

"中国模式"是否存在？也就是说,中国是否形成了一种相对稳定的框架体系和基本的制度规定。如果存在所谓"中国模式",则它的独特性表现在哪里,它为什么能够取得成功？如何看待"中国模式"与世界其他模式的关系？这是国外中国模式研究中的首要问题。

一、国外关于这一问题的基本观点

"中国模式"能否成为一种"模式"？在国外学者、人士的研究中,总体存在着两类截然相反的观点。一类观点充分肯定"中国模式",认为"中国模式"有着与世界其他发展模式根本不同的特点,是人类现代化进程的独特创新。有雷默的"三个定理说",巴里·诺顿的"两个层面说",乔纳森·安德森的"四件事情说",约翰·奈斯比特的"八大支柱说",埃里克·安德森的"六个因素说",戴维·W.张等人的"混合模式说",布坚科等人的"市场社会主义说"。另一类观点则坚持怀疑否定的态度,片面地认为并不存在所谓"中国模式","中国模式"只是对别国模式的简单模仿。有黄亚生的"并不独特说",德里克的"时髦术语说",海贝勒的"七个假设说"等等。

（一）"三个定理说"

雷默是"北京共识"的提出者。在他看来,中国有自己的文化传统,"这使他们本能地反对那种后华盛顿共识的解决方案,使他们自始至终远离第一世界的经济建议。北京决意找到自己的道路。"结果是他们的发展道路不仅与华盛顿共识的道路截然不同,而且提供了一种关于技术全球化改变局面的设想,这比华盛顿或日内瓦提出的很多观点细致和有用得多。"中国过去一心建设'有中国特色的共产主义',现在则致力于发展有中国特色的全球化。"①"北京共识"遵循三个定理:

第一个定理是,使创新的价值重新定位。中国的变化如此之快,以致不得不依靠笨拙的过时语言描述新事物,这可能使局外人和局内人都感到困惑。使中国产生如此之快变化的根源来自创新。"在 2002 年秋天的第 16 次党代会上,江泽民发表了 90 分钟的告别讲话,其中用了 90 次'新'字。现在根本没有其他字眼描述中国发生的情况以及必须继续发生什么事情才能防止一场悲剧。"②求变、求新和创新是这种共识中体现实力的基本措辞,在中国的报刊文章、吃饭聊天和政策辩论中像祷告一样反复出现。创新是增加中国社会密度的一个途径。它通过关系网将人们更紧密地联系在一起,它缩短改革的时机,它使通讯更快捷。创新越好,密度越大,发展也越快速。创新是救命良药。

第二个定理是,它超越了人均国内生产总值这样的衡量尺度,而把重点放在生活质量上,这是管理中国发展的巨大矛盾的唯一途径。这第二个定理要求建立一种将可持续性和平等性作为首要考虑而非奢谈的发展模式。"最近几个月来,可以发现几乎每周都有共产党官员发表讲话,谈论改变中国发展模式、关心可持续发展、将改革延伸至落伍人群的必要性。"③邓小平在他关于经济改革的一次早期谈话中曾经发表过著名的言论:"不管白猫黑猫,抓住老鼠

---

① Joshua Cooper Ramo, The Beijing Consensus, The Foreign Policy Centre, 2004, p. 33.译文参阅了新华通讯社《参考资料》编辑部译、崔之元校稿,载黄平、崔之元主编:《中国与全球化:华盛顿共识还是北京共识》,社会科学文献出版社 2005 年版,第 1—62 页。下同,不再作注。

② Joshua Cooper Ramo, The Beijing Consensus, The Foreign Policy Centre, 2004, p. 10.

③ Joshua Cooper Ramo, The Beijing Consensus, The Foreign Policy Centre, 2004, p. 23.

就是好猫",但猫的毛色事关重大。"现在的目标是找到一只绿猫,一只透明的猫。"①

第三个定理是,"北京共识"包含一个自主理论,这个理论强调运用杠杆推动可能想要惹怒你的霸权大国。最重要的是,它是一个变化如此之快,以至没有多少人,甚至本国人都赶不上形势的社会的产物,它也是由这样一个社会决定的。"中国的新发展方针政策是由取得平等、和平的高质量增长的愿望推动的。严格地讲,它推翻了私有化和自由贸易这样的传统思想。它有足够的灵活性,它几乎不能成为一种理论。它不相信对每一个问题都采取统一的解决办法。"②它既讲求实际,又是意识形态,它反映了几乎不区别理论与实践的中国古代哲学观。"北京共识"从结构上说无疑是邓小平之后的思想,但是它与他的务实思想密切相关,即实现现代化的最佳途径是"摸着石头过河",而不是试图采取"休克疗法",实现"大跃进"。

(二)"两个层面说"

美国加州大学圣地亚哥分校国际关系与太平洋研究学院中国国际事务主席、美国著名中国经济问题研究专家巴里·诺顿更强调制度创新在中国发展中的作用。他在《中国发展经验的奇特性和可复制性》一文中指出:"中国的情况非常独特:其国家规模、先天禀赋、政策轨迹以及历史条件等各方面都是独一无二的。"③针对关于中国经验十分重要,但又不可复制的观点,作者认为,中国经验可以从两个层面来解读。

从政治层面来讲,中国经验的核心在于"中国领导人成功地从一个混乱的威权体制中走出来,并创建了另一个进行了重大修正但依旧是威权主义的体制,这个体制已经在促进经济增长和将增长所带来的收益分配给广大人民

---

① Joshua Cooper Ramo, The Beijing Consensus, The Foreign Policy Centre, 2004, p. 21.

② Joshua Cooper Ramo, The Beijing Consensus, The Foreign Policy Centre, 2004, p. 4.

③ Barry Naughton, *Singularity and Replicability in China's Developmental Experience*, See Seeking Changes: the Political Development in Contemporary China, Central Compilation & Translation Press, 2011, p. 146. 译文参阅了庞娟译、周艳辉、王新颖校稿,载王新颖主编:《奇迹的建构:海外学者论中国模式》,中央编译出版社 2011 年版,第 21—43 页。

方面取得了成功。我们可以把这种体制标识为一种协商的、由发展驱动的威权主义"①,可称为"威权主义的升级"或"威权主义2.0"。其要点在于:第一,国家主权最为重要;第二,维持对经济核心部门的控制,同时全面实现市场经济的自由化;第三,创建一种协商机制,同时限制公民社会和反对团体的自主性;第四,政府投资基础设施建设和科技发展,格外重视电信系统的建立,甚至允许一个适度的、非整体的"博客世界"存在;第五,增进国际经济和政治联系。对中国发展的这种认识在发展中国家广泛流传。从这个定义上讲,俄罗斯目前就在沿袭中国模式,还有埃及和哈萨克斯坦。这种模式在非洲和拉丁美洲的一些地方也具有广泛的影响力,例如委内瑞拉、玻利维亚、厄瓜多尔、尼加拉瓜等,尽管我们不可能说出哪个国家是实施这种模式的范例。②

从经济层面来讲,中国经验其要点在于:1.相当重视各种市场力量的逐步扩张,将其视为经济加速增长的基本前提条件。2.政府的经济政策具有谨慎和实用主义的特征。灵活性和试验性的方法同"渐进主义"结合起来。3.对外部世界开放,并且制定政策为外商直接投资提供便利条件,特别是出口业务方面。4.政府强烈而持续地重视经济增长、重视投资,将其作为实现经济增长的手段。5.明确顺序:市场开放优先,即使是部分开放;快速进入市场,随后进行市场监管。③ 巴里·诺顿指出:中国发展经验的显著特点是非凡的制度创新。中国的制度创新有三个特别突出的例子,一是乡镇企业,二是经济体制双轨制,三是中国为创造国内高储蓄率和投资率而采取的一整套制度和措施。中国发展的经验告诉我们,制度创新并不是外生的,而是出现于国家制度框架内部。也许将国家制度创新体系(National Institutional Innovation System)和更为

① Barry Naughton, *Singularity and Replicability in China's Developmental Experience*, See Seeking Changes: the Political Development in Contemporary China, Central Compilation & Translation Press, 2011, p. 148.

② 参见 Barry Naughton, *Singularity and Replicability in China's Developmental Experience*, See Seeking Changes: the Political Development in Contemporary China, Central Compilation & Translation Press, 2011, pp. 148-149。

③ 参见 Barry Naughton, *Singularity and Replicability in China's Developmental Experience*, See Seeking Changes: the Political Development in Contemporary China, Central Compilation & Translation Press, 2011, pp. 149-150。

公认的"国家创新体系"（National Innovation System）画上等号并不合理,正如纳尔逊和大部分后来的论文中所说的那样。说其类似并不准确,这是因为国家创新体系包含了一些其首要功能是进行技术创新的组织。而中国的制度创新体系中并没有类似的组织。但中国制度创新产生和评估的整体环境是相对健全的。如果中国发展经验中有任何东西可以为其他发展中国家学习和效仿的话,一般而言,那就是为制度创新创造一个积极的环境。[①]

丹尼尔·贝尔（Daniel A.Bell）在《中国模式:政治精英及其有限民主》一书中表达了与巴里·诺顿相似的观点。他说:中国模式在很大程度上是一个描述中国自 20 世纪 70 年代末以来经济发展和政治治理方式的词语。尽管这个词对不同的人来说具有不同的含义,但它一般指中国在"一党制"政府强调稳定高于一切的前提下建立自由市场资本主义的方法。简而言之,中国模式是一个"经济自由"和"政治高压"的结合体。[②] 但作者试图以这两个特征来理解当代中国是严重的误解。作为一个经济模式,中国的确已经建立了自由市场经济的各方面,劳动、资本、商品自由流通在增强。但政府依然保持着对经济战略因素以及宏观工业,包括公共事业、交通、电信、金融,以及媒体的最终控制。更准确地说,中华人民共和国是一个由大型的中央企业、混合型的地方和外资企业,小型资本主义企业构成的三维企业体系。同样地,在政治上,中国模式也是一个"三维结构",它由基层民主、中层试验、上层精英构成。这样的模式在中国是独一无二的。这种模式既是现实的,也是理想的。说它是现实的是因为它是中国过去三十多近四十年政治体制改革的特征。说它是理想的是因为它常常被用来作为政治改革以及可能改进的建议领域方面的价值评价标准。

（三）"四件事情说"

国际金融论坛首席经济学家乔纳森·安德森（Jonathan Anderson）认为,

---

① 参见 Barry Naughton, *Singularity and Replicability in China's Developmental Experience*, See Seeking Changes:The Political Development in Contemporary China, Central Compilation & Translation Press,2011,p. 163。

② 参见 Daniel A. Bell, *The China Model: Political Meritocracy and Limits of Democracy*, Princeton University Press,2015。

中国的成功取决于中国做对了四件事情：

第一件事，20 世纪 70 年代末 80 年代初，中国农村实行了家庭联产承包责任制。政府向农民提供土地，农村生产力迅速提高，农业生产领域开始了以市场为导向和动力的转型，从而为中国的进一步发展提供了储蓄和盈余。

第二件事，80 年代末，中国开始了大规模的轻工业生产出口。出口增长并非自上而下的命令式改革，而是市场所推动的自下而上的自发变革。外来投资在沿海省份创造了就业机会，为上千万人提供了工作，消化了多余的农村人口。

第三件事，国有企业改革解决了重工业问题。1995 年、1996 年中国产能过剩，过度投资，信用透支。当政府采取银根紧缩的政策后，国有工业经济整体亏损。决策者关闭了成百上千的国有企业，2800 万国有企业工人下岗。因此，产能过剩问题得到解决，企业也被迫接受市场经济规则，进而形成非常有竞争性的局面。

第四件事，就是放开房地产市场，特别是住宅市场。1998—2000 年间，住宅实现了私有化，使得房屋产权发生戏剧性的转变；而在此之前，中国没有私有住宅。接下来的 10 年，也就是 2000—2010 年间，中国经济增长的主要动力不在于出口和基础产业投资，而在于房地产和建筑业。为什么房地产和建筑业会成为中国经济的引擎？因为中国开始确立了住宅私有产权的改革，进而建立了信贷市场。"以上所说的 4 件事的共同之处，就是建立市场机制。到目前为止，中国在农业、轻工业出口、重工业、房地产业都建立了市场机制。而建立市场机制，就是'华盛顿共识'的一项核心内容。'华盛顿共识'还包括建立更严格的信贷控制、反补贴、减少贸易限制等，而这些都是中国政府在过去 30 年中所做的工作。因此，所谓'中国模式'的成功就是'华盛顿共识'的成功"[①]。

（四）"八大支柱说"

美国未来学家约翰·奈斯比特（John Naisbitt）在《中国大趋势：新社会的

---

① 乔纳森·安德森：《"中国模式"、"华盛顿共识"和"亚洲模式"》，载何迪、鲁利玲编：《反思"中国模式"》，社会科学文献出版社 2012 年版，第 129—130 页。

八大支柱》一书的序言中充分肯定了中国模式。他指出：中国新的社会体制依赖于八大支柱。1.解放思想。邓小平的解放思想就是号召大家摘掉意识形态上的有色眼镜看待中国的现实。号召解放思想以及"实事求是"，不仅对中国人民来说是一个新纪元的开始，对中国领导人来说也是一个巨大的挑战。解放思想不仅实现了言论、决策和选择自由，而且还是自主的必要条件。① 2."自上而下"与"自下而上"的结合。中国的政治和经济体制都仍然处在发展的初级阶段，质疑，至少以温和的方式质疑是允许的，但中国共产党的领导权却是不容置疑的。② 似乎没有更好的办法领导一个如此庞大复杂的国家走出贫穷、实现现代化了。"在中国的这个纵向政治体系中，进行决策的并不是某一个政治家，而是整个领导集体，这也自然而然减轻了单个领导所承受的压力。而且，在决策过程中，普通老百姓的意见也越来越多地被考虑在内。"③ 3.规划"森林"，让"树木"自由生长。30年前，中国就像一片大森林，所有的树木都必须是一样的，不允许标新立异。但是事实证明，这种高度一致的森林是无法实现可持续发展的。邓小平意识到这一点，于是号召人们解放思想、允许多样化存在，为中国的生存与发展迈出了关键的一步。与此同时，邓小平坚持了大的政治框架——社会主义，在这一大的政治框架内制定新的经济框架。对于西方人来说，这也许有些矛盾，但以中国人的中庸之道来看这再正常不过了。④ 4.摸着石头过河。当开始朝着某个目标进发的时候，我们并不知道会遭遇什么样的挫折和机遇。我们必须要从实践中学习。这就是邓小平格言"摸着石头过河"的基本思想。从改革一开始，中国就运用小规模试点的方式来检验哪些东西是可行的，哪些是不可行的。法规、保险、制度、教育模式、投资模式，甚至文化领域的一些做法都是在进行试点之后再向全国推广的。对

---

① 参见 John and Doris Naisbitt, *China's Megatrends : The 8 Pillars of New Society*, Harper Business, 2010, p. 35。

② 参见 John and Doris Naisbitt, *China's Megatrends : The 8 Pillars of New Society*, Harper Business, 2010, p. 43。

③ John and Doris Naisbitt, *China's Megatrends : The 8 Pillars of New Society*, Harper Business, 2010, p. 48.

④ 参见 John and Doris Naisbitt, *China's Megatrends : The 8 Pillars of New Society*, Harper Business, 2010, pp. 67-68。

于如何保留北京传统文化的探索也是如此进行的。① 5.艺术与学术的萌动。虽然经济是中国巨变中最令人瞩目的部分，但并不是全部，甚至有可能并非是最重要的部分。邓小平在早些时候就曾经说过："我们要建设两个文明，物质文明和精神文明一起抓。"以往的中国社会高度重视的是服从，听话的工人阶级在中国成为世界工厂的第一阶段中起到了很好的作用。但是，中国想要迈进第二个阶段、开发出富有鲜明中国特色的产品与设计就必须依靠不安于现状、有才能和创造精神的艺术家和知识分子。② 6.融入世界。中国积极参与世界经济、政治和文化各领域的活动，表明它正在争取与自己的发展相匹配的国际地位。"格外引人注目的是，中美双方已经多年没有关心过在社会主义和资本主义意识形态上的分歧了。中国领导人喜欢把中国的市场经济称为'中国特色社会主义'。这没有一点问题。美国也正朝着'美国特色社会主义'演变。"③未来的中美关系将成为最令人瞩目的双边关系。这两大强国将不再是敌人，而是这个经济相互依存的世界中的合作伙伴，这在历史上尚属首次。欧盟、东盟、北美自由贸易区、G8、G20这些世界贸易的受益者都在为建立全世界统一完整的经济实体添砖加瓦。20世纪末中国开始融入世界。21世纪，中国将成为世界舞台上最重要的一员。④ 7.自由与公平。中国正在探索一种兼顾自由与公平的新体制。中国政府表示，中国的总体目标就是到2020年基本消除绝对贫困现象，建成小康社会。在努力平衡自由与公平的过程中，中国的纵向民主模式拥有众多优点。"这种模式还可以使得地方政府采取措施减少社会寄生虫的数量，把更多的资金用在那些真正有需要

---

① 参见 John and Doris Naisbitt，*China's Megatrends：The 8 Pillars of New Society*，Harper Business，2010，pp. 89–90。

② 参见 John and Doris Naisbitt，*China's Megatrends：The 8 Pillars of New Society*，Harper Business，2010，pp. 111–112。

③ John and Doris Naisbitt，*China's Megatrends：The 8 Pillars of New Society*，Harper Business，2010，p. 156.

④ 参见 John and Doris Naisbitt，*China's Megatrends：The 8 Pillars of New Society*，Harper Business，2010，p. 172。

的人身上。"①8.从奥运金牌到诺贝尔奖。中国的成功是拼搏精神和创新精神结合的结果。"也许明天中国还不会有诺贝尔奖得主的出现,但是世界将认可,新型经济模式已经把中国提升到了世界经济的领导地位。"②

(五)"六个因素说"

美国国家安全顾问埃里克·安德森(Eric C.Anderson)认为,"中国模式"的成功取决于"六个因素":

1.务实的改革办法——拒绝来自国际金融机构和专家给出的实施休克疗法的建议,选择循序渐进地实施改革。

2.国家积极干预经济——制定政策,建立监管机构,控制外资,减轻全球化的不利影响。

3.与其他改革相比,更加重视经济改革。

4.承认人权的重要性和合法性,同时挑战西方坚称在这些权利的内容方面存在普遍共识的说法,主张人权取决于各地实际情况。

5.建立自由主义民主的替代体制,因而可能解决长期以来存在的、自由主义民主未能解决的社会不平等和民众福利问题。

6.使外交政策专注于主权、自决和相互尊重——公开表示本国目的是和平共处、避免权力政治。③

(六)"混合模式说"

这种观点认为,"中国模式"既保留了自己的特色,又吸取了世界各国发展模式的优点,呈现出一种"混合性"、"综合性"、"四不像"的特点。早在20世纪80年代,戴维·W.张就指出:中国特色有很多,如人口多、幅员辽阔、物产丰富、

---

① John and Doris Naisbitt, *China's Megatrends: The 8 Pillars of New Society*, Harper Business, 2010, p. 194.

② John and Doris Naisbitt, *China's Megatrends: The 8 Pillars of New Society*, Harper Business, 2010, p. 220.

③ 参见[美]埃里克·安德森:《中国预言:2020年及以后的中央王国》,葛雪蕾等译,新华出版社2011年版,第167—168页。

可耕地贫乏、生活方式和生活水平低下、饱受贫穷和落后、历史悠久的儒家传统文化、辛亥革命的挑战、苏联经济模式的失败等等。中国很难照搬任何外国的现代化模式,无论是西方的、东欧的,甚至是日本的模式。中国就是中国,它只能走自己的路。外国专家,无论是朋友还是敌人,都应当能正确评价中国的这种独特传统,它除了印度的佛教以外,历史上从未受到过外部世界的影响。戴维·W.张引用一位台湾地区经济学家的评论对中国经济改革的"混合模式"进行了描述。第一,坚持社会主义原则;第二,抛弃苏联经济体制;第三,仿效匈牙利经济模式;第四,吸收国外企业管理模式的精华;第五,学习日本的发展经验;第六,借鉴台湾地区经济成功的经验;第七,结合传统的注重实践的特色。①

俄罗斯科学院世界经济和国际关系研究所主任研究员亚历山大·萨利茨基也认为,中国模式是一种"综合性方案"。他说:"我认为,主要原因是,中国提出并实施了综合性发展方案。方案中囊括了一切:日本的经验,新兴工业国家、苏联和其他国家的经验。这一方案还伴随着中国尊重本国的历史。尊重历史是中国人固有的特点,是永不抛弃的传统。中国改革家现实地对待所取得的成就和所犯的错误。这种现实主义奠定了现代化和改革开放的基础。"②

现任澳大利亚国立大学亚太经济管理学院主任罗斯·加诺特(Ross Garnaut)在《中国 30 年改革与经济发展经验》一文中认为,在改革开放最初的 20 年里,中国经济呈现"四不像"状态:"半计划、半市场的混合体;非社会主义、非资本主义"。③ 在政治层面,"我们可以把这种体制标识为一种协商的、由发展驱动的威权主义",可称为"威权主义的升级"或"威权主义 2.0"。④ 中国改革要求在意识形态领域、决策思想领域、法律和监管体系以及经济体制等方方

① 参见 David Wen-Wei Chang, *China under Deng Xiaoping: Political and Economic Reform*, Macmillan Press, 1988, p. 266。

② 关健斌:《俄罗斯人如何解读"中国模式"》,《青年记者》2009 年第 28 期。

③ Ross Garnaut, *Thirty Years of Chinese Reform and Economic Growth: Challenges and How it Has Changed World Development*, See Seeking Changes: the Political Development in Contemporary China, Central Compilation & Translation Press, 2011, p. 173.

④ 参见 Barry Naughton, *Singularity and Replicability in China's Developmental Experience*, See Seeking Changes: the Political Development in Contemporary China, Central Compilation & Translation Press, 2011, p. 148。

面面实现转型。最重要的是它要求中国人在思想上进行新的知识积累,因为中国人要学会在经济和社会发生根本性变革的世界中对新旧事物采取不同的处理方式。这些意识形态、观念、知识、政策、体制、法律和经验的转型是相辅相成的。它们相互加强,直到解释周围世界的新方式形成并且与中国人的理念融为一体。在第三个十年的某些增长阶段,中国已经不再是一个"四不像经济"了。它已经成为一个巨大的市场经济。①

(七)"市场社会主义说"

这种观点认为中国的成功在于摆脱原有的计划经济模式,效仿原东欧国家的试验,走了"市场社会主义"的路子。这是对"中国模式"的误解。中国在改革开放的进程中,注意吸取东欧国家的经验,但并不照搬照抄。莫斯科大学教授布坚科认为,"中国进行的以建成有中国特色社会主义为目标的变革,被视为'市场社会主义'的成功尝试之一,中国的理论与实践是市场社会主义发展史上十分重要的一页,在苏联东欧市场社会主义失败之后,它代表了市场社会主义发展的主流和方向,有着深远的理论和现实意义"②。美国纽约大学政治学教授伯特尔·奥尔曼(B.Ollman)也认为,"中国证明了一种市场社会主义的形式是与广泛扩大其物质利益的充满活力的经济相适合的。"③澳大利亚著名财经记者罗斯·吉廷斯(Ross Gittins)在《中国独自进行市场社会主义试验》一文中指出:"市场社会主义的试验始于50年代初期的南斯拉夫……原苏联和东欧国家改革中央计划经济的尝试失败后,使人们对市场社会主义彻底不抱幻想,这主要归咎于它们未能在整个过渡时期保持宏观经济的稳定。而1989年东欧剧变的部分原因就是市场社会主义试验的失败,现在进行市场

---

① 参见 Ross Garnaut, *Thirty Years of Chinese Reform and Economic Growth: Challenges and How it Has Changed World Development*, See Seeking Changes: the Political Development in Contemporary China, Central Compilation & Translation Press, 2011, p. 175。

② [俄]布坚科:《从中、苏、俄的经验看市场经济和市场社会主义》,王峰连、李传勋摘译,《现代国际关系》1996年第9期。

③ [美]伯特尔·奥尔曼:《市场社会主义:社会主义者之间的争论》,段忠桥译,新华出版社2000年版,第6页。

社会主义试验的,仅剩下了中国,只有在中国,我们才能看到市场社会主义的试验进行到底。"①

美国国际行政管理研究院诺曼·莱文(Norman Levine)教授认为:"从邓小平所倡导的农村合作制和中国农村改革的实际情况看,由于邓小平主张农民参与管理,可以认为邓小平的思想来源于'前南模式',从中国后来推行的市场体制看,邓小平的思想接受了东欧的'市场社会主义'模式",……"在中国,随着市场机制的启动,社会面貌随即改观,人民生活水平得以提高,这就是市场社会主义的贡献。"②实际上,20世纪50年代东欧国家的试验与80年代苏东国家的改革是有本质区别的。中国借鉴东欧国家的经验,强调"计划"与"市场"的结合,但拒斥以"新自由主义"为主导的"休克疗法"。正如美国经济学家萨缪尔森指出的:"中国过去长期实行的是苏联模式的中央计划经济,它造成了普遍的效率低下并使大批国营企业亏损,但是,如果实行完全的自由市场经济,那也是非常大的错误,我认为应该保持政府在经济中的重要角色,在这一点上,社会主义市场经济这一提法中的'市场'一词,应在政府离开问题百出的旧经济体制的时候得到合理的平衡,从这个意义上说,社会主义具有真正的意义,它和过去旧的斯大林主义概念完全不同。"③美国学者 M.J.戈登(M.Joseph Gordon)说:"虽然中国的改革也许不是其他国家应该简单地加以仿效的模式,但是说明温和的改革是可行的。"④

(八)"并不独特说"

这类观点以偏概全,以"树木"代替"森林",认为"中国模式"只是对别国模式的简单模仿,并不具有独特性。美国麻省理工学院斯隆管理学院政治经济和国际管理教授黄亚生(Yasheng Huang)指出,中国学术界有一种很普遍的

---

① 罗斯·吉廷斯:《中国独自进行市场社会主义试验》,澳大利亚《悉尼先驱晨报》1992年7月4日。

② 詹宇国:《马克思主义与市场社会主义——访莱文教授》,《新视野》1999年第4期。

③ 贺雄飞:《中国为什么不高兴》,世界知识出版社2009年版,第279页。

④ [美]M.J.戈登:《中国的市场社会主义道路》,唐伯尧译,《现代外国哲学社会科学文摘》1992年第9期。

看法,认为中国模式是独一无二的。这种主流观点认为,中国高度集中的政治体制、高速增长的经济增长率以及独特的儒家文化传统,共同构成了"中国模式"的重要特征,其他国家难以和它相提并论。黄亚生反对这种观点。在他看来,中国经济的发展模式并不独特。无论是中国的成功经验还是发展困境,都不是中国特有的,都可以从世界其他国家的身上找到影子。从成功经验来讲,中国的发展类似于东亚各国。东亚各国经济的高速发展可以归功于其早期成功的土地改革、民营部门的茁壮成长(虽然是在政府的干预下)以及政府对教育和卫生事业的大规模投入。中国的情况和东亚各国很相似:1978 年的土地改革虽不彻底,但亦是一次伟大的变革。中国的民营部门在过去的 30 年内高速增长,举世瞩目。另外,中国政府在 20 世纪 50—70 年代对公共教育和卫生的投入也很巨大。正是这些投入,奠定了中国过去经济发展的基础。从欠缺方面来讲,中国的不足也能在拉美国家中找到影子。在拉丁美洲,巨大的贫富差距困扰着每一位执政者。另外,国有企业和垄断资本的大量存在严重压缩了民营企业的生存空间。在拉美各国,居民消费普遍过低,居民个人收入远低于整个国家国内生产总值的增速。拉美国家的发展困境也正是目前中国发展的困境。[①]

现任美国耶鲁大学管理学院教授陈志武也持同样的观点。他在台湾地区出版了一本名为《没有中国模式这回事》(*China Model Never Exists*)的书,明确否定"中国模式"。他认为,中国过去 30 年经济的快速增长恰恰证明:市场经济是实现人类解放、增加个人自由、增加个人财富水平的根本出路;如果这个过程出现停滞或者逆运行,整个社会的自由、福利和福祉都会出现倒退,不管是在中国还是其他国家。"在我看来,中国的改革经验恰恰证明,新自由主义主张的经济、政治模式非但没有得到否定,反而得到了中国经验的支持。"[②]中英可持续发展对话的国家协调员里奥·霍恩指出:"中国的经验有多少可以或者应该输出值得怀疑。'经济自由加政治镇压'是对'中国模式'十分普遍

---

①　参见[美]黄亚生:《"中国模式"到底有多独特?》,中信出版社 2011 年版,"自序",第Ⅷ页。

②　《没有中国模式这回事:对话陈志武》,《南方人物周刊》2011 年第 28 期。

的概述。认为这会为威权政体制定蓝图的建议是具有误导性的,也是危险的。"①傅高义认为,在很多方面,中国确有独特的做法。自1978年后,中国在共产党的领导下进行改革开放,走向市场经济,这个过程的确有其独特的方面。但是另一方面,中国的经济和社会发展与中国台湾地区及日本、韩国有很多相似之处,都属于亚洲后期快速发展的一种模式。中国领导人的政策比较明智,允许多种经济形式共存,所以经济成绩显著。中国和美国的发展都有极其独特的条件,但不能用所谓的"中国模式"和"美国模式"来概括。②

(九)"时髦术语说"

这类观点因尚未全面了解"中国模式",因而对"中国模式"持怀疑态度。美国历史学家德里克指出:"如果你想要你的思想非常有市场,那就贴上'共识'的标签,这表明它是一个极其重要的系统的理论。""北京共识"这一术语源自其含义,但其吸引力不再是经济或政治方面的内容,而是它在全球的政治经济中所承担的角色的内涵,它可以成为反对美帝国主义的一面旗帜,把那些反对美帝国主义的人召集至麾下。"北京共识"似乎早在20世纪90年代中期就已经有人提出,雷默的贡献在于把它同中国发展模式联系在一起。如果我们仔细研究雷默的文章就不难发现,该文有许多不确定性,其原因一方面在于全球力量发生了一系列根本性的变化;另一方面,在于雷默在其文章中意欲用"北京共识"这一概念来取代新自由主义。即使粗略地浏览文章也不难发现这篇文章结构上的一些根本性矛盾,这是由于雷默先生通过避而不谈的迂回,或者通过用一些比喻如用"实力物理学"这样精确无误的科学概念,以此为幌子来掩盖日常的观察。③

---

① [英]里奥·霍恩:《中国模式背后的真相》,英国《金融时报》2008年7月29日。

② 参见《哈佛"中国通"谈中国研究与中国模式——专访傅高义教授》,《中国社会科学报》2009年7月1日。

③ 参见[美]德里克:《"北京共识":谁承认谁,目的何在?》,载俞可平等主编:《中国模式与"北京共识":超越"华盛顿共识"》,社会科学文献出版社2006年版,第100、101页。

第三世界论坛主席萨米尔·阿明(Samir Amin)也认为,"现在谈这个('北京共识')没有太大意义,这还是个过程,还处在寻找、探索的过程中。"①李侃如认为,中国模式并未成功摆脱传统的消极影响。"在 20 世纪的中国历史上,几乎每十年都会遭遇后果巨大的政治巨变:1912 年绵延几千年的帝制终结;1910 年代末的五四运动;20 年代国共合作乃至后来的北伐;30 年代末日本对中国的占领;40 年代末国民党的溃败和共产党的胜利;50 年代末的'大跃进'和随之而来的大饥荒;60 年代末的'文化大革命';70 年代末进行的后毛泽东时代影响深远的改革;80 年代末的政治风波。90 年代被证明是这个世纪中国政治最稳定和经济繁荣的 10 年,但是正如本书修订版所阐释的,认为中国已经抵达通向成功的完全安全通道,还为时尚早。"②

(十)"七个假设说"

这种观点认为,"中国模式"还在形成之中,"北京共识"还只是一个假设。这一观点的代表人物是德国杜伊斯堡-埃森大学政治学研究所、东亚研究所所长托马斯·海贝勒。他认为,中国正处在从计划经济向市场经济的转型期,"因此我认为所谓的'中国模式'并不存在。中国的这一转型期将伴随着急剧的社会变革和政治改革,这一过程是渐进的、增量的,在这种条件下,我们谈论'中国模式'还为时过早。"③然而,中国的发展进程有着自己鲜明的特征,有其特殊性,甚至可以认为是独一无二的。中国的发展可能来自"七个假设"。第一,中国共产党的一党领导体制在经历了"转型"、"巩固"两个阶段后,目前已进入第三阶段,即"适应"阶段。第二,中国并非是一种同质的、铁板一块的权威主义政体,而是一种分散的或分权的权威主义体制。第三,中国是一个发

---

① 俞可平等主编:《中国模式与"北京共识":超越"华盛顿共识"》,社会科学文献出版社 2006 年版,第 44 页。

② [美]李侃如:《治理中国:从革命到改革》,胡国成、赵梅译,中国社会科学出版社 2010 年版,第 4 页。

③ [美]托马斯·海贝勒:《中国是否可视为一种发展模式?——七个假设》,载俞可平等主编:《中国模式与"北京共识":超越"华盛顿共识"》,社会科学文献出版社 2006 年版,第 113 页。

展主义的国家(Developmental State)。第四,政治实用主义是中国发展模式和政治文化的显著特色。第五,中央领导层和中央政权拥有合法性与信任。第六,中国的民族主义或爱国主义,与其说是一种富有侵略性的、外部化的意识形态,还不如说越来越多地具有对内的职能。第七,中国政治正从统治向治理转型,目标是建设一个和谐社会。① 在这里,我们可以看出海贝勒极其矛盾的心理:一方面他不愿承认有"中国模式"存在,另一方面又看到中国确实的发展。他不能确定这种发展的理由,而将之归结为"假设"。与海贝勒极为相似的是美国哈佛大学费正清研究中心傅高义的观点。

二、从中华文明发展史理解中国模式

习近平同志指出,实现中国梦必须走中国道路。这就是中国特色社会主义道路,这条道路来之不易。它是在改革开放40年的伟大实践中走出来的,是在中华人民共和国成立60多年的持续探索中走出来的,是在对近代以来170多年中华民族发展历程的深刻总结中走出来的,是在对中华民族5000多年悠久文明的传承中走出来的,具有深厚的历史渊源和广泛的现实基础。笔者认为,对"中国模式"的成功,不能简单地从某一个时间段上来理解,而要放置到中华民族上下传承的整个历史中来理解。

(一)中华古代文明的深厚滋养

习近平总书记指出:"我国古代以农业立国,农耕文明长期居于世界领先水平。汉代时,我国人口就超过6000万,垦地超过8亿亩。唐代长安城面积超过80平方公里,人口超过100万,宫殿金碧辉煌,佛寺宝塔高耸,东西两市十分繁荣。诗人岑参就有'长安城中百万家'的诗句。北宋时,国家税收峰值达到1.6亿贯,是当时世界上最富裕的国家。那个时候,伦敦、巴黎、威尼斯、

① 参见[德]托马斯·海贝勒:《中国是否可视为一种发展模式? ——七个假设》,载俞可平等主编:《中国模式与"北京共识":超越"华盛顿共识"》,社会科学文献出版社2006年版,第114—118页。

佛罗伦萨的人口都不足 10 万,而我国拥有 10 万人口以上的城市近 50 座。"①中华民族是一个拥有 5000 多年文明史的伟大民族。在古代世界的发展中,中华文明曾经一路领先,成为"中国模式"深厚的历史基础。

1.中国是农耕文明的发祥地之一。考古发现,大约在距今 1 万年左右,在黄河、长江流域的广大地区,就已经开始出现原始农业活动的迹象。世界上许多重要的农作物品种,其原产地和培育国都在中国。有人曾统计,中国栽培植物的种类最丰富,共 136 种,占全世界 666 种主要粮食、经济作物以及蔬菜、果树等作物总数的 20%左右②。在粮食作物方面,像粟、黍、稻、大豆、绿豆的原产地就在中国,我国还独立培育成功了高粱和小麦。在蔬菜品种方面,我国蔬菜种类繁多,品种丰富,总数大约有 160 种以上,其中一半是原产于我国的品种,如油菜、芥菜、白菜、葫芦、瓠瓜、柿子椒等等,它们或者是我国原产,或者是我国首先培育成功的品种。我国还是世界上最大、最早的水果原产地之一,原产水果品种丰富,如桃、李、杏、梅、甜橙、甜瓜等即是。我国还是茶叶的原产地。相传早在 4000 多年前,我国就开始了种茶和饮茶的历史。秦汉以降,饮茶之风渐盛。到中唐时,陆羽开创性地研究了种植茶叶的历史,加工、生产茶叶的方法、工具以及饮茶风俗等内容,系统地编著了世界上第一部茶叶学专著——《茶经》,因而被后人祀为"茶神"。

与农耕生产关系密切的家畜饲养业,在我国开始出现也很早,至今大约有八九千年的历史。中国传统家畜所称的六畜:马、牛、羊、猪、狗、鸡,大约在新石器时代都已驯育成功并得到发展。我国是世界上最早饲养家鸡的国家,也是世界上最早饲养猪的国家。有人研究指出:中国猪种向以早熟、易肥、耐粗饲和肉质好、繁殖力强而著称于世。现今世界上许多著名猪种,几乎都含有中国猪的血统。我国还是世界上最早驯化和饲养家蚕的国家。早在五六千年前,我国先民就熟练地掌握了养蚕缲丝技术。

我国古代农耕文明的成就,与先进农业生产工具的发明和创造分不开。

---

① 习近平:《在省部级主要领导干部学习贯彻党的十八届五中全会精神专题研讨班上的讲话》,《人民日报》2016 年 5 月 10 日。

② 参见彭林等:《中华文明史》,河北教育出版社 1989 年版,第 100—101 页。

像牛耕和铁农具的使用,具有划时代的重要意义。有些农业生产工具,在相当长的历史时期中还曾处于世界领先地位。例如犁,早在公元 12 世纪时,就由于装置了犁壁,从而大大地改进了犁的性能,使之成为世界上最先进的一种犁。欧洲使用同样的犁比中国晚了近 1000 年。耧车、翻车、石碾(水碾)、扇车等农机具也都是我国最先发明的。据英国科技史专家李约瑟先生考证,西方使用这些农机具都比中国晚了将近一二千年。我国古代农业机械的发明与使用,体现了我国劳动人民在农业生产中所具有的丰富经验和高度智慧,这也是我国古代文明的一个重要组成部分。

中华农耕文明历经夏、商、周的惨淡经营,到秦汉时期,就已达到当时世界的先进水平。在农耕技术方面,如精耕细作、选种育种、集约化生产、轮种复作制、施肥灌溉技术、农田水利建设等等,长期以来走到世界发展的前列。同时,还形成了一整套完整的农业科技理论,中国古代留存至今的 300 多种农书就是其真实记录。像汉代的《氾胜之书》、北魏贾思勰的《齐民要术》、元代王祯的《农书》和明代徐光启的《农政全书》,都是杰出的农业科技著作,这在世界农耕文明史上也是极其罕见的。所以国外学者认为,中国早在公元 6 世纪就已形成了即使从世界范围看也是卓越的、杰出的、系统完整的耕作理论。[①] 中国农耕文明的发展超过了古代世界上任何一个地区,成为农耕文明的一大典范,为世界农业文明的发展作出了巨大的贡献。

2.科技发明曾经长期领先世界。中国科技的杰出代表首推四大发明:造纸术、印刷术、火药和指南针,对人类文明发展进程曾经产生了至为深远的影响。西方近代科学之父培根曾这样说:"印刷、火药和磁石,这三种发明已经在世界范围内把事物的全部面貌和情况都改变了。……并由此又引起难以数计的变化来;竟至任何帝国、任何教派、任何星辰对人类事务的力量和影响都仿佛无过于这些机械性的发现了。"[②]马克思也高度评价说:"火药、指南针、印刷术——这是预告资产阶级社会到来的三大发明。火药把骑士阶层炸得粉

---

① 参见彭林等:《中华文明史》,河北教育出版社 1989 年版,第 150 页。
② [英]培根:《新工具》,许宝骙译,商务印书馆 1984 年版,第 103 页。

碎,指南针打开了世界市场并建立了殖民地,而印刷术则变成新教的工具,总的来说变成科学复兴的手段,变成对精神发展创造必要前提的最强大的杠杆。"①可以说,四大发明在某种程度促成了世界旧秩序的崩溃和新体系的到来。

考古新发现表明,我国贡献给世界文明的古代科技发明创造不胜枚举。其中在数学、天文学、冶金、造船、陶瓷等方面就长期走在世界的前列。我国当代著名数学家吴文俊先生曾对我国古代数学进行了深入的研究,共列出多项领先世界的杰出贡献。由此他认为:"近代数学之所以能够发展到今天,主要是靠中国的数学"②。在天文学方面,中国在天象记录方面的连续性、完备性和准确性,是世界上任何国家都无法相比的。中国还发明和创造了世界上最早的用于天体测量的各种仪器,制定出了世界上最先进的历法,像元代郭守敬制定的《授时历》,将一年精确到365.2425天,这与地球绕太阳公转一周的实际时间仅差26秒,跟现在世界上通用的格里高利公历完全相同,却比它早300多年,是当时世界上最先进的历法。在陶瓷方面,我国素有"瓷器大国"和"世界瓷国"的美称。早在商周时期,我国就已经能够烧制出原始瓷器,其后经历了从青瓷、白瓷到彩瓷的发展过程,生产技术长期领先于世界。美国著名学者德克·卜德曾说:"自太古以来,几乎所有的人类都会用黏土烧制陶器碗、盘、瓮等物品,但是瓷器却被公正地作为中国人独具智慧的产品而受到赞誉。"③正因为如此,中国在英语中的称谓"China",还有瓷器、陶器之意。在冶金技术方面,也长期领先于世界各国。早在商周时期,中国就发明并掌握了世界上最先进的古代铸造技术,创造出了灿烂辉煌的青铜文明。其后又掌握了人工冶铁技术,发明和创造了一整套生铁冶炼和炼钢技术,这比西方早了约一两千年。在造船方面,我国的造船技术在15世纪以前一直处于世界领先地位。像唐代造船已采用的水密舱结构技术,是具有世界意义的创举;宋代打造

---

①　马克思:《机器、自然力和科学的应用》,人民出版社1978年版,第67页。

②　吴文俊:《中国古代数学对世界文化的伟大贡献》,载《吴文俊文集》,山东教育出版社1986年版,第2—11页.

③　[美]德克·卜德:《中国物品西传考》,《中国文化教育》第二辑,第355页。

的车船,安装木叶轮,人为踏动,其行如飞,是近代轮船的鼻祖;尤其是开始用指南针导航,开创了人类航海史上的新纪元。明代郑和七下西洋,更是规模空前、驰誉中外的壮举,反映了明代高超的造船技术和先进的航海技术。可以说,在郑和下西洋前后,中国的造船和航海技术一直处于世界领先地位。

此外,在医学方面,中华医学更是独树一帜,它以系统完整、博大精深的理论体系,高超的医疗技术和丰富的典籍闻名于世。在当今世界,中医日益受到各国人民的普遍关注与应用。李约瑟先生的学生坦普尔曾把中国誉为"发明与发现的国度",他把中国的主要科技发明,罗列为"中国的一百个世界第一"。内容包罗万象,航运、石油工业、气象观测、数字、纸币、多级火箭、水下鱼雷、载人飞行,以至白兰地、威士忌等,都能在中华文明的成果中找到它们的源头。① 的确,辉煌灿烂的中国古代科技成就对人类文明的发展作出了不可估量的贡献。

3.高度发达的商品经济和城市文明。商品经济和城市的发展状况是一个民族文明发展程度的显著标志之一。中国古代的商品经济起源很早,且非常发达。在先秦古籍中,就可以看到许多关于商品交换与市场流通的记载。"商人"一词的出现,就和商朝人擅于经商有关。

周秦之际,各地商品经济更趋活跃,商业空前兴盛。特别是到春秋战国时期,"工商食官"制度被打破,不少诸侯国对商业采取了保护政策,主张"通商惠工","开关梁,弛山泽之禁"。社会上出现了一批大商人,如管仲、子贡、段干木、范蠡、吕不韦等,他们不但擅于经商,而且积极干政。郑国商人弦高犒师退敌的事迹,更是传为千古美谈。同时,一些大商人还从经商实践中,总结出一套诸如"人弃我取,人取我与"、"时贱而买"、"时贵而卖"的经商经验,并被先秦诸子上升为理论,对后世商品经济的发展起了指导作用。

秦汉以降,随着农业、手工业和科学技术的不断进步,商品经济更加发展。长距离的商品贩运,很早就打破地域性的限制,各地商品货物,可谓"无远不

---

① 参见[英]罗伯特·坦普尔:《中国的一百个世界第一》,《新华文摘》1987年第6、7、8、10期;1988年第3、4、5、6、7期。

至",形成全国性的商业联系,市场较前更为繁荣。尤其是汉、唐、宋、明这几个封建王朝,商业城市"棋布栉比",商品货币经济空前发达,商业管理机构相继成立,对外贸易日益扩大,外商来华不绝如缕。在一个相当长的时期里,中国几乎是国际商业的中心,在世界经济贸易格局中占据了主导地位。

商品经济的发展促进了货币的使用和发展。货币是商品经济发展的产物。中国古代货币的起源很早,它大体上起源于夏朝,发展于殷商,形成于春秋战国,统一于秦朝。中国古代货币源远流长,影响深远,连贯性强;历代货币种类繁杂,形制多样,币材广泛,有海贝、皮革、布帛、谷物、金银、钱币、纸币,为世界货币之冠;货币思想及货币制造技术工艺处于当时世界领先地位。① 货币的大量使用,与西欧中世纪货币"几乎没有地位"的局面形成了鲜明的对比。北宋时期,诞生了世界上最早的纸币——交子,更是中国对于世界货币发展史的一大贡献。到元朝时古代纸币的使用和发行达到全盛,形成世界上最早的纯纸币流通制度,在世界货币史上占有特殊的地位。

商品经济的发展带动了城市的繁荣。中国古代商品货币经济的发展和城市文明的繁荣是西欧中世纪所无法比拟的。早在原始社会末期,中国就已普遍出现城邑。② 到殷商时期已经出现规模相当可观的城市,商朝后期的都城殷墟就是典型的中国古代城市遗迹。③ 到战国时期,城市的规模更加扩大,像齐国的都城临淄,"人肩摩,连衽成帷,举袂成幕,挥汗成雨"④,可谓盛况空前;唐宋时期的长安、洛阳、扬州、成都、开封、杭州、泉州、广州、北京、南京等城市,都是闻名世界的国际化大都市;而明清两代的城乡工商业集镇,更是遍布全国。

从城市的规模而言,有人曾对中世纪世界上最大的 10 大城市进行过统计,其中前 7 大城市都在中国(见下表)⑤:

---

① 参见王炜民主编:《中华文明简史》,内蒙古大学出版社 1999 年版,第 239 页。
② 参见李学勤主编:《中国文明的起源与早期国家形成途径的思考》,云南人民出版社 1997 年版,第 59 页。
③ 参见李学勤:《失落的文明》,上海文艺出版社 1997 年版,第 86 页。
④ 《战国策·齐策一》。
⑤ 王永平:《论中华文明在世界文明史中的地位》,《阴山学刊》2002 年第 6 期。

城市	建筑年代	面积（km²）	城市	建筑年代	面积（km²）
隋唐长安	583 年	84.1	北魏洛阳	493 年	73
明清北京	1421—1553 年	60.2	元大都	1267 年	50
隋唐洛阳	605 年	45.2	明南京	1366 年	43
汉长安	公元前 202 年	35	巴格达	800 年	30.44
罗马	300 年	13.68	拜占庭	447 年	11.99

像隋唐长安城、北宋开封，都是超过百万人口的超特大都市。而欧洲中世纪的城市，居民一般不过 5000 人至 1 万人，最大城市约 5 万人至 10 万人，而且这还是 14 世纪初的情况。在公元 7—9 世纪，欧洲能有一座 2 万居民的城市便称得上是很了不起的地方了。数百年间，欧洲城市的街道狭窄，房屋毗连，上层楼房突入街心，致使街道光线晦暗，城市广场和街道全无铺砌，晴天尘土飞扬，雨天道路泥泞，空气污浊，瘟疫经常发生。① 难怪当时的外国人看到中世纪中国的城市，立即会对其规模和繁荣程度发出赞叹。

4.独具特色的精神文明。古老的中华文明还以独具特色的文学艺术、哲学、史学、教育等领域的精神文明成果而屹立于世界民族之林。美国著名中国学研究专家费正清指出："对于艺术、文学、哲学和宗教领域的人文学者来说，中国的传统社会是西方文化的一面镜子，它展现出另外一套价值和信仰体系、不同的审美传统及不同的文学表现形式。对于社会学家来说，中国在人类学、社会学、经济学、政治学及历史学方面的文献记载，就某些时代或某些领域而言，远比西方丰富、详实。"② 此话可谓公允。

就艺术而言，中华艺术流派众多，成就巨大，具有高超的艺术技巧。古老的汉字书法艺术是中国特有的一门艺术。绘画是中华文明艺术宝库中又一颗璀璨的明珠，它以线条为主，讲究意境、散点透视，以形写神，形神兼备，与西洋画风形成鲜明对比，具有独特的东方魅力和艺术风格。雕塑，除了有享誉世界

---

① 参见黄新亚：《消逝的太阳——唐代城市生活长卷》，湖南出版社 1996 年版。

② ［美］费正清：《中国：传统与变迁》，张沛、张源、顾思兼译，世界知识出版社 2002 年版，第 2—3 页。

的石窟、陵墓、建筑雕塑艺术外,还有被誉为"世界第八大奇迹"的秦始皇陵兵马俑。戏剧艺术,更是具有鲜明的民族特色和独特的美学特征,也是世界上最富有生命力的艺术形式。中国戏剧和古希腊戏剧、印度梵剧并称为世界三大最古老的戏剧,但后两种早已寿终正寝,只有中国戏剧一枝独秀,至今生命之树长青。音乐舞蹈艺术也历史悠久,独具东方神韵,中国民乐、汉唐乐舞,曾迷倒无数外国友人。中国的杂技艺术也别具一格,至今已有 3000 多年的历史,这在世界杂技史上也是罕见的。

从文学而言,我国古代文学领域呈现一片姹紫嫣红、气象万千的气派。像先秦散文、汉赋、魏晋骈体文、唐诗、宋词、元曲、明清小说等,各领风骚 300 年。仅唐诗一项,总数约 5 万首,有名可数的作者即达 2300 多人。涌现出了灿若星辰的著名诗人、小说家、戏剧家,即使是在世界范围来看也是毫不逊色的。像元代戏剧家关汉卿,其作品比晚于他 3 个世纪的英国戏剧之父莎士比亚,几乎多出一倍,无论是数量,还是质量,都属于古代世界首屈一指的最伟大的戏剧家。中华文学已经成为世界文化的珍贵遗产。

我国古代哲学、伦理道德、史学、教育的最大特点是以人为主体,以人为考虑一切问题的根本和出发点,在天地人(自然与人的关系)之间,强调人为贵,主张天人合一;在神、人之间,肯定以人为中心,人本主义思潮始终占据主导地位。而不是像欧洲中世纪那样,以神为本,一切思想文化甚至科学的发展都成为神学的奴婢。中国古代的各种哲学流派,始终坚持鲜明的人文主题,反对玄思妙想。像儒家学派,一贯坚持人本主义立场,反对以神为本。儒家学派的创始人孔子虽然承认天命,但对鬼神采取存疑态度,"子不语怪力乱神"。他教导弟子:"敬鬼神而远之"。当弟子们问他如何事鬼敬神时,他回答说:"未能事人,焉能事鬼?"又问人死后的情况,答曰:"未知生,焉知死?"始终将现实的人事、人的生命放在第一位,关注现实的社会人生问题。中国古代的另外一个重要的哲学流派道家学派,也充分肯定个体价值和精神自由,强调人在自然界的重要地位。道家学派的创始人老子就说过:"道大,天大,地大,人亦大,域中有四大,而人居其一焉。"即使是像中国土生土长的宗教道教,也和世界上其他地区所产生的宗教鲜明地区别开来。道教关心的不是来生和死后的世界,而是关注如何延长现世生活的享乐与达到肉体的永生。人本思潮的确立,对于抵制宗教神学的泛滥起了重大的作用,从而避免使中华民族陷入整体的宗教迷狂状态。

伦理道德是中国传统文化的核心,也是中国文化对人类文明最突出的贡献之一。中国古代伦理道德的核心是以家庭为本位,强调自身道德的修养与品格的完善,它的一些优秀内容,如仁爱孝悌、谦和好礼、诚信知报、精忠爱国、克己奉公、修己慎独、见利思义、勤俭廉正、笃实宽厚、勇毅力行等,至今仍具有普遍的现实意义。有人说中国文化是伦理型文化,教人如何做人的道理;而西方文化则是法理型文化,强调如何做事的方法。在伦理型文化社会里,做事先讲究做人,万事"德"字当头,讲究诚信,这在现代社会仍然是值得借鉴的一个重要方面。

中国古代的史学也是中华文明的重要组成部分。中国古代史学之发达,内容之丰富,形式之多样,制度之完备,史家之杰出,理论之精善,系统之完备,纪事之完整连贯,是任何国家都无法比拟的,黑格尔曾说:"中国'历史作家'的层出不穷、继续不断,实为任何民族所比不上的。"①李约瑟也曾说:"中国所能提供的古代原始资料比任何其他东方国家,也确比大多数国家都要丰富。……中国则是全世界最伟大的编纂历史传统的国家之一。"②尤其是以司马迁所创作的《史记》为代表的纪传体的二十六史的编纂,连续不断地记载了上起传说中的黄帝,下迄清末长达五千余年的历史,真实地记录和保存了中华文明的悠久历史和灿烂文化,这在世界文明史上也是仅见的。

我国古代的教育,也长期走在世界的前列,像孔子那样具有深远影响的教育家,在世界上是独一无二的。我国汉代的太学,是世界上最早出现的高等学府。唐代设立的律学、算学、书学等则是世界上最早出现的分科高等专业教育,这比欧洲同类学校的出现,大约早一千年。另外,从隋唐时期开始实行的

---

① [德]黑格尔:《历史哲学》,王造时译,生活·读书·新知三联书店1956年版,第161页。

② [英]李约瑟:《中国科学技术史》,《中国科学技术史》翻译小组译,科学出版社1975年版,第153页。

通过科举考试选拔官吏的制度,曾被外国教育家认为是当时选拔人才的最好制度,将其誉为中国贡献给世界文明的"第五大发明"。此外,中国人还发明了许多娱乐和体育项目,像围棋、象棋、七巧板(唐图,中国的拼板游戏)、蹴鞠(现代足球的祖先)、武术等等。①

(二)模仿欧美模式的历史经验

向西方学习,走欧美模式现代化之路,这是由近代中国的历史条件决定的。一方面,欧美国家是世界上最早完成科技革命和工业革命,实现了现代化的国家;另一方面,欧美国家打上门来,顷刻间打败了具有5000年文明史的"中央大国",中国从此沦为半殖民地半封建国家,任凭列强瓜分土地,搜刮财富,让中国人见证了西洋工业文明的厉害。

1.魏源、林则徐的"师夷长技以制夷"思想。林则徐和魏源是最早主张向西方学习的人。在他们看来,现代化首先是技术现代化,只要把西方国家的先进技术学到家,富国强兵,就能抵御列强的侵略。林则徐在《四洲志》中提到,英国"惟技艺灵巧。纺织器具俱用火轮、水轮,亦或用马,毋须人力"。法国"精技艺,勤贸易,商船万四千五百三十"。俄罗斯彼得大帝隐姓埋名,深入荷兰"岩氏达览等处船厂、火器局,讲习工艺,旋归传授,所造火器战舰,反优于他国。"中国如果能够效仿西方诸国,也能做到"器良技熟,胆壮心齐"。魏源则在《海国图志》中进一步提出"师夷长技以制夷"的口号。他说:"不善师外夷者,外夷制之。"并且指出:"夷之长技有三:一,战舰;二,火器;三,养兵练兵之法"。魏源还提出要"师夷"、"制夷"、"必先悉夷情",而"欲悉夷情者,必先立译馆,翻夷书始"的观点。魏源、林则徐之后,梁廷枏的《海国四说》、姚莹的《康輶纪行》、徐继畬的《瀛環志略》等著作,都大量地介绍了西方国家的地理、历史、社会和经济信息,进而扩展到对西方社会政治的考察。梁廷枏在其著《海国四说》的《合省国说》中盛赞美国的议会制,"创一开辟未有之局,而俨然

---

① 此处有关古代文明的论述参见王永平:《论中华文明在世界文明史中的地位》,《阴山学刊》2002年第6期。

无恙以迄于今也"。徐继畬在《瀛環志略》中也赞扬华盛顿开创的民主制,"不设王侯之号,不循世及之规,公器付之公论,创古今未有之局,一何奇也！泰西古今人物,能不以华盛顿为称首哉"。

19世纪50、60年代,向西方学习的思想进一步深化。著名思想家沈桂芬所著《采西学议》和《制洋器议》,提出在学习西方洋枪洋炮和"农具"、"织具"等"百工所需"的各种"机轮"时,还必须学习作为基础学科的自然科学。如"算学、重学、视学、光学、化学"等,说这些基础自然科学"皆得格物之至理,舆地书备列百国山川厄塞风土物产,多中人所不及"。左宗棠中举后,因屡次会试不第,亦"益屏弃词章之业,刻厉于学",并"为舆地图说,于山川、道里、疆域沿革外,还条列历代兵事"。① 曾国藩早年虽曾师事理学大师穆彰阿、楼仁,但亦曾与楼仁一起师从尚好"经济之学"的理学大师唐鉴,所以他既治义理之学,又善"经世致用"之学。《清史稿·曾国藩传》对他评论为"功本于学问","其治军行政务求蹈实"。即使李鸿章,因早年在曾国藩幕下多年,亲"见其选将练兵,艰苦经营",自然也学到了"经世致用"的本领,所以他自称"于时事微有通晓"。

2.洋务派以实业求富强的现代化尝试。始于1861年的"洋务运动",反映了清末一批有识之士在"中体西用"思想的指导下,将西方"器数工艺"及"政教义理"付诸实践的有益尝试。

首先,仿照西方的工业技术和商业模式,利用官办、官督商办、官商合办等形式发展近代工商业,引进和移植大机器生产和资本主义生产方式,先后创办了江南制造总局、金陵制造局、福州船政局、轮船招商局等20余家工矿企业。

曾国藩、李鸿章会奏江南制造局开办情形称:"洋机器于耕织、印刷、陶植诸器皆能制造,有裨民生日用,原不专为军火而设。妙在借水火之力以省人物之劳费,仍不外乎机括之牵引,轮齿之相压,一动而全体俱动,其形象固显然可见,其理法亦确然可解。惟其先华洋隔绝,中土机巧之士莫由凿空而谈;逮其久风气渐开,凡人心智慧之同,且将自发其覆。臣料数十年后,中国富农、大贾

---

① 罗正钧:《左文襄公年谱》卷一,北京时代弄潮文化发展有限公司2009年版,第12—13页。

必有仿照洋机器制作以求利益者,官法无从为之区处,不过铜铁、火器之类仍照向例设禁,其善造枪炮在官人身,当随时设法羁縻耳。"①

1872 年,轮船招商局正式成立,李鸿章在谈到轮船招商局成立目的时说:"庶使我内江外海之利,不致为洋人占尽,其关系于国计民生者,实非浅鲜。"②1875 年,洋务派着手磁州、台湾煤矿的筹建,但并未成功。1876 年,李鸿章派唐廷枢会同矿师马立士去唐山开平勘察。1877 年,开平矿务局正匿名成立。据严中平先生统计,从 1875 年到 1891 年,中国共开办近代化煤矿 16 座。煤矿开采的初步成功,刺激了近代金属采矿业的发展。从 1881 年热河平泉铜矿总局的成立,至 1894 年汉阳铁厂的开工,14 年中人们对金、银、铜、铁、锡、铅各矿的采冶都做了尝试。1878—1890 年,上海机器织布局,从创办到开工,历时 12 年。

1877 年,直隶总督李鸿章在天津试架由直隶总署至东局子的电报线获得成功。1879 年,李氏又在大沽与天津间架设电报线成功。1880 年,他奏请架设天津至上海的电报线,并在天津设立电报总局。1885 年,张之洞向清廷建议用新法开采广东惠州等处铁矿,以制枪炮,因中法战争搁置下来。1889 年春,张之洞旧事重提,计划在广州城外珠江南岸凤凰岗建设炼铁厂。他奏称:"窃以今日自强之端首在开辟利源,杜绝外耗,举凡武备所资枪炮、军械、轮船、炮台、火车、电线等项,以及民间日用,农家工作之所需,无一不取资于铁。两广地方产铁素多,而广东铁质尤良。"③中国自办铁路始自 1881 年唐胥铁路。1881 年 6 月,唐胥铁路通车。中法战争后,李鸿章又奏请试办由胥各庄至芦台阎庄的铁路,1886 年完工。1887 年,他们再奏请将铁路延长至大沽,这就是津沽铁路。1888 年,津沽铁路完工。关东铁路于 1892 年施工,1894 年 7 月因中日甲午战争爆发而中止。至 1895 年,全国铁路共计 447 公里,加上大

① 曾国藩、李鸿章:《置办外国铁厂机器折》,载中国史学会编:《洋务运动》第 4 册,上海人民出版社 1961 年版,第 77—78 页。

② 李鸿章:《试办招商轮船期折》,同治十一年十一月二十三日,载中国史学会编:《洋务运动》第 6 册,上海人民出版社 1961 年版,第 6 页。

③ 张之洞:《筹设炼铁厂折》,光绪十年八月二十六日,载中国史学会编:《洋务运动》第 7 册,上海人民出版社 1961 年版,第 203 页。

冶铁矿所修矿路,不过 477 公里。

其次,采用西方模式训练新式海陆军,初步奠定中国近代化新式国防军基础,其中最为著名的是李鸿章领导的淮军和曾国藩领导的湘军。① 这些举措,反映了中国人对西方现代化的进一步认识,客观上延续了清王朝的寿命。

1861 年 8 月,清军攻占安庆不久,曾国藩即着手创办安庆内军机械所,制造西式枪炮。因生产仍以手工为主,在严格意义上还不是新式军事工业,但它毕竟是仿制西洋武器的起点。洋务派创建的第一个近代大型军工企业是江南制造总局。之后,李鸿章、左宗棠、张之洞等洋务官僚,相继在各重要城市兴办军工企业,及至 1890 年,共建成 21 个局(厂)。其中江南制造总局、金陵制造局、福州船政局、天津机器局、湖北枪炮厂 5 个企业规模较大,技术先进。洋务派创办的军工企业,不仅在中国首次移植了近代机器生产,开风气之先,也培养了一批科技人才和近代技术,促进了西方科学的引进,也催生了民营企业的兴起,并为此提供了必要的物质与技术基础。

除创办军工企业,洋务派还积极创设近代海防。在清廷支持下,福州船政局前后共造成兵船商船四十余艘。这些船只的建造,为中国早期的海军建设作出了重要贡献。1874 年,日本人侵略台湾,对清廷造成巨大震动。1875 年,清廷分别任命沈葆桢、李鸿章为南、北海防大臣,并经户部会议每年拨南北洋海防经费各 200 万两。从此,购买铁甲舰成为关心海防者孜孜以求的目标。直至 1881 年,北洋水师购置铁甲舰才付诸实际,但船到中国已是 1886 年。它们是定远舰、镇远舰、济远舰。1884 年的中法战争,又把中国的海军建设推进到一个新的阶段。清廷通过检讨中法战争,又提出"大治水师"的战略。1886 年成立海军衙门,醇亲王奕譞为督办,奕劻、李鸿章为会办,善庆、曾纪泽为帮办。李鸿章利用这一机会,购军舰,建军港,买枪炮,办学校,加快了北洋海军建设。1888 年,北洋海军正式成军,拥有大小舰船 22 艘,总排水量 41200 余吨,炮火 250 余门。②

---

① 参见史全生:《论洋务派的"中学为体,西学为用"思想》,《历史档案》1998 年第 3 期。
② 参见刘保刚:《全球化与现代化——近代中国的发展历程》,大象出版社 2016 年版,第 102 页。

再次，开办同文馆、福州船政学堂、天津水师学堂、北洋武备学堂等新式教育机构，组织翻译并出版有关西方国家的地理、历史和科学技术的通俗读物，进一步传播西方人文科技。

第二次鸦片战争后，洋务派深感了解外国的重要性。李鸿章说："中国与洋人交接，必先通其志，达其欲，周知其虚实诚伪而后有称物平施之效。互市二十年来，彼酋之习我语言文字者不少。其尤者，能读我经史，于朝章宪典，吏治民情，言之历历。而我官员绅士中绝少通习外国语言文字之人。"①1862年，奕䜣奏请设立北京同文馆。1863年，李鸿章奏请设立上海广方言馆。比较有名的外国语学堂还有广州同文馆、台湾西学堂、珲春俄文书院等。外国语学堂不仅是为了培养外交人才，也是为引进西学打基础。随着洋务运动的深入开展，洋务派在各地相继开办了一批科学技术学堂和军事学堂，专门培养科技、工程、制造和军事等方面的专门人才。这类学堂大多是洋务派创办的洋务事业的附属品。如福州船政学堂、江南制造局的操炮学馆、工艺学堂、天津电报学堂、天津水师学堂、天津武备学堂、广东陆师学堂、广东水师学堂、江南水师学堂等。另外，洋务派还创办有医学堂、铁路学堂、矿务学堂等。张之洞创办的湖北自强学堂，也是著名的洋务学堂，分设方言、格致、算学、商务四科。

西学堂不仅成为传播西学、培养新式人才的基地，也冲击了中国传统教育体制，改变着人们的思维方式和观念。中国人以前除四书五经外，不承认还有其他学问。西学给中国人开辟了另一种学问天地。两广总督张树声在创办广东实学馆时曾说："伏惟泰西之学，覃精锐思，独辟户牖，然究其本旨，不过相求以实际，而不相骛于虚文。格物致知，中国求诸理，西人求诸事；考工利用，中国委诸匠，西人出诸儒。求诸理者，形而上而坐论易涉空言；委诸匠者，得其粗而士夫罕明制作。故今日之西学，当使人人晓然于斯世需用之事，皆儒者当勉之学，不以学生步鄙夷不屑之意，不使庸流居通晓洋务之名，则人才之学，庶

---

① 李鸿章：《请设外国语言文字学馆折》，载吴汝纶编：《李鸿章全集》第 1 册，海南出版社 1997 年版，第 110 页。

有日也。"①

　　为系统学习西方先进科技,清政府于 19 世纪 70 年代开始向西方派遣留学生。1872 年 8 月 11 日,中国第一批官费留学生(共 30 名)横渡重洋,奔赴美国,开始了我国历史上官办留学事业的历史。接着每年递派 30 名,至 1875 年共派遣 120 名学生。1877 年至 1898 年间,清政府还先后分四批共派遣 80 余名福州船政学堂和天津水师学堂的学生及艺徒赴英、法两国留学,并从福州船政局和天津机器局零星选派一批工匠赴德深造,同时又分三次派遣 18 名海军学生赴日留学。1903 年至 1910 年间,中央及地方各省向英国、日本、美国派遣海军留学生约计 286 人,其中留英学生 51 人,留日学生 122 人,留美学生 113 人。晚清的海军留学生累计约 400 余人。②

　　美国汉学家芮玛丽(Mary Clabaugh Wright)在《同治中兴》一书中说:"不但一个王朝,而且一个文明看来已经崩溃了,但由于十九世纪六十年代一些杰出人物的非凡努力,他们终于死里求生,再延续了六十年。"③然而,在 1894—1895 年的中日甲午战争中,洋务派苦心经营的北洋舰队却落了个全军覆没的下场。它提醒中国人:技术的、物质的现代化固然重要,但不从根本上改变中国固有的政治、经济和文化制度,现代化就是一句空话。

　　3.维新派对现代化模式的探索与创新。洋务运动理论的核心是"中体西用",即在不违背封建伦理与君主专制的原则下,引进西学,兴办近代工商业。维新运动的理论基础是西方近代社会理论,其表现形式为直接引进西学,或进行"古经新解"。前者以严复为巨擘,后者以康有为为典型。严复以"天演为体,物竞天择为用"的进化观念,突破了中国传统文化中关于变的看法。严复称:"尝谓中西事理,其最不同,而断不可合者,莫大于中之人好古而忽今,西之人力今以胜古;中之人以一治一乱、一盛一衰为天行人事之自然;西之人以

　　① 张树声:《建造实学馆工竣延派总办酌定章程片》,载朱有瓛主编:《中国近代学制史料》第 1 辑(上册),华东师范大学出版社 1983 年版,第 477 页。
　　② 参见李喜所、李来容:《留学生与晚清海军建设》,《南开学报》(哲学社会科学版)2008 年第 1 期。
　　③ 费正清主编:《剑桥中国晚清史》上卷,中国社会科学院历史研究室译,中国社会科学出版社 1985 年版,第 517 页。

日进无疆,既盛大不可复衰,既治不可复乱,为学术政化之极则。"①严复认为,要变中求存,就不得不竞争。西方人之所以富强,就在善于竞争。"一洲之民,散为七八,争驰并进,以相磨砻,始于相忌,终于相成,各殚智虑,此既日异,彼亦月新,故能用法而不至受法之弊,此其所以为可畏也。"②而中国历代统治者奉行的治术都是愚民息争。他指出:"夫天地之物产有限,而生民之嗜欲无穷,孳乳浸多,镌钱日广,此终不足之势也。物不足则必争,而争者,人道之大患也;故宁以止足为教,使各安于朴鄙颛蒙,耕凿焉以事其上。是故春秋大一统,一统乾,平争之大局也……嗟乎!此真圣人牢笼天下平争泯乱之至术,而民智因之以日窳,民力因之以日衰,其究也,至不能与外国争一旦之命,则圣人计虑之所不及也。"③中国注重大一统之世,所以政治措施就重在求久安,戒竞争。时至今日,中西交通,如果再坚持以往的治世之道就无以生存。康有为也上书皇帝,主张以列竞争之法治天下,而不应以大一统之法治天下。维新派主张以兴民权动员亿万国民与列强竞争,实现国家富强的目标,体现了进化论与民权的逻辑统一,其终极目标则在于救亡图存,达成中国现代化。而其主要理论文本则是康有为写的《新学伪经考》《孔子改制考》。长期以来,儒家把孔子树为"信而好古"、"述而不作"、言必称三代、"世愈远百治愈甚"的形象,陷入了退化论的泥淖。康有为把孔子塑为"制法之王"、进化论之代表,也是为了拿去守旧者护身符,以孔子的权威,宣传变的合理性。

　　洋务派重在求器物的现代化,维新运动则关注人的现代化。所谓人的现代化,亦即全面提高人之素质,使其具有现代观念、素质和能力。严复首先提出有关培育"新民"的基本路径:新民德,开民智,鼓民力。他说:"盖生民之大要三,而强弱存亡,莫不视此,一曰血气体力之强,二曰聪明智虑之强,三曰德

　　①　严复:《论世变之亟》,载中国史学会编:《戊戌变法》第3册,上海人民出版社2000年版,第71页。

　　②　严复:《原强》,载中国史学会编:《戊戌变法》第3册,上海人民出版社2000年版,第49页。

　　③　严复:《论世变之亟》,载中国史学会编:《戊戌变法》第3册,上海人民出版社2000年版,第71—72页。

行仁义之强。"①民德、民智、民力,关乎国家生存危亡。那么,如何新民德,开民智,鼓民力呢? 严复认为,重在听民自由。他说:"夫所谓富强云者,质而言之,不外利民云尔。然政欲利民,必自民各能自利始,民各能自利,又必自皆得自由始,欲听民皆得自由,尤必自其各能自治始,反是且乱,顾彼之能自治而自由者,皆其力其智其德诚优者也,是以今日要政统于三端:一曰鼓民力,二曰开民智,三曰新民德。"②其他维新派人士也对人的现代化非常重视,尤其对开民智鼓吹最力。梁启超说:"凡权利之与智慧,相依者也。有一分之智慧,即有一分之权利;有百分之智慧,即有百分之权利;一毫不容假借者也。故欲求一国自立,必使一国之人之智慧足可治一国之事,然后可。今日中国,其大患总在民智不开。民智不开,人材不足,则人虽假我以权利,亦不能守也。"③在梁启超看来,只有开民智慧,才能兴民权。"今之策中国者,必曰兴民权。兴民权斯固然矣,然民权非可以旦夕而成也。权生于智者也,有一分之智,即有一分之权;有六七分之智,即有六七分之权;有十分之智,即有十分之权。……是故权之与智,相倚者也,昔之欲抑民权,必以塞民智为第一义;今日欲伸民权,必以广民智为第一义。"④维新人士主张兴学堂、废八股等都是为了开民智。但他们认为,开民智不能只限于提高人民的科学文化素质。不然,它和洋务派官僚主张的开民智也就没有差别了。开民智,应以灌输民权、批判封建纲常伦理为首务。正如欧榘甲所说:"生天地之间者,自非犬马奴隶,皆有自主之权。此义在西国虽童子皆能识之,而在中国则罕有知之者。"⑤鼓动民力,也就是追求血气之强与尚武精神。戊戌维新期间所倡导的知耻、知勇,以及以后提倡的

---

① 严复:《原强》,载中国史学会编:《戊戌变法》第 3 册,上海人民出版社 2000 年版,第 53 页。

② 严复:《原强》,载中国史学会编:《戊戌变法》第 3 册,上海人民出版社 2000 年版,第 53 页。

③ 梁启超:《湖南时务学堂札记批》,载李华兴、吴嘉勋编:《梁启超选集》,上海人民出版社 1984 年版,第 61 页。

④ 梁启超:《湖南应办之事》,载李华兴、吴嘉勋编:《梁启超选集》,上海人民出版社 1984 年版,第 72 页。

⑤ 欧榘甲:《论政变为中国不亡之关系》,载中国史学会编:《戊戌变法》第 3 册,上海人民出版社 2000 年版,第 158—159 页。

军国民精神,都是提倡尚武之精神。"美国的体魄者,精神之表,体魄衰落,精神亦从之颓败,故体操者,强体魄,实强精神也。"①维新人士主张戒鸦片、戒缠足,都是为了鼓民力。

进行体制变革,这是维新派人士最为重要的主张。康有为自1888年起,先后七次上书光绪帝,反复申述内外交困的形势,敦促光绪帝变法。首先,政治方面,改革政治体制,实行君主立宪制。具体办法是:在中央开设制度局,统筹变法大局,议定政事、宪法,领导全部新政。"若欲变法而求下手之端,非开制度局不可也。"②"惟此一事,为存亡强弱第一关键矣"③。"制度局"下设法律局、税计局、学校局等十二个专局,"凡制度局所议定之新政,皆交十二局施行",十二局成为中央新政的行政机构,而"六部"、"军机"、"总署"等一概被排斥在外。地方则设立"新政局"和"民政局",作为执行新政的地方机构,而"直省藩、臬、道、府,皆为冗员",加以废除。④ 其次,经济方面,发展近代工商业,"以工立国","以商立国"。康有为在《上清帝第二书》中明确提出:"凡一统之世,必以农立国,可靖民心;并争之世,必以商立国,可侔敌利,易之则困敝矣。"⑤他建议开发矿藏,发展农业,"精机器之工,精运转之路",为发展商业提供动力并铺平道路。同时,设立商务局,派廉洁大臣长于理财者经营其事。"夫富国之法有六:曰钞法,曰铁路,曰机器轮舟,曰开矿,曰铸银,曰邮政。"⑥再次,文教方面,开民智,废科举,办新式教育,引进资本主义学校制度,开设有关科学技术的课程。"今日之患,在吾民智不开,故虽多而不可用,而民智不开之故,皆以八股试士为之。"⑦"然则中国之割地败兵也,非他为之,而八股致

---

① 欧榘甲:《论政变为中国不亡之关系》,载中国史学会编:《戊戌变法》第3册,上海人民出版社2000年版,第157页。

② 姜义华、张荣华编校:《康有为全集》第四集,中国人民大学出版社2007年版,第88页。

③ 姜义华、张荣华编校:《康有为全集》第四集,中国人民大学出版社2007年版,第137页。

④ 参见姜义华、张荣华编校:《康有为全集》第四集,中国人民大学出版社2007年版,第15页。

⑤ 姜义华、张荣华编校:《康有为全集》第二集,中国人民大学出版社2007年版,第40页。

⑥ 姜义华、张荣华编校:《康有为全集》第二集,中国人民大学出版社2007年版,第37页。

⑦ 翦伯赞编:《戊戌变法》(四),《中国近代史资料丛刊》,神州国光社1953年版,第146页。

之也。故臣生平论政,尤痛恨之。"①"泰西之强于人才,人才出于学校。日人变法,注意于是,大聘外国专门教习至数十人,小学有五万余所,其余各学皆兼教五洲之事,又大派游学之士,食而用之。数年之间,成效如此。"②这些举措,对西方现代化的理解,已经从片面的技术、器物层面跃向政治、经济、文化制度的改革,与当时洋务派的理解相比,显然有了巨大进步。

"戊戌变法"失败后,康有为先流亡日本,后"之美之欧",周游世界。对欧美国家的实际考察,也使他改变了以前的看法。一方面,欧美国家的发展仍然吸引着他。比如:他夸赞欧美国家居住条件优越,"其视欧美之民,广厦细旃,膳饮精洁,园囿乐游,香花飞屑,均为人也,何相去之远哉! 不均不平,岂至治之世耶!"③又赞叹欧美国家交通便利,环境优美,"近者欧美铁路既通,运输较捷,水利渐启,树木既多,雨泽渐匀,泛滥渐少"④。赞叹欧美国家人民捐助之慷慨,"欧美之捐千百万金钱,以为学院、医院、恤贫、养老院以泽被一国者,不可数也"⑤。另一方面,在亲睹了欧美社会以后,他认为西方"远不若平日读书时之梦想神游"之尽善尽美,甚至"为之失望"。《大同书》中出现的批评欧美各国的实例,俯拾皆是,不胜枚举。康有为通过切身的考察,体会到欧美现代化的局限。康有为原认为中国的封建社会是"升平"(小康),资本主义君主立宪制度为"太平",而考察的结果则使他认为,中国尚处于"据乱世",而欧美国家也不过是"升平世"。此外,还应该有一个"太平世"(大同)。《大同书》反复强调,欧美"略近升平","今欧美之治近于升平矣……"。⑥ 在《意大利游记》中,康有为甚至认为欧美国家"升平未至":"今观孔子三世之道,至今未能尽其升平之世,况太平世、大同世乎? 今欧洲新理,多皆国争工具,其去孔子大道远矣。""吾昔者视欧美过高,以为可渐至大同,由今按之,则升平尚未至

---

① 钟贤培主编:《康有为思想研究》,广东高等教育出版社 1988 年版,第 186 页。
② 姜义华、张荣华编校:《康有为全集》第四集,中国人民大学出版社 2007 年版,第 153 页。
③ 康有为:《大同书》,上海古籍出版社 2005 年版,第 15 页。
④ 康有为:《大同书》,上海古籍出版社 2005 年版,第 18 页。
⑤ 康有为:《大同书》,上海古籍出版社 2005 年版,第 167—168 页。
⑥ 康有为:《大同书》,上海古籍出版社 2005 年版,第 8、172 页。

也。"①据此,他认为欧美国家还有很长的路要走,消除"九界"需要一个渐进的过程,中国不可能一下子过渡到"太平世",眼下的首要任务是从"据乱世"上升到"升平世"。可见,康有为等人在对待西方现代化的问题上,并非完全照搬照抄。

4.孙中山及其辛亥革命对中国现代化的深入探索。伟大的革命先行者孙中山,早年曾在檀香山和香港学习十余年,较为深入广泛地了解了西方社会的经济、政治学说和自然科学,对欧洲时局变迁、历朝制度沿革、"天道人事"都已注目在心。② 在领导辛亥革命的过程中,孙中山力图吸取世界先进思想观念,借鉴国外有益经验,对中国进行全面的社会改造,振兴中华,争取中国与欧美国家平等的国际地位。

一是强调中国发展必须遵循世界发展潮流。孙中山认为,一个国家选择什么样的发展方向,这是由世界发展潮流决定的。近代以来,中国之所以落后于世界,一个根本原因就是夜郎自大,闭关自守,未能把握世界发展潮流。"夫事有顺乎天理,应乎人情,适乎世界之潮流,合乎人君之需要,而为先知先觉者所决志行之,则断无不成者也,此古今之革命维新、兴邦建国等事业是也。"③孙中山概括了革命所以成功的五个先决条件。平心而论,所谓"顺乎天理"、"应乎人情"、"合乎需要"、"决志行之"等,并非孙中山首次论述。《易·革·象辞》中就有:"汤武革命,顺乎天而应乎人"的名言。孙中山的可贵之处,正在于他要求把前人的经验放到一个更为宏大的视野,与世界发展潮流相结合——"适乎世界之潮流"。他实际上道出了历史和社会发展的客观规律,以及时代发展的新要求。在古代,受自然经济的束缚,人们思考问题的范围限制在十分狭小的天地里,能够把握一国之情,能从一国之情出发,已属不易。但是现在,随着近代科技革命以及随之而来的交通革命、地理大发现和工业革命,世界已联为一个整体,民族的历史已被世界历史所取代。如果缺乏世界眼光,仍局限于狭小的圈子,不能体察世界发展大势,必然要被世界历史所淘汰。

---

① 姜义华、张荣华编校:《康有为全集》第七集,上海古籍出版社1987年版,第374页。
② 参见《孙中山全集》第一卷,中华书局1981年版,第1—2页。
③ 《孙中山全集》第六卷,中华书局1985年版,第228页。

在《中国国民党宣言》中，他进一步申明他的主义、思想、纲领是基于"内审中国之情势，外察世界之潮流，兼收众长，益以新创"①。孙中山谈到新旧潮流之争，要人们正视和迎合新潮流，并以之作为评定新旧事物、人物的重要标准。他说，世界潮流，浩浩荡荡，顺之则昌，逆之则亡。他鼓励人们"猛进如潮"。而他自己最为关注的则是民族主义、民主主义和社会主义三股世界潮流。可以说，"三民主义"所谓"民族、民权、民生"，正是这三种世界潮流的反映。

二是借助各国有益于中国发展的一切经验。一方面，孙中山一生酷爱读书，手不释卷，通过书本了解各国的发展状况。据《上海孙中山故居藏书目录》统计，此中在孙中山生前出版的图书（包括有出版年月和可以推断者）共计 1025 册，其中有关外国者 828 册，有关中国者 197 册。就书名看，包括政治、经济、社会、军事等 20 余类，涉及 30 余个国家和地区。另一方面，他亲自到各国进行实际考察，到过美、日、英、法、德、比、加和东南亚 10 余个国家和地区，他反复嘱咐他的同志："随时随地留心考察研究各国的人情、风俗习惯、社会状况，以及政治实情等等"②。据考证，现已刊行的孙中山著作，其中提到 70 余个国家和地区，近 2000 个地名，几乎遍及诸大洲，贯穿中外古今的人物超过 1000 人，重要事件 100 余件，提及各种主义、思想、学说约 150 多种。③ 孙中山在读书、考察的过程中，时刻不忘自己国家的建设，《建国方略》对于"行易知难说"的论证，对"实业计划"的设计，对社会建设的筹谋，其中所举例证、计划、方案、制度等等，无不与西方各国的近代风俗习惯、科学知识、社会制度相联系。

三是欧美各国有利于中国建设的具体做法。孙中山尤其关注欧美国家的各种思想和制度，但他对欧美国家的学习并非没有任何原则。他说，我们学习西方的目的，就是要"择地球上最文明的政治法律来救我们中国"，因此，"我们现在改良政治，便不可学欧美从前的旧东西，要把欧美的政治情形考察清楚，看他们政治的进步究竟是到了什么程度，我们要学他们的最新发明，才可

① 《孙中山全集》第七卷，中华书局 1985 年版，第 1 页。
② 《孙中山全集》第五卷，中华书局 1985 年版，第 166 页。
③ 参见段云章：《放眼世界的孙中山》，中山大学出版社 1996 年版，第 3 页。

以驾乎各国之上"①。在西方思想家当中,孙中山特别推崇的是卢梭、林肯等人,他把卢梭视之为民权主义的"圣人",高度赞扬卢梭为法国大革命作出的贡献。他认为,正是由于卢梭才发生了法国大革命。他直接引用卢梭民权理论中的重要概念"公意"一词为中国革命作注解。他说:"满清政府者,君主专制之政府,非国民公意之政府也"②。孙中山形象地把共和制下人民和政府的关系比作"股东"和"办事人"的关系。"共和之真义在使人脱离奴隶,凡百政制,以民为主。譬如商业,国家如一公司,人民即公司之股东,国民即公司之董事,政府即公司之办事人"③,如果政府不能为人民谋利益,则人民随时可以推翻政府,即所谓"政府善则扶之,不善则推翻之"④。这种思想正是来自卢梭关于"人民主权"的思想。为了从根本上改变中国高度集权的专制政体,孙中山主张仿效欧美国家的分权制衡原则重建中国政治。

辛亥革命前,孙中山曾多次讲过:中国革命后要仿照美国的政府而"缔造我们的新政府"⑤、"倘用北美联邦制度最为相宜"⑥。辛亥革命后,他再次讲:"现在中华民国共和政体,与专制政体不同。专制政体之主权,为君主一人所私有,共和政体三权分立,各有范围,三者之中尤以立法机关为要"⑦。孙中山也多次谈到欧美国家"节制资本"、"平均地权"、通过税收进行再分配,用以解决贫富两极分化的政策,并将之作为三民主义的重要组成部分。五四新义化运动借助西方"民主"、"科学"两大理念,矛头直指统治中国的传统儒家思想观念。正如李大钊所说,孔子的学说只是中国农业经济时代的产物,"为历代帝王专制之护符"。现在,时代变了,西洋的工业文明打进来了,"孔子之于今日之吾人,成了残骸枯骨"⑧。陈独秀则将中国传统文化比作"粪秽"。称"东

---

① 《孙中山选集》,人民出版社1981年版,第788页。
② 《孙中山全集》第二卷,中华书局1982年版,第338页。
③ 《孙中山全集》第四卷,中华书局1985年版,第290页。
④ 《孙中山全集》第二卷,中华书局1982年版,第343页。
⑤ 《孙中山全集》第一卷,中华书局1981年版,第255页。
⑥ 《孙中山全集》第一卷,中华书局1981年版,第562页。
⑦ 《孙中山全集》第二卷,中华书局1982年版,第440页。
⑧ 《李大钊全集》第一卷,人民出版社2006年版,第247页。

方文化之圣徒"研究国学，是在"粪秽中寻找毒药"①。五四运动之后，西方各种思潮纷纷登陆中国，西方学者杜威、罗素等人先后来华讲学。孙中山意识到学生的奋起，是受新思想的"鼓荡陶镕"，决定以"表示吾党根本之主张于全国，使国民有普遍之觉悟"作为当前的主要任务。他认定思想革命的势力高过一切，革命要想成功，非先从思想方面入手不可。正是在这一背景下，孙中山指派戴季陶等人创办《星期评论》和《建设》月刊。② 晚年孙中山反思新文化运动，痛斥那些不加分析，盲目排斥旧道德的人。他说："一般醉心新文化的人，便排斥旧道德，以为有了新文化，便可以不要旧道德。不知道我们固有的东西，如果是好的，当然是要保存，不好的才可以放弃。"③孙中山特别强调，"中国有一个道统，尧、舜、禹、汤、文、武、周公、孔子相继不绝，我的思想基础，就是这个道统；我的革命，就是继承这个正统思想，来发扬光大"④。这是中国人向世界学习的第一次重要总结。

孙中山去世后，以蒋介石为代表的国民党右派，完全背叛"科学"、"民主"精神，表面奉行"三民主义"，实则搞封建专制和独裁。大革命时期，蒋介石就把屠刀对准共产党，制造了多起反革命事件。日本侵占东三省后，蒋介石依然奉行"攘外必先安内"的方针，五次大举进攻革命根据地，对红军进行疯狂围剿。抗日战争胜利后，他又拒绝美国总统罗斯福策划的《延安协定草案》，悍然发动内战，国共战争爆发，蒋介石最终败逃台湾。⑤ 蒋介石的失败，标志着中国向西方学习，走欧美式现代化之路的失败。

（三）照搬苏联模式的沉痛教训

中国共产党人向苏联学习，与俄国"十月革命"的胜利有着不解之缘。民主革命的先行者孙中山就曾提出"以俄为师"的口号，同时制定"联俄、联共、

---

① 《陈独秀文章选编》（中），生活·读书·新知三联书店 1984 年版，第 404 页。
② 参见欧阳军喜：《国民党与新文化运动》，《南京大学学报》2009 年第 1 期。
③ 《孙中山选集》，人民出版社 1981 年版，第 680 页。
④ 蔡尚思：《中国现代思想史资料简编》第四卷，浙江人民出版社 1982 年版，第 329 页。
⑤ 参见杨天石：《国民党是如何失掉大陆的》，《理论视野》2013 年第 6 期。

扶助农工"三大政策,使革命焕发出蓬勃生机。中国共产党从成立之初到探索走出一条适合中国特点的现代化道路,都与苏联模式相联系。

1.以俄为师,走"十月革命"的道路。早在十月革命之前,李大钊就写了《俄国革命之远因近因》《俄国大革命之影响》。十月革命胜利后,1918 年 12 月所写《Bolshevism 的胜利》,说明李大钊已经从内心钦佩列宁等俄国革命家。"这件功业,与其说是威尔逊(Wilson)等的功业,毋宁说是列宁(Lenin)、陀罗慈基(Trotsky)、郭冷苔(Collontay)的功业;是列卜涅西(Liebknecht)、夏蝶曼(Scheidemann)的功业;是马客士(Marx)的功业。"①他对布尔什维主义的未来充满信心:"试看将来的环球,必是赤旗的世界!""Bolshevism 的胜利,就是二十世纪世界人类人人心中共同觉悟的新精神的胜利!"②布尔什维主义,"实在是世界文化上的一大变动。我们应该研究他,介绍他,把他的害[实]象昭布在人类社会,不可一味听信人家为他们造的谣言,就拿凶暴残忍的话抹煞他们的一切"③。在 1918 年 7 月 1 日写的《法俄革命之比较观》中,他认为法俄革命存在着本质的区别。"俄罗斯之革命是二十世纪初期之革命,是立于社会主义上之革命,是社会的革命而并著世界的革命之采色者也。时代之精神不同,革命之性质自异,故迥非可同日而语者。"④在 1919 年 9 月写的《我的马克思主义观》一文中,李大钊强调俄国革命的影响,"自俄国革命以来,'马克思主义'几有风靡世界的势子,德、奥、匈诸国的社会革命相继而起,也都是奉'马克思主义'为正宗"⑤。1921 年至 1923 年,李大钊又多次论述了俄国政权性质问题,他把这个政权称作"劳农政府","无产阶级专政","苏维埃"。李大钊在《由平民政治到工人政治》一文中指出,俄国十月革命家是"无产阶级",他们建立的政权是无产阶级专政,由无产阶级一个阶级"操纵之"。⑥

1920 年 11 月 7 日,陈独秀为《共产党》月刊起草了第一号短言,指出,代

---

① 《李大钊全集》第二卷,人民出版社 2006 年版,第 259 页。
② 《李大钊全集》第二卷,人民出版社 2006 年版,第 263 页。
③ 《李大钊全集》第三卷,人民出版社 2006 年版,第 5 页。
④ 《李大钊全集》第二卷,人民出版社 2006 年版,第 226 页。
⑤ 《李大钊全集》第三卷,人民出版社 2006 年版,第 15 页。
⑥ 《李大钊文集》下,人民出版社 1984 年版,第 504—505 页。

替资本主义的是社会主义的生产方法,"俄罗斯正是这种方法最大的最新的试验场。"这实际上就是指俄国正在实行战时共产主义政策。陈独秀认为,中国劳动者要获得解放,就应该用革命的手段,打倒本国、外国的资产阶级,"跟着俄国的共产党一同试验新的生产方法"①。1920 年 8 月 13 日,蔡和森在给毛泽东的信中说:"我对于中国将来的改造,以为完全适用社会主义的原理和方法。"也就是应用俄国式的方法改造中国,这是赞成马克思的方法。所以,他建议毛泽东"准备做俄国的十月革命"②。毛泽东后来没有辜负蔡和森的希望,不仅"以俄为师",取得中国革命的胜利,而且"以俄为师",建立了新中国。董必武在回顾这段历史时说,当时中国的先进分子认为,中国革命"要搞俄国的马克思主义"③,"走十月革命的道路"④。受苏维埃和"联邦"模式的影响,中国共产党曾主张在中国建立"苏维埃"和"联邦"。1921 年,中国共产党在第一个纲领中提出"采取苏维埃的形式,把工农劳动者和士兵组织起来"。1922 年 7 月,中国共产党在二大纲领中提出"建立中华联邦共和国"。

2.仿照苏联模式,进行红色根据地建设。1926 年 4 月,联共(布)中央全会制定了实行社会主义工业化的具体纲领,苏联社会主义工业化开始起步。1928 年 10 月,苏联着手实施第一个五年计划。到 1932 年底,农业集体化的目标基本实现。1933 年 1 月,苏联"一五"计划提前完成。"两化"过程,也就是苏联模式逐步确立的过程。中共不仅肯定了苏联工业化和农业集体化的成绩,而且把它当作学习的模范。1930 年 6 月,中共中央政治局会议通过《新的革命高潮与一省或几省的首先胜利》,指出:苏联社会主义建设的伟大成绩,"增加了工人阶级对社会主义革命的信念"⑤。9 月,中共六届三中全会指出:"苏联的社会主义建设,工业化和集体农场运动已经有迅速的发展和伟大的成绩",尽管困难很多,但在苏联共产党的领导下,"苏联的发展已经是大踏步

---

① 《陈独秀文章选编》中,生活·读书·新知三联书店 1984 年版,第 50 页。
② 《蔡和森文集》,人民出版社 1980 年版,第 51 页。
③ 《共产主义小组》上,中共党史资料出版社 1987 年版,第 354 页。
④ 董必武:《对外广播词》,1957 年 7 月 3 日。
⑤ 《中共中央文件选集》(1930),中共中央党校出版社 1983 年版,第 84 页。

的在社会主义的道路上前进"。①

中国共产党把苏联经验搬到根据地,突出表现在:首先,宣传土地国有。李立三"左"倾错误时期,提出了"土地国有"、创办"集体农场"和实行"共耕制"等主张。1930年10月24日,中共中央政治局在《关于苏维埃区域目前工作计划》中指出,实行土地国有,才能进一步在无产阶级领导的国家工业化之下,改造农业经济的技术基础,同时进行真正的集体农场和国立农场的建设,这样,才不是空消灭小农经济,而是真正改造小农经济到社会主义经济,真正开辟彻底解放农民群众的道路。② 其次,对资产阶级和富农采取坚决打击和排挤的态度。1929年4月,联共(布)第十六次代表会议讨论了苏联"一五"计划,强调要排挤资本主义成分。后来,苏联第五次苏维埃代表大会批准了"一五"计划,并指出它的任务之一就是彻底排挤资本主义,保证社会主义的胜利。1931年11月7日,中华苏维埃第一次全国代表大会通过的《宪法大纲》提出要"限制资本主义的发展"。王明一伙夸大反对资产阶级、反对富农的意义,提出"坚决打击富农"、"使富农得到较坏的土地"的主张。再次,在民族问题上,主张在中国建立"联邦"。《宪法大纲》指出,中国苏维埃政权承认中国境内少数民族的民族自决权,一直承认到各弱小民族有同中国脱离,自己建立独立国家的权利;蒙古、回、藏、苗、黎、高丽等,凡是居住在中国地域内,他们有完全自决权:加入或脱离中国苏维埃联邦,或建立自己的自治区。③ 很明显,这种提法完全是照搬了苏联的民族政策,不符合中国的国情。此外,在党政关系上,也受到苏联影响,以党代政、党政不分。江西省委巡视员的一份报告这样说:政府的事情是党部代替了,所以引起政府人员的不满;结果群众只认党部,不认政府。赣西南区委的一份报告也说:"苏区一般的自上而下形成一贯的党包办苏维埃工作的错误路线,苏维埃好像是党公开活动的形式,苏维埃工作经常照转党的决定,这样就把政权机关群众意义抹杀了,失去了政府工

---

①　《中共中央文件选集》(1930),中共中央党校出版社1983年版,第284页。

②　参见《中共中央文件选集》(1930),中共中央党校出版社1983年版,第446页。

③　参见蓝全普编:《解放区法规概要》,群众出版社1982年版,第179—180页。

作能力。"①

斯大林建立起来的苏联模式毕竟是初级形式的社会主义,充其量也只是共产主义第一阶段之前的预备阶段。可是,1939 年 3 月,斯大林在第三个五年计划中宣布,苏联即将完成社会主义社会的建设并从社会主义过渡到共产主义的阶段。显而易见,斯大林对苏联模式的这种定性并不确切。然而,毛泽东同意了斯大林的观点,认为"苏联已经到了由社会主义到共产主义的过渡期"②。这表明毛泽东对苏联模式的阶段性定位还存在着模糊认识。

3.全盘照搬苏联模式,进行新中国建设。在第二次世界大战中,战争的胜利无疑使斯大林和苏联的威望急剧上升,苏联模式所取得的伟大功绩也因此而为世人所公认,斯大林和联共(布)随即骄傲起来。在这种历史背景下,斯大林和联共(布)没有想到要对战时体制进行改革,反而陶醉于这一体制所取得的成功和反法西斯战争的胜利之中,思想上墨守成规,实践上进一步"左"转,不准改革。并将这种模式强加于所有社会主义阵营。

1947 年夏,人民解放军转入战略反攻。随着人民解放战争的节节胜利,中国共产党更多地表示出对苏联的亲近。1948 年 11 月 7 日,即十月革命 31 周年之际,毛泽东发表《全世界革命力量团结起来,反对帝国主义的侵略》一文。在文章中,毛泽东明确表示反对"第三条道路",主张倒向苏联一边。他指出:"一切试图走'中间路线'、'中间道路'的人,即企图站在帝国主义者的反革命路线和反对帝国主义及其走狗的人民革命路线之间的人,也是彻底虚伪的和彻底破产了。"③充分肯定和维护了苏联模式。1949 年 6 月 30 日,毛泽东发表的《论人民民主专政》一文,指出:积中国革命几十年的经验,"中国人不是倒向帝国主义一边,就是倒向社会主义一边,绝无例外"④。这就是在新中国成立前夕,向世界宣布,中国倒向以苏联为首的社会主义阵营,即选择苏

---

① 《中央革命根据地史料选编》上册,江西人民出版社 1982 年版,第 413 页。

② 《毛泽东选集》第二卷,人民出版社 1991 年版,第 671 页。

③ [德]迪特·海茵茨希:《中苏走向联盟的艰难历程》,张文武等译,新华出版社 2001 年版,第 212 页。

④ 《毛泽东选集》第四卷,人民出版社 1991 年版,第 1473 页。

联模式。毛泽东指出：苏联共产党在列宁和斯大林的领导下，不但会革命，也会建设。"他们已经建设起来了一个伟大的光辉灿烂的社会主义国家。苏联共产党就是我们的最好的先生，我们必须向他们学习"，这种学习是"恭恭敬敬地学，老老实实地学"①。

1949年9月3日，刘少奇访苏回到北平后在高级干部会议上说：全党现在的任务就是集中全力恢复和发展人民经济，这是中国人民的最高利益，需要苏联在这方面的帮助。要学习苏联，在政治上、组织上、思想上、技术上，在法律、财政、经济、文化、教育等方面，都要学习苏联。10月5日，刘少奇在中苏友好协会总会成立大会上作了报告，再次强调学习苏联。他说，过去中国人民的革命，就是学习苏联。今后我们要建国，同样必须"以俄为师"，学习苏联的建国经验。他高度称赞了苏联模式所取得的伟大成绩：苏联有许多世界上没有的完全新的科学知识，我们只有从苏联才能学到这些知识。例如：经济学、银行学、财政学、商业学、教育学等等，在苏联都有完全新的一套理论，为世界其他国家所没有的。刘少奇在报告中还对那些认为"俄国还是落后的观点"提出了批评，要求必须改正。"改正这种观点，才能使中国人民无障碍地广泛地向苏联学习"②。

1950年2月17日，毛泽东访苏临别前在莫斯科火车站发表演说，"苏联经济文化及其他各项重要的建设经验，将成为新中国建设的榜样"③。1952年11月3日，毛泽东致电斯大林说，中国人民以极大的欢欣祝贺伟大的苏联人民在从事共产主义建设中所获得的无比辉煌的成就，这些成就将给即将进行大规模经济建设的中国人民以新的、强有力的鼓舞。周恩来也是"向苏联学习"的积极倡导者，他发表了不少有关学习苏联的讲话。1952年11月6日，周恩来在首都各界庆祝十月革命35周年大会上说：更好地学习斯大林的革命理论和苏联社会主义建设的先进经验，对于我国即将开始的大规模经济

---

① 《毛泽东选集》第四卷，人民出版社1991年版，第1481页。
② 《建国以来刘少奇文稿》第一册，中央文献出版社1998年版，第75页。
③ 《建国以来毛泽东文稿》第一册，中央文献出版社1987年版，第266页。

建设事业的胜利,具有极其重大的意义。① 1952年10月,中苏友好协会提出的庆祝友协成立两周年的口号,要求工人和国营企业工作人员学习苏联先进生产经验与企业管理经验;要求农民学习苏联农业集体化经验,发展互助合作组织。

1952年2月,斯大林发表《苏联社会主义经济问题》,其中有两点值得注意:一是他认为"国民经济有计划发展的规律,是作为资本主义制度下竞争和生产无政府状态的规律的对立物而产生的"。它之所以发生作用,是因为"社会主义的国家经济只有在国民经济有计划发展的经济规律的基础上才能得到发展"②。二是提出两种所有制形式。"现今在我国,存在着社会主义生产的两种基本形式:一种是国家的即全民的形式,一种是不能叫作全民形式的集体农庄形式。"③在当时,中国共产党并没有认识到斯大林的《苏联社会主义经济问题》一书和苏共十九大包含了许多"左"的和僵化的东西,以毛泽东同志为代表的中国共产党人主张要以斯大林的理论和苏共十九大文件来指导中国即将进行的大规模的社会主义建设,这就使中国的"一五"计划和社会主义改造不可避免地打上了苏联模式的烙印。1951年,中国开始编制第一个五年计划。1952年8月,试编出《五年计划轮廓草案》。15日,以周恩来为首席代表,陈云、李富春、张闻天、粟裕为代表的中国政府代表团出访苏联,向苏联政府征求对中国"一五"计划的意见。

对于新中国成立初期中国照搬苏联经验搞计划经济建设,毛泽东后来说:"解放后,三年恢复时期,对搞建设,我们是懵懵懂懂的。接着搞第一个五年计划,对建设还是懵懵懂懂的,只能基本上照抄苏联的办法"④。中国"一五"计划的制定与修改,与其说是参考苏联经验,不如说是模仿。"中国的计划几乎是苏联1928—1932年第一个五年计划的翻版。"⑤同样地,中国共产党按照

---

① 参见《新华月报》1952年11月号,第39页。
② 《斯大林选集》下卷,人民出版社1979年版,第544页。
③ 《斯大林选集》下卷,人民出版社1979年版,第550页。
④ 《毛泽东文集》第八卷,人民出版社1999年版,第117页。
⑤ 〔美〕莫里斯·迈斯纳:《毛泽东的中国及后毛泽东的中国》,杜蒲、李玉玲译,四川人民出版社1992年版,第161页。

苏联模式,制定了过渡时期的总路线。1953 年 6 月 30 日,毛泽东在接见中国新民主主义青年团第二次全国代表大会主席团时说:"现在是打社会主义之仗,要完成社会主义工业化和对农业、手工业、资本主义工商业的社会主义改造。"①可见,毛泽东把"一化三改造"同向社会主义过渡联系起来考虑。1953年 9 月,周恩来指出:什么叫社会主义? 社会主义最基本的就是完成了社会主义改造,"就是取消了生产资料的私人资本主义所有制,归国家所有了,就是农业、手工业集体化了"②。1954 年 9 月 15 日,刘少奇在第一届全国人民代表大会上作《关于中华人民共和国宪法草案的报告》,指出:由目前新民主主义社会过渡到社会主义社会,就是由"复杂的经济结构的社会过渡到单一的社会主义经济结构的社会"③。1955 年 11 月 16 日,刘少奇在资本主义工商业改造问题会议上又说:"要建成社会主义社会,就要改变资本主义所有制和个体所有制,建立全民所有制和集体所有制。只要我们抓紧了这一点,在这一点上不动摇,那么,我们就基本上没有违背马列主义,就不会犯重大错误。"④中国共产党把资本主义私有制同社会主义所有制完全对立起来。1953 年 12 月,党中央提出了国家工业化目标:"党在这个过渡时期的总路线和总任务是要在一个相当长的时期内,逐步实现国家的社会主义工业化,并逐步实现国家对农业、手工业和资本主义工商业的社会主义改造。""把现有的非社会主义工业变为社会主义工业,使我国由工业不发达的落后的农业国变为工业发达的先进的工业国,使社会主义工业成为我国整个国民经济发展的起决定作用的领导力量。"⑤1954 年 9 月,刘少奇在第一届全国人民代表大会上说:"社会主义和资本主义两种相反的生产关系,在一个国家里面互不干扰地平行发展,是不可能的。"⑥1955 年 10 月 11 日,毛泽东在中共七届六中全会上提出,我们对农业实行社会主义改造的目的,是要在农村这个最广阔的土地上根绝资本主

---

① 《毛泽东文集》第六卷,人民出版社 1999 年版,第 280 页。
② 《周恩来选集》下卷,人民出版社 1984 年版,第 105 页。
③ 《刘少奇选集》下卷,人民出版社 1985 年版,第 142 页。
④ 《刘少奇选集》下卷,人民出版社 1985 年版,第 177 页。
⑤ 《建国以来重要文献选编》第四册,中央文献出版社 2011 年版,第 602—603 页。
⑥ 《刘少奇选集》下卷,人民出版社 1985 年版,第 144 页。

义的来源,甚至要使资本主义和小生产"绝种"。

20世纪50年代,为全面学习苏联的经验,中国派出大批留学生。据《当代中国的基本建设》一书,50年代,有7000名中国人到苏联学习和参加培训。中国科学院档案处保存的文件表明,1951年至1958年中国共派出留苏学生7493人,其中包括大学生、研究生、进修教师、进修生、实习生和专科生;69%的留学生学习工科专业,10.6%学习理科,6.9%学习农林,3.4%学习医学,3.2%学习文科,1.7%学习文化艺术,1.6%学习财经。《中国教育制度通史》一书认为,1949年至1966年中国向20多个国家派出留学生10688人,其中留苏学生有8213人。① 同一时期,苏联方面还答应向中国提供3亿美元的低息贷款。后来,苏联又确定对中国提供156个援助项目,每年派数千名专家来中国工作,这对于新中国奠定工业化基础起到了重大作用。苏联还协助中国发展国防工业,并以贷款方式向中国提供了大量的武器装备。

4.初步觉察到"苏联模式"的弊端。1956年,赫鲁晓夫的"秘密报告",打破了对斯大林的迷信。一方面,毛泽东感到解除了压力,心情舒畅。在1956年4月写的《论十大关系》中,毛泽东总结学习苏联经验的情况,"最近苏联方面暴露了他们在建设社会主义过程中的一些缺点和错误,他们走过的弯路,你还想走?过去我们就是鉴于他们的经验教训,少走了一些弯路,现在当然更要引以为戒"②。4月25日,毛泽东在政治局扩大会议上批评苏联和东欧国家"片面地注重重工业,忽视农业和轻工业,因而市场上的货物不够,货币不稳定"③。1956年11月,毛泽东在主持修改《再论无产阶级专政的历史经验》时又指出:"斯大林过分强调专政,破坏了一部分法制",而且"民主不够,有官僚主义。"④斯大林破坏法制,突出地表现在肃反扩大化上。毛泽东说,镇压反革命分子,本来是好事,"但是过分了,把革命同志也看作反革命分子,就是一个

---

① 参见张久春等:《新中国初期向苏联派遣留学生》,《百年潮》2008年第11期。
② 《毛泽东文集》第七卷,人民出版社1999年版,第23、44页。
③ 《毛泽东文集》第七卷,人民出版社1999年版,第24页。
④ 吴冷西:《十年论战》(上),中央文献出版社1999年版,第67页。

大错"①。斯大林在"1937 年和 1939 年,曾经造成过肃反扩大化的错误"②。鉴于斯大林独断专行,脱离集体领导,破坏党和国家的民主制度,践踏法制的深刻教训,毛泽东进一步指出:"我们要是不愿陷入这样的泥坑里去的话",就"需要建立一定的制度来保证群众路线和集体领导的贯彻实施"③。针对"苏联揭露出的斯大林的统治,其黑暗不下于历史上任何最专制最暴虐的统治","毛主席日思夜想就想走出一条比苏联好的路子来"。④

1957 年 4 月 27 日,刘少奇在上海党员干部大会上讲话时谈到了自由市场问题。他指出:"社会主义经济的特点是有计划性,是计划经济,但是实际社会经济活动包括各行各业、各个方面,有几千种、几万种、几十万种,国家计划不可能计划那么几千、几万、几十万种,只能计划那么多少类,结果就把社会经济生活搞得简单了,呆板了。"他认为,利用自由市场,可以使社会主义经济具有既有计划性,又有多样性,又有灵活性的特点。此外,刘少奇还就体制问题发表了他的看法。"为了使社会主义经济既有计划性,又有多样性和灵活性,就必须增加地方与企业的自治权,以及在一定的限度内允许个人的经济活动。"⑤

1959 年 12 月到 1960 年 2 月写的《读苏联〈政治经济学教科书〉的谈话》,比较集中地反映了毛泽东对苏联工业化道路的看法,但认识上存在着明显的差异。毛泽东在读苏联《政治经济学教科书》时说,生产资料优先增长的规律,是一切社会扩大再生产的共同规律。斯大林把这个规律具体化为优先发展重工业。"斯大林的缺点是过分强调了重工业的优先增长,结果在计划中把农业忽略了。"⑥1925 年到 1957 年,苏联的生产资料的生产增长了 93 倍,消费资料的生产只增长了 17.5 倍。对此,毛泽东指出:"问题是,九十三同十七

---

① 《毛泽东文集》第七卷,人民出版社 1999 年版,第 70 页。
② 《建国以来毛泽东文稿》第十册,中央文献出版社 1996 年版,第 371 页。
③ 《建国以来毛泽东文稿》第六册,中央文献出版社 1992 年版,第 63 页。
④ 李慎之:《毛主席是什么时候决定引蛇出洞的?》,《作家文摘》1999 年第 312 期。
⑤ 中共中央文献研究室编:《刘少奇年谱(1898—1969)》下卷,中央文献出版社 1996 年版,第 399 页。
⑥ 《毛泽东文集》第八卷,人民出版社 1999 年版,第 121 页。

点五的比例,是否对发展重工业有利。这么多年来,消费品生产只增长了那么一些,为什么在这个问题上又不讲'物质刺激'呢?"①毛泽东得出这样的结论:"苏联和我们的经验都证明,农业不发展,轻工业不发展,对重工业的发展是不利的。"②

　　另一方面,毛泽东对赫鲁晓夫大批斯大林、否定斯大林,很为不满,认为赫鲁晓夫"揭了盖子,又捅了娄子"。毛泽东坚持认为,"斯大林的思想和观点基本上是符合马克思列宁主义的","所谓斯大林主义,基本上是正确的","谁不走十月革命的道路,谁就不是马克思主义者","斯大林主义非保持不可,纠正它的缺点和错误就是好东西。这把刀子不能丢掉"。③同年9月,在接见南斯拉夫共产主义联盟代表团时,他再次肯定:苏联一般来说,总的是好的。他们有四个好:马列主义、十月革命、主力军、工业化。"对斯大林的批评是好的,它打破了神化主义,揭开了盖子,这是一种解放,一场解放战争,大家都敢讲话了,使人能想问题,可以自由思考,独立思考了。"④1958年3月,毛泽东在成都会议上说了这样一句话:"1956年4月的《论十大关系》,开始提出我们自己的建设路线,原则和苏联相同,但方法有所不同,有我们自己的一套内容。"⑤所谓原则,就是指苏联模式体现的方向,主要是指社会主义经济就是计划经济,社会主义实行单一的公有制,优先发展重工业等。在这些方面,苏联模式体现了马克思主义的基本原则。中国共产党通常把它看作是属于马克思主义普遍真理的东西。所谓方法,就是指社会主义建设的具体方式。这表明,在什么是社会主义的问题上,即苏联模式所代表的根本方向上,毛泽东与斯大林保持着一致,但在社会主义建设的具体方式、方法上,中国共产党又不同意斯大林那一套做法。毛泽东认为,反对斯大林主义就是反对马克思主义,就是搞修正主义。在他看来,所谓非斯大林主义化,就是指不搞斯大林那一套,即放弃苏联

　　①《毛泽东文集》第八卷,人民出版社1999年版,第122页。
　　②《毛泽东文集》第八卷,人民出版社1999年版,第121页。
　　③吴冷西:《忆毛主席:我亲身经历的若干重大历史事件片断》,新华出版社1995年版,第4、18、19、27页。
　　④《毛泽东外交文选》,中央文献出版社、世界知识出版社1994年版,第260页。
　　⑤《毛泽东文集》第七卷,人民出版社1999年版,第369—370页。

模式,这就是毛泽东所理解的修正主义。

在 1962 年 1 月 30 日扩大的中央工作会议上,毛泽东再次强调了向苏联学习的必要性。他说:"苏联是第一个社会主义国家,苏联共产党是列宁创造的党。……无论什么时候,现在,将来,我们一辈子,我们的子孙,都要向苏联学习,学习苏联的经验。不学习苏联,要犯错误。"[1]毛泽东认为必须发动公开的论战,批判赫鲁晓夫这个最大的反面教员、活靶子。这就是"关于国际共产主义运动总路线的论战",长达一年半之久,连续发表了著名的"九评"。

5."大跃进"进一步强化了苏联模式。实现国家工业化,这是建设社会主义的物质条件。斯大林曾说过:"把我国从农业国变成能自力生产必需的装备的工业国,——这就是我们总路线的实质和基础。"[2]斯大林还认为,工业化就是发展重工业,尤其是发展机器制造业。而发展制造业,就必须有钢铁,所以,苏联在"一五"计划期间,把 3/4 的资金投向冶金等工业部门。而且,斯大林一再强调,社会主义工业化是高速度的,认为这是社会主义工业化的特点和优点。他说:"党在实现五年计划和争取工业建设的胜利时实行了以最高速度发展工业的政策。"[3]结果,苏联用了 6 年时间,就将生铁产量从 430 万吨提高到 1250 万吨。中共由此把社会主义同工业化联系起来,而这种工业化往往又是指发展钢铁工业。同斯大林一样,毛泽东把实现工业化看作是主要发展钢铁生产。他说:"我们没有工业化,主要是农业和破破烂烂的手工业。因此,就是有人想翘尾巴,也没有本钱,顶多翘一两公尺。"[4]1956 年 12 月 8 日,他在同工商界人士谈话中就流露出这一想法。他说,我们的目的"不在于建立一个新的政府、一个新的生产关系,而在于发展生产。七年来我们发展了一些,还很少。现在我们只有四百多万吨钢,我们的国家有六亿人口,这点钢不算事,请大家把目标转向这个方面"[5]。

---

① 《建国以来毛泽东文稿》第十册,中央文献出版社 1996 年版,第 37 页。
② 《斯大林全集》第七卷,人民出版社 1958 年版,第 294 页。
③ 《斯大林全集》第十三卷,人民出版社 1956 年版,第 167 页。
④ 《毛泽东文集》第七卷,人民出版社 1999 年版,第 124 页。
⑤ 《毛泽东文集》第七卷,人民出版社 1999 年版,第 182 页。

受苏联的影响,毛泽东还把实现工业化同建成社会主义联系起来。1957年7月,毛泽东在《1957年夏季的形势》一文中说,必须懂得,在我国建立一个现代化的工业基础,从现在起,还要十年至十五年。只有经过十年至十五年的社会生产力的比较充分的发展,我们的社会主义的经济制度和政治制度,才算获得了自己的比较充分的物质基础,社会主义社会才算从根本上建成了。11月18日,毛泽东在莫斯科共产党和工人党代表会议上的讲话,实际上就宣告了要在钢铁生产上实现跃进。他说,我们中国今年有了500万吨钢;再过5年,可以有2000万吨到2500万吨钢;再过5年,可以有3500万吨到4000万吨钢。他宣布,赫鲁晓夫同志告诉我们,15年后,苏联可以超过美国,那么也可以讲,15年后我们可能赶上或者超过英国。他认为,英国当时年产2000万吨钢,再过15年可能增到3000万吨钢。中国再过15年可能是4000万吨钢,岂不超过了英国吗? 那么,在15年后,在我们阵营中间,苏联超过美国,中国超过英国。1958年12月,邓小平在《关于人民公社若干问题的决议(草案)》的说明中提出建成社会主义的标准,其中就有这样一条:实现国家工业化、公社工业化,钢年产量至少在1亿吨以上。而在1958年,中国只生产1000万吨钢,距离这个标准还远得很。因此,对中国来说,不能不加快钢的生产速度。根据第二个五年计划,1958年,重工业占国民经济总产值的比重是52.1%,农业是21.8%,轻工业是26.1%。到1960年,就更严重了。重工业占66.6%,已经是重得出奇,而农业和轻工业几乎全被挤掉了。

斯大林认为,社会主义存在两种公有制形式:国家的即全民所有制和集体所有制。在这两种所有制关系上,斯大林又认为国家所有制是社会主义公有制的高级形式,集体所有制是社会主义公有制的低级形式。社会主义的发展要求不断扩大公有制的规模和程度,促使集体所有制尽快向国家所有制过渡,最终实现单一的全民所有制,以便创造向共产主义过渡的条件。"大跃进"期间,人民公社的建立,表明中国共产党在社会主义所有制形式上继承了斯大林的思想,即迅速把集体所有制变成全民所有制。1958年8月1日,毛泽东在同赫鲁晓夫谈话时说:"人民公社'一大二公'。大,就是联合的生产合作社多,人多力量大;公,就是社会主义因素比合作社多,把资本主义的残余逐步除掉。"①人民公社在刚刚兴起的时候,连名字都模仿苏联的集体农庄或者国营农场。在所有制形式上,1958 年 8 月,河北省徐水大寺各庄公社将树木全归集体,房屋也由公社统一分配,社员实行工资制。在 8 月的北戴河会议上,毛泽东将河南遂平县卫星人民公社试行章程推荐在《红旗》杂志和报纸上发表。这个章程规定:"各农业社并为公社,根据共产主义大协作的精神,应该将一切公共财产交给公社,多者不退,少者不补","社员转入公社,应该交出全部自留地,并将私有的房基、牲畜、林木等生产资料转为全公社所有",公社实行工资制,实行粮食供给制。②

斯大林建立的苏联模式是社会主义的雏形,在体制上还存在许多不足甚至弊端,需要不断改革使其完善。但是,在战后,斯大林没有这样做。反而将某些理论教条化,急于向共产主义过渡的理论就是其中之一。斯大林在《苏联社会主义经济问题》中提出了向共产主义过渡的三个条件:第一,生产资料的增长占优先地位;第二,把集体农庄所有制提高到全民所有制的水平,使产品交换代替商品流通;第三,社会成员的体力和智力得到全面发展。1936 年 11 月,斯大林宣布苏联实现了共产主义的第一阶段,即建立了社会主义。1939 年,斯大林在联共(布)十八大上宣布苏联进入了"逐渐过渡到共产主义的阶段",苏联的任务是向"共产主义前进。"3 月 22 日,《真理报》的一篇社论写道:"十八大将作为社会主义向共产主义过渡的伟大胜利道路的代表大会载入史册。共产主义! 这个对许多人来说是不能实现的理想,对于我们,十八大的同代人,共产主义就是最近的明天,我们正在建设并将建成共产主义。"③ 1946 年,斯大林又说:"'一个国家内的共产主义',特别是在苏联这样的国家内,是完全可能的。"④按赫鲁晓夫的说法,斯大林在"制定向共产主义过渡的详尽的时间表"。1952 年,苏共(布)十九大宣布,"苏联社会主义建设任务已

---

① 李越然:《中苏外交亲历记》,世界知识出版社 2001 年版,第 186 页。
② 参见许全兴:《毛泽东晚年的理论与实践(1956—1976)》,中国大百科全书出版社 1995 年版,第 179 页。
③ 何明、罗锋编著:《中苏关系重大事件述实》,人民出版社 2007 年版,第 278 页。
④ 《斯大林文集(1934—1952 年)》,人民出版社 1985 年版,第 510 页。

经完成",现在已处在从社会主义逐渐过渡到共产主义的时期。

1956年,中国社会主义制度基本确立。1958年,中共就急于宣布向共产主义过渡。1958年6月,刘少奇就把托儿所、公共食堂等生活服务组织看作是"趋向共产主义"。在时间上,刘少奇认为我们到共产主义不要多远,40年、50年,中国可以进入共产主义。北戴河会议通过的《中共中央关于在农村建立人民公社问题的决议》说:"由集体所有制向全民所有制过渡,有些地方可以在三四年内完成,有些地方需要五六年或更长的时间",看来,"共产主义在我国的实现已经不是什么遥远将来的事情了,我们应该积极地运用人民公社的形式,摸索出过渡到共产主义的具体途径"。毛泽东在修改《郑州会议关于人民公社若干问题的决议》时谈到了公社的性质问题。他指出:"公社是实现两个过渡的最好的形式。这两个过渡是:由社会主义的集体所有制到全民所有制的过渡;另一个,由社会主义的全民所有制到共产主义的过渡。"①所以,公社也是将来共产主义社会结构的基础单位。为实现经过公社向共产主义过渡,毛泽东要求在1960年,或者更长一点的时间内,逐步提高国家对公社产品的调拨比例。

中国共产党发动"大跃进"和人民公社化运动,其意图在于突破苏联模式,走出一条中国自己的道路,从而比苏联搞得更快更好。但是,由于多方面的原因,最终不仅没有突破苏联模式,反而在所有制等方面将苏联模式推向了极端,走了许多弯路。

6."文化大革命"将苏联模式凝固化、绝对化。晚年毛泽东把突破苏联模式的改革称为修正主义,他在批判苏联赫鲁晓夫和南斯拉夫铁托修正主义的同时,还认为必须挖出"躺在身边的赫鲁晓夫",他决定发动"史无前例的'文化大革命'",首先是把阶级斗争理论绝对化。1966年6月6日,《人民日报》发表《高举毛泽东思想伟大红旗,把无产阶级文化大革命进行到底》的文章,指出:毛泽东根据马克思列宁主义的基本原理,总结了苏联党和国家被修正主义集团篡夺的教训,对于社会主义时期,大抓阶级斗争,坚持无产阶级专政,反

---

① 《建国以来毛泽东文稿》第七册,中央文献出版社1992年版,第525页。

对现代修正主义,防止资本主义复辟,提出了系统的理论和政策,大大丰富和发展了马克思列宁主义关于无产阶级专政的学说。

1966年《红旗》杂志第9期发表社论,指出:如果抛弃毛泽东关于阶级和阶级斗争的观点,就不能不陷入赫鲁晓夫修正主义的泥坑。这就是说,赫鲁晓夫改革传统的社会主义模式,就是搞修正主义。而中国坚持毛泽东关于阶级斗争的理论,就是真正地建设社会主义。1967年《人民日报》、《红旗》杂志发表的元旦社论,明确地说明了这一点。社论说:国际无产阶级专政的历史经验告诉我们,只有搞好无产阶级"文化大革命",才能保证我们的经济建设沿着社会主义、共产主义道路前进。① 而无产阶级"文化大革命"就是毛泽东阶级斗争理论的实践。②

在毛泽东看来,第一个社会主义国家变成了修正主义,这个教训不能不吸取。于是,中共在批判国际修正主义的同时,也批判了国内的修正主义。把"三自一包"当作修正主义的国内路线,把"三和一少"当作修正主义的国际路线。为此,中国国内还开展了社会主义教育运动。1961年,安徽、广西等地搞起了"包产到户"。这是对苏联模式的一次改革性突破,但遭到了批判。8月24日,农村工作部编印的《农村简讯》第175号刊登了《各地贯彻执行六十条的情况和问题》的材料,把"包产到户"说成是"单干"。认为一部分干部和农民对集体生产丧失信心,发展到"包产到户"、"分口粮田"等变相单干,以至"损害了集体生产"。1963年5月22日,毛泽东在同新西兰共产党总书记威尔可克斯夫人谈话时说:中国共产党内有些人主张"三和一少":对帝国主义和气一点,对反动派和气一点,对修正主义和气一点,对亚非拉人民斗争的援助少一点,这就是修正主义的路线。1964年2月9日,毛泽东再次指出,中国共产党内有人主张"三和一少"、"三自一包"。他说,针对"三和一少",我们的方针是"三斗一多",对帝国主义要斗、对修正主义要斗、对各国反动派要斗,要多援助马列主义的政党和马列主义派别。也就在同时,毛泽东在同金日

---

① 参见《人民日报》1967年1月1日。

② 有关中国共产党人照搬苏联模式部分,参阅了邢和明:《中国共产党人对苏联模式认识的演变(1949—1976)》,中共中央党校博士学位论文,2004年。

成谈话时又说,1962年上半年我们党内有些人主张"三和一少",这是修正主义路线。这些人在国内主张"三自一包",就是自留地、自由市场、自负盈亏、包产到户。目的是要解散社会主义的农村集体经济,要搞垮社会主义制度。"三和一少"是他们的国际纲领,"三自一包"也是国内纲领。6月16日,毛泽东又说:"要警惕像赫鲁晓夫那样的个人野心家和阴谋家,防止这样的人篡夺党和国家的各级领导权。"①

"文化大革命"给党和人民造成严重恶果。一是由于权力过于集中,严重践踏民主法制,造成堆积如山的冤假错案。据统计,"文化大革命"十年中,全国被立案审查的干部高达230万人,占"文化大革命"前夕全国1200万干部的19.2%。中共中央和国家机关各部委被审查的干部有29885人,占干部总数的16.7%。其中,中央副部级和地方副省级以上的高级干部被立案审查的达75%。② 二是违背客观规律,排斥市场、商品、货币关系,导致经济结构失衡,统得过多过死,发展后劲严重不足。1957—1978年,中国经济一直在缓慢徘徊中增长,几次达到了崩溃边缘。"文化大革命"期间,有5年经济增长不超过4%,其中3年负增长:1967年增长-5.7%,1968年增长-4.1%,1976年增长-1.6%。损失人民币5000亿元。③ 由于"文化大革命"的破坏,仅1974年到1976年,全国就损失工业总产值1000亿元,钢产量2800万吨,财政收入400亿元。三是自20世纪50年代后期开始,人民生活十分艰难,生活水平提高缓慢。从1957年到1976年,全国职工在长达20年的时间里几乎没涨过工资。1957年全国职工平均货币工资624元,1976年下降到575元,不进反退,还少了49元。④ 很多生活消费品供给不足,需凭票购买。发行了40多年的粮票被称作"第二货币"。"三转一响一咔嚓"的自行车、手表、缝纫机、收音机、照相机,"五大件"置备整齐还不到600元,但对很多家庭来说,却是一个天文数字,只能敬而远之。

---

① 肖冬连等:《求索中国——文革前10年史》下册,红旗出版社1999年版,第1057页。

② 参见曹普:《中国改革开放的由来》,《学习时报》2008年9月29日。

③ 参见中央财经领导小组办公室编:《中国经济发展五十年大事记》,人民出版社1999年版,第222、228、282页。

④ 参见曾培炎主编:《新中国经济50年》,中国计划经济出版社1999年版,第897—898页。

粉碎"四人帮"后,我们党进一步反思以往照搬照抄苏联模式的教训。党的十一届三中全会果断停止"以阶级斗争为纲"的口号,把党和国家的工作重心转移到经济建设上来,作出改革开放重大决策。在党的十二大开幕词中,邓小平首次提出了"走自己的道路,建设有中国特色的社会主义"。1989年5月16日,在会见戈尔巴乔夫时,邓小平进一步指出:"固定的模式是没有的,也不可能有。墨守成规的观点只能导致落后,甚至失败。"又说:"我们这次会见的目的是八个字:结束过去,开辟未来。"①这就等于给中国人照搬照抄苏联模式画上了一个句号,也为中国第三次向世界学习,探索具有中国特点的现代化道路提供了思想指南。

(四)步入腾飞之路的不懈探索

粉碎"四人帮"之后,中国再次面临道路选择的问题。中国何去何从,以邓小平同志为核心的第二代中央领导集体,从突破苏联模式入手,高瞻远瞩,再次把目光瞄向世界,重新审视中国现代化,走中国特色现代化之路,取得了举世瞩目的成就,为中华民族伟大复兴打下坚实基础。

1.战略框架的重新设计及其定型。"文化大革命"结束后,面对百废待兴、百业待举的现实,邓小平极其敏锐地抓住了现代化这 关系到国家生死存亡的大事,多次重申毛泽东、周恩来提出的四个现代化的伟大目标。1978年9月,邓小平在会见日本新闻界的一批客人时,对到20世纪末中国的四个现代化目标作了新的解释,他说:就是到这个世纪末,我们实现了四个现代化,也还是不富,我们的水平比日本还差得远。1979年3月,邓小平在党的理论工作务虚会上提出:"过去搞民主革命,要适合中国情况,走毛泽东同志开辟的农村包围城市的道路。现在搞建设,也要适合中国情况,走出一条中国式的现代化道路。"②1979年10月,邓小平在中央政治局会议上,进一步强调了"中国式的现代化"这个概念。"我们开了大口,本世纪末实现四个现代化,后来改

---

① 《邓小平文选》第三卷,人民出版社1993年版,第292页。
② 《邓小平文选》第二卷,人民出版社1994年版,第163页。

了个口,叫中国式的现代化,就是把标准放低一点。"①1979 年 12 月 16 日,邓小平与日本首相大平正芳举行会谈。会谈中,邓小平谈道:"我们要实现的四个现代化,是中国式的四个现代化。我们的四个现代化的概念,不是像你们那样的现代化的概念,而是'小康之家'。到本世纪末,中国的四个现代化即使达到了某种目标,我们的国民生产总值人均水平也还是很低的。要达到第三世界中比较富裕一点的国家的水平,比如国民生产总值人均一千美元,也还得付出很大的努力。就算达到那样的水平,同西方来比,也还是落后的。所以,我只能说,中国到那时也还是一个小康的状态。"②这是邓小平首次提出现代化的量化目标。1980 年 12 月 25 日,邓小平在中央工作会议上的讲话中正式提出了到 20 世纪末达到小康水平的战略目标。1981 年五届全国人大四次会议的政府工作报告和 1982 年党的十二大报告,以正式文件的形式阐述了这个二十年的现代化发展战略。

1982 年 8 月 21 日,邓小平会见联合国秘书长德奎利亚尔时说:"我们摆在第一位的任务是在 20 世纪末实现现代化的一个初步目标,这就是达到小康的水平。如果能实现这个目标,我们的情况就比较好了。更重要的是我们取得了一个新起点,再花三十年到五十年时间,接近发达国家的水平。"③1984年 5 月 29 日,邓小平在会见巴西总统菲格雷多时又谈到了这个问题,他说,我们的目标是到 20 世纪末人均达到 800 美元,这意味着我国的国民生产总值达到 1 万亿美元,"在这样一个基础上,再发展三十年到五十年,我们就可以接近发达国家的水平"④。在这两次谈话中,邓小平把实现翻两番、达到小康水平看作实现现代化的"一个新起点",首次提出了再花三十年到五十年时间接近发达国家水平的战略构想。同年 10 月 6 日,邓小平在会见参加中外经济合作问题讨论会的全体中外代表时,对此又作了较为完整的阐述:"我们第一步是实现翻两番,需要二十年,还有第二步,需要三十年到五十年,恐怕是要五十

---

① 《邓小平文选》第二卷,人民出版社 1994 年版,第 194 页。
② 《邓小平文选》第二卷,人民出版社 1994 年版,第 237 页。
③ 《邓小平文选》第二卷,人民出版社 1994 年版,第 416—417 页。
④ 《邓小平文选》第三卷,人民出版社 1993 年版,第 57 页。

年,接近发达国家的水平。两步加起来,正好五十年至七十年"①。

1986 年 12 月,邓小平在一次谈话中正式提出 21 世纪中叶"达到人均国民生产总值四千美元"的指标。1987 年 3 月 8 日,邓小平在会见坦桑尼亚联合共和国总统姆维尼时,第一次提出在翻两番的基础上"再争取达到中等发达国家的水平"。此后,不再提接近发达国家的水平。同年 4 月,邓小平在会见香港特别行政区基本法起草委员会委员时进一步指出,到 20 世纪末,中国人均国民生产总值将达到 800 — 1000 美元,那时候我们叫小康社会,"更重要的是,有了这个基础,再过五十年,再翻两番,达到人均四千美元的水平,在世界上虽然还是几十名以下,但是中国是个中等发达的国家了"②。1987 年 4 月,邓小平在会见西班牙工人社会党副总书记格拉时,全面阐述了"分三步走"的发展战略。他说:"我们原定的目标是,第一步在八十年代翻一番。以一九八〇年为基数,当时国民生产总值人均只有二百五十美元,翻一番,达到五百美元。第二步是到本世纪末,再翻一番,人均达到一千美元。实现这个目标意味着我们进入小康社会,把贫困的中国变成小康的中国。我们制定的目标更重要的还是第三步,在下世纪用三十年到五十年再翻两番,大体上达到人均四千美元。做到这一步,中国就达到中等发达的水平。"③至此,邓小平关于我国现代化建设分"三步走"的发展战略构想基本形成了。

1987 年 10 月,党的十三大在北京召开。十三大报告明确指出:我国从生产资料的社会主义改造完成到 21 世纪中叶,大约上百年的时间,将处于社会主义初级阶段,党在社会主义初级阶段的基本路线,是领导和团结全国各族人民,以经济建设为中心,坚持四项基本原则,坚持改革开放,自力更生,艰苦创业,把我国建设成为富强、民主、文明的社会主义现代化国家。十三大还根据邓小平的思想,并针对当时国内外的情况,把党的十一届三中全会以后我国现代化发展战略确定为"大体分三步走":第一步,实现国民生产总值比 1980 年翻一番,解决人民的温饱问题。第二步,到 20 世纪末,使国民生产总值再翻一

---

① 《邓小平文选》第三卷,人民出版社 1993 年版,第 79 页。
② 《邓小平文选》第三卷,人民出版社 1993 年版,第 216 页。
③ 《邓小平文选》第三卷,人民出版社 1993 年版,第 226 页。

番,人民生活达到小康水平。第三步,到 21 世纪中叶,人均国民生产总值达到中等发达国家的水平,人民生活比较富裕,基本实现现代化。1992 年,中共十四大再次肯定了基本实现现代化必须分"三步走"的战略决策,并在这个基础上进一步提出了近期和长远的三个奋斗目标,即在 20 世纪 90 年代初步建立起新的经济体制,实现达到小康水平的第二步发展目标。再经过二十年的努力,到建党 100 周年的时候,我们将在各方面形成一整套更加成熟更加定型的制度。在这样的基础上,到 21 世纪中叶建国 100 周年的时候,就能够达到第三步发展目标,基本实现社会主义现代化。至此,邓小平提出的分"三步走"实现社会主义现代化的战略目标就更加明确、具体了。

邓小平认为,实现中国现代化,根本任务是大力发展生产力。他在不同的讲话中,把"发展生产力"提到社会主义时期的"根本任务"、"首要任务"、"主要任务"、"第一个任务"、"中心任务"、"压倒一切的中心任务"的高度。他说,"社会主义的首要任务是发展生产力,逐步提高人民的物质和文化生活水平"①,"从一九七八年我们党的十一届三中全会开始,确定了我们的根本政治路线,把四个现代化建设,努力发展社会生产力,作为压倒一切的中心任务"②。"马克思主义最注重发展生产力。我们讲社会主义是共产主义的初级阶段,共产主义的高级阶段要实行各尽所能、按需分配,这就要求社会生产力高度发展,社会物质财富极大丰富。所以社会主义阶段的最根本任务就是发展生产力。社会主义的优越性归根到底要体现在它的生产力比资本主义发展得更快一些、更高一些"③,"我们的生产力发展水平很低,远远不能满足人民和国家的需要,这就是我们目前时期的主要矛盾,解决这个主要矛盾就是我们的中心任务。"④邓小平还指出:"我们是社会主义国家,社会主义制度优越性的根本表现,就是能够允许社会生产力以旧社会所没有的速度迅速发展,使人民不断增长的物质文化生活需要能够逐步得到满足。"⑤1992 年,邓小平更是

①《邓小平文选》第三卷,人民出版社 1993 年版,第 116 页。
②《邓小平文选》第三卷,人民出版社 1993 年版,第 237 页。
③《邓小平文选》第三卷,人民出版社 1993 年版,第 63 页。
④《邓小平文选》第二卷,人民出版社 1994 年版,第 182 页。
⑤《邓小平文选》第二卷,人民出版社 1994 年版,第 128 页。

把解放生产力、发展生产力提到了社会主义本质的高度,他指出,"社会主义的本质,是解放生产力,发展生产力,消灭剥削,消除两极分化,最终达到共同富裕"①。

　　然而,现代化绝不仅仅是物质文明的现代化,邓小平一再强调现代化建设要"两手抓,两手都硬"。一手抓物质文明建设,一手抓精神文明建设;一手抓坚持四项基本原则,一手抓改革开放;一手抓发展经济,一手抓法制建设;一手抓改革开放,一手抓打击各种犯罪;一手抓改革开放,一手抓惩治腐败,等等。他说:"我们的国家已经进入社会主义现代化建设的新时期。我们要在大幅度提高社会生产力的同时,改革和完善社会主义的经济制度和政治制度,发展高度的社会主义民主和完备的社会主义法制。我们要在建设高度物质文明的同时,提高全民族的科学文化水平,发展高尚的丰富多彩的文化生活,建设高度的社会主义精神文明。"②邓小平反复强调,"四个现代化,关键是科学技术的现代化","没有现代科学技术,就不可能建设现代农业、现代工业、现代国防。没有科学技术的高速度发展,也就不可能有国民经济的高速度发展"。③

　　现代化建设必须搞好综合平衡,不能顾此失彼,不能搞"单打一"。他说:"现代化建设的任务是多方面的,各个方面需要综合平衡,不能单打一。但是说到最后,还是要把经济建设当作中心。离开了经济建设这个中心,就有丧失物质基础的危险。其他一切任务都要服从这个中心,围绕这个中心,决不能干扰它,冲击它。"④邓小平认为,民主既是现代化建设的重要条件,又是现代化的战略目标之一。他说:"没有民主就没有社会主义,就没有社会主义的现代化"⑤。"我们进行社会主义现代化建设,是要在经济上赶上发达的资本主义国家,在政治上创造比资本主义国家的民主更高更切实的民主。"⑥在视察南方的谈话中,他告诫广东干部群众,广东要力争用二十年时间赶上亚洲"四小

---

① 《邓小平文选》第三卷,人民出版社1993年版,第373页。
② 《邓小平文选》第二卷,人民出版社1994年版,第208页。
③ 《邓小平文选》第二卷,人民出版社1994年版,第86页。
④ 《邓小平文选》第二卷,人民出版社1994年版,第250页。
⑤ 《邓小平文选》第二卷,人民出版社1994年版,第168页。
⑥ 《邓小平文选》第二卷,人民出版社1994年版,第322页。

龙",不仅经济要上去,社会秩序、社会风气也要搞好,两个文明都超过他们,这才是有中国特色的社会主义。"新加坡的社会秩序算是好的,他们管得严,我们应当借鉴他们的经验,而且比他们管得更好。"①

改革是中国现代化的动力之源。在党的十一届三中全会的主题报告中,邓小平就指出:"要搞四个现代化,把社会主义经济全面地转到大生产的技术基础上来,非克服官僚主义这个祸害不可。现在,我们的经济管理工作,机构臃肿,层次重叠,手续繁杂,效率极低。政治的空谈往往淹没一切。这并不是哪一些同志的责任,责任在于我们过去没有及时提出改革。但是如果现在再不实行改革,我们的现代化事业和社会主义事业就会被葬送。"②改革是一场革命,"这场革命既要大幅度地改变目前落后的生产力,就必然要多方面地改变生产关系,改变上层建筑,改变工农业企业的管理方式和国家对工农业企业的管理方式,使之适应于现代化大经济的需要"③。改革不是对原有制度作细枝末节的修改,而是要对已经建立的所有制度作根本性变革。改革必须遵循事物本来具有的结构上的顺序和发展的顺序。例如,优化国民经济三大产业之间的结构,必须遵循加强第一产业,调整第二产业,积极发展第三产业的原则;所有制结构的合理化,要实行公有制为主体,多种所有制形式共同发展的方针。改革不能像小脚女人一样,看准了的就大胆地试,大胆地闯,隔几年上一个新台阶。"当然,随着实践的发展,该完善的完善,该修补的修补,但总的要坚定不移。"④

2.中国特色社会主义全面推向21世纪。邓小平在视察南方的谈话中,对中国特色的现代化建设提出了许多新的设想,然而,直到他退休之时,这些关键性设想仍未落到实处。以江泽民同志为核心的党的第三代中央领导集体,在新的历史条件下,全面贯彻落实了邓小平的设想,把中国特色现代化事业全面推向21世纪。

---

① 《邓小平文选》第三卷,人民出版社1993年版,第378—379页。
② 《邓小平文选》第二卷,人民出版社1994年版,第150页。
③ 《邓小平文选》第二卷,人民出版社1994年版,第135—136页。
④ 《邓小平文选》第三卷,人民出版社1993年版,第371页。

党的十四大报告指出,在20世纪90年代,我们要初步建立起新的经济体制,实现达到小康水平的第二步发展目标。再经过二十年的努力,到建党100周年的时候,我们将在各方面形成一整套更加成熟更加定型的制度。在这样的基础上,到21世纪中叶建国100周年的时候,就能够达到第三步发展目标,基本实现社会主义现代化。党的十五大报告又进一步丰富和发展了第三步战略目标:展望21世纪,我们的目标是,第一个十年实现国民生产总值比2000年翻一番,使人民的小康生活更加富裕,形成比较完善的社会主义市场经济体制;再经过十年的努力,到建党一百年时,使国民经济更加发展,各项制度更加完善,到21世纪中叶建国一百年时,基本实现现代化,建成富强、民主、文明的社会主义国家。党的十六大报告根据党的十五大提出的到2010年、建党一百年和新中国成立一百年的发展目标,提出我们要在21世纪头20年,集中力量,全面建设惠及十几亿人口的更高水平的小康社会,使经济更加发展、民主更加健全、科教更加进步、文化更加繁荣、社会更加和谐、人民生活更加殷实。这些论述使我们党关于"三步走"的发展战略进一步具体化。围绕贯彻落实"三步走"发展战略,中央还提出并制定了一系列新的发展战略,如可持续发展战略、西部大开发战略、科教兴国战略、引进来走出去战略,等等。

党的十四大概括改革开放14年来的伟大实践,把建设有中国特色社会主义理论概括为九个方面。并且根据邓小平的建议,明确把建立社会主义市场经济体制确立为我国经济体制改革的目标,并初步提出发展社会主义市场经济的理论框架。随后,党的十四届三中全会通过《中共中央关于建立社会主义市场经济体制若干问题的决定》,把十四大确定的目标、要求和原则等加以系统化、具体化,阐明了社会主义市场经济的基本特征,勾画了社会主义市场经济体制的基本框架,成为建立新经济体制的宏伟蓝图。1995年9月28日,在党的十四届五中全会上,江泽民发表讲话,明确提出"在推进社会主义现代化建设的过程中,必须处理好各种关系,特别是若干带有全局性的重大关系"①。他所

---

① 《江泽民文选》第一卷,人民出版社2006年版,第460页。

列举的关系主要有：改革、发展、稳定的关系，速度和效益的关系，经济建设和人口、资源、环境的关系，第一、第二、第三产业的关系，东部地区和中西部地区的关系，市场机制和宏观调控的关系，公有制经济和其他经济成分的关系，收入分配中国家、企业和个人的关系，扩大对外开放和坚持自力更生的关系，中央和地方的关系，国防建设和经济建设的关系，物质文明建设和精神文明建设的关系。党的十五大报告提出公有制实现形式可以而且应当多样化。一切反映社会化生产规律的经营方式和组织形式都可以大胆利用。要努力寻找能够极大促进生产力发展的公有制实现形式。报告还明确肯定：非公有制经济是我国社会主义市场经济的重要组成部分。对个体、私营等多种非公有制经济要继续鼓励、引导，使之健康发展。作出实现形式的新论断，同时作出了一系列新的战略部署，这些战略部署，把社会主义市场经济的理论和实践又推向了一个新的高度。这就进一步破除了人们对姓"公"姓"私"的种种疑虑。十六大进一步完善以按劳分配为主体、多种分配方式并存的分配制度，确立了劳动、资本、技术和管理等生产要素按贡献参与分配的原则。标志着苏联模式旧体制被彻底打碎。

中国现代化事业的关键在党。20世纪80年代末，针对党内出现的腐败现象，邓小平曾告诫第三代中央领导集体："常委会的同志要聚精会神地抓党的建设，这个党该抓了，不抓不行了。"[1]20世纪90年代初，针对"左"的教条主义，他更是告诫全党同志："中国要警惕右，但主要是防止'左'"[2]。1992年6月，江泽民在中央党校省部级干部进修班上的讲话指出："要全面推进有中国特色的社会主义事业，关键是把党搞好，切实加强和改善党的领导，努力提高党的战斗力。"[3]1993年6月又指出，在中国，没有共产党的坚强领导，就不会有社会生产力的不断解放和发展，就不会有社会的全面进步，就谈不上社会主义现代化。要团结凝聚11亿多人民，通过改革进一步解放和发展生产力，集中力量把经济搞上去，实现社会主义现代化建设的宏伟目标，关键在党要

---

[1] 《邓小平文选》第三卷，人民出版社1993年版，第314页。
[2] 《邓小平文选》第三卷，人民出版社1993年版，第375页。
[3] 《十三大以来重要文献选编》(下)，人民出版社1993年版，第2082—2083页。

深化改革,成功地创建人类历史上没有先例的社会主义市场经济体制,关键在党要坚持"两手抓",搞好两个文明建设,关键在党要保持社会政治稳定,实现国家长治久安。世纪之交,国际上发生了一系列政权更迭、政党衰亡的重大事件,引起了第三代中央领导集体的高度关注,把执政党建设问题摆到了更加突出的位置。江泽民指出:我们党要始终成为中国工人阶级的先锋队,同时成为中国人民和中华民族的先锋队,成为建设有中国特色社会主义事业的领导核心,就必须始终做到"三个代表":代表中国先进生产力的发展要求,代表中国先进文化的前进方向,代表中国最广大人民的根本利益。"三个代表"重要思想揭示了我们党的立党之本、执政之基、力量之源,成为新时期加强和改进党的建设、推进我国社会主义制度自我完善和发展的强大思想武器。党的十六大以"三个代表"重要思想为指导,提出要加强非公有制企业党的建设,要把承认党的纲领和章程、自觉为党的路线和纲领而奋斗、经过长期考验、符合党员条件的其他社会阶层的先进分子吸收到党内来,以增强党在全社会的影响力和凝聚力。这在党的建设史上是前所未有的新举措。

江泽民也十分重视国外现代化建设的经验。据《为了世界更美好:江泽民出访纪实》书的统计,江泽民任总书记期间,曾出访70多个国家,行程60多万公里,在空中和外国的土地上的时间达364天。曾两次访问日本、法国、德国,三次访问美国,四次访问俄罗斯。江泽民的讲话,处处渗透着对国际经验的关注。以《始终做到"三个代表"是我们党的立党之本、执政之基、力量之源》一文为例,首先论及英美等发达国家对信息产业的热忱:"美国、英国、德国、日本等发达国家都在纷纷投入巨资,拟订规划,发展信息网络。印度这几年发展信息技术和产业也相当迅速。"接着又谈及发展中国家的态度:"上个月十二日至二十七日,我访问了以色列、巴勒斯坦、土耳其、希腊、南非,十七日还赴埃及亚历山大市同穆巴拉克总统进行会晤。这些国家大都是发展中国家,希腊虽然是欧洲国家,但在欧盟中是比较弱的。他们都在积极制订面向新世纪的经济社会发展战略,高度重视高新技术发展和产业结构调整。"最后,从国际经验论及我国的发展战略:"我们在发展,世界也在发展。我们必须继续埋头苦干,加强做好工作。"①反映了江泽民对国际社会发展动向的敏锐观察。"三个代表"重要思想正是系统总结国内外政党执政经验及发展战略的结果,成为中国现代化建设的重要组成部分。

3.阔步发展及其方式调整。进入21世纪以来,我国经济社会发展出现新的特点。一方面,我国生产力迅猛发展,GDP总量先后于2004年超过法国,2005年超过英国,2007年超过德国,2010年超过日本,成为世界第二大经济体;另一方面,生产方式依旧粗放,资源消耗、环境污染在加重,教育、医疗、交通、就业等社会服务和保障严重不足,影响人民群众的生活质量。以胡锦涛为总书记的第四代中央领导集体,积极吸收和借鉴国外发展的经验,提出科学发展观。"以人为本"、"可持续发展"、"社会建设"、"生态文明"、"循环发展"、"绿色发展"、"低碳发展"等理念都可从国外发展理论中找到其思想依据。胡锦涛的诸多讲话也都以当代世界的发展为背景。以《加快转变经济发展方式,走中国特色新型工业化道路》一文为例,文中多处论及对国外发展经验的学习和借鉴。胡锦涛指出:我们要"最大限度地利用世界科技创新的最新成果和技术储备",走出一条中国特色的自主创新道路。又说:"节约资源、保护环境业已成为国际社会高度关注的问题。"推进中国现代化,"必须树立全球视野,准确把握世界经济发展的总态势和新特征"。现代化客观上是一个资本积累、技术进步的历史过程,也容易出现机器排斥劳动、资本所得挤占劳动所得的现象。"一些国家进入工业化中期阶段和中等收入国家行列后,没有处理好经济增长和收入分配关系,结果社会矛盾激化、现代化进程受阻,这方面的深刻教训值得汲取。"②在这里,既有对国外发展大局、发展经验的总结,也有对国外发展教训的警告。

十六大以来,以胡锦涛同志为总书记的党中央针对上述问题,提出并不断深化科学发展观,要求以科学发展观统领经济社会发展全局。以胡锦涛同志为总书记的新的中央领导集体把党的执政能力建设问题放在执政党建设的首

---

① 《江泽民文选》第三卷,人民出版社2006年版,第9—10页。
② 《江泽民文选》第三卷,人民出版社2006年版,第10页。

位。十六届四中全会通过的《中共中央关于加强党的执政能力建设的决定》，深入分析了加强党的执政能力建设的重要性和紧迫性，提出要按照推动社会主义物质文明、政治文明、精神文明协调发展的要求，不断提高"五种能力"：驾驭社会主义市场经济的能力，发展社会主义民主政治的能力，建设社会主义先进文化的能力，构建社会主义和谐社会的能力，应对国际局势和处理国际事务的能力。十六届五中全会提出，贯彻落实科学发展观，关键是做到"六个必须"：必须保持经济平稳较快发展，必须加快转变经济增长方式，必须提高自主创新能力，必须促进城乡区域协调发展，必须加强和谐社会建设，必须不断深化改革开放。

十七大报告对科学发展观作了进一步概括：科学发展观，第一要义是发展，核心是以人为本，基本要求是全面协调可持续，根本方法是统筹兼顾。十七大报告还提出了一系列新的发展理念。比如，中国特色社会主义事业的总体布局由经济建设、政治建设、文化建设"三位一体"拓展为包括社会建设在内的"四位一体"；"建设富强民主文明的社会主义现代化国家"的奋斗目标，拓展为"建设富强民主文明和谐的社会主义现代化国家"；把"生态文明"首次写入报告，从而把"三个文明"进一步扩展为"四个文明"；把"工业化、城镇化、市场化、国际化"扩展为"工业化、信息化、城镇化、市场化、国际化"。显然，十七大报告的诸多新观点、新理念，正是对我们党几代领导人领导人民不断探索发展问题的科学总结，是对以往经验的继承和发展。党的十八大进一步把中国特色社会主义概括为中国特色社会主义道路、中国特色社会主义理论体系、中国特色社会主义制度。把生态文明建设置于和经济建设、政治建设、文化建设、社会建设同等重要的位置，中国特色社会主义的总布局由原来的"四位一体"变为"五位一体"，并且提出中国特色社会主义的"总任务是实现社会主义现代化和中华民族伟大复兴"，"既不走封闭僵化的老路、也不走改旗易帜的邪路。"坚持"八个必须"，丰富"四个特色"。坚持走中国特色新型工业化、信息化、城镇化、农业现代化道路，推动信息化和工业化深度融合、工业化和城镇化良性互动、城镇化和农业现代化相互协调，促进工业化、信息化、城镇化、农业现代化同步发展，反映了中国现代化的多重任务。

4.全面深化改革及其系统完善。党的十八大结束不久,习近平总书记指出:"党的十八大精神,说一千道一万,归结为一点,就是坚持和发展中国特色社会主义。"又说:"马克思主义必定随着时代、实践和科学的发展而不断发展,不可能一成不变,社会主义从来都是在开拓中前进的。坚持和发展中国特色社会主义是一篇大文章,邓小平同志为它确定了基本思路和基本原则,以江泽民同志为核心的党的第三代中央领导集体、以胡锦涛同志为总书记的党中央在这篇大文章上都写下了精彩的篇章。现在,我们这一代共产党人的任务,就是继续把这篇文章写下去。坚持马克思主义,坚持社会主义,一定要有发展的观点。"①习近平总书记还指出:"近年来,随着我国综合国力和国际地位上升,国际上关于'北京共识'、'中国模式'、'中国道路'等议论和研究也多了起来,其中不乏赞扬者。一些外国学者认为,中国的快速发展,导致一些西方理论正在被质疑,一种新版的马克思主义理论正在颠覆西方的传统理论。二〇〇四年五月,英国著名思想库伦敦外交政策研究中心发表了《北京共识》的研究报告,认为中国通过努力、主动创新和大胆实践,摸索出一个适合本国国情的发展模式。这种发展模式不仅适合中国,也是一些发展中国家仿效的榜样。曾经提出'历史终结论'的美国学者福山也修正了自己的观点,他认为:'中国模式'的有效性证明,西方自由民主并非人类历史进化的终点。人类思想宝库要为中国传统留有一席之地。我们始终认为,各国的发展道路应由各国人民选择。所谓的'中国模式'是中国人民在自己的奋斗实践中创造的中国特色社会主义道路。"②这段论述既总结了近年来国外关于"中国模式"、"中国道路"的讨论,也反映了新一代中国领导人坚持和发展中国特色社会主义,不断拓展"中国道路",完善"中国模式"的坚强决心。

2013 年 3 月 19 日,习近平在对俄罗斯、坦桑尼亚、南非、刚果共和国进行国事访问并出席金砖国家领导人第五次会晤前夕,在人民大会堂接受俄罗斯俄通—塔斯社、俄罗斯全国广播电视公司、南非卫星电视五台、印度报业托拉

---

① 《习近平谈治国理政》第一卷,外文出版社 2018 年版,第 23 页。
② 《十八大以来重要文献选编》(上),中央文献出版社 2014 年版,第 111 页。

斯、巴西《经济价值报》和中国新华社记者联合采访时,就中国同有关国家双边关系、中非关系、金砖国家合作、中国改革开放等阐述政策主张。他指出:"正如一棵大树上没有完全一样的两片树叶一样,天下没有放之四海而皆准的经验,也没有一成不变的发展模式。"①2014 年 4 月 2 日,在欧洲学院的演讲中,习近平再次强调:"中国不可能全盘照搬别国的政治制度和发展模式,否则的话不仅会水土不服,而且会带来灾难性后果。"②再次表明了中国在发展模式上的坚定态度。

2016 年 5 月 17 日,在哲学社会科学工作座谈会上的讲话中,习近平指出:广大哲学社会科学工作者,"要围绕我国和世界发展面临的重大问题,着力提出能够体现中国立场、中国智慧、中国价值的理念、主张、方案"③。2016年 7 月 1 日,在庆祝中国共产党成立 95 周年大会上的讲话中,习近平指出:"中国特色社会主义是不是好,要看事实,要看中国人民的判断,而不是看那些戴着有色眼镜的人的主观臆断。中国共产党人和中国人民完全有信心为人类对更好社会制度的探索提供中国方案。"④2017 年 1 月 17 日,在达沃斯世界经济论坛年会上,习近平指出:"经过 38 年改革开放,中国已经成为世界第二大经济体。道路决定命运。中国的发展,关键在于中国人民在中国共产党领导下,走出了一条适合中国国情的发展道路。""这是一条从本国国情出发确立的道路。中国立足自身国情和实践,从中华文明中汲取智慧,博采东西方各家之长,坚守但不僵化,借鉴但不照搬,在不断探索中形成了自己的发展道路。条条大路通罗马。谁都不应该把自己的发展道路定为一尊,更不应该把自己的发展道路强加于人。"⑤在这里,"中国方案"实质上是"中国模式"、"中国道

---

　　① 习近平:《中国不照搬抄他国发展模式》,网易财经 2013 年 3 月 20 日(http://money. 163.com/13/0320/05/8QCSIN5M00253B0H.html)。

　　② 《习近平欧洲学院演讲:中国不能全盘照搬别国模式》,新浪财经 2014 年 4 月 2 日(http://finance.sina.com.cn/china/20140402/070518687795.shtml)。

　　③ 习近平:《在哲学社会科学工作座谈会上的讲话》,《人民日报》2016 年 5 月 19 日。

　　④ 习近平:《在庆祝中国共产党成立 95 周年大会上的讲话》,《人民日报》2016 年 7 月2 日。

　　⑤ 习近平:《共担时代责任　共促全球发展——在世界经济论坛 2017 年年会开幕式上的主旨演讲》,《光明日报》2017 年 1 月 18 日。

路"的具体体现。2017 年 12 月,在中国共产党与世界政党高层对话会上的主旨讲话中,习近平指出:"我们不'输入'外国模式,也不'输出'中国模式,不会要求别国'复制'中国的做法。"①有人认为,邓小平打造了中国模式 1.0 版,习近平则着力打造中国模式的 2.0 版。2.0 版的中国模式有七大特点:政治的民主化,经济的市场化,文化的中国化,治理的法治化,社会的自治化,环境的生态化,政党的廉洁化。② 这是有一定道理的。

党的十九大认为,我国社会的主要矛盾已经转变为人民日益增长的美好生活需要和不平衡不充分的发展之间的矛盾。根据社会主要矛盾的转变,十九大提出习近平新时代中国特色社会主义思想,围绕"新时代坚持和发展什么样的中国特色社会主义、怎样坚持和发展中国特色社会主义"的问题,对中国特色社会主义的总目标、总任务、总体布局、战略步骤、外部条件、政治保证等重新规划,并且根据新的实践对经济、政治、法治、科技、文化、教育、民生、民族、宗教、社会、生态文明、国家安全、国防和军队、"一国两制"和祖国统一、统一战线、外交、党的建设等各方面作出新的理论分析和政策指导。十九大报告指出:"世界上没有完全相同的政治制度模式,政治制度不能脱离特定社会政治条件和历史文化传统来抽象评判,不能定于一尊,不能生搬硬套外国政治制度模式。"③十九届三中全会通过了《中共中央关于深化党和国家机构改革的决定》,并印发《深化党和国家机构改革方案》,开启了从全面建成小康社会到基本实现现代化,再到全面建成社会主义现代化强国的新征程,本质上是对"中国模式"的系统化丰富和完善。

三、对世界发展模式的综合创新

"中国模式"与世界上其他国家的发展模式到底是怎样的关系? 在国内

---

① 习近平:《携手建设更加美好的世界》,《人民日报》2017 年 12 月 2 日。
② 参见《习近平打造中国模式 2.0 版》,《人民日报》2014 年 11 月 26 日。
③ 习近平:《决胜全面建成小康社会　夺取新时代中国特色社会主义伟大胜利》,人民出版社 2017 年版,第 36 页。

外关于"中国模式"的研究中,有一类观点过分强调"中国模式"的独特性,从而割裂"中国模式"与世界其他发展模式之间的联系。另一类观点则完全否认"中国模式"有自己的特点,把"中国模式"等同于对世界其他模式的模仿或照搬照抄。笔者认为,这两类观点都带有形而上学的片面性色彩,未能客观地把握"中国模式"与世界其他发展模式之间的关系,"中国模式"本质上是对世界发展模式的综合创新。

(一)对"苏联模式"的反思

"苏联模式"是在苏联 30、40 年代形成的,以快速实现国家工业化从而抵抗希特勒法西斯侵略为主要目标的发展模式。苏联模式可以概括为三个"公式":社会主义=激烈的阶级斗争;社会主义=清一色的公有制;社会主义=大一统的计划经济。也有人将之概括为"八重八轻":重政治轻经济,重工轻农,重重工业、轻轻工业,重军工轻民用,重计划轻市场,重速度轻效益,重积累轻消费,重国家和集体利益、轻个人利益。[1] 早在 20 世纪 50 年代,毛泽东曾经反思苏联模式,力图探索适合自己发展的新道路,但未能将正确主张坚持到底,发动了"大跃进"和"文化大革命",给党和国家造成巨大损失。十一届三中全会后,邓小平领导我们党再次反思苏联模式,走出了"中国道路",形成了"中国模式"。

1.对"阶级斗争"问题的反思。如何看待在社会主义条件下的阶级斗争?这是苏联模式的重要问题之一。早在 1934 年 1 月,在苏共十七大上,斯大林就提出了"社会主义阶级斗争激化论"的基本观点。他曾指出:"党的第十七次代表会议说过,我们正向着建立无阶级的社会主义社会前进。当然,无阶级社会是不会按所谓自流的方式到来的。它是必须由全体劳动者共同努力,用加强无产阶级专政机关、展开阶级斗争、消灭阶级、消灭资本主义阶级残余等手段,在反对内外敌人的战斗中争得和建成的。"[2]在 1937 年肃反扩大化过程中,斯大林进一步指出:"必须粉碎和抛弃这种腐朽的理论,随着我们的每一

---

[1]　参见黄宗良:《从苏联模式到中国特色社会主义》,《中共党史研究》2010 年第 7 期。
[2]　《斯大林选集》下卷,人民出版社 1979 年版,第 331—332 页。

进展,我们这里的阶级斗争似乎就会日益停息了,随着我们的胜利,阶级敌人似乎就会日益驯服了。""相反地,我们的进展愈大,胜利愈多,被击溃了的剥削阶级残余也会愈加凶恶,他们愈要采用更尖锐的斗争形式,他们愈要危害国家,他们愈要抓紧最绝望的斗争手段来作最后的挣扎。"①社会主义条件下阶级斗争激化论、暴力机关强化论的观念,又被写进了 1938 年肃反扩大化以后出版的、在斯大林主持下编写的《苏联共产党(布)历史简明教程》之中,并且进一步发展为党内斗争激化论。"必须记着,敌人处境愈是绝望,他们也就会愈加乐于采取'极端手段',作为他们同苏维埃政权斗争唯一最后挣扎手段。应该记着这一点,并保持着警觉精神。""这些成功使已被击破的各阶级底应声虫,即一群小得可怜的布哈林分子和托洛茨基分子余孽疯狂起来。"②这本书因曾被称为社会主义的"百年总结"、"百科全书"式的权威性著作,而对整个社会主义阵营产生强烈影响。

晚年毛泽东也正是受斯大林思想的影响,在党的八大后产生"左"的逆转。在 1957 年反右派斗争中,阶级斗争的观念逐渐被夸大,将一大批热爱祖国、敢于直言、参政议政的知识分子打成了所谓资产阶级右派,甚至把所有知识分子定性为具有资产阶级世界观的资产阶级知识分子,从依靠对象变为打击对象。1959 年的反右倾斗争,又过分夸大党内斗争,把彭德怀、黄克诚、张闻天等人的不同意见,特别是对"大跃进"、人民公社、大炼钢铁等过"左"的做法有所保留的正确意见,说成是党内资产阶级民主派企图反党夺权的阴谋。1962 年召开的八届十中全会,进一步在基本理论上把阶级斗争当成社会主义时期的基本矛盾,要求年年讲、月月讲、天天讲。1965 年的社会主义教育运动和"四清"运动,又提出"党内走资本主义道路当权派"是斗争的主要对象,是要集中力量解决的主要矛盾。1966 年开始的十年"文化大革命",要求实行全面大批判,全面大夺权,全面阶级斗争,全面专政,彻底走向"以阶级斗争为纲"的极左道路,结果造成几乎是整个中国社会的"全面内战",使中国处于社

---

① 《斯大林文选》,人民出版社 1962 年版,第 128—129 页。
② 联共(布)中央特设委员会编:《苏联共产党(布)历史简明教程》,人民出版社 1954 年版,第 435、430 页。

会动乱、国家瘫痪、经济崩溃的边缘。

党的十一届三中全会重新分析我国社会主义条件下的基本矛盾和主要矛盾,把党和国家的工作重心转移到经济建设上来,对我国现阶段的阶级斗争作出科学判断。"在剥削阶级作为阶级消灭以后,阶级斗争已经不是主要矛盾。由于国内的因素和国际的影响,阶级斗争还将在一定范围内长期存在,在某种条件下还有可能激化。既要反对把阶级斗争扩大化的观点,又要反对认为阶级斗争已经熄灭的观点。"①

2.对"所有制"问题的反思。社会主义是否等于"清一色的公有制"? 这是苏联模式的问题之二。1938 年在斯大林主持下编写出版的《苏联共产党(布)历史简明教程》,最早也最为明确地论述了这一问题。"所有这一切都是工业化政策所应做到的,因为社会主义国家工业化底实质就在于此。""苏维埃国家把十月社会主义革命从资本家地主手中夺取过来的一切工厂,一切土地,以及运输业、银行、对外贸易和国内商业,都一律收归自己掌握。"②1952 年在《苏联社会主义经济问题》一书中,斯大林承认国有制与集体所有制并存的历史事实,但他认为真正体现社会主义本质与方向的,只有国家所有制,他也称之为"全民所有制"。他向往的充分体现社会主义本质的发展方向、发展目标,仍然是清一色的国家所有制:"问题在于:这种产品的大部分,即集体农庄生产的剩余品,进入市场,从而列入商品流通系统。正是这种情况现在阻碍着把集体所有制提高到全民所有制的水平。所以正应该从这一方面展开工作,来把集体所有制提高到全民所有制的水平。""在我国现今条件下,要把集体所有制提高到全民所有制的水平,这将是实际的和有决定意义的办法。"③

新中国成立初期,苏联模式传入中国后,就曾引起毛泽东、刘少奇、周恩来为代表的第一代中央领导集体的思考。1956 年八大前后,毛泽东在《论十大关系》等著作中讲得很好,但不久就背离自己的初衷。1958 年,毛泽东曾先后

① 中共中央党校教务部编:《十一届三中全会以来党和国家重要文献选编》,中共中央党校出版社 2008 年版,第 112 页。

② 联共(布)中央特设委员会编:《苏联共产党(布)历史简明教程》,人民出版社 1954 年版,第 373 页。

③ 《斯大林选集》下卷,人民出版社 1979 年版,第 610—611 页。

三次重新阅读斯大林的上述著作,1959年底、1960年初,他又系统阅读苏联《政治经济学教科书》,进一步强化了"社会主义＝清一色国家所有制"的僵化观念,甚至还嫌苏联保留农业集体所有制太久。认为全民所有制和集体所有制长期并存,总有一天不能够适应生产力的发展,不能充分满足人民生活对农业生产越来越增长的需要,不能充分满足工业对农业原料不断增长的需要;而要满足这种需要,就不能不解决两种所有制的矛盾,不能不把集体所有制转变为全民所有制;就是要把农业生产资料统统变为国有,将来我们的农村,不只是土地国有化,而是一切国有化。在"文化大革命"期间,中国的传统计划经济模式发展得比苏联模式更集中、更"左"、更极端,其理论根源盖源于此。①

党的十一届三中全会以后,我们党彻底突破苏联模式的框架,对社会主义所有制问题作了新的思考。十二届三中全会通过的《中共中央关于经济体制改革的决定》明确指出:全民所有制经济是我国社会主义经济的主导力量,对于保证社会主义方向和整个经济的稳定发展起着决定性的作用,但是全民所有制经济的巩固和发展决不应以限制和排斥其他经济形式和经营方式的发展为条件。我国现在的个体经济是和社会主义公有制相联系的,不同于和资本主义私有制相联系的个体经济,它对于发展社会生产、方便人民生活、扩大劳动就业具有不可代替的作用,是社会主义经济必要的有益的补充,是从属于社会主义经济的。② 党的十五大进一步明确肯定公有制实现形式的多样化,明确肯定非公有制经济是我国社会主义市场经济的重要组成部分。提出对个体、私营等非公有制经济要继续鼓励、引导,使之健康发展。十八届三中全会在以往论述的基础上,再次指出:非公有制经济在支撑增长、促进创新、扩大就业、增加税收等方面发挥了重要作用。坚持权利平等、机会平等、规则平等,废除对非公有制经济各种形式的不合理规定,消除各种隐性壁垒,制定非公有制

---

① 参见王东:《系统改革论——列宁遗嘱,苏联模式,中国道路》,吉林人民出版社2014年版,第428页。

② 参见中共中央党校教务部编:《十一届三中全会以来党和国家重要文献选编》,中共中央党校出版社2008年版,第118页。

企业进入特许经营领域具体办法。① 据国家工商总局统计,截至 2015 年 4 月底,我国私营企业发展到 1653. 8 万户,个体工商户发展到 5139. 8 万户,目前非公有制经济贡献了我国 GDP 的 60%、国家税收的 70%、企业总数的 80%、新增就业的 90%。据全国工商联估计,目前我国非公有制经济人士超过 7000 万人,已经成为推动我国经济社会发展的重要力量。②

　　3.对计划和市场关系的反思。社会主义是否等同于“大一统的计划经济”,这是苏联模式的问题之三。晚年马克思从世界市场和世界历史高度来看俄国等东方落后国家的社会主义道路,萌生了外部利用世界市场、内部利用发达商业机构,汲取发达资本主义世界文明成果,以打破孤立性、封闭性、落后性的思想萌芽。十月革命后,列宁通过反复的实践、反复认识,特别是经过战时共产主义向新经济政策道路的重大转变,认识到落后俄国根本不存在超越商品经济的历史条件,相反,只有利用“国家调节下的市场”,走迂回之路、间接之路,才是建设社会主义的最佳选择。可惜的是,斯大林并没有沿着列宁的路子往前走,在基本思路上反而从列宁后期新经济政策向战时共产主义后退,持有把社会主义简单等同于指令性计划经济的僵化观念。1934 年在《和英国作家赫·乔·威尔斯的谈话》中,斯大林提出了“社会主义＝计划经济”、“资本主义＝市场经济”,二者水火难容的僵化观念。他说:“我相信在资本主义条件下不可能实行计划经济”,“如果不从资本家下面解放出来,如果不废除生产资料私有制原则,那么你就不能建立计划经济”,“什么是计划经济呢,它有一些什么特征呢? 计划经济力求消灭失业现象”,“计划经济要求加强产品为人民群众所特别需要的那些工业部门的生产”。③

　　晚年毛泽东正是在斯大林的基础上,进一步将市场经济、商品货币、按劳分配这些市场关系范畴,一概归入政治学、法学范畴,称之为“资产阶级法

---

　　① 参见《中共中央关于全面深化改革若干重大问题的决定》,人民出版社 2013 年版,第 11 页。

　　② 参见《给非公有制经济人士吃颗保证安全的“定心丸”》,人民网 2015 年 6 月 12 日(http://politics.people.com.cn/n/2015/0612/c1001-27145004.html)。

　　③ 《斯大林文选》,人民出版社 1962 年版,第 2—3 页。

权"，认为这就是产生修正主义的社会基础，对其进行限制是无产阶级专政下继续革命的本质内容。1969 年九大期间，以及 1974 年 10 月 20 日同丹麦首相保罗·哈特林的谈话，1974 年 12 月 26 日（毛泽东 81 岁寿辰）同周恩来总理的谈话，1975 年 6 月 21 日会见外宾时的谈话，到 1975 年年底，毛泽东至少 5 次讲到这个基本观点：列宁说建设没有资本家的资产阶级国家，为了保障资产阶级法权；我们自己就是建设了这样一个国家；总而言之，中国属于社会主义国家，新中国成立前跟资本主义差不多；现在还实行八级工资制，按劳分配，货币交换，这些跟旧社会没有多少差别，所不同的是所有制变更了；我国现在实行的是商品制度，工资制度也不平等，有八级工资制，等等，这只能在无产阶级专政下加以限制；所以，林彪一类如上台，搞资本主义制度很容易。①

十一届三中全会后，针对苏联模式的僵化观念，我们党对社会主义与市场的关系作了新的思考。早在 1979 年 12 月 26 日，邓小平在会见美国不列颠百科全书副总编吉布尼等人时就指出："说市场经济只存在于资本主义社会，只有资本主义的市场经济，这肯定是不正确的。社会主义为什么不可以搞市场经济，这个不能说是资本主义。我们是计划经济为主，也结合市场经济，但这是社会主义的市场经济。虽然方法上基本和资本主义社会的相似，但也有不同，是全民所有制之间的关系，当然也有同集体所有制之间的关系，也有同外国资本主义的关系，但是归根到底是社会主义的，是社会主义社会的。"②1984 年 10 月 20 日，十二届三中全会通过了《中共中央关于经济体制改革的决定》，确认了"在公有制基础上的有计划的商品经济"的观念，邓小平认为："我的印象是写出了一个政治经济学的初稿，是马克思主义基本原理和中国社会主义实践相结合的政治经济学，我是这个评价。"③1987 年 2 月 6 日，邓小平在同中央几位负责同志谈话时，进一步指出："为什么一谈市场就说是资本主义，只有计划才是社会主义呢？计划和市场都是方法嘛。只要对发展生产力

---

① 参见毛泽东：《关于理论问题的谈话要点》，《红旗》1975 年第 3 期；《人民日报》1975 年 2 月 22 日。

② 《邓小平文选》第二卷，人民出版社 1994 年版，第 236 页。

③ 《邓小平文选》第三卷，人民出版社 1993 年版，第 83 页。

有好处，就可以利用。它为社会主义服务，就是社会主义的；为资本主义服务，就是资本主义的。好像一谈计划就是社会主义，这也是不对的。日本就有一个企划厅嘛，美国也有计划嘛。我们以前是学苏联的，搞计划经济。后来又讲计划经济为主，现在不要再讲这个了。"①在视察南方的谈话中，邓小平进一步针对长期以来人们把计划经济等同于社会主义，把市场经济等同于资本主义的传统思想观念，指出：计划和市场都是经济手段，它们本身没有姓"社"姓"资"的区别。"计划多一点还是市场多一点，不是社会主义与资本主义的本质区别。计划经济不等于社会主义，资本主义也有计划；市场经济不等于资本主义，社会主义也有市场。计划和市场都是经济手段。社会主义的本质，是解放生产力，发展生产力，消灭剥削，消除两极分化，最终达到共同富裕。"②党的十四大根据邓小平的建议，明确把建立社会主义市场经济体制作为经济体制改革的总目标。党的十四届三中全会进一步描绘了社会主义市场经济体制的蓝图和框架。至此，苏联模式的另一个僵化公式："社会主义＝大一统的计划经济"被彻底打破。

（二）对"英美模式"的扬弃

"英美模式"又称"盎格鲁-撒克逊"（Anglo-Saxon）模式。据戴维·柯茨（David Coates）《资本主义的模式》一书，英美模式属于"市场导向资本主义"。在这种模式下，劳动者只能享有有限的法律明文规定的劳动所得和社会权利。由于大量没有管制的劳动力市场的存在，劳动者仅能从他们的雇主那里领取有限的报酬。人们对社会政治和道德的总体认识，就是个人主义和自由主义。传统上，美国一向被认为是市场导向资本主义最典型的代表，当然英国也不例外，特别是1979—1997年撒切尔主义盛行期间更是如此。③ 有人认为，中国的成功，正是因为中国走了新自由主义的路子。"中国的改革经验恰恰证明，

---

① 《邓小平文选》第三卷，人民出版社1993年版，第203页。
② 《邓小平文选》第三卷，人民出版社1993年版，第373页。
③ 参见[英]戴维·柯茨：《资本主义的模式》，耿修林、宗兆昌译，江苏人民出版社2001年版，第12页。

新自由主义主张的经济、政治模式非但没有得到否定,反而得到了中国经验的支持。"①这是值得商榷的。

1.从政治层面讲,在中国政治体制的改革中,始终注意吸取西方政治文明发展的成果。比如,英美国家民主选举的制度、注重法制的精神、舆论监督的方法、国家公务员制度、退休制度、反腐倡廉制度等等,都先后被我们所吸收借鉴。早在 1978 年,在党的十一届三中全会的主题报告中,邓小平就指出:"必须使民主制度化、法律化,使这种制度和法律不因领导人的改变而改变,不因领导人的看法和注意力的改变而改变。"②但中国几代领导人又始终如一地强调,中国共产党坚持"四项基本原则",决不照搬西方的政治制度。正如邓小平指出的,"我们的社会制度是根据自己的情况决定的,人民拥护","要求全世界所有国家都照搬美、英、法的模式是办不到的。……中华人民共和国不会向美国学习资本主义制度"。③ 具体来讲,中国模式的政治体制不同于西方的鲜明特点:一是坚决不搞多党竞选,不搞"轮流坐庄",共产党是中国唯一的执政党,八个民主党派不是反对党、在野党,而是参政党,它们与共产党不是对立的、互相竞争的关系,而是合作者和监督者的关系。二是强调行政、立法、司法之间的统一性,不搞"三权分立"和"两院制",实行人民代表大会"一院制",多党合作与政治协商、民族区域自治以及基层群众自治相结合。三是不搞"联邦制",中央集权与地方分权相结合,"自上而下"与"自下而上"相结合,协商与参与相结合,逐渐推进社会主义民主政治建设。

2.从经济体制层面讲,在改革开放的进程中,中国十分注重西方发达国家发展市场经济的经验。邓小平一再指出:人类文明成果,它们本身并没有阶级性,资本主义可以用,社会主义也可以用。"要弄清什么是资本主义。资本主义要比封建主义优越。"④社会主义要赢得与资本主义相比较的优势,就必须大胆吸收和借鉴人类社会创造的一切文明成果,吸收和借鉴当今世界各国包

---

① 《没有中国模式这回事:对话陈志武》,《南方人物周刊》2011 年第 28 期。
② 《邓小平文选》第二卷,人民出版社 1994 年版,第 146 页。
③ 《邓小平文选》第三卷,人民出版社 1993 年版,第 359—360 页。
④ 《邓小平文选》第二卷,人民出版社 1994 年版,第 351 页。

括资本主义发达国家的一切反映现代社会化生产规律的先进经营方式、管理方法。计划和市场都是手段,本质上没有姓"社"姓"资"的区别。但中国搞的是社会主义市场经济,与新自由主义主导下的市场经济的区别突出表现在:新自由主义主张私有化,宣扬私有产权的神话,反对公有制;推崇市场原教旨主义,反对国家对市场的干预;主张全球自由化,维护美国主导下的自由经济,反对建立国际经济新秩序;主张福利个人化,强调保障的责任由国家向个人转移,反对福利国家。而中国现行的市场经济制度,在西方的教科书上几乎是空白,其要点和特色包括:公有制为主体和多种所有制经济共同发展相结合,国家宏观调控作用和市场决定资源配置的主导作用相结合,提高效率同促进社会公平相结合,坚持独立自主同参与经济全球化相结合,等等。

3.从意识形态层面讲,尽管第二次世界大战后,发达资本主义国家吸取历史的教训,不断进行自我调节,资本主义内部的社会主义因素在增长,比如,合作经济的迅速发展,社会保障制度的广泛推行,工人参与企业管理的规定,"三大差别"的逐渐消失,高额累进税的征收,等等。但新自由主义本身是从反马克思主义、反社会主义的立场出发的。针对西方资产阶级和平演变的图谋,邓小平多次谆谆告诫:要特别教育我们的下一代下两代,一定要树立共产主义的远大理想。一定不能让我们的青少年做资本主义腐朽思想的俘虏,那绝对不行。无论革命还是建设,我们都必须坚持共产主义理想。"我们建立的社会主义制度是个好制度,必须坚持。我们马克思主义者过去闹革命,就是为社会主义、共产主义崇高理想而奋斗。"①党的十二届六中全会通过的《中共中央关于社会主义精神文明建设指导方针的决议》和党的十四届六中全会通过的《中共中央关于加强社会主义精神文明建设若干重要问题的决议》都反复强调了马克思主义对于社会主义精神文明建设的指导地位。2006 年 10 月通过的《中共中央关于构建社会主义和谐社会若干重大问题的决定》确立了以马克思主义为指导思想、以中国特色社会主义为共同理想、以爱国主义为核心的民族精神和以改革创新为核心的时代精神,以及以社会主义荣辱观为内

①　《邓小平文选》第三卷,人民出版社 1993 年版,第 116 页。

容的社会主义核心价值体系。党的十八大又进一步确立了以"富强、民主、文明、和谐,自由、平等、公正、法治,爱国、敬业、诚信、友善"为主要内容的中国特色社会主义的核心价值观。习近平总书记指出:"我们治国理政的根本,就是中国共产党领导和社会主义制度。我们思想上必须十分明确,推进国家治理体系和治理能力现代化,绝不是西方化、资本主义化!"①又说:"马克思主义是我们立党立国的根本指导思想。背离或放弃马克思主义,我们党就会失去灵魂、迷失方向。在坚持马克思主义指导地位这一根本问题上,我们必须坚定不移,任何时候任何情况下都不能有丝毫动摇。"②进一步指出了中国模式未来发展的方向。

(三)对"北欧模式"的借鉴

"北欧模式"(The Nordic Model)又称"莱茵模式",是第二次世界大战后形成的,以北欧各国为主要代表的资本主义现代化发展模式。在这种模式下,国家对资本积累的直接干预程度可能比较小,但政治体制严格地确立了一整套劳工权利和福利措施,使得有组织的劳工拥有了一个颇有影响市场和直接参与劳资谈判的能力,而社会民主或基督教民主成为其主流文化。通常将其称为"谈判或协商的资本主义"或"欧洲福利资本主义"。③ 中国十分注意借鉴"北欧模式"的经验,始终把提高和改善民生放在首要地位。早在改革开放前夕,1977 年,包括邓小平在内的 13 位副总理、副委员长以上的领导人,共 21次出访,先后到过 51 个国家。此年 5、6 月,国务院副总理谷牧带领包括 6 位省部级干部经济代表团曾到法国、联邦德国、瑞士、丹麦和比利时访问、考察,受到了急于寻找市场的西欧五国的高度重视和热情接待。6 月,林乎加、谷牧出访归来,分别向中共中央政治局作了汇报,介绍了西方国家的基本情况和发

---

① 中共中央文献研究室编:《习近平关于协调推进"四个全面"战略布局论述摘编》,中央文献出版社 2015 年版,第 83 页。

② 习近平:《在庆祝中国共产党成立 95 周年大会上的讲话》,《人民日报》2016 年 7 月2 日。

③ 〔英〕戴维·柯茨:《资本主义的模式》,耿修林、宗兆昌译,江苏人民出版社 2001 年版,第 13 页。

展经验,建议充分利用、大胆引进国外资金,以便加快国内的经济建设。邓小平听取汇报,为中央作出改革开放重大战略决策,提供了重要参考。① 据《邓小平思想年谱》,北欧诸国领导人皆曾访问中国,一一受到邓小平接见。随着中国改革的深入发展,如何实现社会共享成为越来越突出的问题,党的十八届五中全会明确提出了"共享发展"的理念。2017 年 6 月 26 日,习近平总书记在会见瑞典首相勒文时指出,要将中国"十三五"规划、创新驱动发展战略、"中国制造 2025"同瑞典"智慧工业"战略对接,加强在清洁能源、智慧城市、生命科学、绿色金融、高铁、航天等领域的合作。同日,在会见芬兰总理西比莱时提出,双方要重点推进中国"十三五"规划同"芬兰 2025 发展愿景"对接,在电子通信、智能制造、生物经济、环保技术、节能建筑、清洁能源等领域打造更多示范性合作项目。2014 年,由保利·基杜伦(Pauli Kettunen)、斯坦恩·库恩勒(Stein Kuhnle)、任远共同主编的《重塑中国和北欧国家的福利制度》一书由复旦大学出版社出版,专门就北欧国家的福利体制和福利政策的发展、扩散与中国发展等问题进行了系统研究。但是,"鞋子合不合脚,自己穿了才知道"。"中国模式"与"北欧模式"既有共同点,也有着本质的分歧。

1.两种模式都强调民主的价值,但其理论基础和实现途径截然不同。"北欧模式"以民主社会主义为其理论基础,其鼻祖是拉萨尔、蒲鲁东,根是小资产阶级民主派。民主社会主义者认为,恩格斯晚年否定了青年时期设计的未来社会模式,放弃了共产主义的最高理想,放弃了暴力革命。社会党国际在 1951 年的《法兰克福声明》中说:"共产主义妄称继承了社会主义的传统。但事实上,它歪曲了这个传统,使它面目全非","社会主义是最高形式的民主主义"。社会党国际在 1956 年《关于拒绝同共产党合作的声明》中又进一步指出:"社会主义同共产主义毫无共同之处。共产党人完全歪曲了社会主义的思想""我们相信民主制,他们则并不"。② 在社会党国际的《法兰克福声明》发表以后,西方学者理查·洛温塔尔曾经发表《西方社会主义原则》一文,阐

---

① 参见李正华:《1978 年国务院务虚会研究》,《当代中国史研究》2010 年第 2 期。
② 转引自徐崇温主编:《民主社会主义评析》,重庆出版社 1995 年版,第 21 页。

释其意义说，从此以后，"民主的社会主义同共产主义之间的冲突，不再表现为对于走向共同目标的手段问题上的意见不一致，而是表现为根本目标的争论"①。德国民主党理论家托马斯·迈耶在《民主社会主义的三十六条论点》中也说："民主社会主义和马克思列宁主义的主要分歧在于：民主社会主义认为民主本身是有价值的，社会主义的目的就是要使民主能够扩展到社会的各个方面，而共产主义则认为无产阶级专政是必要的，直到阶级完全消灭为止。"②在这里，民主社会主义的思想家们把共产主义等同于极权主义、专制主义，而将社会主义与共产主义完全割裂开来。并且声称资本主义和平长入社会主义"才是马克思主义的正统"，谴责无产阶级专政导致"专制"、"独裁"、"无法无天"，主张排除任何专政；主张各党通过竞争，争取选票，赢得多数选票的政党组成政府，上台执政，未赢得多数选票的政党在议会中充当反对党。民主社会主义实际上完全背离了马克思关于社会主义、共产主义的基本论述，另起炉灶，另搞一套。中国共产党人历来强调：民主是社会主义的生命，没有民主就没有社会主义，就没有中国的现代化。但中国共产党人以坚持"四项基本原则"为前提，反对"多党竞选"、"三权分立"、"轮流坐庄"。这是与"北欧模式"的本质区别之一。

2.两种模式都强调混合所有制，但其前提和基础有着本质区别。在西方经济学中，一般把战后资本主义的国有与私有并存、计划与市场并用、国家干预的现代市场经济统称为混合经济。20世纪上半叶特别是第二次世界大战后，西方资本主义国家都经历了从单一的私有制经济向混合经济转变的过程，表现为政府对经济的干预程度加大，部分经济形式国有化，国家控制一部分企业的所有权。转变的原因，一是资本主义国家遭遇经济危机后在经济理论上信奉凯恩斯主义的结果；二是因为资本主义基本矛盾运动使得资产阶级私有制同现代化大生产之间的矛盾不断激化，私有制让出一部分地盘有利于缓和矛盾，延续资本主义的生命力。民主社会主义走上混合所有制的原因可以简

① 转引自[美]布兰科·普里比切维奇：《社会主义是世界进程》，王光复等译，新华出版社1984年版，第350页。

② 转引自徐崇温主编：《民主社会主义评析》，重庆出版社1995年版，第22页。

单地归结为:社会党在执政实践中发现国有化改革难以推动经济的发展,并认识到私有制经济仍然是现代市场经济不可缺少的组成部分,为了综合二者的积极因素,他们选择了混合所有制模式。① 然而,民主社会主义遵守的是资本主义的游戏规则。因为资产阶级是不会允许从根本上触动资本主义的经济基础——资本主义私有制的。只是迫于社会主义国家的压力和国内工人阶级的斗争,资本家才不得不接受社会党人温和的社会改良。据考察,现今北欧模式仍以私有制为基础,并维护以按资分配为主体的财务分配制度。如瑞典商业的85%,制造业的94%在社会民主党执政40多年后仍属私人所有。② 而中国特色的市场经济坚持以公有制为主体,多种所有制经济共同发展的基本经济制度。党的十八届三中全会通过的决议强调:"必须毫不动摇巩固和发展公有制经济,坚持公有制主体地位,发挥国有经济主导作用,不断增强国有经济活力、控制力、影响力。必须毫不动摇鼓励、支持、引导非公有制经济发展,激发非公有制经济活力和创造力。"③两种模式在经济制度上的区别是显而易见的。

3.两种模式都强调效率与公平的关系,但二者的背景和实行程度截然不同。北欧各国在经济发展中高度重视效率,一方面通过调整产业结构,使那些设备陈旧、效率低下的企业被迅速淘汰;另一方面通过对高科技企业增加积累和投资给予优惠,使企业有雄厚的财力来更新设备和技术,为增强企业在国际上的竞争力创造条件。2004年,世界经济论坛在评选全球最有竞争力的经济体时,排名前六位的国家和地区中有四个是北欧国家。在注重经济效率的同时,北欧各国努力通过二次分配缩小贫富差距,实现社会公平。经过税收和福利的平衡之后,收入最高的10%的人和最低的10%的人,收入差距由原来的10比1降到大约4比1。北欧模式最为典型的特征是其高福利的制度和政策,政府用于福利的开支相当于国内生产总值的1/5、财政收入的1/3甚至更

---

① 参见曾瑞明:《混合经济:民主社会主义的实践与中国特色社会主义的超越》,《理论探讨》2004年第4期。

② 参见中央党校赴挪威、瑞典考察团:《"北欧模式"的特点和启示》,《科学社会主义》2007年第6期。

③ 《中共中央关于全面深化改革若干重大问题的决定》,人民出版社2013年版,第8页。

高。医疗方面全民公费,无论城乡,不分人群,一律平等。教育方面,从小学、中学到大学,全部免费。不仅如此,国家还给每个新生婴儿每月发放约 1000 克朗的生活补助,直至 18 岁;18 岁以上的大学生每月补助津贴 3000 克朗。国家鼓励生育,每生育一孩子,夫妇双方可带薪休假 480 天。① 高福利来自于高税收。北欧国家的税率很高,个人工资的 1/3 以上要缴纳个人所得税。高税收不仅积累了大量的公用资金,以支持社会的高福利同时也制约了暴富阶层的形成,越富缴税越多,使贫富差距不致过大。同样,中国模式也十分重视效率和公平的统一。十八届三中全会的决议强调,要完善以税收、社会保障、转移支付为主要手段的再分配调节机制,加大税收调节力度。规范收入分配秩序,完善收入分配调控体制和政策体系,建立个人收入和财产信息系统,保护合法收入,调节过高收入,清理规范隐性收入,取缔非法收入,增加低收入者收入,扩大中等收入者比重,努力缩小城乡、区域、行业收入分配差距,逐步形成橄榄型分配格局。十九大报告进一步强调,要让改革发展成果更多更公平惠及全体人民,要优先发展教育事业,提高就业质量和人民收入水平,加强社会保障体系建设,坚决打赢脱贫攻坚战,实施健康中国战略,打造共建共治共享的社会治理格局。这与"北欧模式"通过税收和福利实现社会公平的举措无疑是相似的。但中国人口多、人均资源少、发展起步晚、底子薄,税收制度也在探索完善之中,北欧国家高福利的保障制度在当下中国是无法马上能够实现的。

(四)对"东亚模式"的学习

"东亚模式"是指战后日本与亚洲"四小龙"(韩国、中国台湾、中国香港、新加坡)以及泰国、马来西亚和印度尼西亚所经历的经济持续增长及其运作方式,它是一种外源赶超型的现代化模式。1978 年,邓小平先后访问日本、新加坡、泰国、缅甸等国。在访问日本期间,除会谈会见之外,邓小平还参观了日

---

① 参见中央党校赴挪威、瑞典考察团:《"北欧模式"的特点和启示》,《科学社会主义》2007 年第 6 期。

本的现代企业和高科技设施,与企业负责人和资深经济界人士、技术管理人员接触交谈。他说:这次到日本来,就是要向日本请教,寻找"长生不老药"。访问期间,邓小平参观过日本新日铁、松下、日产汽车等公司,乘坐新干线列车从东京到京都,亲身体验日本"现代化"。1980年5月,在同有关方面负责人谈编制长期规划问题时,邓小平指出日本学者对我们编制长期规划所提的两条意见不错,在编制长期计划时应该考虑。这两条的中心是,第一,在最近几年内不要追求速度,而是集中力量打好基础,其中包括能源、交通运输、公用设施,也包括现在所说的欠账,还包括教育。高等教育要发展,小学教育要普及。这些基础打不好,想快也快不了。第二,认为我们煤炭价格太低,石油的价格也低。这样人们使用煤和石油就不注意节约。要提高煤、油的价格,让使用单位节约,这实际是保护能源的政策,此外,我们的能源应该主要搞水电。水电建设虽然周期长一些,但不用煤,成本低,利润高。① 在新加坡,邓小平表现出惊人的谦虚学习的态度。一是改变保守自闭的错误,实行对外开放,引进外资的政策;二是接受建议,不再搞革命输出,大大改善了中国的对外关系。② "东亚模式"给"中国模式"的形成以极大的启发:

　　1.保持政府在现代化起飞阶段的强势地位。东亚国家和地区经济上起步较晚,基础薄弱,资金匮乏,劳动力素质低,要在这种条件下迅速积累资本,并对有限的资源进行合理、有效的配置,就需要权力高度集中,实行高效的集权体制领导。行政权力大于立法权力,这一特点在韩国和新加坡都有突出表现。在韩国,国家政体实际上是总统中心制,而民主共和制只是一种形式。在新加坡,人民行动党长期垄断议会,"一党独大"成为新加坡权威政治特色。新加坡立法机构很难对行政机构发挥监督和制约作用,相反,行政机构则易于影响立法。相比之下,西方分权制衡的政治体制存在着权力分散、效率降低的弊病,很不适应东亚国家的发展条件。同时,高度集权体制是与发展中国家的社会不发达状况相适应的。大多数发展中国家在建立之初各种矛盾都十分尖

---

　　① 参见《邓小平思想年谱(1975—1997)》,中央文献出版社1998年版,第157页。

　　② 参见梁衡:《谦虚邓小平:1978年访问新加坡时向李光耀认错》,新华网2008年10月9日(http://www.cs.com.cn/oldfiles/gmkt/04/200810/t20081009_1616398.html)。

锐,新加坡借鉴了西方民主政治的框架及政治系统运行的某些规范和原理,但又不为西方的民主价值观所左右,而是根据本国多元种族、多元文化的特点和经济社会发展的需要加以改良、创新,从而形成了具有新加坡特色的政治发展模式。

在中国改革开放之初,邓小平就指出:"权力不宜过分集中。权力过分集中,妨碍社会主义民主制度和党的民主集中制的实行,妨碍社会主义建设的发展,妨碍集体智慧的发挥,容易造成个人专断,破坏集体领导,也是在新的条件下产生官僚主义的一个重要原因。"①但中国几代领导人反复强调"四项基本原则"是立国之本,精简机构,提高政府的工作效率,但决不允许挑战共产党的执政地位;发展社会主义民主,但坚决反对照搬西方的和其他国家的政治体制;改革是中国的第二次革命,但改革的前提是稳定,"稳定压倒一切",决不允许任何动摇稳定的改革。强调稳定和效率,集中力量办大事。党的十八大以来,习近平总书记也一再强调要"着力维护中央权威"。这与东亚国家始保持政府的强势地位的执政模式颇为相似。

2.赶超型、外向型发展战略和策略。东亚地区,除印尼、泰国、马来西亚三大国自然资源较为丰富,其他国家和地区面积一般都比较狭小,自然资源匮乏,国内市场不大,现代化启动的条件相对落后。但是,坏事有时也会变成好事。亚洲"四小龙"能够顺利实现两次战略转换的物质原因就在于:狭小的面积和匮乏的资源使它们对国际市场的变动比较敏感,可以及时根据新的形势改变经济发展战略。第二次世界大战后,东亚国家借助政府力量,制定经济发展政策,选择确定具有动态比较优势及示范效应的产业部门,并通过实施各种政策措施影响要素的投入与配置,促进产业结构的调整与升级。东亚各国集权式的政治统治有效地降低了交易成本,提高了自身经济实力和在世界经济中的地位。由于东亚国家在经济起飞前普遍较为落后,因此,东亚各国国家政府普遍采用各种鼓励措施,将国民手中的资金集中到正规的金融机构,以增加国民储蓄,这使得东亚地区成为世界上储蓄水平最高的地区,为经济发展提供

---

① 《邓小平文选》第二卷,人民出版社1994年版,第321页。

了坚实的基础。东亚国家仅用了 30 年左右的时间,走完了老牌资本主义国家几百年的发展道路,创造了"东亚奇迹"。同时,东亚各国积极扶持出口工业和发展出口贸易,在政府产业政策的具体支持下,利用劳动力相对丰富和价格低廉的比较优势,通过积极引进外国资本和技术,发展劳动密集型产业,扩大出口并逐步升级产业结构,带动经济增长,由此既解决了东亚各国面临的经济增长问题,又在国际市场上争得了一席之地。

中国在改革开放之初,就主动与东亚各国建立和加强联系,吸取和借鉴他们的经验。一方面,建立经济特区,引进外国资金、技术、人才,大力发展外向型经济;另一方面,积极鼓励民间资本、人才、技术的集聚,大力发展民营经济。同时,积极倡导建立政府宏观调控下的市场经济体制。世界银行数据显示,GDP翻一番,英国用了 60 年,美国用了 50 年,日本用了 35 年,韩国用了 11 年,中国仅用了 9 年。中国创造了世界现代化发展史上新的"奇迹"。党的十八届五中全会把创新发展置于首要位置,要求"去产能、去库存、去杠杆、降成本、补短板",积极推进供给侧结构性改革。这与东亚国家走过的路子确有异曲同工之妙。然而,东亚国家一般来讲都是以私有制为主体的资本主义市场经济,国土面积小、资源贫乏、消费能力小等先天制约因素明显,而我国是以公有制为主体的社会主义市场经济,经济韧性好、潜力足、回旋空间大,先天条件好于东亚各国。

3.儒家文化主导的价值观念。日本和"四小龙"都属儒家文化圈,其政府都推崇儒家道德伦理精神,强调儒家文化与市场经济的结合,使本民族的文化在传承的同时得到创新性的发展,有效克服了现代化进程中的负效应,为民族的发展和现代化起飞提供了强有力的精神支柱。在这方面,新加坡具有典型性。新加坡独立之后,新加坡政府就把儒家"忠孝仁爱礼义廉耻"八个字变成新加坡人的具体行动准则,而且,李光耀还把这八个字赋予新的含义:忠——就是忠于国家,具有国民意识;孝——就是要尊老敬贤、孝顺长辈;仁爱——就是要关心他人,要有同情心和友爱精神;礼义——要求讲究礼貌,坦诚守信;廉耻——要求廉洁奉公,知美知丑。为了能全面贯彻李光耀赋予新含义的"忠孝仁爱礼义廉耻"这八个字,新加坡政府开展了一系列的活动,诸如:讲礼貌运动、防止犯罪运动、华族文化月、马来族文化月、讲华语运动、提高生产力运动、节约用水运动、禁止宣传色情暴力、倡导商业信誉等活动，并在公园里塑有孔子、孟子、关羽、岳飞、文天祥、花木兰、林则徐等的雕塑。李光耀非常推崇儒学的"贤人仁政"思想，"他本人还在自己的会议室安放一尊孔子塑像"①，儒家思想文化成为新加坡成功的重要精神支柱。

改革开放以来，中国政界和理论界深刻反思以往的教训，重新认识中国传统文化对精神文明建设的重要价值，强调正确处理马克思主义与中国传统文化、西方文化的关系，大力弘扬优秀传统文化的精华，一度掀起了国学热、文物保护热……传统文化正在变为中国现代化的重要精神动源。习近平总书记指出："中华文明绵延数千年，有其独特的价值体系。今天，我们提倡和弘扬社会主义核心价值观，必须从中汲取丰富营养，否则就不会有生命力和影响力。比如，中华文化强调'民惟邦本'、'天人合一'、'和而不同'；强调'天行健，君子以自强不息'、'大道之行也，天下为公'；强调'天下兴亡，匹夫有责'，主张以德治国、以文化人；强调'君子喻于义'、'君子坦荡荡'、'君子义以为质'；强调'言必信，行必果'、'人而无信，不知其可也'；强调'德不孤，必有邻'、'仁者爱人'、'与人为善'、'己所不欲，勿施于人'、'出入相友，守望相助'、'老吾老以及人之老，幼吾幼以及人之幼'、'扶贫济困'、'不患寡而患不均'；等等。像这样的思想和理念，不论过去还是现在，都有其鲜明的民族特色，都有其永不褪色的时代价值。"②然而，对待传统文化，"要坚持马克思主义的方法，采取马克思主义的态度，坚持古为今用、推陈出新，有鉴别地加以对待，有扬弃地予以继承，既不能片面地讲厚古薄今，也不能片面地讲厚今薄古。"③与东亚国家相比，既有共同点，也有本质区别。

（五）对"拉美模式"的警戒

"拉美模式"是指阿根廷、墨西哥、巴西、智利等拉美新兴市场国家，依靠

---

① 贺圣达、王文良、何平：《战后东南亚历史发展（1945—1994）》，云南大学出版社1995年版。

② 《十八大以来重要文献选编》（中），中央文献出版社2016年版，第5页。

③ 中共中央宣传部：《习近平总书记系列重要讲话读本》，学习出版社、人民出版社2014年版，第100页。

美国等西方发达国家的一种典型的依附型发展模式。依附性是拉美模式的基本特征,拉美模式的基础在于国际分工下形成的世界经济体系。"拉美模式"作为发展中国家的现代化模式,一度取得显著成效,但紧接着形势急转直下,陷入困境,国际社会通称"拉美陷阱"。在"中国模式"的形成过程中,始终以拉美模式为教训,强调发展的公平正义,防止掉入"陷阱"。

拉美地区的发展可分为四个时期:

第一个时期,20 世纪 30 年代至 50 年代初,初级进口替代工业化阶段。19 世纪拉美各国摆脱殖民统治获得独立后,曾长期推行以矿产品和农产品为主的初级产品出口导向战略,20 世纪 30 年代资本主义世界大危机的冲击迫使拉美改变旧模式,阿根廷、巴西、墨西哥首先开始推行初级进口替代工业化战略,建立本国的非耐用消费品工业体系,实现轻工业产品的自给,同时开始通过国家干预阶段发展钢铁、石油等重化工业。

第二个时期,20 世纪 50 年代初到 60 年代中期,进口替代工业化发展阶段。目的是在国家大力扶植下,有计划地促进国内民族工业的发展。这一战略给拉美经济和社会带来积极影响:其一,许多拉美国家都建立起现代工业体系,实现了国民经济部门结构的巨大变化。巴西工业品自给率到 20 世纪 60 年代初已达到 90%,墨西哥则达 85%。其二,经济高速增长。1950—1980 年,拉美地区经济年均增长 5.6%。据美洲开发银行提供的 25 个拉美国家的统计,1980 年拉美人均 GDP 达 2288 美元,居发展中国家前列。事实上,在 1950—1973 年间,除西德、日、韩、中国台湾和泰国外,世界上没有一个国家和地区的经济增长率超过拉美。其三,社会领域发生巨大变化。例如,拉美人的人均预期寿命从 1950—1955 年的 52 岁提高到 20 世纪 80 年代初的 65 岁,15 岁以上人口文盲率从 50 年代初的 44%降到 80 年代初的 23%。[1] 这一现象被国际社会盛赞为"拉美奇迹"。

第三个时期,20 世纪 60 年代中期到 80 年代初,进口替代和促进出口相结合阶段。实行结合政策较成功者有巴西、墨西哥和委内瑞拉。巴西以汽车、

---

[1]　参见苏振兴:《拉丁美洲的经济发展》,经济管理出版社 2003 年版,第 78、90 页。

电子、飞机等为新的经济增长点,创造了世界瞩目的"巴西奇迹"(1968—1974),墨西哥和委内瑞拉则侧重以石油推动经济增长。这时期,国际游资充裕,于是拉美大借外债发展经济,形成了对外债的严重依赖,特别是20世纪70年代以来,拉美政府和企业主要借由国际私人银行提供的以浮动汇率计息的中短期贷款,利率每升高一个百分点,拉美国家就得增加数十亿美元的利息支出。1982年,由于外债总额超过了偿还能力,爆发了一场遍及整个拉美大陆的债务危机。1982年,拉美外债余额达3083亿美元。在整个20世纪80年代,拉美GDP年均增长率仅为1.17%,人均GDP下降了8.3%,退回到70年代初的水平。

第四个时期,1982年至今,"失去的十年"和"后进口替代工业化"时期。20世纪80年代后期,拉美开始推动结构性改革,在新自由主义思想指导下,制订了"后进口替代工业化"战略,主要是建立健全宏观经济秩序,进行私有化,增强经济的外向性,开始转向一种类似于美国模式的、强调私营经济自由发展的社会市场经济体制。1989—1990年,拉美重债国分别先后与美国就布雷迪计划(该计划承诺缩减拉美外债的还本付息,但拉美必须以实行自由化和私有化的经济政策作为交换条件)达成协议。1991年后,拉美进入了新自由主义经济改革全面展开和逐渐深入的时期,大规模推行国企私有化,改革货币制度,放松外资、外贸管理和限制,推行激进的贸易自由化和一步到位的金融自由化改革等。但是,拉美经济始终在低水平上徘徊,金融危机一波未平一波又起。自90年代后期起,拉美经济严重恶化,GDP和人均GDP增速双双下挫,而外债却有增无减。拉美经委会的一些专家认为,改革对增长的影响"令人惊奇的小","经济增长速度和期望值相比令人失望"。[①] 遗憾的是:"现在拉美就是个瞎子,我们还不知道新自由主义模式已经失败,但我们仍在坚持这种模式。"[②]

经济衰退导致了严重的经济社会问题。一是失业问题严重。1995年,全

---

① 苏振兴等:《透视拉美经济改革》,《人民日报》2003年11月6日。

② 宋心德:《委内瑞拉总统认为新自由主义给拉美带来贫困》,新华网2004年1月13日(http://news.xinhuhnet.com/world/2004-01/13)。

地区城市失业率达 7.4%,失业率达两位数的有阿根廷(18.6%)、尼加拉瓜(20.2%)、巴拿马(14.3%)、乌拉圭(10.7%)和委内瑞拉(10.3%)。[①] 1998年全地区失业率增加到 8%,1999 年又增加到 8.7%[②],2003 年,达到创纪录的11%。[③] 二是贫困现象突出,两极分化严重。1970 年,生活贫困的居民占拉美城市人口的 42%,1980 年升至 49%。[④] 而在 1980—1994 年间,拉美 19 个主要国家贫困人口的绝对数量和其中的赤贫人口竟分别高达 54% 和 57.5%。贫困人口总数达 2.093 亿人,其中赤贫人口 9830 万人。1990 年,贫困家庭占家庭总数的 41%,其中赤贫家庭占 18%。[⑤] 2003 年,拉美地区贫困人口已达2.27 亿人,占总人口的 44%,极端贫困人口占 20%。三是城乡发展严重失衡。拉美现代化是按照工业—城市化的模式进行的。在这种思想指导下,它们把4/5 的国内外资金投于工业部门上,而农业所得资金不到总投入的 10%。农业和农村地区得不到足够的资金,播种面积减少,耕作技术落后,农业生产增长率不断下降。在制造业大发展的近 20 年中,素有"世界面包篮"之称的拉美成了缺粮地区,不得不花大量外汇进口大量粮食。四是政局动荡与社会不稳。在委内瑞拉,佩雷斯于 1992 年因贫困人口增加、失业率上涨而下台。2002 年 4 月,查韦斯被剥夺权力,旋即重新上台。在墨西哥,1994 年恰帕斯州农民揭竿而起。在阿根廷,2001 年的经济危机引发了政治和社会危机,半个月内先后出现 5 位总统。[⑥]

　　有鉴于拉美模式的教训,中国在改革开放进程中,始终坚持开放学习与独立自主相结合的路子。一方面,深刻认识经济全球化总趋势,认为中国的发展离不开世界,只有打开大门,广泛吸纳世界先进经验和先进技术,充分利用外国的资金、技术和人才及其管理经验才能赶上世界发展潮流。另一方面,又坚决拒绝采取新自由主义主导的"休克疗法",坚持国家对经济的宏观调控,不

①　参见白凤森:《对拉美失业问题的初步探讨》,《拉丁美洲研究》1996 年第 5 期。
②　参见白凤森:《对拉美失业问题的再认识》,《拉丁美洲研究》2000 年第 5 期。
③　参见刘国强:《拉美贫困现象日趋严重》,《金融时报》2004 年 4 月 1 日。
④　参见徐文渊、袁东振:《经济发展与社会公正》,经济管理出版社 1997 年版,第 41 页。
⑤　参见苏振兴:《拉丁美洲的经济发展》,经济管理出版社 2003 年版,第 208 页。
⑥　参见李建良:《从"拉美陷阱"看中国和谐社会的构建》,《桂海论丛》2005 年第 3 期。

搞私有化、自由化,正确处理效率与公平的关系,坚持走共同富裕的道路,把缩小发展差距和贫富差距、实现社会公平正义放在重要位置,有效防止了外来因素的冲击,保持了经济的快速持续平稳发展。2015 年 12 月 18 日,在中央经济工作会议上的讲话中,习近平总书记指出:"防止陷入'中等收入陷阱'。国际上特别是拉美国家的教训表明,民粹主义是造成'中等收入陷阱'的根源。它有两个突出特点,一是政治上搞盲目民主化,意见纷杂,无法集中力量办事;二是过度福利化,用过度承诺讨好民众,结果导致效率低下、增长停滞、通货膨胀,收入分配最终反而恶化。我们要坚持从实际出发,收入提高必须建立在劳动生产率提高的基础上,福利水平提高必须建立在经济和财力可持续增长的基础上。"①这段论述,集中反映了中国模式对拉美模式的态度。

综上所述,"中国模式"本质上是一种综合创新模式,不仅吸取了当今世界发展模式的经验和优点,更结合中国实际,避免了世界发展模式中的教训和弊端,因而获得了其他发展模式所不具备的独特性和优越性,这是中国模式能够持续稳定发展的原因所在。

---

① 中共中央文献研究室编:《习近平关于社会主义社会建设论述摘编》,中央文献出版社 2017 年版,第 18 页。

第二章　国外中国模式性质特点的研究

20 世纪 70 年代末 80 年代初,当邓小平高举中国特色社会主义大旗,在中国发起改革之际,英国首相撒切尔(Margaret Thatcher)和美国总统里根(Ronald Reagan)也高举"新自由主义"的旗帜,在各自国家发起改革。当时,包括美国在内的西方很多人以为,中国正在向他们学习,走他们的道路。1990 年,美国国际经济研究所(Institute for International Economics,简称 IIE)前所长约翰·威廉姆逊(John Williamson)发表了一篇题为《华盛顿所主张的政策改革的内涵》的论文,将新自由主义的政策进一步具体化为"华盛顿共识"。2004 年,因乔舒亚·库珀·雷默在英国《金融时报》发表《北京共识:提供新模式》,"中国模式"、"北京共识"与"华盛顿共识"的关系成为国外备受关注的问题。其实,国外关于"中国模式"性质的判断,绝不仅限于"新自由主义"一种。

一、国外关于这一问题的基本观点

在国外关于"中国模式"性质的研究中,存在着两大类观点:第一类观点持消极否定的态度,主要有"新自由主义论"、"新权威主义论"、"中国式联邦主义论"等观点。第二类观点持积极肯定的态度,有"中国式社会主义论"、

"后社会主义论"、"第三条道路论"等观点。贯穿其中最为根本的是"中国模式"到底姓"社"还是姓"资"的争论。

（一）"新自由主义论"

这类观点错误地认为,中国改革所实行的市场经济制度,以及其他方面的政策和措施,都具有资本主义的性质,"中国模式"不仅没有超越新自由主义的"华盛顿共识",而且,"中国模式"正是"华盛顿共识"的成功范例。

早在 20 世纪 80 年代,在中国改革开放之初,美国曾任卡特政府的国家安全顾问的布热津斯基(Zbigniew Kazimierz Brzezinski)就曾认为,中国在毛泽东逝世后,因其对商品经济的重视而成为一种商业共产主义,21 世纪的中国将不具备公有制性质,而是社会主义的意识形态十分淡化的国家,在这一进程中,中国将重新解释共产主义的主旨,而共产主义理想的象征,将不再是一个在国营钢铁铸造厂里做重体力劳动的产业工人,而是一位掌握了高技术,在环太平洋地区的国际市场上积极竞争的工商企业家。他认为,"中国的改革开放、经济发展看来不会失败,但中国走的却是商业共产主义的道路,与马克思主义、科学社会主义的本义相距甚远,犹如两股道上的车子"①。美国威斯康星大学政治系教授莫里斯·迈斯纳(Maurice Meisner)则转述了西方一些媒体对中国改革的评价。他说:中国"已经取得的许多积极成就应该归功于邓小平政权"。但在西方国家,"比较引起争议且受到赞扬较少的,是自 1980 年开始采用市场式的改革,这种改革使所谓'中国特色的社会主义'的手段与目的似乎是毫无希望地混淆在一起,并使一些西方观察家匆忙地赞扬'十亿中国人的政府放弃了马克思主义而改信资本主义'"②。

20 世纪 90 年代,"中国走资"的论调在西方有所上升。苏黛瑞(Dorothy J. Solinger)认为,中国在 20 世纪 80 年代末实行的企业破产、企业兼并、股票和

---

① ［美］兹·布热津斯基:《大失败——二十世纪共产主义的兴亡》,军事科学院外国军事研究部译,军事科学出版社 1989 年版,第 220—221 页。

② Maurice Meisner, *Mao's China and After : a History of the People's Republic*, New York : the Free Press, a Division of Macmillan, Inc. , 1986, pp. 477–478.

股票市场这些积累资金的措施都是资本主义性质的,她把这些措施称为"有中国特色资本主义的措施"。① 所罗门·M.卡默尔(Solomon M.Karmel)也持同样的观点。他指出:"中国刚刚出现的股票和红利市场已经引起了国际媒体的广泛关注,然而这些市场的出现是很难理解的。"他认为,中国公私合营有限股份公司的发展,其"结果是一种缓慢的政府主导下的更多地朝向资本主义的管理方式和所有制方式,这种以合营方式建立的项目——这些公司的出现在所有制、管理方式和责任方面都具有公私二重性——这大概是对中国出现的'中国特色资本主义'特征的概括"②。沃特·C.克莱蒙斯(Walter C. Clemens)认为,中国改革可供选择的道路有七种,而这七种道路都与资本主义相联系:中国目前共产主义的资本主义形式、新加坡权威式资本主义的形式、以苏联帝国的扩张为榜样、后苏俄的无政府资本主义、向中国地方主义(Regionism)的回归、走向民主资本主义的台湾式的运动、西方的和其他的模式转化为唯一的中国模式。"有证据表明中国目前共产主义的资本主义不可能持久,一个根本不同的政权在今后10年至20年内可能产生。"③R.史密斯认为,毛泽东以后的中国领导人在20世纪70年代末面对日益加深的经济危机和社会动荡开始转向市场,以挽救其陷入困境的官僚经济。然而原有的计划经济体制与正在推行的市场经济体制之间存在着尖锐矛盾。"市场经济使中国的私有经济成分迅速增长,而市场经济在改造社会主义国营企业方面却陷入了失败。""鉴于国营部门的困境,鉴于必须保持城市工人就业和收入不断增长以稳定劳工情绪,为了给每年近2000万新的求职者提供就业机会,中国的改革者不得不向国内外的私有经济成分让出更多的活动空间。1991年中国国有企业占全年工业产值的53%(而在10年前其所占份额为80%),农村半资本主义性质的集体工业占37%,包括外国企业在内的纯资

---

① Dorothy J.Solinger, *China's Transition from Socialism : Statistic Legacies and Market Reforms*, 1980-1999, M.E.Sharpe, 1993, p. 126, 128.

② Solomon M.Karmel, Emergeing Securities Markets in China : Capitalism with Chinese Characteristics, *The China Quarterly*, No. 140, December 1994, p. 1105.

③ Walter C.Clemens, China : Alternative Futures, *Communist and Post-Communist Studies*, No. 1, 1999, p. 2.

本主义部分占 10%。1991 年国有工业产值增长了 8%,而集体工业增长达 18%,私有部门增长达 24%。外国投资的迅速扩大对中国私有部门的增长 发挥了重要作用。如果这一趋势发展下去,非国有成分的经济力量将会超 过国有经济,私人经济则会超过集体经济。"中国市场经济改革必将导致中 国经济的私有化。①

东欧剧变、苏联解体后,国外一些人高调预测,共产主义意识形态在中国 正走向衰落或死亡。吉尔伯特·罗兹曼(Gilbert Rozman)主编的《解体中的共 产主义:共因及地区变化》(1992),丹尼尔·奇罗(Daniel Chirot)主编的《列宁 主义危机及左派的衰亡:1989 年的革命》(1991),盖尔·斯朵克斯(Gale Stokes)的《墙的倒塌:东欧共产主义的崩溃》(1993),巴奇罗米·卡米斯克 (Bartlomiej Kaminski)的《社会主义国家的崩溃》(1991),罗伯特·斯图埃 (Robert Strayer)的《苏联何以解体?》(1998),莱斯丽·荷尔墨思(Leslie Holmes)的《后共产主义》(1997),埃德温·韦克勒(Edwin Winkler)的《中国 共产主义的转型:制度及比较分析》(1999),巴莱特·L.迈克米克(Barrett L. Mccormick)和乔纳森·昂哥(Johathan Unger)主编的《社会主义后的中国:东 欧的脚步还是东亚的脚步?》(1996),凯丽丝·乔威奇(Kenneth Jowitt)的《新 世界秩序:列宁主义的死亡》(1992),埃迪·U.的《解构中的中国:反官僚主义 及社会主义的衰落》(2007)等,都直接或间接地论及中国共产主义走向衰落 或消亡的问题。"中国崩溃论"的提出者、美籍华裔律师章家敦(Gordon Chang)甚至认为,中国共产党"解体"(disintegration)的迹象无处不在,共产党 被推翻仅仅是一个时间性的问题。②

进入 21 世纪,认为中国走"资"的思想一直没有停止。俄罗斯科学院远 东研究所研究员 A.B.维诺格拉多夫(Владимир Алексеевич Виноградов)指 出:"中国改革的市场化方向已经与马克思的社会主义学说的原则不相称"。③

---

① 参见[美]R.史密斯:《中国的资本主义之路》,英国《新左派评论》1993 年 5—6 月号。

② 参见 Gordon Chang, *The Coming Collapse of China*, Random House, 2001, pp. 284-285。

③ [俄]A.B.维诺格拉多夫:《中国文明发展的新阶段:起源与前景》,载王颖主编:《奇迹 的建构:海外学者论中国模式》,中央编译出版社 2011 年版,第 45 页。

雷默在《北京共识》中高度评价"中国模式",但他认为这不是马列主义的成就,"正统的列宁主义像刀叉子一样不适合中国"①。布鲁斯·迪克森(Bruce Dickson)指出,中国已有大约 20% 的私营企业主入了党,中国正在走向"红色资本主义"。② 美国芝加哥洛约拉大学哲学系教授大卫·施韦卡特(David Schweickart)进而指出:"尽管后继体系理论对社会主义社会允许资本主义成分的发展提供了支持,但是,也对它可能造成的危险提出警告。"③美国左翼学者马丁·哈特-兰兹伯格(Martin Hart-Landsberg)和保罗·伯克特(Paul Brukett)提出了一种资本主义"缓慢"复辟理论。他们认为,资本主义的最终胜利是从改革的逻辑中得出的结论。④ 美国有名的左翼学者詹姆斯·彼得拉斯(James Petras)也认为,现在,"中国不仅仅是中国资本家的'乐园',也是全世界资本家和投资者的磁石:每一个资本家都希望对中国近乎无限的劳动力进行无限制的剥削,进入由 2 亿中产阶级消费者、上千万个百万富翁和数千名超级亿万富翁组成的中国市场"⑤。

雷默发表《北京共识》后,有关"北京共识"与"华盛顿共识"的争论变得十分热烈。美国麻省理工学院斯隆管理学院教授黄亚生(Yasheng Huang)在其所著《中国特色的资本主义》一书中指出,"中国特色的资本主义(Capitalism with Chinese Characteristics)是一种在两种形态的中国——企业家的、市场驱动的'农村的中国(Rural China)'与政府领导的'城市的中国(Urban China)'——之间从事政治平衡的功能(Function of a Political Balance)。在 20 世纪 80 年代,农村的中国占优势,但在 20 世纪 90 年代,城市

---

① Joshua Cooper Ramo,The Beijing Consensus,*The Foreign Policy Centre*,2004,p. 32.

② Bruce Dickson,*Red Capitalists in China*:*The Chinese Communist Party*,*Private Entrepreneurs*,*and Political Change*,Cambridge University Press,2003,p. 157.

③ [美]大卫·施韦卡特:《从这儿你到不了那儿:对"北京共识"的思考》,载俞可平等主编:《中国模式与"北京共识":超越"华盛顿共识"》,社会科学文献出版社 2006 年版,第 81 页。

④ 参见[美]大卫·W.尤因:《美国学者关于中国社会主义的争论》,周艳辉摘译,《国外理论动态》2004 年第 12 期。

⑤ [美]詹姆斯·彼得拉斯:《中国的过去、现在与未来》,李冬梅摘译,《国外理论动态》2007 年第 5 期。

的中国占优势。"①并认为中国特色的资本主义根本不同于"东亚特色的资本主义(Capitalism with East Asian Characteristics)"。主要的差别与私营部门的角色和规模有关。另一个差别是国家是"掠夺之手(Grabbing Hand)"或"扶持之手(Helping Hand)"的程度。②

现任美国耶鲁大学管理学院金融学终身教授的陈志武,在台湾出版了一本题为《没有中国模式这回事》(China Model Never Exists)的书。他把中国的发展归因于新自由主义,认为中国在过去三十年经济的快速增长恰恰证明:市场经济是实现人类解放、增加个人自由、增加个人财富水平的根本出路;如果这个过程出现停滞或者逆运行,整个社会的自由、福利和福祉都会出现倒退,不管是在中国还是其他国家。"在我看来,中国的改革经验恰恰证明,新自由主义主张的经济、政治模式非但没有得到否定,反而得到了中国经验的支持。"③同样地,尼克尔斯·拉迪(Nicholas Lardy)也指出,中国的经济增长依然保持强劲势头。这很大程度上归因于中国多年来所进行的经济改革所积累的功效。更为重要的是,价格渐进放开的过程持续至今,以至于市场现在已经似乎决定所有商品的价格。同样重要的是,改革极大地促进了竞争,不仅在制造业,而且在建筑业和服务业方面也是如此。市场决定物价的深入开展以及竞争性的市场对资源的分配效率方面有了改善……国内市场由于外部因素作用而使竞争力得到进一步提高,这是非常重要的,而所有的这一切过去常常被低估了。④ 由吴国光(Guoguang Wu)和海伦·兰斯顿(Helen Lansdowne)主编的《社会主义中国,资本主义中国》一书,作者在"导论"中指出:本书的目的在于从更深的层次探讨新中国,社会主义中国与资本主义的内在张力在于:第一,全球化从根本上来讲是一个资本主义现象,而中国仍在强调"社会主义"。第

---

① Yasheng Huang, *Capitalism with Chinese Characteristics*: *Entrepreneurship and the State*, Cambridge University, 2008, p.xvi-xvii.

② 参见 Yasheng Huang, *Capitalism with Chinese Characteristics*: *Entrepreneurship and the State*, Cambridge University, 2008, pp. 276-282。

③ 《没有中国模式这回事:对话陈志武》,《南方人物周刊》2011 年第 28 期。

④ 参见[美]马丁·哈特-兰兹伯格、保罗·伯克特:《解读中国模式》,庄俊举编译,《经济社会体制比较》2005 年第 2 期。

二,虽然经济的市场化和全球化受到包括中国在内的国家的普遍欢迎,但发展过程中出现的社会问题,并没有在中国与全球资本主义和国内共产主义极权相联系的中国体制范围内得到很好的审视。第三,全球化进程中的中国与独立于全球化的极权力量相交织的问题在普遍的政治冲突中显示了出来。中国的政治构成紧握全球化的权力,同时又拒绝除经济以外的其他方面的全球化,这种拒绝已经成为今天中国解决所面对问题的根本性的政治障碍。①

　　美国《新自由主义简史》一书的作者大卫·哈维(David Harvey)虽然看出了"中国模式"与新自由主义的区别,但又强硬地把中国的成功归之于新自由主义。"中国经济改革的时间恰好与英国和美国发生的新自由主义转向一致,很难不把这视作具有世界史意义的巧合。结果是在中国建立了一种特殊的市场经济,日益将新自由主义要素与权威主义的中央控制交叉结合。"②可以确切地说,中国没有采取"休克疗法"——这是后来20世纪90年代由国际货币基金组织、世界银行和"华盛顿共识"强加给俄罗斯和中欧的道路,令其快速私有化——所以成功避免了困扰这些国家的经济灾难。"中国走了自己独特的'有中国特色的社会主义'道路,或某些人更喜欢称之为'有中国特色的私有化'道路,二十多年来它成功建立了一种国家操控的市场经济,带来了惊人的经济增长(年均增长10%),并提高了相当多人民的生活质量。"③作者下结论说,中国已确定无疑地迈向新自由主义和阶级力量的重建,虽然"带有独特的中国特色"。然而,权威主义、民族主义诉求、某种帝国主义的复兴,这些都表明中国正以其特殊的方式与新保守主义潮流汇合,后者在美国正兴风作浪。④

(二)"新权威主义论"

　　在国际社会,一般认为,"新权威主义"是新加坡等东亚资本主义得以成

---

　　①　参见 Edited by Guoguang Wu and Helen Lansdowne, *Socialist China*, *Capitalist China*: *Social Tension and Political Adaptation under Economic Globalization*, Routledge, 2009, pp. 1–2。

　　②　[美]大卫·哈维:《新自由主义简史》,王钦译,上海译文出版社 2010 年版,第 137 页。

　　③　[美]大卫·哈维:《新自由主义简史》,王钦译,上海译文出版社 2010 年版,第 139 页。

　　④　参见[美]大卫·哈维:《新自由主义简史》,王钦译,上海译文出版社 2010 年版,第 151 页。

功的重要理论和意识形态基础。改革开放初期,中国的确吸收借鉴过东亚国家的经验。与之相应,国外一些学者认为,中国自毛泽东去世后,本质上执行的是"新权威主义"的思想路线。正如俄罗斯学者 K.A.科卡廖夫指出的:"70年代中期,中国经历了深刻的政治危机和经济危机,危机表明中国的政治制度既是极权主义的,又是衰败的。'衰败'是所谓的'伟大的无产阶级文化大革命'的后果,它使当时的权力机构遭到破坏,使中国领导层思想不一致,使中国社会尤其是知识分子和青年产生了深刻的'信仰危机'。集权加衰败使政治制度极不稳定,必然要求实行政治改革,实际上在毛泽东逝世(1976年)后立刻提出了这个问题。"①在国外一些学者看来,中国的"新权威主义"正是应这种形势而出现的。

早在 20 世纪 80 年代,冈部达味、毛理和子通过对"毛泽东时代"与"邓小平时代"的比较,认为"毛泽东时代"的社会主义是一种"党政合一,党控制国家、社会和经济的一切方面的'国家社会主义'","邓小平时代"则是走向"新权威主义"的过程。②

20 世纪 90 年代初,沙伯力(Barry Sautman)在《中国季刊》(*The China Quarterly*)发表文章,认为中国"新权威主义"的讨论不仅吸引了高层政治智囊、经济学家,甚至邓小平本人的关注。而这种讨论说明作为中国政治智囊的高级知识分子正在与马克思主义、社会主义断绝关系。③ 托尼·塞西(Tony Saich)甚至荒谬地认为中共十四大制定了一个所谓的权威统治计划。④ 伊丽沙白·J.皮埃尔(Elizabeth J.Perry)也在《亚洲观察》发表文章,从政权控制、市民社会、国际化等方面对中国政治层面和学术层面所谓的"新权威主义"作了全面考察,认为 1992 年是中国试验"新权威主义"的一年。"社会变革的最一

---

① [俄]K.A.科卡廖夫:《论中国政治改革的演变》,载吕增奎主编:《民主的长征:海外学者论中国政治发展》,中央编译出版社 2011 年版,第 38 页。

② 参见[日]冈部达味、毛理和子:《邓小平时代的特点》,载冷溶主编:《海外邓小平研究》,山西经济出版社 1993 年版,第 13 页。

③ 参见 Barry Sautman, Sirens of the Strongman: Neo-Authoritarianism in Recent Chinese Political Theory, *The China Quarterly*, No. 29, March 1992, pp. 72, 101。

④ 参见 Tony Saich, The Fourteenth Party Congress: A Programme for Authoritarian Rule, *The China Quarterly*, No. 132, December 1992, p. 1136。

般理论——不论是马克思的还是韦伯的，都包含着经济自由与政治民主之间更为切近的关系。不管是选择资产阶级、城市中产阶级，还是作为初级阶段变革结果的'市民社会'的自愿联系，比较者们已经趋向于认为自由市场创造促进政治自由的动力。"①

进入 21 世纪以来，国外学者对所谓中国的"新权威主义"作了更为系统的论述。迈克尔·奥克森伯格（Michel Oksenberg）指出：现今中国的政治体制很难用简单的一个词来概括。先前关于中国政治体制的判断都不能完整地概括现今中国政治体制的复杂性。"意识形态，按我的理解是一套指导行为的明确要求坚持的信仰，仍然是体制的关键成分。政治精英的意识形态已不再限于马列主义、毛泽东思想，但大多数领导仍然坚持主要生产资料的国家所有制，怀疑资本主义或资产阶级。这些信仰影响和抑制公共政策。后毛时代，意识形态前提已经趋向涉及明确无疑的对现代化、工业化和城市化的承诺，包括渗入儒学话语的具有自我意识的民族主义主题。"②施拉佩托格（D. Shlapentokh）指出："权威领导是后毛政权的特征。……它是一种为未来确保稳定、提供经济增长和军队建设的政体政策。未来的中国将比美国更为强大。这种政体意识形态是民族主义与马克思主义成功的混合体。与采纳西方药方而使自己在危机中挣扎的俄罗斯不同，后毛时代的中国是对西方自由资本主义的一种可以走向生存之路的选择。"③

2006 年，美国旧金山州立大学政治学系副教授郭苏建（Sujian Guo）出版了一本名为《后毛时代的中国：从极权主义到权威主义？》的书，他认为，后毛时代以来的中国是走向权威主义统治的过程。④ 新加坡国立大学东亚研究所

---

①　Elizabeth J. Perry, China in 1992: an Experiment in Neo-Authoritarianism, *Asian Survey*, vol. 33, No. 1, January 1993, p. 13.

②　Michel Oksenberg, *China's Political System: Challenges of the Twenty-First Century*, see Jonathan Unger Edited, *The Nature of Chinese Politics: From Mao to Jiang*, M. E. Sharpe, Inc., 2002, pp. 194−195.

③　D. Shlapentokh, Post-Mao China: An Alternative to "The End of History"? *Communist and Post-Communist Studies*, Volume 35, Number 3, March 2002, p. 237.

④　参见 Sujian Guo, *Post-Mao China: From Totalitarianism to Authoritarianism?* Westport, Connecticut, London, 2000, pp. 8−9。

研究员王正旭(Zhengxu Wang)则提出了"混合型政权"(hybrid regime)的概念。[1] 伊丽沙白 J.皮埃尔、摩尔·古德曼在《中国草根政治改革的历史反思》一书中指出,自 20 世纪 70 年代末邓小平发起卓有成效的经济改革以来,中国观察家合乎规律地预言,政治体制改革就会到来。20 世纪最后 20 年,随着市场改革产生的 GDP 持续每年 9%—10%的增长,有人预测政治体制改革将紧随其后。然而,到 21 世纪初,中国的经济体制改革已经历了近三十年,中国的政治体制并未发生根本变革。激进的经济变革和政治调整在当今中国并没有必然的联系。[2]

除上述各种说法外,还有其一些类似的说法。比如:李侃如(Kenneth Lieberthal)在《中国的政策制定:领导、结构及其过程》(1988)、迈克尔·奥克森伯格在《后毛中国的官僚、政治及决策》中则用"分化的权威主义"来形容中国的政治体制(1992)[3],爱德温·A.温克勒(Edwin A.Winckler)提出了"柔性权威主义"的观点[4],H.戈登·斯凯林(H.Gordon Skilling)提出了"官僚多元主义"的说法[5]。

这部分国外学者认为,中国在毛泽东之后之所以能够持久平稳发展,一个根本的原因还在于"新权威主义"的治理体系。2009 年 9 月,福山在接受日本著名政论杂志《中央公论》采访时表示,近年来中国这一"负责任的权威体制"的发展表明,西方民主可能并非人类历史进化的终点。"中国模式"有其显著的特点,这些年中国作为大国所进行的外交努力和承担的国际责任,让任何人都不能忽视中国的发展。黎安友(Andrew J.Nathan)提出了"韧性权威主义"(Resilient Authoritarianism)的概念,认为中国之所以能够保持长久的平稳发

---

[1] 参见 Sujian Guo edited, *the China's "Peaceful Rise" in 21st Century*, Ashgate, 2006, p. 118。

[2] 参见 Elizabeth J.Perry and Merle Goldman edited, *Grassroots Political Reform in Contemporary China*, Harvard University Press, 2007, p. 3。

[3] 参见 Jonathan Unger edited, *the Nature of Chinese Politics: From Mao to Jiang*, M.E.Sharpe, Inc., 2002, p. 193。

[4] 参见 Edwin A.Winckler, Institutionalization and Participation on Taiwan: From Hard to Soft Authoritarianism? *The China Quarterly*, September 1984, pp. 481-499。

[5] 参见 H. Gordon Skilling, Interest Groups and Communist Politics Revisited, *World Politics*, Vol. 36, October 1983, pp. 1-27。

展，一个关键因素就是"一种能够对社会需求进行充分回应的威权体系，这使得它能够在很长时期内掌握权力"①。美国政策分析家罗伯特·甘（Robert A. Kagan）提出了新的"威权巩固"②概念。政治学者布鲁斯·吉利（Bruce Gilley）认为通过持续的制度变迁和制度绩效，中国的政治领导层获得了合法性③；加里·西格里（Gary Sigley）关注了政党—国家体制的重组④。沈大伟（David Shambaugh）则看到了政党—国家的收缩与适应并存⑤。韩博天（Sebastian Heilmann）与奥利佛·麦尔敦（Oliver Melton）强调的是计划体制的成功转型（有适应性的计划）以及将零星的试验吸收到宏观计划之中⑥。何保钢与马克·沃伦（Mark E. Warren）关注的是协商式威权主义的发展。布拉迪（Anne-Marie Brady）认为，政党—国家利用媒体和宣传成功地影响了公共舆论⑦。赖特（Teresa Wright）表明不同的社会阶层和群体当中各有各的原因而依赖于政党—国家⑧。托马斯·海贝勒与舒耕德（Gunter Schubert）认为，仅就政策实施以及体系的适应性和韧性而言，地方干部中的"战略群体"（Strategic Groups）以及地方政府（Local State）中的政策过程是至关重要的。⑨

---

① Andrew J. Nathan, Authoritarian Resilience, *Journal of Democracy*, Vol. 1, 2003, pp. 6-17.

② Robert A. Kagan, *The Return of History and the End of Dreams*, Vintage Books, 2008.

③ 参见 Bruce Gilley, *The Right to Rule: How States Win and Lose Legitimacy*, Columbia University Press, 2009。

④ 参见 Gary Sigley, Chinese Governmentalities: Government, Govenmance and the Social Market Economy, *Economy and Society*, Vol. 35, No. 4, 2006, pp. 487-508。

⑤ 参见 David Shambaugh, *China's Communist Party: Atrophy and Adaptation*, University of California Press, 2008。

⑥ 参见 Baogang He, Mark E. Warren, Authoritarian Deliberation: The Deliberative Turn in Chinese Political Development, *Perspectives on Politics*, No. 2, June 2011, pp. 269-289; Baogang He, Stig Thogersen, Giving the People a Voice? Experiments with Consultative Authoritarian Institutions in China, *Journal of Contemporary China*, Col. 19, 2010, pp. 675-692。

⑦ 参见 Anne-Marie Brady, *Marketing Dictatorship: Propaganda and Thought Work in Contemporary China*, Rowman and Littlefield, 2008。

⑧ 参见 Teresa Wright, *Accepting Authoritarianism: State-Society Relations in China's Reform Era*, Stanford University Press, 2010。

⑨ 参见 Anna L. Ahlers, Thomas Heberer, Gunter Schubert, "Authoritarian Resilience" and Effective Policy Implementation in Contemporary China: a Local State Perspective, *Institute of East Asian Studies*, No. 99, 2015。

（三）"中国式联邦主义论"

"联邦主义"不仅是美国等一些资本主义国家的治理模式,也是第二次世界大战后,南斯拉夫等东欧国家改革试验模式。早在 1995 年,加布里拉·蒙廷诺拉(Gabriella Montinola)等人认为,中国改革走的是"中国式联邦主义"(Federalism,Chinese Style)的路子。其特点是:"第一,政治的分散不仅提高了地方政府的权力,而且也改变了中央和地方政府之间重要的、虽然不是不可能,但难以逆转的关系。第二,意识形态的重要转折支持了改革。……第三,中国第一次在共产主义者的领导下放开了他的经济。""按我们的观点,这些变化已经导致了一种新的政治体制,我们称之为中国式联邦主义。"①类似的论述还有很多,比如钱颖一和韦阿斯特(Qian and Weingast)在《政策改革杂志》(*Journal of Policy Reform*)1996 年第 1 期发表的题为《中国向市场的转型:市场保护下的中国式联邦主义》的文章,坚持认为,"中国自 1979 年开始的市场方向改革的重要因素是分散化(decentralization)","中国式联邦主义是中国经济成功的政治基础";钱颖一和罗纳德(Roland)认为,"中国转型的重要特征之一是中国经济的增长与权威从中央向地方政府的转移相联系"②。田弘茂、朱云汉认为,中国自"后毛时代"以来,实际上实行的是一种"行为联邦主义"(De Facto Federalism)。"这种行为联邦主义——它在邓小平时代就已普遍流行,其重要性并未受到人们的重视。作为中央和地方关系的制度,行为联邦主义在中国经济改革与政治发展过程中产生过重要影响。"③马丁·雅克也提出了同样的看法。他说:"要治理像中国这样庞大的国家,仅靠中央政府来集中发号施令是远远不够的,因此各省就必分享有极大的自治权。于是,国家治理就成了中央和各省之间复杂的权力平衡。当然,最终权力还是集中在中央,这一点大家都认同……因此,尽管中国有着中央集权式的政府结构,但

---

① Gabriella Montinola,Yingyi Qian,and Barry R.Weingast,Federalism,Chinese Style:The Political Basis for Economic Success,*World Politics*,Vol. 48,No. 4,October 1995,p. 52.

② 《世界政治》2006 年 7 月号,第 505 页注释 2。

③ Hung-Mao Tien,Yun-Han Chu Ed.,*China under Jiang Zemin*,Lynne Rienner Publishers,2000,pp. 219−220.

其实际运作却更像联邦制,比如某些经济政策的实施方面就是这样。"①

郑永年也坚持同样的观点。他指出:从理论上讲,在中国单一制的政治体系里,地方政府只是中央政府或者上级政府的派出机构。所有权力归于中央,地方权力是中央和上级政府赋予的,地方是执行机构,只具有操作层面的权力。但在实际操作中,中国地方政府所拥有的权力,要比所有联邦制国家里的州和地方政府大得多。就地方政府的权力而言,"行为联邦制"介于地方自治制度和欧美国家的联邦制(Constitutional Federalism)之间,我们可以将其理解为有限的地方自治,一种(在单一制国家中形成的)相对制度化的放权模式。在这种模式下,中央是省的上级机关,但省具有一定的自主权。中央与省级政府之间可以进行或明或暗的讨价还价,中央给予各省常设的或特许的利益,以换取各省对中央的服从。当然,这也适用于省政府和市县政府之间的关系。②

但也有一些国外学者和中国香港地区的学者认为,使联邦主义合法化并不是一件简单的事情,它与共产党的意识形态是矛盾的。田弘茂(Hung-Mao Tien)认为,20世纪早期军阀主义的历史是与混乱和联邦主义联系在一起的。在很多方面,联邦主义将导致中国的分裂,联邦主义意识形态合法性的问题将变得更为复杂。③香港城市大学公共与社会行政学系教授李芝兰认为,"经济改革以来,尽管实行了大规模的分权,社会主义阶级斗争也被作为国家目标的市场经济发展所取代,但中国依然是政治集权程度很高的威权体制"④。

(四)"中国式社会主义论"

这类观点认为,"中国模式"是极为独特条件下的创新,中国特色社会主

---

① Martin Jacques, *When China Rules the World:The Ene of the Western World and the Birth of a New Global Order*,The Penguin Press,2009,p. 166.

② 参见[新加坡]郑永年:《中国的"行为联邦制"——中央—地方关系的变革与动力》,邱道隆译,东方出版社2013年版,第4页。

③ 参见 Hung-Mao Tien,Yun-Han Chu Eds.,*China under Jiang Zemin*,Lynne Rienner Publishers,2000,p. 228。

④ 李芝兰:《当代中国的中央与地方关系:趋势、过程及其对政策执行的影响》,刘承礼译,《国外理论动态》2013年第4期。

义仍然是社会主义,是发展了的社会主义,是"中国式社会主义"。

早在 20 世纪 80 年代中期,针对国外一些人对中国农村家庭联产承包责任制改革性质的错误理解,美国著名汉学家费正清就指出:"无论是谁,如果从此得出结论,以为中国农业看见了光明,要学我们的样子,即搞'资本主义'了,那就大错特错了。"中国改革"不能称之为恢复资本主义,因为党和国家还是唱着、并且致力于集体主义,也就是社会主义。但是,企业的自主权和更多的自由市场,如像农业中的责任制那样,大大地促进了生产的刺激力"。费正清强调:"应该用历史的眼光看邓的改革。"①80 年代末,戴维·W.张指出:"邓从来不是而且现在也不是一个'走资派'。虽然毫无疑问他准备对意识形态进行改革,但对马克思所描绘的社会的哲学信仰却不会改变。对于选择什么样的方法取得实践上的成功,他一般不加干涉。"②马克·布莱彻(Marc Blecher)指出:中国试验过各种各样的经济政策和组织形式,其试验范围之广超过任何别的社会主义国家。其中许多是大胆的创新。"中国模式不是一个,而是有几个。"在社会主义这面大旗下,有多少东西可以兼收并蓄,在一国的具体条件下,从社会主义的一般原理中可以引出一些什么结论,在这两方面中国都积累了宝贵的经验。"现在世界上视若神圣的东西太多了,而能对这些东西加以批判地鉴别、灵活地运用的人又太少了,中国则是社会主义世界一个最伟大的反对偶像崇拜的国家。就此而论,中国目前所采取的方针政策是极为有效的。中国继续在诸如农业等领域进行新的探索,这就要求研究社会主义的学者和实践社会主义的革命者能够看清其性质,并就社会主义实践中的清规戒律日益放松的情况下存在的种种可能性进行创造性的思维。"③

进入 21 世纪以来,更多的国外学者看到了中国模式与资本主义发展模式的不同。美国著名马克思主义经济学家和苏联问题研究专家大卫·科茨(David Kotz)断然否定了所谓中国搞了资本主义的观点。他说:"20 世纪 80

---

① John King Fairbank, *The Great Chinese Revolution*: *1800—1985*, New York, 1986, pp. 384, 350, 353.

② David Wen-Wei Chang, *China under Deng Xiaoping*, Macmillan Press, 1988, p. 29.

③ [美]马克·布莱彻:《中国开辟了一条新的社会主义道路》,齐欣等编译:《世界著名政治家、学者论邓小平》,上海人民出版社 1999 年版,第 342—343 页。

年代,邓小平断然拒绝了弗里德曼等人向中国推荐的新自由主义发展战略。如果中国向新自由主义转变,将给中国经济和社会带来灾难性的后果。中国在世界经济中的地位将锁定为低工资、低技术产品的生产者。中国经济增长将下降甚至停滞。贫富差距将急剧扩大,失业大量增加,工作条件恶化,环境破坏严重。这些问题在新自由主义统治下根本不可能得到解决。"①美国前国务卿基辛格也指出,为恢复中国在本地区和全世界应有的地位,"在其改革计划中,邓小平倡导美国的许多经济与社会原则。但是他所称的社会主义民主与多元民主有天壤之别。他一直深信,在中国,西方政治原则将制造混乱、阻碍发展"②。印度经济学家阿嘎瓦拉(Ramgopal Agarwala)指出:中国的成功不是偶然的。成功源于邓小平时代领导人所采取的改革哲学和战略。改革哲学指的是设计发展战略的基本方法或者是国家决策者回答以下两个关键问题的方式:借鉴国外经验与由内而外改革的最佳均衡点在哪里? 制定政策过程中,自上而下与自下而上两种方式的最佳组合点在哪里? 无论中国成功的基础可能是什么,毫无疑问,成功不是来自对"华盛顿教义"的盲目迎合。"有中国特色"的改革是中国改革进程的定义性特征。从国外经验中汲取精华,从中国的现实情况中选择发展方向和方法。中国的改革方针导致了一种创新与独特的改革战略。中国在改革中从本国和国外的实践中汲取精华,然后考虑根据目前的状况决定如何行动。改革战略主要可以分成下列四类:采取渐进的方式方法避免休克疗法;根据现实情况仔细安排改革的步骤;通过过渡阶段而改变所有权来提高经济效率;重视社会资本的重要作用。③ 雷默强调中国发展道路与"华盛顿共识"的区别。他说:"对经济发展衡量过去依靠的是 GDP,这是黑色的 GDP,包括了转型时的误差、环境损失、结构的不良影响等,所以只计算 GDP 作为标准的'华盛顿共识'不适应中国的模式,如果一个国家要持

---

① 刘元琪:《大卫·科茨谈新自由主义和世界经济》,《国外理论动态》2005 年第 2 期。

② [美]亨利·基辛格:《论中国》,胡利平等译,中信出版社 2012 年版,第 436 页。

③ 参见[印度]阿嘎瓦拉:《中国的崛起:威胁还是机遇?》,陶治国等译,山西经济出版社 2004 年版,第 58—62 页。

续发展,它只能寻找适合自己的发展道路。"①

针对资本主义在中国复辟的论调,美中友协主席大卫·W.尤因指出,设想资本主义在中国的复辟,"是对资本主义的一种变相维护"。中国共产党在主观上仍然是一个革命性的政党。它正在努力将中国发展成为一个现代化的社会主义国家。"在苏联失败后,社会主义事业已经渡过了其最黑暗的时期。社会主义在中国的胜利(如果它能得到巩固)将意味着社会主义是人类在21世纪最好、最切实的希望。"②美国中国经济问题专家巴里·诺顿(Barry Naughton)充分审视中国经济的转型和增长。指出:肯定地说,到21世纪头10年末,绝大多数中国产业都是民营企业。然而,政府企业也加强了在战略性部门中的主导作用。石油、电力和通信行业都掌握在国有企业手中,民营企业要进入这类行业明里暗里都有诸多限制。其他行业,比如钢铁业,则是国有和民营共存,但这种行业也限制竞争,也有民营企业家无法拿走的"隐性障碍"。国有资产监督管理委员会的建立,稳固了央企的发展,根除了大型企业的管理层收购。因此,我们渐渐形成了一个预期,中国将会出现一个国有企业和民营企业共存的独特模式。然而,"无论如何,在最近的将来,中国不会向美国或者西欧的资本主义模式趋同。实际上,全球金融危机使人们都看到了资本主义的美国模式暴露出来的缺陷。因此我们不奇怪中国领导人的结论,即没有必要改变自己的市场经济与政府导向相结合的特点。只要中国领导人继续经营这种独特的中国模式,趋同就不太可能出现"③。

共产主义意识形态在中国是否已经走向衰落或死亡?法国学者、国际马克思大会社会主义学科主席托尼·安德烈阿尼(Tony Andréani)对西方媒体制造的中国必然向资本主义演变的舆论,以及曲解中国特色社会主义的理论观点进行了批驳。他指出,西方的舆论制造者掀起了媒体大合唱:中国正在迅速

---

① [美]乔舒亚·雷默:《为什么要提出"北京共识"?》,载俞可平等主编:《中国模式与"北京共识":超越"华盛顿共识"》,社会科学文献出版社2006年版,第8页。

② [美]大卫·W.尤因:《美国学者关于中国社会主义的争论》,周艳辉摘译,《国外理论动态》2004年第12期。

③ [美]巴里·诺顿:《中国经济:转型与增长》"中文版前言",安佳译,上海人民出版社2010年版,第XI页。

走向资本主义;中国的公有制和社会主义正在消失,只剩下寥寥几个陈旧的国有企业,而且这些企业也将要私有化;中国共产党的一党专政不可能持久地与经济体制的转变并存下去。中国社会主义的怀疑论者,例如萨米尔·阿明(Samir Amin)认为,中国的市场经济仅仅是掩盖资本主义复辟的遁词以及中国官僚阶层像苏联那样用以掠夺国有资产、中饱私囊的工具。在中国,包括在中国共产党内,存在着强大的资本主义势力,他们或公开,或隐蔽地推动中国向资本主义过渡。在知识界,社会自由主义者,甚至新自由主义者的影响很大。私有经济一路绿灯地发展,政府对此采取放任的态度,甚至采取措施加以鼓励,中国走的是一条"地道的资本主义道路"。中国的马克思主义者所要思考的问题是:中国以这样的经济增长率发展下去,虽然会成为世界头号经济大国,但是他们什么也没有得到,因为经济增长有其消极面:经济发展的不平衡、过度的市场化、社会权利和政治权利的缺失、全球化的弊害将困扰他们。安德烈阿尼认为,中国的市场社会主义经济仍属社会主义性质,理由是:中国目前正处在社会主义初级阶段,这阶段至少要经历50年。当前最主要的问题是要发展生产力。社会主义初级阶段经济的特点是,国家和集体所有制在经济中占主导地位;公有经济发挥着领导作用;私营经济的发展并没有威胁公有经济,它也不可能取代国有大型企业。私营经济,包括生产合作社和个体经济,只占工业生产的1/4,国内生产总值的1/3。国有企业数量的减少是因为进行了资产重组,为了提高生产效率,一些国有企业交给了地方政府,还有一些企业成为集体企业,但它们仍属公有经济范畴。中国仍然保留了国家计划和政府的宏观调控,只不过通过间接手段进行,而且其作用十分强大。中国的社会主义具有中国的特点,因为它必须考虑本国的特殊国情。此外,它在发展市场社会主义经济的同时,还促进"精神文明"的发展,而这种文明完全不同于西方文明。①

(五)"后社会主义论"

早在1989年,德里克(Arif Dirlik)就曾发表《后社会主义?——反思中国

---

① 参见[法]托尼·安德烈阿尼:《中国还是社会主义国家吗?》,法国《思想》2005年第1期。

特色的社会主义》一文,反驳 20 世纪 80 年代预言中国"改革开放"是资本主义在复辟的简单化观点。他说:所谓后社会主义,是指社会主义在这样一种历史环境下的状况:(1)由于社会主义理想在其历史演变过程中的衰落,它已经失去了其作为一种政治元理论的统一性。(2)社会主义与资本主义的结合在任何情况下都要受"现实存在的社会主义"这一结构的制约,这是所有此类结合的历史前提。(3)这一前提就是保持警惕,从而确保结合的进程不会导致资本主义复辟。中国社会目前正处于社会主义初级阶段,即所谓的不发达社会主义阶段。在这种情况下,与资本主义的妥协实际上并非是对社会主义的背离,而是使中国回到历史前进的道路上的必要一步。只有经过发达的社会主义阶段,才能最终实现共产主义的终极目标。"有中国特色的社会主义"已经超过了"文化大革命"和 20 世纪 50 年代新中国成立初期的集体化。"在'有中国特色的社会主义'中,社会主义所起的作用,不是作为固有的理想,进一步推动社会沿着社会主义的道路向前发展,而是作为意识形态上的卫士,防止社会滑向资本主义的可能性。""之所以说今日的社会主义是后社会主义的,一方面是因为它认为后社会主义的未来不用再从固有的社会主义思想中汲取动力,另一方面是因为社会主义作为一种社会结构,只要形势需要,仍然是一种退而求其次的选择。"①

20 年后,德里克再次著文对以往的思想进行了反思。他指出:"后社会主义"中的"后"包含两种意义,指的是历史形势的两可性:"今天的中国社会是后社会主义的,一方面因为中国虽然断言它具有社会主义的前途,但已不再从固有的社会主义思想中汲取动力;另一方面因为社会主义作为一种社会结构,仍然可供中国选择,只要形势需要,中国就可能再回到社会主义(这就把中国社会同资本主义社会或后资本主义社会区分开来,在后者那里,这样的选择作为集体的选择和一种社会主义文化在意识形态上已经被取消)"。强调资本主义的因素并认为中国必定发展成为一个资本主义社会,这样做都是错误的,

① Arif Dirlik, Post-Socialism? Reflections on "Socialism with Chinese Characteristics", *Bulletin of Concerned Asian Scholars*, No. 1, 1989.

"因为社会主义体系融入资本主义世界秩序对资本主义本身来说意味着什么,仍然要拭目以待"。"后社会主义"并不表示社会主义的结束,恰恰相反,它提高了"在社会主义危机期间以新的、更具有创造性的方式反思社会主义的可能性……由于摆脱了对……一个不可阻挡的未来……的迷信,就可以用一种新的方式来构想社会主义:作为想象未来多种可能性的新源,这些可能性并不是从把有待解决的未来问题推迟到未来的僵化的乌托邦中,而是从当下就要解决压迫和不平等问题的解放冲动中汲取灵感"。20 年后,中国社会主义的性质似乎更加清晰。"即使在模棱两可的邓小平时代,以前理解的社会主义可能已经结束,但是由此认为它的遗产已经死亡却是错误的。"[1]在这里,德里克明确否定了 20 年前他认为的中国特色社会主义已不再从原有的社会主义汲取动力的观点。但他认为邓小平时代"模棱两可"却是极大误解。因为邓小平自始至终对社会主义的信念是极其坚定和分明的。

(六)"第三条道路论"

英国著名经济学家彼得·诺兰(Peter Nolan)得出与德里克相近的观点。他指出,中国正抵达一个十字路口。它将走向何方? 实际道路的选择将是国内复杂的社会、经济和政治力量,以及国外各种力量共同作用的结果。第一,"现实主义者"认为,只有残酷的权威主义才能控制中国快速增长的社会—经济不平等。第二,"人权主义者"认为,唯有通过全面的政治改革才能挽救中国的混乱局面。第三,还有人认为,中国必须回到毛主义时代的"群众路线"才可能获得自主发展和社会的亲和力。[2] 如果我们所说的"第三条道路"是指国家与市场之间的一种创造性的、共生的相互关系,那么我们可以说,中国 2000 年以来一直在走它自己的"第三条道路"。这是中国令人印象深刻的长期经济和社会发展的基础。中国的"第三条道路"是一种完整的哲学,把既激

---

① Arif Dirlik, Post-Socialism Revisited: Reflections on "Socialism with Chinese Characteristics" Its Past, Present and Future, See *Seeking Changes: The Political Development in Contemporary China*, Central Compilation & Translation Press, 2011, pp. 189–190.

② 参见 Peter Nolan, *China at the Crossroads*, Polity Press, 2003, p. 60。

励又控制市场的具体方法与一种源于统治者、官员和老百姓的道德体系的深刻思想结合在一起。当这个道德体系运转良好的时候,政府解决那些市场不能解决的实际问题的非意识形态行为就完善了这一哲学基础。中国不可能把自己孤立于国际经济和政治的主要趋势之外。它不可能回过头来回到毛泽东时代。体制的生存必然要求中国把市场当作发展进程的仆人,而不是当作它的主人。"不管是生态、社会还是在国际关系上,盎格鲁–撒克逊的自由市场'原教旨主义'都没有为可持续的全球发展提供任何希望。"政府的改进,而不是政府的逃亡,是中国体制改革唯一明智的目标。所以,中国自己的生存可能提供了一座灯塔,作为对美国主导的走向自由市场"原教旨主义"冲动的一种替代选择,从而促进全球的生存和可持续发展。这不仅是中国的十字路口,而且是整个世界的十字路口。[1]

艾赖恩·杰夫瑞(Elaine Jeffreys)主编的《中国治理术:治理的变化,变化着的政府》一书对中国从"社会主义计划"向"市场社会主义"的转型过程中的政府转型问题作了探讨,认为中国改革导致修正版的"科学社会工程和社会计划"被确立,与之相关联的是它自身通过新技术发展形成的"距离治理"的新自由战略。"中国采取的基于市场的改革导致政治理性的一种社会主义—新自由主义杂交物(或者说'新列宁主义'),一种人们熟知的政治权威与技术统治的结合。"[2]

二、马克思主义哲学在当代中国的运用和发展

"中国模式"是对科学社会主义的继承发展,还是背离否定? 笔者认为,在国外学者的研究中,"中国式社会主义论"、"后社会主义论"、"第三条道路论"的观点都是值得参考借鉴的,而"新自由主义论"、"新权威主义论"、"中

---

① 参见 Peter Nolan, China at the Crossroads, *Journal of Chinese Economic and Business Studies*, No. 1, 2005。

② Edited by Elaine Jeffreys, *China's Governmentalities: Governing Change, Changing Government*, Routledge, 2009, p. 2.

国式联邦主义论"的观点是缺少根据、难以成立的。习近平指出：马克思主义就是我们共产党人的"真经"，"真经"没念好，总想着"西天取经"，就要贻误大事！不了解、不熟悉马克思主义基本原理，就不可能真正了解和掌握中国特色社会主义理论体系。"中国特色社会主义理论体系归根到底是以马克思主义基本理论为指导的，是把这些基本理论同中国具体实际相结合的结果。"①然而，"中国模式"与马克思主义的结合点在哪里？笔者认为，它突出表现在五个方面。

（一）实事求是哲学精髓的新概括

"实事求是"是马克思主义哲学的精髓，是中国共产党的思想路线。中国革命和建设取得的一切胜利，归根结底就是坚持了实事求是的思想路线。早在新民主主义革命时期，以毛泽东同志为代表的中国共产党人，坚持从中国革命的实际出发，既反对右倾投降主义，又反对"左"倾机会主义，开创了以农村包围城市，最后武装夺取全国胜利的革命道路，取得了中国新民主主义革命的胜利。毛泽东说："实事"就是客观存在着的一切事物；"求"就是去研究；"是"就是客观事物的内部联系。我们要从国内外、省内外、县内外、区内外的实际情况出发，从其中引出其固有的而不是臆造的规律性，即找出周围事物的内部联系，作为我们行动的向导。然而，晚年毛泽东，由于国内外形势和党自身地位的变化，逐渐背离了实事求是的思想路线，发动"大跃进"和"文化大革命"，给社会主义事业造成巨大损失。在开辟和推进中国特色社会主义的过程中，我们党的几代领导人，把实事求是作为端正党风、反"左"防右、推进各项工作、促进社会主义事业的思想武器，在实践中丰富和发展了马克思主义的哲学精髓。

邓小平针对"两个凡是"教条、苏联僵化模式以及我国改革开放进程中"左"的、右的错误，不仅恢复了党的实事求是的思想路线，而且第一次把解放思想和实事求是联系起来，赋予实事求是以新的思想内涵。

---

① 习近平：《在全国党校工作会议上的讲话》，《求是》2016年第9期。

1.实事求是是马克思主义的根本观点。实事求是,一切从实际出发,理论联系实际,坚持实践是检验真理的唯一标准,这就是我们党的思想路线。"毛泽东同志历来坚持要用马列主义的立场、观点、方法来提出问题,分析问题,解决问题。……马克思主义的活的灵魂,就是具体地分析具体情况。马列主义、毛泽东思想如果不同实际情况相结合,就没有生命力了。"①邓小平指出,毛泽东同志从参加共产主义运动、缔造我们党的最初年代开始,就一直提倡和实行对于社会客观情况的调查研究,就一直同理论脱离实际、一切只从主观愿望出发、一切只从本本和上级指示出发而不联系具体实际的错误倾向作坚决斗争,而毛泽东同志所以伟大,能把中国革命引导到胜利,归根到底,就是靠这个。邓小平说:"国外有些人过去把我看作是改革派,把别人看作是保守派。我是改革派,不错;如果要说坚持四项基本原则是保守派,我又是保守派。所以,比较正确地说,我是实事求是派。"②1992年春,耄耋之年的邓小平,针对"左"的教条主义思想抬头的情况,在视察武昌、深圳、珠海、上海等地时再次指出:"实事求是是马克思主义的精髓。要提倡这个,不要提倡本本。我们改革开放的成功,不是靠本本,而是靠实践,靠实事求是。农村搞家庭联产承包,这个发明权是农民的。农村改革中的好多东西,都是基层创造出来,我们把它拿来加工提高作为全国的指导。……过去我们打仗靠这个,现在搞建设、搞改革也靠这个。我们讲了一辈子马克思主义,其实马克思主义并不玄奥。马克思主义是很朴实的东西,很朴实的道理。"③

2.要做到实事求是,必须首先解放思想。邓小平指出:"实事求是,是无产阶级世界观的基础,是马克思主义的思想基础。"④要做到实事求是,必须首先解放思想。只有思想解放了,我们才能正确地以马列主义、毛泽东思想为指导,解决过去遗留的问题,解决新出现的一系列问题,正确地改革同生产力迅速发展不相适应的生产关系和上层建筑,根据我国的实际情况,确定实现四个

---

① 《邓小平文选》第二卷,人民出版社1994年版,第118页。
② 《邓小平文选》第三卷,人民出版社1993年版,第209页。
③ 《邓小平文选》第三卷,人民出版社1993年版,第382页。
④ 《邓小平文选》第二卷,人民出版社1994年版,第143页。

现代化的具体道路、方针、方法和措施。一个党,一个国家,一个民族,如果一切从本本出发,思想僵化,迷信盛行,那它就不能前进,它的生机就停止了,就要亡党亡国。因此,"不但中央、省委、地委、县委、公社党委,就是一个工厂、一个机关、一个学校、一个商店、一个生产队,也都要实事求是,都要解放思想,开动脑筋想问题、办事情"①。所谓"解放思想,就是使思想和实际相符合,使主观和客观相符合,就是实事求是"②。要牢记"大跃进"和"文化大革命"的教训,不尊重客观规律不叫实事求是,在规律面前因循守旧、无所作为也不叫实事求是。

3.民主是解放思想的重要条件。"我们要创造民主的条件,要重申'三不主义':不抓辫子,不扣帽子,不打棍子。在党内和人民内部的政治生活中,只能采取民主手段,不能采取压制、打击的手段。""对于思想问题,无论如何不能用压服的办法,要真正实行'双百'方针。一听到群众有一点议论,尤其是尖锐一点的议论,就要追查所谓'政治背景'、所谓'政治谣言',就要立案,进行打击压制,这种恶劣作风必须坚决制止。""毛泽东同志历来说,这种状况实际上是软弱的表现,是神经衰弱的表现。我们的各级领导,无论如何不要造成同群众对立的局面。这是一个必须坚持的原则。"③为了保障人民民主,必须加强法制。必须使民主制度化、法律化,使这种制度和法律法规不因领导人的改变而改变,不因领导人看法和注意力的改变而改变。所以,应该集中力量制定刑法、民法、诉讼法和其他各种必要的法律法规,例如工厂法、人民公社法、森林法、草原法、环境保护法、劳动法、外国人投资法等等。国要有国法,党要有党规党纪。"宪法和党章规定的公民权利、党员权利、党委委员的权利,必须坚决保障,任何人不得侵犯。"④

在新的历史时期,针对中国特色社会主义发展进程中的新问题,习近平再次告诫全党,要牢记实事求是的思想路线,踏实做好自己的本职工作。

---

① 《邓小平文选》第二卷,人民出版社1994年版,第143页。
② 《邓小平文选》第二卷,人民出版社1994年版,第364页。
③ 《邓小平文选》第二卷,人民出版社1994年版,第144—145页。
④ 《邓小平文选》第二卷,人民出版社1994年版,第144页。

1.反复阐述解放思想、实事求是、与时俱进的重要性。党的十八大结束不久，在新进中央委员、候补中央委员学习贯彻十八大精神研讨班的讲话中，习近平就指出："解放思想、实事求是、与时俱进，是马克思主义活的灵魂，是我们适应新形势、认识新事物、完成新任务的根本思想武器。"①2013年11月9日，在《中共中央关于全面深化改革若干重大问题的决定》的说明中，习近平进一步指出："在深化改革问题上，一些思想观念障碍往往不是来自体制外而是来自体制内。思想不解放，我们就很难看清各种利益固化的症结所在，很难找准突破的方向和着力点，很难拿出创造性的改革举措。因此，一定要有自我革新的勇气和胸怀，跳出条条框框限制，克服部门利益掣肘，以积极主动精神研究和提出改革举措。"②接着，11月12日，在党的十八届三中全会第二次全体会议上的讲话中，习近平再次强调："进一步解放思想、进一步解放和发展社会生产力、进一步解放和增强社会活力。全会决定提出的这'三个进一步解放'既是改革的目的，又是改革的条件。解放思想是前提，是解放和发展社会生产力、解放和增强社会活力的总开关。"③一方面，解放思想就是要解放和增强社会活力，更好地解放和发展社会生产力。具体来讲，就是要通过深化改革，让一切劳动、知识、技术、管理、资本等要素的活力竞相迸发，让一切创造社会财富的源泉充分涌流；另一方面，解放思想还必须处理好活力和有序的关系，社会发展需要充满活力，但这种活力又必须是有序活动的。死水一潭不行，暗流汹涌也不行。

2.坚决纠正背离实事求是精神的"四风"现象。执政党的党风关系党的形象，关系人心向背，关系党和国家生死存亡。党的十一届三中全会以来，我们党重新确立解放思想、实事求是的思想路线，始终高度重视抓作风建设，始终高度重视保持党同人民群众的血肉联系，全党精神面貌和作风状况焕然一新，但同时也必须看到，面对世情、国情、学情的深刻变化，精神懈怠的危险、能力不足的危险、脱离群众的危险、消极腐败的危险更加尖锐地摆在全党面前，党

---

① 《十八大以来重要文献选编》（上），中央文献出版社2014年版，第115页。
② 《十八大以来重要文献选编》（上），中央文献出版社2014年版，第509页。
③ 《十八大以来重要文献选编》（上），中央文献出版社2014年版，第549页。

内脱离群众的现象大量存在,一些问题还相当严重,集中表现在形式主义、官僚主义、享乐主义和奢靡之风这"四风"。在形式主义方面,主要是知行不一、不求实效,文山会海、花拳绣腿,贪图虚名、弄虚作假。在官僚主义方面,主要是脱离实际、脱离群众,高高在上、漠视现实,唯我独尊、自我膨胀。在享乐主义方面,主要是精神懈怠、不思进取,追名逐利、贪图享受,讲究排场、玩风盛行。在奢靡之风方面,主要是铺张浪费、挥霍无度,大兴土木、节庆泛滥,生活奢华、骄奢淫逸,甚至以权谋私、腐化堕落。"现在,社会上奢靡之风、奢华之风很甚。市场上有卖到 39000 元一条的香烟,15 万元一斤的大闸蟹,几万、十几万元一桌的宴席,160 万元一筒的普洱茶,动辄几十万、几百万元的名车名表等,很多人趋之若鹜。"①"四风"问题突出,严重背离党的群众路线,损害党的形象。解决"四风"问题,要对准焦距、找准穴位、抓住要害,不能"走神"、不能"散光"。"要从实际出发,抓住主要矛盾,什么问题突出就着重解决什么问题,什么问题紧迫就抓紧解决什么问题,找准靶子,有的放矢,务求实效。"②

3."空谈误国,实干兴邦",领导干部要做出经得起实践、人民、历史检验的实绩。习近平指出:"我们要牢记一个道理,政贵有恒。为官一方,为政一时,当然要大胆开展工作、锐意进取,同时也要保持工作的稳定性和连续性。"③要树立正确的政绩观,多做打基础、利长远的事,不搞脱离实际的盲目攀比,不搞劳民伤财的"形象工程"、"政绩工程",真正做到对历史和人民负责。地方和部门工作也一样,要真正做到一张好的蓝图一干到底,切实干出成效来。"我们要有钉钉子的精神,钉钉子往往不是一锤子就能钉好的,而是要一锤一锤接着敲,直到把钉子钉实钉牢,钉牢一颗再钉下一颗,不断钉下去,必然大有成效。如果东一榔头西一棒子,结果很可能是一颗钉子都钉不上、钉不牢。我们要有'功成不必在我'的精神。一张好的蓝图,只要是科学的、切合实际的、符

---

①　习近平:《在第十八届中央纪律检查委员会第二次全体会议上的讲话》,载《党的群众路线教育实践活动学习文件选编》,党建读物出版社 2013 年版,第 77 页。

②　习近平:《在党的群众路线教育实践活动工作会议上的讲话》,载《十八大以来重要文献选编》(上),中央文献出版社 2014 年版,第 314 页。

③　习近平:《发扬钉钉子的精神,一张好的蓝图一干到底》,载《习近平谈治国理政》第一卷,外文出版社 2018 年版,第 399 页。

合人民愿望的,大家就要一茬一茬接着干,干出来的都是实绩,广大干部群众都会看在眼里、记在心里。"①不仅如此,中央还出台"八项规定"、"六项禁令"。党的十八届六中全会还出台《关于新形势下党内政治生活的若干准则》和《中国共产党党内监督条例》,用严格的制度和规章来保障党风的好转,受到人民群众的高度称赞。

4.对待马克思主义也一定要采取实事求是的态度。在新形势下,坚持马克思主义,最重要的是坚持马克思主义基本原理和贯穿其中的立场、观点和方法。这是马克思主义的精髓和活的灵魂。马克思主义是随着时代、实践、科学发展而不断发展的开放的理论体系,它并没有结束真理,而是开辟了通向真理的道路。对待马克思主义,不能采取教条主义的态度,也不能采取实用主义的态度。什么都用马克思主义经典作家的语录来说话,马克思主义经典作家没有说过的就不能说,这不是马克思主义的态度。同时,根据需要找一大堆语录,什么事都说成是马克思、恩格斯当年说过的,生硬"裁剪"活生生的实践发展和创新,这也不是马克思主义的态度。只有聆听时代的声音,回应时代的呼唤,认真研究解决重大而紧迫的问题,才能真正把握住历史脉络、找到发展规律,推动理论创新。"要按照立足中国、借鉴国外,挖掘历史、把握当代,关怀人类、面向未来的思路,着力构建中国特色哲学社会科学,在指导思想、学科体系、学术体系、话语体系等方面充分体现中国特色、中国风格、中国气派。"②

(二)马克思实践观点的新论述

实践的观点是马克思主义哲学的根本观点。早在《1844年经济学哲学手稿》中,马克思就用实践的观点来解释历史与自然。他说:"整个所谓世界历史不外是人通过人的劳动而诞生的过程,是自然界对人来说的生成过程,所以关于他通过自身而诞生、关于他的形成过程,他有直观的、无可辩驳的证

① 习近平:《发扬钉钉子的精神,一张好的蓝图一干到底》,载《习近平谈治国理政》第一卷,外文出版社2018年版,第400页。

② 习近平:《在哲学社会科学工作座谈会上的讲话》,《人民日报》2016年5月19日。

明。"①在标志着新世界观天才萌芽的第一个文件《关于费尔巴哈的提纲》中，马克思强调，一切旧哲学的根本缺陷就是"不懂得实践"，"不了解'革命的'、'实践批判的'活动的意义"②。在《德意志意识形态》中，马克思指出："对实践的唯物主义者即共产主义者来说，全部问题都在于使现存世界革命化，实际地反对并改变现存的事物。"③德国哲学从天国降到人间；和它完全相反，这里我们是从人间升到天国。"在思辨终止的地方，在现实生活面前，正是描述人们实践活动和实际发展过程的真正的实证科学开始的地方。"④1868年，在致路·库格曼的信中，马克思进一步指出："任何一个民族，如果停止劳动，不用说一年，就是几个星期，也要灭亡，这是每一个小孩子都知道的。"⑤在《资本论》中，马克思详细考察资本主义制度下的具体劳动实践，发现了剩余价值规律，得出了资本主义必然灭亡，社会主义必然胜利的结论。恩格斯在《路德维希·费尔巴哈和德国古典哲学的终结》中，将马克思主义概括为"在劳动发展史中找到了理解全部社会史的锁钥的新派别"⑥。列宁认为，"实践高于（理论的）认识，因为它不但有普遍性的品格，而且还有直接现实性的品格"⑦。毛泽东在《实践论》等文章中，对实践和认识的关系展开系统论述，丰富和发展了马克思主义的实践观。

邓小平作为"中国道路"的开辟者和"中国模式"的设计者，他尊重实践，崇尚实践。他的实践观，不仅继承了马克思主义的实践观，把实践的观点重新放置到马克思主义哲学核心的地位，而且结合中国改革开放的实际，给马克思主义的实践观注入了崭新的时代内容。

1.突出实践在改革开放中的主导作用。这是由实践本身所具有的创新功能所决定的。我们的改革是前无古人的事业，一切都没有既定的模式可循，一

---

① 《马克思恩格斯全集》第3卷，人民出版社2002年版，第310页。
② 《马克思恩格斯选集》第1卷，人民出版社2012年版，第133页。
③ 《马克思恩格斯选集》第1卷，人民出版社2012年版，第155页。
④ 《马克思恩格斯选集》第1卷，人民出版社2012年版，第153页。
⑤ 《马克思恩格斯选集》第4卷，人民出版社2012年版，第472页。
⑥ 《马克思恩格斯选集》第4卷，人民出版社2012年版，第265页。
⑦ 列宁：《哲学笔记》，中共中央党校出版社1990年版，第239页。

切都取决于实践。邓小平指出:"我们现在所干的事业是一项新事业,马克思没有讲过,我们的前人没有做过,其他社会主义国家也没有干过,所以,没有现成的经验可学。我们只能在干中学,在实践中摸索。"①关键在于不断地总结经验。邓小平鼓励干部群众:"改革开放胆子要大一些,敢于试验,不能像小脚女人一样。看准了的,就大胆地试,大胆地闯。……没有一点闯的精神,没有一点'冒'的精神,没有一股气呀、劲呀,就走不出一条好路,走不出一条新路,就干不出新的事业。"②"要克服一个怕字,要有勇气。什么事情总要有人试第一个,才能开拓新路。试第一个就要准备失败,失败也不要紧。"③我们的改革开放不可能一帆风顺,因而"要担很大的风险","我们处理问题,要完全没有风险不可能,冒点风险不怕"。我们已经有了承担和抵抗风险的能力,而且"改革开放越前进,承担和抵抗风险的能力就越强"④。

2.注重实践的价值效果,反对无谓的争论。邓小平说:"不搞争论,是我的一个发明。"⑤我们的理论和政策是否正确,只能用实践的结果来检验,拿事实来说话。"实践是检验真理的唯一标准,实践是检验路线、方针、政策是否正确的唯一标准。"⑥办事要"讲实际效果、实际效率、实际速度、实际质量、实际成本"⑦,社会主义不单纯是一种理论,它必须在实践中不断满足人民的物质和文化需要。也就是说,社会主义的真理论和社会主义的价值论具有统一性。社会主义是一个很好的名词,但我们不是因为社会主义这个名词好才搞社会主义。社会主义绝不是空洞的理论,不要光喊社会主义的空洞口号,空讲社会主义不行,人民不相信。社会主义有没有优越性,社会主义的政策对不对,归根到底要看生产力是否发展,人民收入是否增加。社会主义的目的就是要全国人民共同富裕。这是压倒一切的标准。现在虽说我们也在搞社会主义,但

---

① 《邓小平文选》第三卷,人民出版社 1993 年版,第 258—259 页。
② 《邓小平文选》第三卷,人民出版社 1993 年版,第 372 页。
③ 《邓小平文选》第三卷,人民出版社 1993 年版,第 367 页。
④ 《邓小平文选》第三卷,人民出版社 1993 年版,第 364 页。
⑤ 《邓小平文选》第三卷,人民出版社 1993 年版,第 374 页。
⑥ 《邓小平文选》第三卷,人民出版社 1993 年版,第 28 页。
⑦ 《邓小平文选》第二卷,人民出版社 1994 年版,第 100 页。

按照社会主义标准来要求,这是很不够的,事实上不够格。只有生产力发展了,人民生活水平提高了,我们才能理直气壮地说社会主义优越于资本主义。党的十八大提出"只要我们胸怀理想、坚定信念,不动摇、不懈怠、不折腾,顽强奋斗、艰苦奋斗、不懈奋斗",就一定能够实现"两个一百年"的奋斗目标。这是对邓小平"不争论"思想的继承发展。

3.强调实践经验的探索和积累。经验是宝贵的财富。邓小平主张从不同的历史阶段、不同的角度、不同的方面、不同的层次总结实践经验。不仅要总结历史经验,而且要总结新鲜经验;不仅要总结本国的经验,而且要总结别国的经验;不仅要总结正确的经验,而且要总结错误的经验;不仅要总结领导层的经验,而且要总结群众中的经验。他说:"历史上成功的经验是宝贵财富,错误的经验、失败的经验也是宝贵财富。"①而且提出要特别注意总结我国不成功的经验,即我们所犯的"左"的错误。"左"的错误是主观认识脱离客观实际,主观愿望超越现实国情,违背了事物发展的客观规律,犯了急性病。认识到"左"的错误的根源,我们的头脑就清醒了。此外,领导层每年都要总结经验,以便改进工作。但更重要的是总结群众中的经验。"改革开放中许许多多的东西都是由群众在实践中提出来的。"②农村搞家庭联产承包,这个发明权是农民的。农村改革中的好多东西,都是基层创造出来,我们把它拿来加工提高作为全国的指导。对于已有的经验和成果,一方面要珍惜,不能随便放弃,说变就变;另一方面,又不能故步自封,"随着实践的发展,该完善的完善,该修补的修补"③。

4.申述人民群众在实践中的主体地位。马克思主义认为,人民群众是历史的创造者,是社会实践的主体。早在 1977 年,在与"两个凡是"的斗争中,邓小平一再强调,要完整准确地理解毛泽东思想,最为重要的就是群众路线和实事求是这两条。"毛泽东同志倡导的作风,群众路线和实事求是这两条是最根本的东西。……毛泽东同志是彻底的唯物主义者,他充分信任群众,历来

① 《邓小平文选》第三卷,人民出版社 1993 年版,第 234—235 页。
② 《邓小平文选》第三卷,人民出版社 1993 年版,第 234—235 页。
③ 《邓小平文选》第三卷,人民出版社 1993 年版,第 371 页。

反对不信任群众、不依靠群众。对群众的议论，毛泽东同志是非常注意的。同志们总记得，在延安的时候，生产运动是怎么搞起来的。为什么提倡生产运动呢？原因之一就是当时征粮征多了，群众有怨言。"①1992 年 7 月，在《对中共十四大报告送审稿的意见》中，邓小平指出："改革开放中的许许多多的东西，都是由群众在实践中提出来的。报告中讲我的功绩，一定要放在集体领导范围内，绝不是一个人的脑筋就可以钻出什么新东西来，是群众的智慧，集体的智慧。我的功劳是把这些新事物概括起来，加以提倡。要写得合乎实际。"②人民群众不仅是决策的主体、建设的主体，也是评价的主体。基于此，邓小平一再指出：党只有紧紧地依靠群众，密切地联系群众，才能形成强大的力量，顺利地完成自己的各项任务。想问题、办事情，一定要从人民群众的利益出发，把"人民拥护不拥护"、"人民赞成不赞成"、"人民高兴不高兴"、"人民答应不答应"作为党制定各项方针政策的出发点和归宿点。

以习近平同志为核心的党中央，在新的历史条件下，根据我国全面深化改革实践的要求，对马克思主义的实践观作了新的继承和发展。

1.强调改革实践需要有"逢山开路、遇河架桥"的精神。习近平指出：改革是由问题倒逼而产生，又在不断解决问题中而深化。现在，中国已经进入到改革的深水区，需要解决的都是难啃的硬骨头，这个时候需要"明知山有虎，偏向虎山行"的勇气，不断把改革推向前进。③ 全党同志首先是各级领导干部必须坚持马克思主义的发展观点，坚持实践是检验真理的唯一标准，发挥历史的主动性和创造性，清醒认识世情、国情、党情的变和不变，永远要有逢山开路、遇河架桥的精神，锐意进取，大胆探索，敢于和善于分析回答现实生活中和群众思想上迫切需要解决的问题，不断深化改革开放，不断有所发现、有所创造、有所前进，不断推进理论创新、实践创新、制度创新。④ 面对复杂多变的国际形势和艰巨繁重的国内改革发展稳定任务，"我们必须准备进行具有许多新

---

① 《邓小平文选》第二卷，人民出版社 1994 年版，第 45—46 页。
② 《伟大的实践，光辉的篇章——党的十四大报告诞生记》，《人民日报》1992 年 10 月 24 日。
③ 参见习近平：《在布鲁日欧洲学院的演讲》，《人民日报》2014 年 4 月 2 日。
④ 参见习近平：《关于坚持和发展中国特色社会主义的几个问题》，载《十八大以来重要文献选编》(上)，中央文献出版社 2014 年版，第 115 页。

的历史特点的伟大斗争"①。要根据时代变化和实践发展,不断深化认识,不断总结经验,不断实现理论创新和实践创新的良性互动,在这种统一和互动中发展 21 世纪中国的马克思主义。"实践发展永无止境,我们认识真理、进行理论创新就永无止境。今天,时代变化和我国发展的广度和深度远远超出了马克思主义经典作家当时的想象。同时,我国社会主义只有几十年实践、还处在初级阶段,事业越发展新情况新问题就越多,也就越需要我们在实践上大胆探索、在理论上不断突破。"②

2.注重改革方案的"含金量"和人民群众的"获得感"。习近平强调,要科学统筹各项改革任务,推出一批能叫得响、立得住、群众认可的硬招实招。习近平指出:要处理好改革"最先一公里"和"最后一公里"的关系,突破"中梗阻",防止不作为,把改革方案的含金量充分展示出来,让人民群众有更多获得感。在这里,所谓改革方案的"含金量"、人民群众的"获得感",就是改革的价值效果。习近平指出:民生工作离老百姓最近,同老百姓生活最密切。要持之以恒把民生工作抓好,发扬钉钉子精神,有坚持不懈的韧劲,推出的每件事都要一抓到底,一件事情接着一件事情办,一年接着一年干,锲而不舍向前走,"做到件件有着落、事事有回音,让群众看到变化、得到实惠"③。做好经济工作要根据我国经济发展新常态,正确处理质量、速度、效益之间的关系。把经济发展仅仅理解为数量培养、简单重复,是形而上学的发展观。"如果看不到甚至不愿承认新变化、新情况、新问题,仍然想着过去的粗放型高速发展,习惯于铺摊子、上项目,就跟不上形势了。用老的办法,即使暂时把速度抬上去了也不会持久,相反会使发展中的矛盾和问题进一步积累、激化,最后是总爆发。"④

<hr>

① 习近平:《在全国组织工作会议上的讲话》,载《十八大以来重要文献选编》(上),中央文献出版社 2014 年版,第 336 页。

② 习近平:《在庆祝中国共产党成立 95 周年大会上的讲话》,《人民日报》2016 年 7 月 2 日。

③ 习近平:《在参加十二届全国人大三次会议吉林代表团审议时的讲话》,《人民日报》2015 年 3 月 10 日。

④ 习近平:《经济工作要适应经济发展新常态》,载《十八大以来重要文献选编》(中),中央文献出版社 2016 年版,第 245 页。

3.要求必须认真总结和运用改革实践的成功经验。习近平指出:历史、现实、未来是相通的。必须认真总结和运用改革开放的成功经验。在他看来,我国改革实践有四点经验值得珍惜。第一,改革开放是一场深刻革命,必须坚持正确方向,沿着正确道路推进。在方向问题上,我们头脑必须十分清醒,不断推动社会主义制度自我完善和发展,不能犯颠覆性错误。第二,改革开放是前无古人的崭新事业,必须坚持正确的方法论,在不断实践探索中推进。"摸着石头过河",是富有中国特色、符合中国国情的改革方法。"摸着石头过河"就是摸规律,从实践中获得真知。摸着石头过河和加强顶层设计是辩证统一的,推进局部的阶段性改革开放要在加强顶层设计的前提下进行,加强顶层设计要在推进局部的阶段性改革开放的基础上来谋划。第三,改革开放是一个系统工程,必须坚持全面改革,在各项改革协同配合中推进。第四,稳定是改革发展的前提,必须坚持改革发展稳定的统一。只有社会稳定,改革发展才能不断推进;只有改革发展不断推进,社会稳定才能具有坚实基础。①

4.重申人民群众是推动全面深化改革的主体。一是强调把促进社会公平正义、人民福祉作为全面深化改革的出发点和落脚点。要通过创新制度安排,创造更加公平正义的社会环境,不断克服各种有违公平正义的现象,保证人民平等参与、平等发展权利,使改革发展成果更多惠及全体人民。习近平指出:我们党来自人民、植根人民、服务人民,是全心全意为人民服务的政党,无论干革命、搞建设、抓改革,都是为了让人民过上幸福生活。检验我们一切工作的成效,最终都要看人民是否真正得到了实惠,人民生活是否真正得到了改善。② 二是推进任何一项重大改革,都要站在人民立场上把握和处理好涉及改革的重大问题。要广泛听取群众意见和建议,及时总结群众创造的新鲜经验,充分调动群众推进改革的积极性、主动性、创造性,把最广大人民智慧和力量凝聚到改革上来,同人民一道把改革推向前进。三是确实改进党风,加强党

---

① 参见习近平:《在十八届中共中央政治局第二次集体学习时的讲话》,载《党的群众路线教育实践活动学习文件选编》,党建读物出版社 2013 年版,第 65—66 页。

② 参见中共中央宣传部:《习近平总书记系列重要讲话读本》,学习出版社、人民出版社 2014 年版,第 109 页。

同人民群众的血肉联系。习近平指出：工作作风上的问题绝对不是小事，"如果不坚决纠正不良风气，任其发展下去，就会像一座无形的墙把我们党和人民群众隔开，我们党就会失去根基、失去血脉、失去力量"。为此，中央推出"八项规定"，并在全体党员干部中开展群众路线教育实践活动。"照镜子、正衣冠、洗洗澡、治治病"，认真清理"四风"。接着在县处级以上干部中开展"三严三实"教育实践活动，在提高领导干部的主观修养上下功夫。2016年又在全体党员中开展"两学一做"学习教育实践活动。这些实践活动，从不同视角、不同层面上纠正了党内存在的不良倾向，加强了党同人民群众的血肉联系。十九大报告进一步强调："人民是历史的创造者，是决定党和国家前途命运的根本力量。必须坚持人民主体地位，坚持立党为公、执政为民，践行全心全意为人民服务的根本宗旨，把党的群众路线贯彻到治国理政全部活动之中，把人民对美好生活的向往作为奋斗目标，依靠人民创造历史事业。"[1]

（三）唯物辩证法原理的新运用

唯物辩证法是马克思主义全部理论的基础，是科学世界观和方法论的统一。中国几代领导人都高度重视唯物辩证法，强调运用唯物辩证法的基本原理来分析和解决改革开放中的理论和实践问题，"中国模式"本质上是马克思主义唯物辩证法的新体系。

1.强调发展的重要性。发展的观点是马克思主义唯物辩证法的总原则。党的十一届三中全会果断停止"以阶级斗争为纲"的口号，把党和国家的工作重心转移到经济建设上来，做出改革开放重大决策。邓小平指出："世界天天发生变化，新的事物不断出现，新的问题不断出现，我们关起门来不行，不动脑筋永远陷于落后不行。"[2]发展是绝对的，稳定、协调是相对的，"发展才是硬道理"。发展是人类社会生存的基本前提，社会主义的优越性归根到底要体现在它的生产力比资本主义发展得更快一些、更高一些，并且在发展生产力的基

---

① 习近平：《决胜全面建成小康社会　夺取新时代中国特色社会主义伟大胜利》，人民出版社2017年版，第21页。

② 《邓小平文选》第二卷，人民出版社1994年版，第128页。

础上不断改善人民的物质文化生活。加快发展是发挥社会主义制度优越性的关键环节,也是解决我国当前各种矛盾的根本途径。但是,发展要注意自己的国情,制定路线、方针、政策都不能脱离初级阶段的实际。与毛泽东强调矛盾斗争性的作用相比,邓小平更加重视矛盾的同一性,强调对资本主义先进文明成果的吸收、借鉴和利用,认为社会主义与资本主义在一定条件下可以和平共处。"现在的世界是开放的世界","中国的发展离不开世界"①。在当代,外因在社会发展中的作用显得越来越重要,我们既要讲独立自主,更要扩大对外开放,利用有利的国际环境,抓住机遇,加快发展。

2.强调"两点论"与"系统论"的统一。唯物辩证法认为,事物以矛盾的方式存在着,任何事物的矛盾都有主次、轻重之分。现代系统论的发展则要求我们不仅看到事物的矛盾,而且要从多要素、多层次的相互联系、相互作用、相互制约、相互协调上来考虑问题。中国几代领导人不仅强调"两点论",注意从各种矛盾中把握重点和要点,同时也强调改革的"系统论",要求全面看问题,注意改革的系统性、整体性、协调性。邓小平继承马克思和列宁关于对立统一的思想,强调看问题要"讲两句话",做工作要"两手抓"。例如,关于新中国成立以来党的若干历史问题,邓小平强调:"我看对反右派斗争,还是两句话:一句是必要的,一句是扩大化了。"②对毛泽东的评价,要全面,要恰如其分。在社会主义初级阶段要坚持"一个中心,两个基本点"的基本路线,二者不可偏废。这些都体现了"两点论"的辩证法思想。十一届三中全会以来,邓小平还制定了一系列的"两手抓"方针,如一手抓物质文明建设,一手抓精神文明建设;一手抓坚持四项基本原则,一手抓改革开放;一手抓建设,一手抓法制;一手抓改革开放,一手抓打击各种犯罪;一手抓改革开放,一手抓惩治腐败,等等,这些都是对"两点论"的实际运用。

另一方面,邓小平强调要更多地从多要素多层次的相互联系、相互作用、相互制约、相互协调上来考虑问题,要着眼于事物的整体、事物的系统。他特

---

① 《邓小平文选》第三卷,人民出版社 1993 年版,第 64、78 页。
② 《邓小平文选》第二卷,人民出版社 1994 年版,第 380 页。

别把加强工作中的"系统性"作为一项特别要求,十分严肃而郑重地向全党同志提了出来。他说:我们要求党的各级干部认真学习马克思主义的基本理论,学习现代科学知识,"从而加强我们工作中的原则性、系统性、预见性和创造性"①。邓小平关于加强改革系统性的思想突出表现为:(1)综合平衡的观念。邓小平认为,一个事物的存在和发展,总是与其他事物处于相互联系、相互作用之中,因而处理问题必须有综合平衡的观念,不能顾此失彼,不能搞"单打一"。他说:"现代化建设的任务是多方面的,各个方面需要综合平衡,不能单打一。但是说到最后,还是要把经济建设当作中心。离开了经济建设这个中心,就有丧失物质基础的危险。其他一切任务都要服从这个中心,围绕这个中心,决不能干扰它,冲击它。"②(2)整体考虑的观念。邓小平把改革当作一个整体、一个系统来考虑。他认为改革是一场革命。"这场革命既要大幅度地改变目前落后的生产力,就必然要多方面地改变生产关系,改变上层建筑,改变工农业企业的管理方式和国家对工农业企业的管理方式,使之适应于现代化大经济的需要。"③整个改革是一个系统,其中各个领域的改革是"部分",但是这些"部分"本身也是系统,它们由更小的"部分"构成。(3)有序改革的观念。邓小平认为,事物不仅在结构上,而且在发展趋向上都表现出其固有的顺序性。改革必须遵循事物本来具有的结构上的顺序和发展的顺序。例如,优化国民经济三大产业之间的结构,必须遵循加强第一产业,调整第二产业,积极发展第三产业的原则;所有制结构的合理化,要实行公有制为主体,多种所有制形式共同发展的方针。邓小平所讲的"大胆地试,大胆地闯"也具有积极探索事物发展的内在次序的含义。

3.强调"照辩证法办事"。毛泽东生前曾经引用邓小平的话说:"要照辩证法办事"。邓小平讲"照辩证法办事",首先表现为他对辩证法诸规律和诸范畴的娴熟运用。邓小平指出,规律是客观的,不可抗拒的。"在一九五八年,我们犯了错误,搞大跃进,开始不尊重经济规律了,这就使生产下降了……

---

① 《邓小平文选》第三卷,人民出版社 1993 年版,第 147 页。
② 《邓小平文选》第二卷,人民出版社 1994 年版,第 250 页。
③ 《邓小平文选》第二卷,人民出版社 1994 年版,第 135 页。

我们现在强调要按经济规律办事。"①邓小平特别善于运用矛盾分析的方法，揭示我国社会主义现代化建设中各种相互联结、相互规定、相互转化的辩证关系，比如，邓小平对共性与个性，计划与市场，政治与经济，速度与效益，先富、后富与共富，独立自主与对外开放，物质文明与精神文明，改革、发展与稳定，全局与局部，本质与现象等关系的分析，都具有矛盾分析的性质。邓小平指出："世界上矛盾多得很，大得很，一些深刻的矛盾刚刚暴露出来。我们可利用的矛盾存在着，对我们有利的条件存在着，机遇存在着，问题是要善于把握。"②邓小平强调"照辩证法办事"的另一方面是对形而上学和实际工作中的主观主义的批判。比如，邓小平对"两个凡是"的批判，对官僚主义、关门主义、命令主义、教条主义以及"左"和右的错误倾向的批判，对姓"社"姓"资"论的批判，都具有这种性质。邓小平为我们树立了一个运用马克思主义辩证法去发现问题、分析问题和解决问题的典范。

以习近平同志为核心的党中央，在全面推进治国理政现代化的进程中，既坚持矛盾分析的全面性，要求综合考虑，加强改革设计的系统性、整体性、协同性，又强调抓住重点，注意战略谋划，在新的实践中丰富和发展马克思主义的唯物辩证法。

1.高举旗帜，坚定发展方向。方向问题是发展的根本性问题。习近平指出："找到一条好的道路不容易，走好这条道路更不容易。过去，我们照搬过本本，也模仿过别人，有过迷茫，也有过挫折，一次次碰壁、一次次觉醒、一次次实践、一次次突破，最终走出了一条中国特色社会主义成功之路。现在，有些人议论这个道路、那个道路，有的想拉回到老路上，有的想引到邪路上去；有的是思想认识误区，有的是别有用心。中国特色社会主义这条道路，我们看准了、认定了，必须坚定不移走下去。"③"近些年来，国内外有些舆论提出中国现在搞的究竟还是不是社会主义的疑问，有人说是'资本社会主义'，还有人干

---

① 《邓小平文选》第二卷，人民出版社1994年版，第314页。
② 《邓小平文选》第三卷，人民出版社1993年版，第354页。
③ 中共中央宣传部：《习近平总书记系列重要讲话读本》，学习出版社、人民出版社2014年版，第16页。

脆说是'国家资本主义'、'新官僚资本主义'。这些都是完全错误的。我们说中国特色社会主义是社会主义,那就是不论怎么改革、怎么开放,我们都始终要坚持中国特色社会主义道路、中国特色社会主义理论体系、中国特色社会主义制度,坚持党的十八大提出的夺取中国特色社会主义新胜利的基本要求。"①

2.坚持问题引领,直面现实矛盾。习近平指出:问题是事物矛盾的表现形式,强调增强问题意识、坚持问题导向,就是承认矛盾的普遍性、客观性,就是要善于把认识和化解矛盾作为打开工作局面的突破口。当前,我国已经进入发展的关键期、改革攻坚期、矛盾凸显期,我们面临的矛盾更加复杂化,既有过去长期积累而成的矛盾,也有在解决旧矛盾过程中新产生的矛盾,大量的还是随着形势环境变化新出现的矛盾。比如:发展中不平衡、不协调、不可持续问题依然突出,科技创新能力不强,产业结构不合理,发展方式依然粗放,城乡区域发展差距和居民收入分配差距依然较大,社会矛盾明显增多,教育、就业、社会保障、医疗、住房、生态环境、食品药品安全、安全生产、社会治安、执法司法等关系群众切身利益的问题较多,部分群众生活困难,形式主义、官僚主义、享乐主义和奢靡之风问题突出,一些领域消极腐败现象易发多发,反腐败斗争形势依然严峻,等等。② 习近平总书记认为,这些矛盾许多是这个发展阶段必然出现的,是躲不开也绕不过去的。如果对矛盾熟视无睹,甚至回避、掩饰矛盾,在矛盾面前畏缩不前,坐看矛盾恶性转化,那就会积重难返,最后势必造成无法弥补的损失。"千丈之堤,以蝼蚁之穴溃;百尺之室,以突隙之烟焚。"矛盾积累到一定程度就会发生质的突变。因此,正确态度,应该是直面矛盾,并运用矛盾相辅相成的特性,在解决矛盾的过程中推动事物发展。③

3.抓住全局,学会"弹钢琴"。习近平指出,世界上的事物总是有着这样那

---

① 习近平:《关于坚持和发展中国特色社会主义的几个问题》,载《十八大以来重要文献选编》(上),中央文献出版社 2014 年版,第 110 页。

② 参见习近平:《关于〈中共中央关于全面深化改革若干重大问题的决定〉的说明》,《人民日报》2013 年 11 月 16 日。

③ 参见中共中央文献研究室编:《习近平关于协调推进"四个全面"战略布局论述摘编》,中央文献出版社 2015 年版,第 87 页。

样的联系,不能孤立地静止地看待事物发展,否则往往会出现盲人摸象、以偏概全的问题。正所谓"有无相生,难易相成,长短相形,高下相倾,音声相和,前后相随"。作为领导者,必须善于统筹全局,注意改革的整体设计。"在中国当领导人,必须在把情况搞清楚的基础上,统筹兼顾、综合平衡,突出重点、带动全局,有的时候要抓大放小、以大兼小,有的时候又要以小带大、小中见大,形象地说,就是要十个指头弹钢琴。"①全面深化改革,绝不能东一榔头西一棒子,而是要突出改革的系统性、整体性、协同性。"我们在考虑这次三中全会议题时,就提出要制定一个全面深化改革的方案,而不是只讲经济体制改革,或者只讲经济体制和社会体制改革。这样考虑,是因为要解决我们面临的突出矛盾和问题,仅仅依靠单个领域、单个层次的改革难以奏效,必须加强顶层设计、整体谋划,增强各项改革的关联性、系统性、协同性。"②改革必须统筹谋划,深化改革各个方面、各个层次、各个要素,注重推动各项改革相互促进、良性互动、协同配合。要坚持整体推进,加强不同时期、不同方面改革配套和衔接,注重改革措施整体效果,防止畸重畸轻、单兵突进、顾此失彼。"这项工程极为宏大,零敲碎打调整不行,碎片化修补也不行,必须是全面的系统的改革和改进,是各领域改革和改进的联动和集成,在国家治理体系和治理能力现代化上形成总体效应、取得总体效果。"③在观察社会发展时,一定要注意矛盾双方之间决定和被决定、作用和反作用的有机联系,注意处理好解放思想和实事求是的关系、整体推进和重点突破的关系、全局和局部的关系、顶层设计和摸着石头过河的关系、胆子要大和步子要稳的关系、改革发展稳定的关系,着力提高操作能力和执行力,确保中央决策部署及时准确落实到位。

4.注意分清主次,牵住战略重点。战略问题是一个政党、一个国家的根本性问题。战略上判断得准确,战略上谋划得科学,战略上赢得主动,党和人民事业就大有希望。我们的事业越是向纵深发展,就越要不断增强辩证思维能

---

① 习近平:《当领导人要十个指头弹琴》,《新京报》2014年2月10日。

② 习近平:《推动全党学习历史唯物主义基本原理和方法论》,《人民日报》2013年12月5日。

③ 中共中央文献研究室编:《习近平关于协调推进"四个全面"战略布局论述摘编》,中央文献出版社2015年版,第80页。

力。当前,我国社会各种利益关系十分复杂,这就要求我们善于处理局部和全局、当前和长远、重点和非重点的关系,在权衡利弊中趋利避害、作出最为有利的战略抉择。没有主次,不加区别,眉毛胡子一把抓,是做不好工作的。习近平指出:抓住重点带动面上工作,推动事物发展不断从不平衡到平衡,是唯物辩证法的要求,也是我们党在革命、建设、改革历史进程中一贯倡导和坚持的。"五位一体"总体布局、"四个全面"战略布局、新发展理念、五大支柱性政策、补短板防风险都充分体现了中国的战略重点。就"四个全面"战略布局而言,每一个"全面"都具有重大战略意义,是我们党在新形势下治国理政的总方略,是事关党和国家长远发展的总战略。"创新、协调、绿色、开放、共享"的发展理念,集中体现了"十三五"乃至更长时期我国的发展思路、发展方向、发展着力点,是管全局、管根本、管长远的导向。对每个发展理念,也要抓住重点,以抓重点推动每个理念在实践中取得突破。这就要求我们进行深入的调查研究,既总体分析面上的情况,又深入解剖麻雀,提出可行的政策举措和工作方案。宏观政策要稳、产业政策要准、微观政策要活、改革政策要实、社会政策要托底的政策组合,是当前推动经济社会发展的五大支柱性政策。贯彻落实这五大政策,也都要注意突出重点。推进结构性改革特别是供给侧结构性改革,是"十三五"的一个发展战略重点。要在适度扩大总需求的同时,着力推进供给侧结构性改革,重点是去产能、去库存、去杠杆、降成本、补短板,增强供给结构对需求变化的适应性和灵活性,推动我国社会生产力水平实现整体跃升。①

(四)马克思唯物史观的新发展

马克思和恩格斯总结人类历史的发展规律,创立了唯物主义的历史观。在他们看来,物质生活的生产方式制约着整个社会生活、政治生活和精神生活的过程。不是人们的意识决定人们的存在,相反,是人们的社会存在决定人们的意识。社会的物质生产力发展到一定阶段,便同它们一直在其中运动的现

---

①　参见习近平:《准确把握和抓好我国发展战略重点　扎实把"十三五"发展蓝图变为现实》,《人民日报》2016年1月31日。

存生产关系或财产关系发生矛盾。于是这些关系便由生产力的发展形式变成生产力的桎梏。那时社会革命的时代就到来了。随着经济基础的变更,全部庞大的上层建筑也或慢或快地发生变革。资产阶级的生产关系是社会生产过程的最后一个对抗形式,其结果必然是资本主义的灭亡和社会主义的胜利。

20世纪50年代,在社会主义改造基本完成以后,我们党正是依据唯物史观的基本原理,认为我国社会的主要矛盾是人民日益增长的物质文化需要同落后的工业生产之间的矛盾,由此确定了党的八大的思想路线,提出要使中国具有强大的现代化的工业、现代化的农业、现代化的交通运输业和现代化的国防。然而,由于受"左"的思想倾向的影响,党逐渐脱离了这一正确的路线。党的十一届三中全会以来,我们党正是依据唯物史观的基本原理,拨乱反正,把党和国家的工作重心转移到经济建设上来,做出实行改革开放的重大战略决策,丰富和发展了马克思主义的唯物史观。

1.强调生产力发展对社会主义的决定性意义。生产力是马克思主义唯物史观的基本范畴。马克思主义认为,生产力在整个社会的发展中起着决定性的作用。党的十一届三中全会以来,中国几代领导人结合我国生产力发展的现状和世界科学技术发展的新特点,发展了马克思主义的生产力理论。邓小平总结历史经验,反复指出,毛泽东主席有一个重大的缺点,就是忽视发展社会生产力。不是说他不想发展生产力,但方法不都是对头的,例如搞"大跃进"、人民公社,就没有按照社会经济发展的规律办事。"从一九五八年到一九七八年整整二十年里,农民和工人的收入增加很少,生活水平很低,生产力没有多大发展。"①针对这种忽视发展生产力的错误,邓小平明确指出:马克思主义最注重发展生产力。生产力方面的革命也是革命,而且是很重要的革命,从历史的发展来讲是最根本的革命。"马克思主义的基本原则就是要发展生产力。马克思主义的最高目的就是要实现共产主义,而共产主义是建立在生产力高度发展的基础上的。社会主义是共产主义的第一阶段,是一个很长的历史阶段。社会主义的首要任务是发展生产力,逐步提高人民的物质和

① 《邓小平文选》第三卷,人民出版社1993年版,第116、115页。

文化生活水平。"历史的经验告诉我们:"贫穷不是社会主义,社会主义要消灭贫穷。不发展生产力,不提高人民的生活水平,不能说是符合社会主义要求的。"①在这里,邓小平把生产力论与马克思主义的基本原则、与社会主义的根本任务联系起来进行论述,从根本上纠正了晚年毛泽东在社会基本矛盾问题上的迷误,恢复了生产力论在社会基本矛盾理论和唯物史观中的基础地位。

同时,邓小平还结合第二次世界大战以来,世界高科技迅猛发展的态势,提出"科学技术是第一生产力"的崭新论断。一百多年前,马克思说过:机器生产的发展要求自觉地利用自然科学,并且指出:"生产力中也包括科学。"②恩格斯在《马克思墓前的讲话》中指出:"在马克思看来,科学是一种在历史上起推动作用的、革命的力量。"③邓小平坚持和发展了马克思和恩格斯的观点。早在"文化大革命"后期,邓小平复出主持工作之时,他就提出"科学技术叫生产力,科技人员就是劳动者"、"科研工作要走在前面"④的观点,但遭到"四人帮"的批判,把它说成是"唯生产力论"。粉碎"四人帮"后,邓小平在全国科学大会上强调"四个现代化,关键是科学技术的现代化"⑤,再一次阐明"科学技术是生产力"、从事科学技术的知识分子是劳动者的重要思想。以后他又反复强调中国的发展离不开科学。1988年9月他在会见外宾时又指出:"马克思说过,科学技术是生产力,事实证明这话讲得很对。依我看,科学技术是第一生产力。"⑥这一论断是对马克思主义生产力理论的丰富和发展,对于我国社会主义现代化建设具有深远的理论意义和现实意义:反映了科学技术在当代生产力诸要素中的首要地位;反映了科学在当代生产力发展中的主导作用和超前作用;反映了现代科学技术对物质生产力的发展所起的杠杆作用。

2.依据生产关系一定要适应生产力发展的原理,不断深化对所有制关系、生产经营关系、分配制度的改革。马克思指出:革命是历史的火车头。当生产

---

① 《邓小平文选》第三卷,人民出版社1993年版,第116页。
② 《马克思恩格斯选集》第2卷,人民出版社2012年版,第776页。
③ 《马克思恩格斯选集》第3卷,人民出版社2012年版,第1003页。
④ 《邓小平文选》第二卷,人民出版社1994年版,第32—34页。
⑤ 《邓小平文选》第二卷,人民出版社1994年版,第86页。
⑥ 《邓小平文选》第三卷,人民出版社1993年版,第274页。

关系和生产力、上层建筑和经济基础发生尖锐冲突的时候,只有通过社会革命,才能推翻或摧毁旧的国家政权,建立革命阶级的政治统治,消灭旧的生产关系,建立或确立新的生产关系,从而用较高的社会形态代替较低的社会形态,为解放和发展生产力扫清道路。邓小平结合我国社会基本矛盾的实际指出:"革命是解放生产力,改革也是解放生产力。推翻帝国主义、封建主义、官僚资本主义的反动统治,使中国人民的生产力获得解放,这是革命,所以革命是解放生产力。社会主义基本制度确立以后,还要从根本上改变束缚生产力发展的经济体制,建立起充满生机和活力的社会主义经济体制,促进生产力的发展,这是改革,所以改革也是解放生产力。过去,只讲在社会主义条件下发展生产力,没有讲还要通过改革解放生产力,不完全。应该把解放生产力和发展生产力两个讲全了。"①这是对马克思生产关系一定要适应生产力发展理论的一个重要发展。

邓小平认为我们建立的社会主义制度是个好制度,必须坚持。"我们一直强调坚持四项基本原则,其中最重要的一条是坚持社会主义制度"②,但是"社会主义制度并不等于建设社会主义的具体做法"③。党和国家现行的一些具体制度中,还存在不少的弊端,妨碍甚至严重妨碍社会主义优越性的发挥。在这里,"体制"和"基本制度"的区分,是深入研究社会主义社会基本矛盾,提出改革也是解放生产力,改革是社会主义发展动力的理论突破口。按照唯物史观的社会结构理论,社会制度是指建立在一定生产力基础之上的生产关系和上层建筑,即社会的经济制度、政治制度。这些制度可分为基本制度和具体制度两个层次。基本制度决定社会的性质和发展方向,具体制度是基本制度的表现形式和实现方式,它反过来影响基本制度的完善和发展。特定的具体制度的总和构成一定的体制。以"基本制度"和"经济体制"的区分为突破口,邓小平将社会主义社会生产关系和生产力之间既相适应又相矛盾的理论具体化了:社会主义的基本制度是适合生产力的性质、能够促进生产力发展的,因

①《邓小平文选》第三卷,人民出版社 1993 年版,第 370 页。
②《邓小平文选》第三卷,人民出版社 1993 年版,第 149 页。
③《邓小平文选》第二卷,人民出版社 1994 年版,第 250 页。

而必须坚持;与生产力发展相矛盾的是社会主义基本制度的具体表现形式,即具体的经济体制,因此必须改革。这种改革不是否定基本制度,而是社会主义制度的自我完善、自我发展,因而它是社会主义社会发展的动力。在此基础上,邓小平进一步从我国的实际出发,指出束缚生产力发展的,已不是原有经济体制的个别环节、个别方面,而是整个经济、政治体制模式。我们的改革不能局限于在原有的框架内采取一些修修补补的措施,而必须从根本上改变经济体制,转换运行机制,这种改革具有部分质变的性质,从其对解放生产力的作用、对社会生活影响的广度和深度来说,不亚于革命,所以他把改革称为中国的第二次革命。由此可见,邓小平的改革是一场革命的理论,既强调了生产力的决定作用,又强调了生产关系、上层建筑的反作用,不是什么"唯生产力论",而是坚持了以生产力为基础的历史唯物论,反对了离开生产力空谈生产关系、上层建筑反作用的唯心论,它是发展了的社会基本矛盾理论。

"生产资料归谁所有"这是生产关系的首要问题。长期以来,我们照搬苏联模式,不顾我国生产力发展的实际,片面强调生产关系的革命,以为所有制形式越大越公越纯越好,一旦有了私有财产,社会主义就要变修,资本主义就要复辟,由此把"割掉资本主义尾巴",防止资本主义复辟作为主要任务来抓。党的十一届三中全会果断停止"以阶级斗争为纲"的方针,把党和国家的工作重心转移到社会主义现代化建设上来。邓小平指出:"在经济政策上,我认为要允许一部分地区、一部分企业、一部分工人农民,由于辛勤努力成绩大而收入先多一些,生活先好起来。"[1]客观上肯定了私有财产的可能性与合法性。党的十三大进一步认为,我国还处在社会主义的初级阶段,"在所有制和分配上,社会主义社会并不要求纯而又纯,绝对平均。在初级阶段,尤其要在以公有制为主体的前提下发展多种经济成分"[2]。党的十四大对所有制结构进一步具体化,提出:"在所有制结构上,以公有制包括全民所有制和集体所有制

---

[1]　《邓小平文选》第二卷,人民出版社1994年版,第152页。

[2]　中共中央党校教务部编:《十一届三中全会以来党和国家重要文献选编》,中共中央党校出版社2008年版,第194页。

经济为主体、个体经济、私营经济、外资经济为补充，多种经济成分长期共同发展，不同经济成分还可以自愿实行多种形式的联合经营。"①党的十五大提出：要全面认识公有制经济的含义。"公有制实现形式可以而且应当多样化。一切反映社会化生产规律的经营方式和组织形式都可以大胆利用。要努力寻找能够极大促进生产力发展的公有制实现形式。"②"必须毫不动摇地鼓励、支持和引导非公有制经济发展。个体、私营等各种形式的非公有制经济是社会主义市场经济的重要组成部分，对充分调动社会各方面的积极性、加快生产力发展具有重要作用。"③2007 年 3 月 16 日第十届全国人民代表大会第五次会议通过《中华人民共和国物权法》，明确肯定：私人对其合法的收入、房屋、生活用品、生产工具、原材料等不动产和动产享有所有权；国家依照法律规定保护私人的继承权及其他合法权益；私人的合法财产受法律保护，禁止任何单位和个人侵占、哄抢、破坏。这是生产关系方面的重大变革之一。党的十八届三中全会明确肯定发展混合所有制的意义。指出：公有制为主体、多种所有制经济共同发展的基本经济制度，是中国特色社会主义制度的重要支柱，也是社会主义市场经济体制的根基。"国有资本、集体资本、非公有资本等交叉持股、相互融合的混合所有制经济，是基本经济制度的重要实现形式"④。

"生产什么、生产多少、怎样生产"是生产关系的重要问题之二。长期以来，我们照搬苏联模式，不顾中国国情，一味排斥商品货币关系，把社会主义简单地等同于计划经济，把资本主义等同于市场经济，强调社会主义与资本主义水火不容的关系，把价值规律完全排除在社会主义之外，生产什么、生产多少、怎样生产，完全由政府包办代替，企业和个人没有积极性。党的十一届三中全会提出，要给企业、生产队一定的经营自主权，使每一个工厂和生产队能够千方百计地发挥主动创造精神。邓小平指出："一个生产队有了经营自主权，一小块地没有种上东西，一小片水面没有利用起来搞养殖业，社员和干部就要睡

---

① 《江泽民文选》第一卷，人民出版社 2006 年版，第 227 页。
② 《江泽民文选》第二卷，人民出版社 2006 年版，第 20 页。
③ 《江泽民文选》第三卷，人民出版社 2006 年版，第 547 页。
④ 《中共中央关于全面深化改革若干重大问题的决定》，人民出版社 2013 年版，第 8 页。

不着觉,就要开动脑筋想办法。全国几十万个企业,几百万个生产队都开动脑筋,能够增加多少财富啊!"①党的十二大提出要在坚持公有制经济主导地位的前提下,注意发挥多种经济形式的作用,要正确贯彻计划经济为主、市场调节为辅的原则。党的十二届三中全会通过的《中共中央关于经济体制改革的决定》指出:社会主义经济是公有制基础上的有计划的商品经济。党的十三大明确肯定私营经济的合法性。"我们已经进行的改革,包括以公有制为主体发展多种所有制经济,以至允许私营经济的存在和发展,都是由社会主义初级阶段生产力的实际状况所决定的。只有这样做,才能促进生产力的发展。改革中所采取的一些措施,例如发展生产资料市场、金融市场、技术市场和劳务市场,发行债券、股票,都是伴随社会化大生产和商品经济的发展必然出现的,并不是资本主义所特有的。"②邓小平在视察南方的谈话中进一步强调:计划和市场都是手段,本质上没有姓"社"姓"资"的区别。党的十四大根据邓小平的提议,把建立社会主义市场经济体制确立为我国经济体制改革的目标。提出要"继续大力发展商品市场特别是生产资料市场,积极培育包括债券、股票等有价证券的金融市场,发展技术、劳务、信息和房地产等市场,尽快形成全国统一的开放的市场体系"③。党的十四届三中全会进一步勾画了建立社会主义市场经济体制的蓝图和基本框架。到20世纪末,社会主义市场经济体制初步建立起来。党的十八届三中全会强调:"经济体制改革是全面深化改革的重点,核心问题是处理好政府和市场的关系,使市场在资源配置中起决定性作用和更好发挥政府作用。市场决定资源配置是市场经济的一般规律,健全社会主义市场经济体制必须遵循这条规律,着力解决市场体系不完善、政府干预过多和监管不到位问题。"④把计划和市场关系的认识推向前所未有的新

---

①　《邓小平文选》第二卷,人民出版社1994年版,第146页。

②　中共中央党校教务部编:《十一届三中全会以来党和国家重要文献选编》,中共中央党校出版社2008年版,第202页。

③　中共中央党校教务部编:《十一届三中全会以来党和国家重要文献选编》,中共中央党校出版社2008年版,第229页。

④　《中共中央关于全面深化改革若干重大问题的决定》,人民出版社2013年版,第5—6页。

高度。

"劳动成果如何分配"是生产关系的重要问题之三。受苏联模式的影响，长期以来，我们把"按劳分配"简单等同于"平均主义"、"大锅饭"，把贫穷等同于无产阶级，把富裕等同于资产阶级，认为越穷越光荣，越富越反动。邓小平指出："不讲多劳多得，不重视物质利益，对少数先进分子可以，对广大群众不行，一段时间可以，长期不行。""要允许一部分地区、一部分企业、一部分工人农民，由于辛勤努力成绩大而收入先多一些，生活先好起来。"①党的十三大报告明确肯定社会主义分配方式的多样性。"社会主义初级阶段的分配方式不可能是单一的。我们必须坚持的原则是，以按劳分配为主体，其他分配方式为补充。除了按劳分配这种主要方式和个体劳动所得以外，企业发行债券筹集资金，就会出现凭债权取得利息；随着股份经济的产生，就会出现股份分红；企业经营者的收入中，包含部分风险补偿；私营企业雇用一定数量的劳动力，会给企业主带来部分非劳动收入。以上这些收入，只要是合法的，就应当允许。"②党的十五大提出了效率和公平的关系问题。指出："坚持按劳分配为主体、多种分配方式并存的制度。把按劳分配和按生产要素分配结合起来，坚持效率优先、兼顾公平，有利于优化资源配置，促进经济发展，保持社会稳定。依法保护合法收入，允许和鼓励一部分人通过诚实劳动和合法经营先富起来，允许和鼓励资本、技术等生产要素参与收益分配。取缔非法收入，对侵吞公有财产和用偷税逃税、权钱交易等非法手段牟取利益的，坚决依法惩处。整顿不合理收入，对凭借行业垄断和某些特殊条件获得个人额外收入的，必须纠正。调节过高收入，完善个人所得税制，开征遗产税等新税种。规范收入分配，使收入差距趋向合理，防止两极分化。"③党的十六大进一步提出，要理顺分配关系，确立劳动、资本、技术和管理等生产要素按贡献参与分配的原则，完善按劳分配为主体、多种分配方式并存的分配制度。初次分配注重效率，再分配注重

---

① 《邓小平文选》第二卷，人民出版社1994年版，第146、152页。

② 中共中央党校教务部编：《十一届三中全会以来党和国家重要文献选编》，中共中央党校出版社2008年版，第207页。

③ 《江泽民文选》第二卷，人民出版社2006年版，第22—23页。

公平,加强政府对收入分配的调节职能,调节差距过大的收入。党的十七大报告明确提出要"创造条件让更多群众拥有财产性收入"①。十八大报告进一步指出要"千方百计增加居民收入","初次分配和再分配都要兼顾效率和公平,再分配更加注重公平"②。党的十八届三中全会对如何形成合理有序的收入分配格局作了新的思考。提出要着重保护劳动所得,努力实现劳动报酬增长和劳动生产率提高同步,提高劳动报酬在初次分配中的比重。要规范收入分配秩序,完善收入分配调控体制机制和政策体系,建立个人收入和财产信息系统,保护合法收入,调节过高收入,清理规范隐性收入,取缔非法收入,增加低收入者收入,扩大中等收入者比重,努力缩小城乡、区域、行业收入分配差距,逐步形成橄榄型分配格局。③ 这是关于社会主义条件下分配方式认识和实践的重大变革。

3.依据国家和法对经济基础的反作用原理,改革党和国家政治体制,确立"依法治国"政治发展总战略。马克思主义认为,在社会历史的发展中,"经济状况是基础,但是对历史斗争的进程发生影响并且在许多情况下主要是决定着这一斗争的形式的,还有上层建筑的各种因素"④。其中,国家权力对于经济发展的反作用可以有三种:"它可以沿着同一方向起作用,在这种情况下就会发展得比较快;它可以沿着相反方向起作用,在这种情况下,像现在每个大民族的情况那样,它经过一定的时期都要崩溃;或者是它可以阻止经济发展沿着某些方向走,而给它规定另外的方向"⑤。我国的社会主义是直接从半殖民地半封建的旧社会而来的。新中国成立后,又未能彻底肃清封建主义遗毒,民主法制建设不完善,以致发生了"大跃进"和"文化大革命",经济建设遭受巨大破坏,到了崩溃的边缘。"文化大革命"结束后,根据马克思主义的基本原

---

① 中共中央党校教务部编:《十一届三中全会以来党和国家重要文献选编》,中共中央党校出版社 2008 年版,第 749 页。

② 胡锦涛:《坚定不移沿着中国特色社会主义道路前进 为全面建成小康社会而奋斗》,人民出版社 2012 年版,第 36 页。

③ 参见《中共中央关于全面深化改革若干重大问题的决定》,人民出版社 2013 年版,第 47、46 页。

④ 《马克思恩格斯选集》第 4 卷,人民出版社 2012 年版,第 610 页。

⑤ 《马克思恩格斯选集》第 4 卷,人民出版社 2012 年版,第 701 页。

理,几代领导人致力于政治体制的改革,矛头直指党和国家体制中存在的官僚主义和封建遗毒,建立现代法治体系,充分调动各方面的积极性。

早在 1979 年,在党的十一届三中全会的主题报告中,邓小平就指出:党内确实存在权力过于集中的官僚主义,"这种官僚主义常常以'党的领导'、'党的指示'、'党的利益'、'党的纪律'的面貌出现,这是真正的管、卡、压"①。"必须使民主制度化、法律化,使这种制度和法律不因领导人的改变而改变,不因领导人的看法和注意力的改变而改变。现在的问题是法律很不完备,很多法律还没有制定出来。往往把领导人说的话当做'法',不赞成领导人说的话就叫做'违法',领导人的话改变了,'法'也就跟着改变。"②1980 年,在《党和国家领导制度的改革》一文中,邓小平全面分析党和国家现行领导制度的弊端,认为它妨碍甚至严重妨碍社会主义优越性的发挥。"主要的弊端就是官僚主义现象,权力过分集中的现象,家长制现象,干部领导职务终身制现象和形形色色的特权现象。"③并且指出:"干部领导职务终身制现象的形成,同封建主义的影响有一定关系,同我们党一直没有妥善的退休解职办法也有关系。……对各级各类领导干部(包括选举产生、委任和聘用的)职务的任期,以及离休、退休,要按照不同情况,作出适当的、明确的规定。任何领导干部的任职都不能是无限期的。"④1981 年 7 月,在中共省、市、自治区委员会书记座谈会上,他又一次讲话强调建立退休制度。他说:"世界各国都有自己的退休制度。比如军官,世界各国差不多都是到六十岁退休。不过他们退休后可以在民间就业。文官,比如日本的外交官员,就是六十五岁退休,有的年龄更小。看来,我们也需要有个年龄的限制。"⑤根据邓小平的意见,1982 年 2 月,中央作出《关于建立老干部退休体制的决定》,废除了领导干部职务实际上存在的终身制。1982 年的宪法对国家领导体制作了许多重要规定,其中规定国家主席、副主席,全国人大常委会委员长、副委员长,国务院总理、副总理等国家领

---

① 《邓小平文选》第二卷,人民出版社 1994 年版,第 142 页。
② 《邓小平文选》第二卷,人民出版社 1994 年版,第 146—147 页。
③ 《邓小平文选》第二卷,人民出版社 1994 年版,第 327 页。
④ 《邓小平文选》第二卷,人民出版社 1994 年版,第 331—332 页。
⑤ 《邓小平文选》第二卷,人民出版社 1994 年版,第 387 页。

导人连续任职不得超过两届。全国人大于 1982 年制定了新宪法,五届、六届和七届人大及其常委会先后制定了 138 部法律,对 10 部法进行了修改,包括一系列有关国家机构的法律、民法通则和一系列单行民事法律、刑法,三大诉讼法(刑事诉讼、民事诉讼、行政诉讼)以及一批经济方面的、保障公民权利的、涉外方面的、行政管理方面的重要法律。①

1986 年 9 月,在《关于政治体制改革问题》一文中,邓小平再次指出:我国的政治体制"是从苏联模式来的",进行政治体制改革的目的,"总的来讲是要消除官僚主义,发展社会主义民主,调动人民和基层单位的积极性。要通过改革,处理好法治和人治的关系,处理好党和政府的关系。党的领导是不能动摇的,但党要善于领导,党政需要分开,这个问题要提上议事日程。"并且指出:"我们政治体制改革总的目标是三条:第一,巩固社会主义制度;第二,发展社会主义社会的生产力;第三,发扬社会主义民主,调动广大人民的积极性。"②在 1987 年召开的党的第十三次代表大会上,改革干部人事制度的总体构想被提了出来,决定将执行国家公务的人员从现有干部队伍中分离出来,建立国家公务员制度。1988 年,全国七届人大一次会议决定成立国家人事部,负责全面实行公务员制度的准备工作。国家机关工作人员一律实行公开考试,择优录取的办法,取得了明显的社会效益。1993 年,国务院正式颁发《国家公务员暂行条例》,国家行政机关开始推行公务员制度,新的干部人事制度框架初步形成。在这一过程中,邓小平本人身体力行,1985 年他从行政管理的第一线退了下来,1989 年完全退休,开社会主义国家发展史上主要领导人正常退休之先河。

党的十五大进一步强调了建设社会主义法治国家的目标。指出:"依法治国,就是广大人民群众在党的领导下,依照宪法和法律规定,通过各种途径和形式管理国家事务,管理经济文化事业,管理社会事务,保证国家各项工作都依法进行,逐步实现社会主义民主的制度化、法律化,使这种制度和法律不

---

① 参见顾昂然:《回顾新中国法制建设的历程》,《中国人大》2004 年第 15 期。
② 《邓小平文选》第三卷,人民出版社 1993 年版,第 177、178 页。

因领导人的改变而改变,不因领导人看法和注意力的改变而改变"①。并且提出,加强立法工作,提高立法质量,到2010年形成有中国特色社会主义法律体系。全国人大及其常委会根据党的十四大、十五大精神,加强立法工作,围绕建立和完善社会主义市场经济体制的目标,制定了一系列重要法律。在市场主体方面,先后制定了公司法、合伙企业法、个人独资企业法。在维护市场经济秩序方面,制定了反不正当竞争法、产品质量法、投标招标法、会计法、审计法、价格法、税收征收管理法等。在金融方面,先后制定了中国人民银行法、商业银行法、证券法、保险法、票据法、信托法等。为了加强农业,根据党在农村的方针、政策,先后制定或修改了农业法、农村土地承包法、农业技术推广法、种子法、水土保持法、防洪法、乡镇企业法等。还制定或修改了有关保护和合理开发利用自然资源、振兴和发展基础产业等方面的法律。八届、九届人大及其常委会先后制定了104部法律,对57部法进行了修改,通过了8件法律解释,以宪法为核心的中国特色社会主义法律体系初步形成。②

4.依据意识形态反作用原理,强调社会主义精神文明建设,初步形成社会主义核心价值体系和核心价值观。马克思主义不仅强调物质决定作用,同时也强调意识和精神的能动作用,并且认为在一定条件下,意识和精神对社会发展甚至起着决定性的作用。"经济上落后的国家在哲学上仍然能够演奏第一小提琴。"③从邓小平到习近平,中国几代领导人高度重视精神文明和意识形态的建设。

改革开放总设计师邓小平的论述主要有三个方面。一是在改革开放初期,针对林彪、"四人帮"对马列主义、毛泽东思想的肆意歪曲和万马齐喑的局面,邓小平致力于恢复马克思主义的基本原理,强调全党要解放思想,实事求是,大力发扬社会主义民主,从"两个凡是"的禁锢中解放出来。二是针对20世纪80年代出现的两次资产阶级自由化思潮,反复强调改革开放一定要坚持

① 《邓小平文选》第二卷,人民出版社1994年版,第28—29页。
② 参见顾昂然:《回顾新中国法制建设的历程》,《中国人大》2004年第15期。
③ 《马克思恩格斯选集》第4卷,人民出版社2012年版,第611页。

四项基本原则，"中国要搞现代化，绝不能搞自由化，绝不能走西方资本主义道路"①。物质文明和精神文明要"两手抓，两手都硬"。"我们提出要教育人民成为'四有'人民，教育干部成为'四有'干部。'四有'就是有理想、有道德、有文化、有纪律。搞资产阶级自由化的人提出的理想与我们的不同。我们讲的是社会主义、共产主义理想，而他们却提倡资本主义理想。"②三是主张面向世界，吸取资本主义先进文明成果为我所用。他反复强调，"任何一个民族、一个国家，都需要学习别的民族、别的国家的长处，学习人家的先进科学技术。我们不仅因为今天科学技术落后，需要努力向外国学习，即使我们的科学技术赶上了世界先进水平，也还要学习人家的长处"③。

党的十六届六中全会通过的《中共中央关于构建社会主义和谐社会若干重大问题的决定》首次明确提出社会主义核心价值体系建设的命题，并且认为，马克思主义指导思想、中国特色社会主义共同理想、以爱国主义为核心的民族精神和以改革创新为核心的时代精神、社会主义荣辱观，构成社会主义核心价值体系的基本内容。党的十七大进一步强调，社会主义核心价值体系是社会主义意识形态的本质体现。要大力推进理论创新，不断赋予当代中国马克思主义鲜明的实践特色、民族特色、时代特色。党的十七届六中全会通过的《中共中央关于深化文化体制改革，推动社会主义文化大发展大繁荣若干重大问题的决定》指出："物质贫乏不是社会主义，精神空虚也不是社会主义。没有社会主义文化繁荣发展，就没有社会主义现代化。在新的历史起点上深化文化体制改革、推动社会主义文化大发展大繁荣，关系实现全面建设小康社会奋斗目标，关系坚持和发展中国特色社会主义，关系实现中华民族伟大复兴。"④党的十八大提出一定要毫不动摇坚持、与时俱进发展中国特色社会主义，不断丰富中国特色社会主义的实践特色、理论特色、民族特色、时代特色，

---

① 《邓小平文选》第三卷，人民出版社1993年版，第123页。

② 《邓小平文选》第三卷，人民出版社1993年版，第205页。

③ 《邓小平文选》第三卷，人民出版社1993年版，第91页。

④ 《中共中央关于深化文化体制改革　推动社会主义文化大发展大繁荣若干重大问题的决定》，《人民日报》2011年10月26日。

并使之成为全党全国各族人民的共同信念。"倡导富强、民主、文明、和谐,倡导自由、平等、公正、法治,倡导爱国、敬业、诚信、友善,积极培育社会主义核心价值观。牢牢掌握意识形态工作领导权和主导权,坚持正确导向,提高引导能力,壮大主流思想舆论。"①

党的十八大以来,以习近平同志为核心的党中央,深入总结人类社会发展规律,全面考察我国生产力和生产关系、经济基础和上层建筑的现状,提出了一系列新理念新思想新战略,丰富和发展了马克思主义的唯物史观。习近平指出:"我们要牢牢抓好党执政兴国的第一要务,始终代表中国先进生产力的发展要求,坚持以经济建设为中心,在经济不断发展的基础上,协调推进政治建设、文化建设、社会建设、生态文明建设以及其他各方面建设。"②

1.进一步强调经济基础的决定性作用,把建构现代化经济体系放在首要位置。尽管经过四十年的改革,经济总量已跃居世界第二位,但我国"人口多、底子薄、资源贫乏"的基本国情没有变,最大发展中国家的国际地位没有变。社会主义初级阶段的基本国情要求我们进一步夯实经济基础,把提升经济质量放在中国现代化建设的首要位置。习近平指出,我国经济经历长时间快速发展之后进入新常态。所谓"新常态",主要是说:经济发展速度正从高速增长转为中高速增长,消费需求从模仿型排浪式向个性化、多样化转变,投资需求从传统快速扩张型向收缩平衡型转变,出口和国际收支的比较优势从递增走向递减,产能从相对不足走向相对过剩,驱动方式从生产要素型向创新型发展,市场竞争从主要依靠数量和价格转向主要依靠质量和差异,资源环境承载能力接近上限,各类隐性风险正显性化,以往的资源配置模式和宏观调控方式已不能适应新形势的需要。"认识新常态,适应新常态,引领新常态,是当前和今后一个时期我国经济发展的大逻辑。"③党的十九大进一步指出:我国经济已由高速增长阶段转向高质量发展阶段,正处在转变发展方式、优化经

---

① 胡锦涛:《坚定不移沿着中国特色社会主义道路前进,为全面建成小康社会而奋斗》,人民出版社 2012 年版,第 31—32 页。

② 《十八大以来重要文献选编》(上),中央文献出版社 2014 年版,第 77 页。

③ 《十八大以来重要文献选编》(中),中央文献出版社 2016 年版,第 245 页。

济结构、转换增长动力的攻关期,建设现代化经济体系是跨越关口的迫切要求和我国发展战略目标。必须坚持质量第一、效益优先,以供给侧结构性改革为主线,推动经济发展质量变革、效率变革、动力变革,提高了全要素生产率,着力加快建设实体经济、科技创新、现代金融、人力资源协同发展的产业体系,着力构建市场机制有效、微观主体有活力、宏观调控有度的经济体制,不断增强我国经济创新力和竞争力。总起来讲就是要"贯彻新发展理念,建设现代化经济体系"。实现这一目标有六大要点:深化供给侧结构性改革;加快建设创新型国家;实施乡村振兴战略;实施区域协调发展战略;加快完善社会主义市场经济体制;推动形成全面开放新格局。这些举措,抓住了当下中国发展的关键,为激发全社会的创造活力,努力实现更高质量、更有效率、更加公平、更可持续的发展奠定了坚实基础。

2.进一步强调国家和法的重要性,提出推进国家治理体系和治理能力现代化的改革总目标。习近平指出:推进国家治理体系和治理能力现代化,就是要适应时代变化,既改革不适应实践发展要求的体制机制、法律法规,又不断构建新的体制机制、法律法规,使各方面制度更加科学、更加完善,实现党、国家、社会各项事务治理制度化、规范化、程序化。[①]

首先,强调中国特色政治道路的必然性。中国政治现代化是否一定要走西方政治现代化之路? 习近平旗帜鲜明地指出:"设计和发展国家政治制度,必须注重历史和现实、理论和实践、形式和内容有机统一。要坚持从国情出发、从实际出发,既要把握长期形成的历史传承,又要把握走过的发展道路、积累的政治经验、形成的政治原则,还要把握现实要求、着眼解决现实问题,不能割断历史,不能想象突然就搬来一座政治制度上的'飞来峰'。……在政治制度上,看到别的国家有而我们没有就简单认为有欠缺,要搬过来;或者,看到我们有而别的国家没有就简单认为是多余的,要去除掉。这两种观点都是简单化的、片面的,因而都是不正确的。"[②]我国实行人民民主专政的国体、人民代

---

① 参见《十八大以来重要文献选编》(上),中央文献出版社 2014 年版,第 549 页。

② 《十八大以来重要文献选编》(中),中央文献出版社 2016 年版,第 59 页。

表大会制度的政体,实行中国共产党领导的多党合作和政治协商制度,实行民族区域自治制度,实行基层群众自治制度,具有鲜明的中国特色。"这样一套制度安排,能够有效保证人民享有更加广泛、更加充实的权利和自由,保证人民广泛参加国家治理和社会治理;能够有效调节国家政治关系,发展充满活力的政党关系、民族关系、宗教关系、阶层关系、海内外同胞关系,增强民族凝聚力,形成安定团结的政治局面;能够集中力量办大事,有效促进社会生产力解放和发展,促进现代化建设各项事业,促进人民生活质量和水平不断提高;能够有效维护国家独立自主,有力维护国家主权、安全、发展利益,维护中国人民和中华民族的福祉。"①六十多年的实践充分证明,人民代表大会制度是符合中国国情和实际、体现社会主义国家性质、保证人民当家做主、保障实行中华民族伟大复兴的好制度。党的十九大报告指出:"中国特色社会主义政治发展道路,是近代以来中国人民长期奋斗历史逻辑、理论逻辑、实践逻辑的必然结果,是坚持党的本质属性、践行党的根本宗旨的必然要求。世界上没有完全相同的政治制度模式,政治制度不能脱离特定社会政治条件和历史文化传统来抽象评判,不能定于一尊,不能生搬硬套外国政治制度模式。"②这一论述,进一步充分肯定我国基本政治制度的合理性,批驳了把西方政治价值观和制度作为唯一评判标准的错误思想倾向。

其次,全面推进依法治国。法是国家重器。现代化国家必然是一个法治国家。对我们国家来说,宪法是国家的根本大法,是人民权利的保障。"维护宪法权威,就是维护党和人民共同意志的权威。捍卫宪法尊严,就是捍卫党和人民共同意志的尊严。""党领导人民制定宪法和法律,党领导人民执行宪法和法律,党自身必须在宪法和法律范围内活动,真正做到党领导立法、保证执法、带头守法。"③宪法的生命在于实施,宪法的权威也在于实施。凡属重大的改革都要有宪法和法律依据,在整个改革过程中,都要发挥法治的引领和推动

---

① 《十八大以来重要文献选编》(中),中央文献出版社 2016 年版,第 61—62 页。

② 习近平:《决胜全面建成小康社会　夺取新时代中国特色社会主义伟大胜利》,人民出版社 2017 年版,第 36 页。

③ 《十八大以来重要文献选编》(上),中央文献出版社 2014 年版,第 87、91 页。

作用,加强对相关立法工作的协调,确保在法治轨道上推进改革。要加强对执法活动的监督,坚决排除对执法活动的非法干预,坚决防止和克服地方保护主义和部门保护主义,坚决惩治腐败现象,做到有权必有责、用权受监督、违法必追究。① 对执法领域存在的有法不依、执法不严、违法不究甚至以权压法、权钱交易、徇私枉法等突出问题,群众深恶痛绝,必须下大气力解决。党的十八届四中全会通过的《中共中央关于全面推进依法治国若干重大问题的决定》制定了建设社会主义法治国家的基本框架。认为全面推进依法治国,要坚持走中国特色社会主义法治道路,建设中国特色社会主义法治体系;完善以宪法为核心的中国特色社会主义法律体系,加强宪法实施;深入推进依法行政,加快建设法治政府;保证公正司法,提高司法公信力;增强全民法治观念,推进法治社会建设;加强法治工作队伍建设;加强和改进党对全面推进依法治国的领导。十九大报告进一步指出:全面依法治国是国家治理的一场深刻革命,必须坚持厉行法治,推进科学立法、严格执法、公正司法、全民守法。"任何组织和个人都不得有超越宪法法律的特权,绝不允许以言代法、以权压法、逐利违法、徇私枉法。"②第十三届全国人民代表大会第一次会议根据时代发展的新要求,通过了《中华人民共和国宪法修正案》和《中华人民共和国监察法》,在法治国家道路上又向前迈进了一步。

再次,深化党和国家机构改革。从 1981 年开始,党中央部门设置曾进行过 4 次改革,国务院机构设置则进行了 7 次改革,逐步建立起具有我国特点的党和国家机构职能体系。但随着中国特色社会主义事业的不断发展,党和国家机构设置和运行呈现出新的问题。《中共中央关于深化党和国家机构改革的决定》指出:"当前,面对新时代新任务提出的新要求,党和国家机构设置和职能配置同统筹推进'五位一体'总体布局、协调推进'四个全面'战略布局的要求还不完全适应,同实现国家治理体系和治理能力现代化的要求还不完全

---

① 参见习近平:《依法治国依法执政依法行政共同推进法治国家法治政府法治社会一体建设》,《人民日报》2013 年 2 月 25 日。

② 习近平:《决胜全面建成小康社会　夺取新时代中国特色社会主义伟大胜利》,人民出版社 2017 年版,第 46—47 页。

适应。主要是：一些领域党的机构设置和职能配置还不够健全有力，保障党的全面领导、推进全面从严治党的体制机制有待完善；一些领域党政机构重叠、职责交叉、权责脱节问题比较突出；一些政府机构设置和职责划分不够科学，职责缺位和效能不高问题凸显，政府职能转变还不到位；一些领域中央和地方机构职能上下一般粗，权责划分不尽合理；基层机构设置和权力配置有待完善，组织群众、服务群众能力需要进一步提高；军民融合发展水平有待提高；群团组织政治性、先进性、群众性需要增强；事业单位定位不准、职能不清、效率不高等问题依然存在；一些领域权力运行制约和监督机制不够完善，滥用职权、以权谋私等问题仍然存在；机构编制科学化、规范化、法定化相对滞后，机构编制管理方式有待改进。这些问题，必须抓紧解决。"①中共中央印发的《深化党和国家机构改革方案》则为解决上述问题提供了具体方案。

最后，全面从严治党。中国共产党是中国唯一的执政党，中国共产党的建设关系着国家和民族的前途和命运。勇于自我革命，从严管党治党，是我们党最鲜明的品格。党的十八大以来，以习近平同志为核心的党中央，以党章为根本遵循，把党的政治建设摆在首位，思想建设和制度治党同向发力，统筹推进党的各项建设，抓住"关键少数"，坚持"三严三实"，开展"两学一做"，在转变党的作风方面迈出新的步伐。习近平指出："党章是党的总章程，集中体现了党的性质和宗旨、党的理论和路线方针政策、党的重要主张，规定了党的重要制度和体制机制，是全党必须共同遵守的根本行为规范。没有规矩，不能成方圆。党章就是党的根本大法，是全党必须遵循的总规矩。"②为适应全面从严治党的要求，中央先后出台一系列党内法规条例。2013 年 5 月 27 日，《中国共产党党内法规制定条例》和《中国共产党党内法规和规范性文件备案规定》发布。2015 年 6 月，中央出台《中国共产党党组工作条例》；10 月，中共中央印发《中国共产党廉洁自律准则》、《中国共产党纪律处分条例》；2016 年 6 月28 日，中共中央政治局审议通过《中国共产党问责条例》。党的十九大进一步

---

① 《中共中央关于深化党和国家机构改革的决定》，《人民日报》2018 年 3 月 5 日。
② 习近平：《认真学习党章　严格遵守党章》，《人民日报》2012 年 11 月 20 日。

强调,要坚持党对一切工作的领导。"党政军民学,东西南北中,党是领导一切的。"在坚持党的领导、人民当家作主、依法治国三者之间,党的领导是人民当家作主和依法治国的根本保证。加强党的建设要把党的政治建设摆在首要位置。标志着我们党在加强以党章为根本的党内法规制度体系建设方面揭开新篇章。

3.进一步强调意识形态建设的重要性,大力推进社会主义文化建设。习近平指出:"文化是民族生存和发展的重要力量。"①又说:"没有中华文化繁荣兴盛,就没有中华民族伟大复兴。一个民族的复兴需要强大的物质力量,也需要强大的精神力量。没有先进文化的积极引领,没有人民精神世界的极大丰富,没有民族精神力量的不断增强,一个国家、一个民族不可能屹立于世界民族之林。"②

首先,牢牢把握意识形态工作的领导权。意识形态工作是"治国理政、定国安邦的大事"。古今中外,任何政党要夺取和掌握政权,任何政权要实现长治久安,都必须抓好舆论工作。马克思主义政党历来把新闻舆论工作作为进行革命斗争的有力武器。马克思、恩格斯、列宁、毛泽东、周恩来、邓小平同志,都当过职业新闻工作者。历史和现实都告诉我们,舆论的力量绝不能小觑。舆论导向正确是党和人民之福,舆论导向错误是党和人民之祸。好的舆论可以成为发展的"推进器"、民意的"晴雨表"、社会的"黏合剂"、道德的"风向标",不好的舆论可以成为民众的"迷魂汤"、社会的"分离器"、杀人的"软刀子"、动乱的"催化剂"。我们党要带领人民有效推进"五位一体"总体布局和"四个全面"战略布局,带领人民实现"两个一百年"奋斗目标、实现中华民族伟大复兴的中国梦,必须引导好人民思想,而要引导好人民思想就要引导好社会舆论。③

其次,培育和践行社会主义核心价值观。社会主义核心价值观是当代中

---

① 《十八大以来重要文献选编》(中),中央文献出版社 2016 年版,第 119 页。
② 《十八大以来重要文献选编》(中),中央文献出版社 2016 年版,第 121 页。
③ 参见中共中央文献研究室编:《习近平总书记重要讲话文章选编》,党建读物出版社、中央文献出版社 2016 年版,第 418、419 页。

国精神的集中体现,凝结着全体人民共同的价值追求。没有共同的核心价值观,一个民族、一个国家就会魂无定所、行无依归。核心价值观具有鲜明的时代性。每个时代都有每个时代的精神,每个时代都有每个时代的价值观念。但"核心价值观的养成绝非一日之功,要坚持由易到难、由近及远,努力把核心价值观的要求变成日常的行为准则,进而形成自觉奉行的信念理念。不要顺利的时候,看山是山、看水是水,一遇挫折,就怀疑动摇,看山不是山、看水不是水了"①。十九大报告指出:核心价值观建设要坚持全民行动、干部带头,从家庭做起,从娃娃抓起。不仅指出了核心价值观建设的重要性,也指出了具体的建设原则、方法和途径。

再次,加强社会主义思想道德建设。人民有信仰,国家有力量,民族有希望。2013 年 9 月 26 日,在会见第四届全国道德模范及提名奖获得者时,习近平发表讲话指出:"精神的力量是无穷的,道德的力量也是无穷的。"②号召大家向全国道德模范龚全珍同志学习。党的十九大报告对思想道德建设的基本内容作了全面概括。认为加强思想道德建设的关键在于"广泛开展理想信念教育,深化中国特色社会主义和中国梦宣传教育,弘扬民族精神和时代精神,加强爱国主义、集体主义、社会主义教育,引导人们树立正确的历史观、民族观、国家观、文化观。深入实施公民道德建设工程,推进社会公德、职业道德、家庭美德、个人品德建设,激励人们向上向善、孝老爱亲、忠于祖国、忠于人民"③,可谓抓住了思想道德建设的关键。

最后,繁荣社会主义文艺是文化建设的重要内容。文艺是时代前进的号角,最能代表一个时代的风貌,最能引领一个时代的风气。"鲁迅先生说,要改造国人的精神世界,首推文艺。举精神之旗、立精神支柱、建精神家园,都离不开文艺。当高楼大厦在我国大地上遍地林立时,中华民族精神的大厦也应该巍然耸立。"④优秀文艺作品反映着一个国家、一个民族的文化创造能力和

---

① 《习近平谈治国理政》第一卷,外文出版社 2018 年版,第 174 页。

② 《习近平谈治国理政》第一卷,外文出版社 2018 年版,第 158 页。

③ 习近平:《决胜全面建成小康社会　夺取新时代中国特色社会主义伟大胜利》,人民出版社 2017 年版,第 42—43 页。

④ 《十八大以来重要文献选编》(中),中央文献出版社 2016 年版,第 122 页。

水平。坚持正确的文艺工作方向,繁荣社会主义文艺,为人民奉献丰富多彩的文艺作品。

4.进一步强调人民群众历史创造者的作用,要求高度重视人民群众的切身利益,积极推进社会建设。社会是人民生活的直接基础,经济发展得再好,但社会建设跟不上,"一条腿长,一条腿短",不解决好上学难、就业难、看病难、住房难等切身问题,人民群众照样没有幸福感,社会主义优越性也就得不到体现。十九大报告指出:"增进民生福祉是发展的根本目的。必须多谋民生之利、多解民生之忧,在发展中补齐民生短板、促进社会公平正义,在幼有所育、学有所教、劳有所得、病有所医、老有所养、住有所居、弱有所扶上不断取得新进展"①。这是关于社会建设问题的总概括。

首先,要按照"守住底线、突出重点、完善制度、引导舆论"的思路,统筹教育、就业、收入分配、社会保障、医药卫生、住房、食品安全、安全生产等,切实做好改善民生各项工作。习近平指出:"民生工作面广量大,具有稳定性、连续性、累积性等特点。要有坚持不懈的韧劲,一件接着一件办,不要贪多嚼不烂,不要狗熊掰棒子,眼大肚子小。要发扬钉钉子精神,不能虎头蛇尾。我们要一诺千金,说到就要做到。务求扎实,开空头支票不行,要同经济发展阶段相匹配,既要积极作为,又要量力而为。"②他特别强调:"全面建成小康社会,最艰巨最繁重的任务在农村,没有农村的小康,特别是没有贫困地区的小康,就没有全面建成小康社会。"③

其次,要按照"社会政策要托底"的原则,完善社会救助体系和社会保障体系。一方面,社会政策通常被称为社会的"稳定器"、经济运行的"减震器"和实现社会公平的"调节器"。社会政策固然可以"锦上添花",但其更基本的功能是"雪中送炭"。另一方面,一个好的社会政策必须做到普惠、持久、有效。"普惠",就是让发展成果惠及每一个人,守住生活底线,为实现共同富裕

---

① 习近平:《决胜全面建成小康社会　夺取新时代中国特色社会主义伟大胜利》,人民出版社 2017 年版,第 23 页。

② 《习近平"四要"是民生工作指南》,人民网 2015 年 3 月 13 日。

③ 中共中央宣传部编:《习近平总书记系列重要讲话读本》,人民出版社、学习出版社 2014 年版,第 68 页。

奠定基础。"持久",就是社会福利的供给水平要与实际发展水平相适应,要尽力而为、量力而行。"有效",就是社会保障和社会福利的提供要有利于形成鼓励"通过勤劳致富改善生活"的机制。社会主义不是平均主义,不是"大锅饭",更不能罚勤赏懒,在这方面我们有过深刻教训。一个社会要充满活力,就要建立公平竞争的社会纵向流动机制,让每个人都有凭借勤奋工作、诚实经营和聪明才智改变自身命运的机会。

再次,把平安中国建设置于中国特色社会主义事业发展的全局进行谋划。平安,既是治国者的宏大理想,也是老百姓的朴素追求。没有平安,两个一百年宏伟目标就无从谈起,中华民族伟大复兴的中国梦也难以实现。习近平指出:"维护公共安全,要坚持问题导向,从人民群众反映最强烈的问题入手,高度重视并切实解决公共安全面临的一些突出矛盾和问题,着力补齐短板、堵塞漏洞、消除隐患,着力抓重点、抓关键、抓薄弱环节,不断提高公共安全水平。"①

最后,要激发广大群众参与社会管理的积极性。习近平指出,在中国社会主义制度下,有事好商量,众人的事情由众人商量,找到全社会意愿和要求的最大公约数,是人民民主的真谛。我们要坚持有事多商量,遇事多商量,做事多商量,商量得越多越深入越好。涉及全国各族人民利益的事情,要在全体人民和全社会中广泛商量;涉及一个地方人民群众利益的事情,要在这个地方的人民群众中广泛商量;涉及一部分群众利益、特定群众利益的事情,要在这部分群众中广泛商量;涉及基层群众利益的事情,要在基层群众中广泛商量。在人民内部各方面广泛商量的过程,就是发扬民主、集思广益的过程,就是科学决策、民主决策的过程,就是实现人民当家做主的过程。②

5.依据马克思主义人与环境关系的原理,强调要像对待生命一样对待生态文明建设。生态文明是工业文明发展到一定阶段的产物,是超越工业文明的新型文明境界,是在对工业文明带来严重生态安全进行深刻反思基础上逐

①　习近平:《牢固树立切实落实安全发展理念,确保广大人民群众生命财产安全》,《人民日报》2015 年 5 月 31 日。

②　参见习近平:《在庆祝中国人民政治协商会议成立 65 周年大会上的讲话》,人民出版社 2014 年版。

步形成和正在积极推动的一种文明形态,是人与自然和谐的社会形态。党的十八大以来,以习近平同志为核心的党中央高度重视生态文明建设。

首先,把生态文明建设作为政治问题来认识。改革开放以来,随着人民生活水平的不断提高,人民开始对环境问题高度关注,追求健康的生活方式,对清新的空气、干净的水、安全的食品等要求越来越高。老百姓过去"盼温饱",现在"盼环保";过去"求生存",现在"求生态"。"如果仍是粗放发展,即使实现了国内生产总值翻一番的目标,那污染又会是一种什么情况? 届时资源环境恐怕完全承载不了。经济上去了,老百姓的幸福感大打折扣,甚至强烈的不满情绪上来了,那是什么形势? 所以,我们不能把加强生态文明建设、加强生态环境保护、提倡绿色低碳生活方式等仅仅作为经济问题。这里面有很大的政治。"①

其次,提出"绿水青山就是金山银山"的新判断。马克思曾经指出:"自然界,就它自身不是人的身体而言,是人的无机的身体。人靠自然界生活。这就是说,自然界是人为了不致死亡而必须与之处于持续不断的交互作用过程的、人的身体。所谓人的肉体生活和精神生活同自然界相联系,不外是说自然界同自身相联系,因为人是自然界的一部分。"②在马克思看来,自然界是人的无机的身体,人一刻也离不开自己的生存环境,环境的破坏就是对人自己生命的破坏。晚年恩格斯警告人们:"不要过分陶醉于我们人类对自然界的胜利,对于每一次这样的胜利,自然界都对我们进行报复。"③习近平针对我国的生态现状,指出:我们既要绿水青山,也要金山银山。宁要绿水青山,不要金山银山,绿水青山就是金山银山。有"绿水青山"就可换来"金山银山",但有"金山银山"却并不一定能够买到"绿水青山"。因此,必须把"绿水青山"放在首要位置,让"绿水青山"源源不断地换来"金山银山"。

再次,生态环境决定文明的兴衰。习近平强调:"生态兴则文明兴,生态

---

① 中共中央文献研究室编:《习近平关于全面深化改革论述摘编》,中央文献出版社 2014 年版,第 103 页。
② 《马克思恩格斯选集》第 1 卷,人民出版社 2012 年版,第 55 页。
③ 《马克思恩格斯全集》第 26 卷,人民出版社 2014 年版,第 971 页。

衰则文明衰。"人类经历了原始文明、农业文明、工业文明,生态文明是工业文明发展到一定阶段的产物,是实现人与自然和谐发展的新要求。生态文化是人与自然和谐共存、协同发展的文化,是推进生态文明建设的重要力量。"生态环境没有替代品,用之不觉,失之难存。我讲过,环境就是民生,青山就是美丽,蓝天也是幸福,绿水青山就是金山银山;保护环境就是保护生产力,改善环境就是发展生产力。"①我们的先人们早就认识到了生态环境的重要性。孔子说:"子钓而不纲,弋不射宿。"意思是不用大网打鱼,不射夜宿之鸟。荀子说:"草木荣华滋硕之时,则斧斤不入山林,不夭其生,不绝其长也;鼋鼍、鱼鳖、鳅鳝孕别之时,罔罟、毒药不入泽,不夭其生,不绝其长也。"《吕氏春秋》中说:"竭泽而渔,岂不获得?而明年无鱼;焚薮而田,岂不获得?而明年无兽。"这些关于对自然要取之以时、取之有度的思想,对于正确处理人与自然环境的关系,无疑具有十分重要的现实意义。②

最后,从三个方面加强生态文明建设。一要吸取历史教训,切实转变思想观念。习近平指出:在生态环境保护上,一定要树立大局观、长远观、整体观,不能因小失大、顾此失彼、寅吃卯粮、急功近利。我们要坚持节约资源和保护环境的基本国策,像保护眼睛一样保护生态环境,像对待生命一样对待生态环境,推动形成绿色发展方式和生活方式,协同推进人民富裕、国家强盛、中国美丽。"要正确处理好经济发展同生态环境保护的关系,牢固树立保护生态环境就是保护生产力、改善生态环境就是发展生产力的理念,更加自觉地推动绿色发展、循环发展、低碳发展,决不以牺牲环境为代价去换取一时的经济增长。"③必须牢固树立生态红线的观念。在生态环境保护问题上,不能越雷池一步,否则就应该受到惩罚。二要把生态文明建设作为一项系统工程来抓。大自然是一个相互依存、相互影响的系统。比如,山水林田湖是一个生命共同

---

① 习近平:《在省部级主要领导干部学习贯彻党的十八届五中全会精神专题研讨班上的讲话》,人民出版社 2016 年版,第 17 页。

② 参见习近平:《在省部级主要领导干部学习贯彻党的十八届五中全会精神专题研讨班上的讲话》,人民出版社 2016 年版,第 19 页。

③ 中共中央文献研究室编:《习近平关于全面深化改革论述摘编》,中央文献出版社 2014 年版,第 107 页。

体,人的命脉在田,田的命脉在水,水的命脉在山,山的命脉在土,土的命脉在树。如果种树的只管种树、治水的只管治水、护田的单纯护田,很容易顾此失彼,最终造成生态的系统性破坏。三要实行严格的生态保护制度。建设生态文明,是一场涉及生产方式、生活方式、思维方式和价值观念的革命性、系统性变革。实现这样的变革,必须依靠制度和法治。特别是,要完善经济社会发展考核评价体系,建立严格的责任追究制度,建立健全资源生态环境管理制度。

(五)马克思东方社会理论的新开拓

晚年马克思在《给〈祖国纪事〉杂志编辑部的信》、《给维·伊·查苏利奇的复信》中试图探讨落后的俄国农村公社能否跨越资本主义卡夫丁峡谷而直接过渡到社会主义的可能性问题。他指出:《资本论》所讲的,只是西欧国家走向社会主义的道路,要求一切国家和民族,"不管它们所处的历史环境如何,都注定要走这条道路",这样做,"会给我过多的荣誉,同时也会给我过多的侮辱"①。在《给〈祖国纪事〉杂志编辑部的信》、《给维·伊·查苏利奇的复信》中,马克思具体分析了俄国农村公社可能跨越卡夫丁峡谷的有利条件:第一,俄国是在全国范围内把"农业公社"保存到今天的唯一的欧洲国家。它不像东印度那样,是外国征服者的猎获物。第二,俄国土地的天然地势适合于大规模地使用机器。农民习惯于劳动组合关系,这有助于他们从小地块劳动向合作劳动过渡。第三,和控制着世界市场的西方生产同时存在,就使俄国可以不通过资本主义制度的卡夫丁峡谷,而把资本主义制度所创造的一切积极的成果用到公社中来。② 但是,马克思又指出:俄国公社正在经受着来自各方面的侵蚀。"要挽救俄国公社,就必须有俄国革命。"③"它一旦倒进资本主义制度的怀抱,它就会和尘世间的其他民族一样地受那些铁面无情的规律的支配。"④马克思最后的回答是:假如俄国革命将成为西方无产阶级革命的信号

---

① 《马克思恩格斯选集》第3卷,人民出版社2012年版,第729页。
② 参见《马克思恩格斯选集》第3卷,人民出版社2012年版,第824页。
③ 《马克思恩格斯选集》第3卷,人民出版社2012年版,第829页。
④ 《马克思恩格斯选集》第4卷,人民出版社2012年版,第317页。

而双方互相补充的话,那么现今的俄国土地公有制便能成为共产主义发展的起点。① 在这里,马克思实际上认为,只有当俄国革命和欧洲革命取得胜利,在俄国能够吸取资本主义先进文明成果的情况下,俄国不经受资本主义"卡夫丁峡谷"才是可能的。

列宁在帝国主义时代,紧密结合俄国的特殊国情,领导俄国无产阶级取得十月社会主义革命的胜利,建立了世界上第一个社会主义国家,开启了探索落后国家走向社会主义、建设社会主义的新实践。列宁曾经提出过一系列重要设想和方案。十月革命前夕,在《远方来信》、《四月提纲》、《国家与革命》等著作中,列宁依据科学社会主义的一般原理和理想目标,提出把"全民的、国家的'辛迪加'"作为社会主义经济制度的理想模式。② 1918年春天,在《苏维埃政权的当前任务》和《论"左派"幼稚性和小资产阶级性》中,列宁认为,在苏维埃政权下,"国家资本主义就是社会主义的前阶,是社会主义取得可靠的胜利的条件"③。在这篇文章的提纲中,列宁提出了一个关于社会主义的公式:"苏维埃政权+普鲁士的铁路秩序+美国的技术和托拉斯组织+美国的国民教育等等等等++=总和=社会主义"。④ 这个公式,也可说是当时列宁的社会主义发展模式。1919年3月,在为党的第八次代表大会制定党纲时,由于内外交困的战争环境和对世界革命形势的过高估计,加上认识上没有突破关于社会主义蓝图的某些传统观念,列宁一度中断了原来设想的迂回道路,明确地企图走直接过渡的道路。当时试图把市场关系和货币的作用降低到最低限度,准备取消货币,实现共产主义的产品直接交换原则。1920年,列宁亲自领导制定了《全俄电气化计划》。当时集中了二百多位专家,用了将近一年的时间,编制了第一个10—15年的发展科学技术和国民经济的远景规划。这实际上是以电气化为中心,在俄国通过技术改造来发展经济的一个长远设想。列宁高度评价了这个计划,称之为"第二个党纲",并提出"共产主义就是苏维

---

① 参见《马克思恩格斯选集》第1卷,人民出版社2012年版,第379页。
② 参见《列宁选集》第3卷,人民出版社2012年版,第202页。
③ 《列宁选集》第3卷,人民出版社2012年版,第536页。
④ 《列宁全集》第34卷,人民出版社1985年版,第520页。

埃加全国电气化"的著名公式。1921年春天,在《论粮食税》等著作中,列宁放弃了战时共产主义时期企图走"直接过渡"道路的不切实际的幻想,要求重新回到1918年春天设想的迂回道路上来:"在最近这几年,必须善于考虑那些便于从宗法制度、从小生产过渡到社会主义的中间环节。"列宁提出的任务,是回到国家资本主义,并"把商品交换这一形式固定下来","既然我们还不能实现从小生产到社会主义的直接过渡,所以作为小生产和交换的自发产物的资本主义,在一定程度上是不可避免的,所以我们应该利用资本主义(特别是要把它纳入国家资本主义的轨道)作为小生产和社会主义之间的中间环节,作为提高生产力的手段、途径、方法和方式"①。而1921年10月以后,列宁进一步提出应"从国家资本主义转到由国家调节买卖和货币流通",并认为在1921—1922年的各个过渡形式中,商业正是党和国家"必须全力抓住的环节"。② 同时,列宁指出,对农民实行更多的让步,是要"防止资本主义复辟,保证走共产主义道路"的必要措施。③

然而,由于列宁过早离开人世,由于战争的迫近,也由于其他各种主客观原因,苏联于1928年宣布停止"新经济政策"的试验。1936年宣布建成完全的社会主义。高速工业化和全盘集体化的发展,最终奠定了斯大林模式的基本特征。新中国成立之初,中国照搬了"苏联模式",毛泽东很早就发现了苏联模式的弊端,并做了大量突破苏联模式、探索独立自主的中国式现代化的试验,但由于各种原因,反而强化和加固了苏联模式。党的十一届三中全会之后,邓小平在马克思、列宁的基础上,结合我国社会主义建设的实践,对"什么是社会主义,怎样建设社会主义"的问题作了新的探索。

1.根据马克思、列宁对社会主义本质的论述,联系我国社会主义建设的实际,针对离开生产力抽象谈论姓"社"姓"资"的抽象争论,对社会主义本质作了新的论述。邓小平反复强调"马克思主义最注重发展生产力",发展生产力是马克思主义的一个基本原则。"我们人民的生活如此困难,怎么体现出社

---

① 《列宁选集》第4卷,人民出版社1995年版,第510页。
② 参见《列宁全集》第42卷,人民出版社1987年版,第228、248页。
③ 参见《列宁全集》第41卷,人民出版社1986年版,第313页。

会主义的优越性？'四人帮'叫嚷要搞'穷社会主义'、'穷共产主义'，胡说共产主义主要是精神方面的，简直是荒谬之极！我们说，社会主义是共产主义的第一阶段。落后国家建设社会主义，在开始的一段很长时间内生产力水平不如发达的资本主义国家，不可能完全消灭贫穷。所以，社会主义必须大力发展生产力，逐步消灭贫穷，不断提高人民的生活水平。否则，社会主义怎么能战胜资本主义？"①在视察南方的谈话中，他更进一步指出：社会主义的本质，是解放生产力，发展生产力，消灭剥削，消除两极分化，最终达到共同富裕。判断改革开放成败的标准，应该主要看是否有利于发展社会主义社会的生产力，是否有利于增强社会主义国家的综合国力，是否有利于提高人民的生活水平。针对长期以来人们把计划经济和市场经济看作区分不同社会制度标准的传统观点，邓小平提出计划和市场都是经济手段，社会主义和资本主义都可以利用，这是对科学社会主义的重大突破和创新。最后，邓小平针对有人担心一部分地区、一部分个人先富起来会导致两极分化的观点和平均主义"大锅饭"的旧观念，提出共同富裕是一个逐步实现的过程，从而把对社会主义本质的认识建立在辩证法的基础之上。

2.依据马克思对共产主义高级阶段和低级阶段的论述，针对我国"人口多，底子薄"，生产力发展严重不足的国情，明确指出：我国的社会主义还处在初级阶段。他说："社会主义本身是共产主义的初级阶段，而我们中国又处在社会主义的初级阶段，就是不发达的阶段。一切都要从这个实际出发，根据这个实际来制订规划。"②根据历史唯物主义的基本原理，社会主义是生产力物质内容与生产关系社会形式的统一，只有当生产关系社会形式适合生产力不同发展阶段的不同状况时，生产关系才会促进生产力的发展。我国的社会主义还处在初级阶段，发展生产力是首要任务，应该适应社会主义初级阶段生产力发展的要求，适时改革生产关系和上层建筑不适合生产力发展的环节和方面。党的十三大以后，我们实行了以公有制为主体，多种所有制形式并存的生

---

① 《邓小平文选》第二卷，人民出版社 1994 年版，第 10 页。
② 《邓小平文选》第三卷，人民出版社 1993 年版，第 252 页。

产资料所有制制度和以按劳分配为主体,多种分配方式为补充的分配制度。初级阶段理论是对马克思共产主义两个阶段理论的继承和发展。它再现了马克思历史唯物主义的真谛:生产关系一定要适合生产力发展的需要,在低级阶段采取高级阶段的形式,或者在高级阶段采取低级阶段的形式都会阻碍生产力的发展。基于这种分析,邓小平提出了"三步走"的发展战略。他说:"现在中国还很穷,国民生产总值人均只有三百美元。我们的目标是,到本世纪末人均达到八百美元。八百美元对经济发达国家来说不算什么,但对中国来说,这是雄心壮志。它意味着到本世纪末,我国的国民生产总值达到一万亿美元。到那个时候,中国就会对人类有大一点的贡献。我国是社会主义国家,国民生产总值达到一万亿美元,日子就会比较好过。更重要的是,在这样一个基础上,再发展三十年到五十年,我们就可以接近发达国家的水平。"①

3.反复强调吸取资本主义先进文明成果对建设社会主义的重要性。邓小平反复强调:科学技术本身并没有阶级性。人类历史发展的过程,实际上是不同民族、不同国家之间相互学习、相互借鉴的过程,中国古代的四大发明后来被世界其他各国都利用了。计划和市场都是经济手段,资本主义可以用,社会主义也可以用。"社会主义要赢得与资本主义相比较的优势,就必须大胆吸收和借鉴人类社会创造的一切文明成果,吸收和借鉴当今世界各国包括资本主义发达国家的一切反映现代社会化生产规律的先进经营方式、管理方法。"②针对有些人担心改革开放,引进外资会导致资本主义的思想障碍,邓小平重新阐述了社会主义的本质,指出判断改革得失成败的标准只能是"三个有利于"的标准,凡符合"三个有利于"的就大胆地干。这与晚年马克思关于东方落后国家有可能通过吸取资本主义先进文明成果,从而跨越资本主义卡夫丁峡谷的思想是一致的。

4.针对"东欧剧变"、"苏联解体"后人们对马克思主义、社会主义的种种怀疑,要求人们坚定对马克思主义、共产主义的信念。邓小平指出:马克思主

---

①　《邓小平文选》第三卷,人民出版社1993年版,第57页。
②　《邓小平文选》第三卷,人民出版社1993年版,第373页。

义是科学,它运用历史唯物主义揭示了人类社会发展的规律。人类社会的发展本身不是直线式的。封建社会代替奴隶社会,资本主义代替封建主义,社会主义经历一个长过程发展后必然代替资本主义。这是社会历史发展不可逆转的总趋势,但道路是曲折的。资本主义代替封建主义的几百年间,发生过多少次王朝复辟? 所以,从一定意义上说,某种暂时复辟也是难以完全避免的规律性现象。一些国家出现严重曲折,社会主义好像被削弱了,但人民经受锻炼,从中吸取教训,将保全社会主义向着更加健康的方向发展。"因此,不要惊慌失措,不要认为马克思主义就消失了,没用了,失败了。哪有这回事!"①

经过四十年的改革开放,中国一跃而成为世界第二大经济体,从实践上进一步证实了马克思东方社会理论的科学性,说明东方落后国家不仅可以直接进入社会主义,而且可以在较短时间里以较快的速度建成较为强大的社会主义国家。针对我国生产力和生产关系发展的新特征新问题,习近平明确提出新时代中国特色社会主义思想,进一步丰富和发展了马克思的东方社会理论。

1.根据社会主义初级阶段的基本国情,强调坚持党的基本路线的重要性。初级阶段的国情告诫我们,党在社会主义初级阶段的基本路线是党和国家的生命线、人民的幸福线。不要为已经取得的发展成就陶醉,要看到发展中存在的不平衡、不协调、不可持续的问题;不要为国际国内各种批评中国的言论所困扰,紧紧扭住发展社会生产力这个关键,继续坚持改革开放,加快改革和调整不利于社会生产力发展的生产关系和上层建筑;不要头脑发热,不要"中心漂移",必须牢牢坚持"发展是硬道理"的战略思想,牢牢扭住经济建设这个中心,一心一意谋发展,聚精会神搞建设,进一步筑牢国家发展繁荣、全国各族人民幸福安康和中华民族伟大复兴的强大物质基础。

2.在邓小平"三步走"战略的基础上,进一步提出新的战略安排。"三步走"战略的前两步,即实现"温饱"和"总体小康"分别于 20 世纪 80 年代末和 20 世纪末实现。2007 年召开的党的十七大指出:"我们已经朝着十六大确立的全面建设小康社会的目标迈出了坚实步伐,今后要继续努力奋斗,确保到

---

① 《邓小平文选》第三卷,人民出版社 1993 年版,第 383 页。

2020 年实现全面建成小康社会的奋斗目标。"①并从经济建设、政治建设、文化建设、社会建设、生态文明建设五个方面作了相应的规定。从党的十六大提出，以及后来在十七大、十八大一再被充实了内容的"小康社会"奋斗目标来看，新的小康目标与"总体小康"相比，一是水平更高。要从一个国际上中等偏下收入的经济体向中等偏上收入的经济体迈进。正如习近平指出的：人民期盼的是"有更好的教育、更稳定的工作、更满意的收入、更可靠的社会保障、更高水平的医疗卫生服务、更舒适的居住条件、更优美的环境"，"孩子们能成长得更好、工作得更好、生活得更好"，"人民对美好生活的向往就是我们的奋斗目标"。②　二是范围更广。国家统计局为全面建成小康社会设计的监测指标有 5 个方面 39 项之多。对人均 GDP 和居民人均收入、绝对贫困率、新型城镇化率、政府管理能力、廉政指数、平均受教育年限、文化产业增加值、基尼系数、社会基本保险覆盖率、人均预期寿命、单位 GDP 能耗、森林覆盖率等都作了专门的规定。三是强调公平发展。全面小康，核心在于"全面"，它覆盖了 13 亿多中国人。正如习近平指出的，"小康不小康，关键看老乡"，"一个民族都不能少"，"不能丢了农村这一头"，"决不能让一个苏区老区掉队"。我们的目标是让改革的成果惠及全体人民，两极分化不等于社会主义。党的十九大报告根据"三步走"战略的落实情况，实际上提出了一个新的"三步走"战略。一是从现在到 2020 年，是全面建成小康社会决胜期。二是从 2020 年到 2035 年，在全面建成小康社会的基础上，再奋斗十五年，基本实现社会主义现代化。三是从 2035 年到本世纪中叶，在基本实现现代化的基础上，再奋斗十五年，把我国建成富强民主文明和谐美丽的社会主义现代化强国。

3.从世界现代化视野，说明中国现代化的特殊性。习近平指出："我国现代化同西方发达国家有很大不同。西方发达国家是一个'串联式'的发展过程，工业化、城镇化、农业现代化、信息化顺序发展，发展到目前水平用了二百多年时间。我们要后来居上，把'失去的二百年'找回来，决定了我国发展必

---

①　中共中央党校教务部编：《十一届三中全会以来党和国家重要文献选编》，中共中央党校出版社 2008 年版，第 736—737 页。

②　《习近平谈治国理政》第一卷，外文出版社 2018 年版，第 4 页。

然是一个'并联式'的过程,工业化、信息化、城镇化、农业现代化是叠加发展的。"①邓小平曾经指出:现在的世界是开放的世界,中国的发展离不开世界。然而,近年来,世界范围的民粹主义、贸易保护主义开始抬头,全球经济发展陷入困境,全球化遭到质疑。针对这种情况,习近平积极倡导发展开放包容的市场经济。一是坚持创新驱动,打造富有活力的增长模式。创新是引领发展的第一动力。与以往历次工业革命相比,第四次工业革命是以指数级而非线性速度展开。我们必须在创新中寻找出路。二是坚持协同联动,打造开放共赢的合作模式。人类已经成为你中有我、我中有你的命运共同体,利益高度融合,彼此相互依存。每个国家都有发展权利,同时都应该在更加广阔的层面考虑自身利益,不能以损害其他国家利益为代价。三是坚持与时俱进,打造公正合理的治理模式。全球治理体系只有适应国际经济格局新要求,才能为全球经济提供有力保障。四是坚持公平包容,打造平衡普惠的发展模式。发展的目的是造福人民。要让发展更加平衡,让发展机会更加均等、发展成果人人共享,就要完善发展理念和模式,提升发展公平性、有效性、协同性。②

4.强调坚定共产主义理想信念的重要性。习近平指出,对马克思主义的信仰,对社会主义和共产主义的信念,是共产党人的政治灵魂,是共产党人经受住任何考验的精神支柱。党章明确规定,党的最高理想和最终目标是实现共产主义。……如果丢失了我们共产党人的远大目标,就会迷失方向,变成功利主义、实用主义。③但是,共产主义只有在社会主义社会充分发展和高度发达的基础上才能实现。想一下子、两下子就进入共产主义,那是不切实际的。"邓小平同志说,巩固和发展社会主义制度,还需要一个很长的历史阶段,需要我们几代人、十几代人、甚至几十代人坚持不懈地努力奋斗。几十代人,那

---

① 习近平:《在十八届中央政治局第九次集体学习时的讲话》,载中共中央文献研究室编:《习近平关于科技创新论述摘编》,中央文献出版社 2016 年版,第 24—25 页。

② 参见习近平:《共担时代责任 共促全球发展——在世界经济论坛 2017 年年会开幕式上的主旨演讲》,《光明日报》2017 年 1 月 18 日。

③ 参见《十八大以来重要文献选编》(上),中央文献出版社 2014 年版,第 116 页。

是多么长啊！从孔老夫子到现在也不过七十代人。这样看问题，充分说明我们中国共产党人政治上的清醒。"①必须认识到，我们现在的努力以及将来多少代人的持续努力，都是朝着最终实现共产主义这个大目标前进的。同时，必须认识到，实现共产主义是一个非常漫长的历史过程，我们必须立足党在现阶段的奋斗目标，脚踏实地推进我们的事业。

三、澄清国外研究中的认识误区

在国外学者、人士的研究中，"中国式社会主义论"、"后社会主义论"、"第三条道路论"在更为广阔的视野或者在一定程度上看到了"中国模式"对马克思主义的继承发展，具有参考借鉴意义。但"新自由主义论"、"新权威主义论"、"中国式联邦主义论"则是对"中国模式"的误读、误解和歪曲，很有必要予以澄清。

（一）中国模式不等于"新自由主义"

中国在改革开放的进程中，的确吸收和借鉴了英美国家发展市场经济的经验，但这绝不等于说中国照搬照抄了"新自由主义"的发展模式。要澄清中国模式与"新自由主义"及其"华盛顿共识"的关系，必须对新自由主义的来龙去脉有一个清晰的认识。

1.新自由主义作为应对资本主义内在矛盾的学说和策略，有一个从无到有，从不为人知到知之较多，最后上升为美国国家意识形态和主流价值观念的过程。

作为一种经济学理论、思潮，新自由主义产生于20世纪20—30年代。当时的基本背景是：一方面，随着第一次世界大战结束、德皇威廉二世退位和同年哈布斯堡家族结束对奥匈帝国的百年统治，自由资本主义开始向垄断资本

①　习近平：《关于坚持和发展中国特色社会主义的几个问题》，载《十八大以来重要文献选编》（上），中央文献出版社2014年版，第115—116页。

主义转变;另一方面,随着俄国十月革命的胜利、苏维埃政权和计划经济体制的建立,出现了实践中的社会主义。正是在这样的背景下,新自由主义应运而生。20 世纪 30 年代发生了一场以奥地利经济学家米塞斯、哈耶克为首的新自由主义者与以波兰经济学家兰格为另一方的关于"经济计算"问题的大论战。整个论战虽然无果而终,但却成为新自由主义开始登上历史舞台的重要里程碑。

20 世纪 30 年代爆发的世界资本主义经济大危机,彻底暴露了自由放任市场经济的弊端,它不仅是对古典自由主义经济理论基础——萨伊定律——"供给会自动地创造自己的需求"——的一次全面否定,而且实际上宣告了自由竞争资本主义时代的结束。在人们愿意在手头持有更多货币的灵活偏好、边际消费倾向递减和投资边际收益递减三大心理规律的作用下,曾长期驱动经济增长的私人与企业的消费和投资热情全面衰退,有效需求不足迅速普遍化,并成为经济运行的一种常态,因而迫切需要国家出面来干预经济生活。于是,凯恩斯主义应运而生。"罗斯福新政"则以政策实践的形式表明了凯恩斯主义的有效性,并使凯恩斯主义上升为资本主义世界的主流经济学,主导国家垄断资本主义的宏观经济运行长达 40 年之久。新自由主义受到冷落,开始着手对其理论进行精雕细琢,并使之系统化。

20 世纪 70 年代初期,以两次石油危机为导火线,整个资本主义世界出现了"滞胀"(高通胀、高失业、低经济增长)的两难困境。面对"滞胀",凯恩斯主义政策束手无策。"滞胀"是国家垄断资本充分发展导致资本主义固有矛盾日趋激化的必然结果。具体说,是由技术进步使生产率提高,且在资本追求剩余价值(利润)最大化过程中导致失业增加,经济过度开发导致能源极度短缺和成本迅速上升,政府过度干预导致政府膨胀、政府开支增加、企业税负加重等多种原因所致。但是新自由主义者却仅仅将其归结为国家干预过度、政府开支过大、人们的理性预期导致政府政策失灵所致。也正是在这种情况下,多年受冷落的新自由主义伴随美国总统里根和英国首相撒切尔夫人的上台,在否定凯恩斯主义的声浪中,占据了美英等国经济学主流地位。新自由主义的重要特征是把反对国家干预上升到了一个新的系统化和理论化高度,是

"对凯恩斯革命的反革命"。也正是在这个意义上,西方学者又称新自由主义为新保守主义。

自 20 世纪七八十年代以来,随着高新科技革命兴起,生产力巨大发展,资本主义由国家垄断向国际垄断发展。为适应这种需要,新自由主义开始由理论、学术而政治化,国家意识形态化、范式化,成为美英国际垄断资本推行全球一体化理论体系的重要组成部分。其标志性事件是于 1990 年由美国国际经济研究所牵头,由国际货币基金组织(IMF)、世界银行和美国财政部及拉美国家、其他地区部分学术机构代表参加的、讨论 20 世纪 80 年代中后期以来拉美经济调整和改革的研讨会。在会议的最后阶段,美国国际经济研究所前所长约翰·威廉姆逊以"会议共识"的名义,抛出了包括十项政策工具的"会议纪要"。由于上述国际机构的总部和美国财政部都在华盛顿,加上会议在华盛顿召开,所以威廉姆逊抛出的"会议纪要"被称为"华盛顿共识"。"华盛顿共识"的十项政策主张是:(1)加强财政纪律,压缩财政赤字,降低通货膨胀率,稳定宏观经济形势。(2)把政府开支的重点转向经济效益高的领域以及有利于改善收入分配的领域(如文教卫生和基础设施)。(3)开展税制改革,降低边际税率,扩大税基。(4)实施利率市场化。(5)采用一种具有竞争力的汇率制度。(6)实施贸易自由化,开放市场。(7)放松对外资的限制。(8)对国有企业实施私有化。(9)放松政府的管制。(10)保护私人财产权。"华盛顿共识"的出笼,标志着新自由主义嬗变为美国的国家意识形态和主流价值观念。

美国纽约大学宾哈姆顿分校布罗代尔经济、历史体系和文明研究中心的核心成员,著名的世界体系论者和新马克思主义者乔万尼·阿瑞吉(Giovanni Arrighi)指出,要想弄清楚什么是新自由主义,最好的方法就是要看到它是"意识形态全球化"的一个组成部分。"在美国国内政策方面,新自由主义就是要取消美国罗斯福总统 1933 年推行的新政和西欧的福利国家制度。在国际政策方面,新自由主义就是要取消支持第三世界国家发展的政策。从这一角度来理解,新自由主义是众多'拥护资本'学说中的一个版本,它想使美国在资本主义金融扩张阶段占据统治地位。同以往的一些学说一样,新自由主义企图通过信贷和金融投机活动,而不是通过向贸易和生产部门投资的方式,来建立一种促进资本积累的社会环境。"①阿瑞吉的分析,简明扼要地道出了新自由主义的实质。

2.新自由主义作为美国的国家意识形态和价值观,不仅是应对资本主义内在矛盾的学说和策略,而且也是反马克思主义和社会主义的思想逻辑。

首先,新自由主义极力否认公有制,大力宣扬私有化。在这方面,新制度经济学的重要代表人物张五常的观点具有代表性。张五常强调市场与公有制的对立。他说:"举世闻名的"科斯定理其实就是一句话:产权清晰"是市场交易的先决条件",而产权清晰就是"私有产权"。科斯的产权清晰论"使举世开始明白私有产权的重要,间接或直接地使共产奄奄一息"。弗里德曼对中国经济改革的建议是:第一,国家调控越少越好;第二,建议中国大力发展私人部门。他说过,中国改革最好不要学日本,因为日本、韩国是国家主导经济,国家政策作用比较大,也不能学美国,美国干预还太多。最好学香港,一点都不要干预。②

其次,新自由主义,特别是市场原教旨主义(Market Foundmentalism)极力宣扬和鼓吹"市场万能论",否定"市场缺陷"及其"失灵"的可能性与现实性,片面夸大市场的自修正和自复衡功能,否认政府干预对于弥补市场缺陷、克服市场失灵的积极作用,认为除了维护法制和社会秩序以外的任何形式的政府干预都将有损于市场效率及市场的健康运行,主张"自由放任"(laissez-faire),极力夸大"看不见的手"的作用,甚至认为只要充分肯定和有效保护利己与竞争两大因素,原本杂乱无章的市场交易行为就会变得井然有序,市场交易当事人个人利益实现的同时,社会公共利益也会自动实现。因此,政府所能做且需要尽最大努力去做的,不是干预经济,而是为上述因素正常发生作用提供必要的帮助与指导。新自由主义所说的"平等"只是"机会的平等"、"形式的平等"(formal equality),或"过程平等"、"程序平等",而不是指"结果平等"或"实质平等"(material equality)。平等只是这样一种要求,"即据以决定不

---

① [美]乔万尼·阿瑞吉等:《新自由主义的性质和前途》,丁骥天摘译,《国外理论动态》2007 年第 6 期。

② 参见吴易风:《西方经济学中的新自由主义》,《红旗文稿》2004 年第 5 期。

同个人相对地位的竞赛程序或竞赛规则必须是公正的(至少不是不公正的),但却并不要求不同的个人在这个过程中所获得的特定结果是公正的"①。作为新自由主义思潮的代表人物,早在20世纪40年代初,哈耶克就著书立说,把集体主义和社会主义视为"通往奴役之路"。他曾不遗余力地宣扬"自由主义只关注交换正义,而不关注所谓的分配正义或现在更为盛行的'社会'正义",甚至声称"坚定的自由主义者⋯⋯必须拒斥分配正义"。②

再次,新自由主义极力鼓励以超级大国为主导的全球经济、政治、文化一体化,即全球资本主义化。美国官方对全球化的解释反映在美国国务院1999年的人权报告中,即经济全球化、技术全球化、民主和人权全球化。按照西方国家某些官员和官方学者的解释,全球化还包括法律全球化、文化全球化和语言全球化。实际上,他们是要用西方国家的法律和文化统一全球。英美学者甚至主张全世界都只用英语。实质是企图把西方国家的特别是美国的政治制度、法律制度、意识形态和文化以至语言强加给其他国家和民族。"华盛顿共识"的内容涉及财政政策、货币政策、税收政策、利率政策、汇率政策、外资政策等许多方面。其目的就是将全球纳入垄断资本的控制之下。

最后,新自由主义认为,基于高税收政策的"福利国家"导致经济上的低效率,弱化了人们工作、储蓄和投资的动机;"充分就业"政策减少了私营部门的劳动力供应,使经济发展缺乏弹性;以养老、就业和医疗等为主要内容的全民福利,摧毁了个人自我照顾的能力,增加了个人依赖国家的惰性。在哈耶克看来,福利国家是一种人为的设计而不是单纯的人类行动,完全忽视了一个自由市场经济社会中建立"自发秩序"的必要条件。

3.新自由主义不仅在美英两国大行其道,而且蔓延世界,特别是自20世纪90年代初"华盛顿共识"出笼后,在某些地区和国家曾一度呈加剧之势,虽然取得一定成效,但其负面效应远远大过了正面效应。奥巴马上台后,不得不

---

①　[英]哈耶克:《哈耶克论文集》,邓正来选编译,首都经济贸易大学出版社2001年版,第52页。

②　[英]哈耶克:《哈耶克论文集》,邓正来选编译,首都经济贸易大学出版社2001年版,第81—82页。

采取"新政",标志着新自由主义的结束。

首先,新自由主义的推行导致"拉美陷阱"。尽管拉美国家的领导人从不公开赞同新自由主义理论,但20世纪80年代后期以来拉美国家实施的经济改革,却有明显的新自由主义烙印。拉美国家的改革开放主要包括:贸易自由化、放松对外资的限制、私有化、税制改革、金融改革、劳工制度改革、社会保障制度改革,等等。改革虽然取得了明显的积极成效,但其负面效应也十分突出:其一,新自由主义理论积极推崇的国有企业私有化,使一些私人资本和外国资本的生产集中不断加强,也使失业问题更为严重。由于经营不善或国家停止拨款后资金周转发生困难等原因,一些国有企业在私有化后陷入了困境,最终不得不再次被国家接管或靠政府的财政"援助"度日。其二,改革使收入分配不公的问题变得越来越严重。新自由主义理论推崇效率优先,漠视公平的重要性和必要性,并认为市场是万能的。其结果是,两极分化和贫困化十分严重。墨西哥是一个典型的例子。改革前,墨西哥只有2位亿万富翁,20世纪90年代后期增加到20多位;与此同时,墨西哥的贫困人口却未见减少。不容否认,收入分配不公是墨西哥恰帕斯州农民揭竿而起的主要原因之一。其三,市场开放导致不少竞争力弱小的本国企业陷入困境。新自由主义理论主张最大限度地开放市场。在拉美,市场开放的过程是一个外资企业不断入侵的过程。有些民族企业在竞争中仍然能保持自己的优势,并在竞争中不断壮大自身的实力,但有些民族企业则因不敌外来竞争而陷入困境。这种情况在开放度较高的墨西哥和阿根廷等国尤为明显。其四,在重新定位国家作用的过程中忽视了社会发展的重要地位。新自由主义理论要求把国家的作用降低到最低限度。在新自由主义理论的影响下,拉美国家的政府通过私有化等手段退出了生产领域,并减少了对经济的直接干预。这无疑为市场机制发挥积极作用创造了条件。然而,拉美国家似乎从一个极端走向另一个极端。例如,有些国家的政府为了实现财政平衡而减少了对文教卫生领域的投资,从而使低收入阶层得不到必要的服务;有些国家的政府则将一些社会服务设施交给追求利润最大化的私人部门去管理,失去了政府在社会发展领域中的主导地位。其五,不成熟的金融自由化和过早开放资本项目增加了金融风险。在推动金融自由化的过程中,政府未能有效地对金融部门加以监管。其结果是,有些银行为追求高利润率而从事风险过大的业务;有些银行为应付政府有关部门的检查而弄虚作假;有些银行则将大量贷款发放给少数"关系户"。不容否认,政府放松对金融业的监管,是近年来许多拉美国家爆发银行危机的主要原因之一。①

其次,新自由主义导致"亚洲金融危机"。亚洲金融危机的爆发最初源于泰国中央银行开放自由汇率。1997年夏天的这一举措,其结果是泰铢对美元的汇率迅速下跌了20多个百分点。在短短几周的时间内,这场危机扩大到了印度尼西亚、马来西亚和菲律宾,1997年11月韩国也被卷入其中。国际投资者惊慌失措的反应以及大量资金撤离东亚和东南亚各国致使这场危机迅速扩散。由于资金的撤离,各国政府不得不继续贬值本国的货币,这又导致更多的投资者撤回投资。以印度尼西亚卢比为例,1997年7月到1998年3月危机最严重的时候,印度尼西亚卢比贬值大约85%。交易所中货币的大幅度贬值使被危机波的国家更加外债累累。首先是许多银行失去支付能力。根据亚洲开发银行(ADB)的数据显示,1997年和1998年受危机波及国家的国民生产总值平均减少了8.5%。1996年泰国经济还增长了近6%,而1997年却减少了2%,1998年甚至下降了10%以上。印度尼西亚经济受到的影响更严重,1998年下降了13%还多。在这一系列宏观经济数据的背后是受危机影响的国家中,工作岗位大量减少、生活费用增加的同时收入减少,以及大面积的贫困化。危机后泰国和印度尼西亚的实际收入减少了20%以上,印度尼西亚的贫困率上升了80%。最终,这场危机还波及全球各地,1998年8月席卷了俄罗斯,1999年年初又殃及巴西。根据国际货币基金组织和世界银行的评估,1997年以来受危机影响最严重的国家每年耗费超过3%的国民生产总值来充实银行资本。亚洲金融危机使亚洲许多国家的社会秩序陷入混乱。由于银行倒闭,金融业崩溃,导致经济瘫痪。经济衰退,激化了国内的矛盾。亚洲金融

---

① 参见周肇光:《如何看待西方新自由主义思潮及其国际影响》,《福建论坛》2007年第3期。

危机期间,印度尼西亚、马来西亚等国社会动荡,人心涣散,秩序混乱,在印度尼西亚甚至还导致了苏哈托政权的结束。①

再次,新自由主义导致俄罗斯经济社会全面"休克"。在苏联解体后,独立后的俄罗斯开始强制而快速地推进经济转轨过程。1992 年年初,俄罗斯激进民主派政府推出了所谓"三位一体"(自由化、私有化和稳定化)的"休克疗法"式经济转轨政策。内容大体包括:第一,市场和内外贸易快速自由化,"快速而全面地消除价格监督","尽快转向开放的、非集中的监督和货币体系"。俄罗斯自 1992 年 1 月全面而急剧放开商品、物价、汇率、外贸进出口等方面的管制,政府对经济的调控作用被大大缩减。第二,国有企业的全盘私有化。"所有制改革的最终目标归结为包括几乎全部企业的私有化"。迅速而大规模的国有企业私有化的主旨,是打造以私有制为主体的广泛的有产者和企业家阶层。第三,宏观经济稳定化,减少财政赤字,严格限制贷款和货币发行,将稳定卢布、控制通货膨胀作为经济政策的重中之重,生产发展、产业调整、结构更新和科技政策均让位于货币紧缩政策。此外,"西向化或全盘西化"也被认为是俄罗斯转型的一个核心方面,其实质是效仿和依赖西方的援助,即俄罗斯必须引入和效法西方市场经济特别是美国模式,向外国首先是西方国家全面开放国内市场,尽可能多地争取西方国家的投资和贷款。这些正是叶利钦时代俄罗斯激进民主派自盖达尔政府提出、此后历届政府实际推行的俄罗斯社会经济转轨政策和战略的主导思想。从实证的角度看,俄罗斯经济转型的前 10 年陷入了前所未有的社会经济大危机,其经济出现大幅下滑与衰退。1989 年,俄罗斯的 GDP 是中国的 2 倍强,10 年后却仅为中国的 1/3。有鉴于此,现在国际上一个流行的观点是,"华盛顿共识"和所谓"三位一体"的转型,相对于一个成功的转型来说,它是引人误入歧途的药方。"休克疗法"的转型政策,不仅摧毁了苏联原有的经济基础,而且,由于这种政策的实行及其影响,俄罗斯形成了一种扭曲而畸形的过渡经济社会形态。②

---

① 参见刘刚:《亚洲金融危机十周年回顾与展望》,《世界经济与政治论坛》2007 年第 5 期。
② 参见田春生:《新自由主义学说及其政策在转型国家的失败——以俄罗斯转型前 10 年的结果为例》,《世界经济与政治》2004 年第 5 期。

最后,新自由主义导致美国金融危机。以美国为首的西方国家在全球推行新自由主义政策,特别是推行金融自由,其结果不仅导致发展中国家的危机,而且最终造成了自身的危机。在 1979 年撒切尔夫人担任英国首相、1980年里根担任美国总统以后,新自由主义开始占据西方国家经济政策取向的主流地位,公共部门企业和服务的私有化、削减税率、减少公共开支和社会福利支出、放松市场管制等一系列自由化改革相继进行。然而,从 1973 年到 20 世纪 90 年代初,美国和英国领导的新自由主义经济调整并没有表现出良好的业绩。1973—1992 年,人均真实国内生产总值年增长率,西欧为 1.8%,美国为 1.4%,均分别低于 1950—1973 年的 3.9% 和 2.4%。被誉为"新经济"的美国,在克林顿时代连续 10 年的持续低通胀增长,实际上并不是历史上最好的时期。1991—2000 年,美国年均真实 GDP 增长率同比商业周期 1980—1981年的 2.5% 高,为 3.7%,但低于 1961—1969 年的 4.9%、1970—1973 年的 4.8%、1975—1979 年的 4.7% 和 1982—1990 年的 4.0%。[①] 克林顿时代进行的相对国家干预、信息技术革命,以及通过对工会力量的打击和限制来压低工资、降低边际税率对资本投资的刺激,用消费信贷拉动超前消费等,远没有使美国经济达到新自由主义描绘的神话境地。美国工业生产能力的利用率已从上个周期末 2000 年的历史最低水平 80.7% 下降到 2002 年 12 月的 73.6%。美国在实行新自由主义的经济政策后,似乎经济有了相当发展,但实际上表面的繁荣背后隐藏了股市泡沫、私人部门债务膨胀、财政赤字不断扩大等隐患。

始于 2007 年 4 月的美国次级按揭贷款风险,迅速向以次级按揭贷款为支持的各类证券化产品的持有者转移。进入 2008 年,美国次贷危机进一步演化成全面性的金融危机。美国财政部托管"两房",摩根大通并购贝尔斯登,美国第三大证券公司美林证券被美国银行收购,美国第四大投资银行雷曼兄弟公司宣布破产,美国第一大保险公司美国国际集团(American International Group, AIG)陷入融资困境,美国五大投资银行中有三个已经不复存在,相当多的中小银行开始出现流动性的危机,美国第十大抵押贷款放款行 IndyMac

---

① 参见程恩富:《新自由主义的起源、发展及其影响》,《求是》2005 年第 3 期。

Bancorp Inc 也进入破产程序,被联邦机构接管,预计未来还将有更多的金融机构会先后进入破产程序。与此相应,美国股市也连续受到重挫,道琼斯指数一度跌破 8000 点,创十年来新低。奥巴马上台时美国经济正处于近 30 多年来最严重的衰退中。2008 年 12 月,美国失业率高达 7.2%。联合国在 2008 年 12 月 1 日发布报告预测称:2009 年美国经济和日本经济将分别出现 1% 和 0.3% 的负增长,发展中国家将增长 4.6%,增幅低于 2008 年的 5.9%,远低于 2007 年的 7.1%。① 2009 年 1 月 20 日,奥巴马在就职演说中指出:"美国正处于危机之中","经济严重衰弱,就业减少,商业破产"。正如美国选民所期望的,奥巴马上台之后开始推行其"新政"。他正式举起了凯恩斯主义的旗帜,主张"大政府,小市场",抛弃了里根执政以来祸害美国和世界最普通民众 30 年的新自由主义教条,着力推行政府大规模金融监管和经济运作,加大政府对经济金融的救助力度和直接干预程度,刺激经济增长。至此,新自由主义走到了它的终点。曾经是新自由主义经济理论的坚定信奉者、激进的改革派中谷岩指出:"考虑到当今日趋严重的环境污染、食品污染、贫富差距扩大等问题,全球化资本主义将不可避免地需要进行巨大的修正。如果允许我说得更严厉些,'美国主导的全球化资本主义已经开始自我崩溃了'。"② 在最近一届美国总统选举中,特朗普历数新自由主义给美国带来的问题:贫富悬殊、政治献金、制造业危机、极端暴恐、叙利亚移民、全球自由贸易……认为这一切无不与新自由主义相联系。特朗普上台后,公开反对全球化,推行民粹主义,强调美国优先,标志着新自由主义在美国的彻底崩溃。

实际上,根据大卫·科茨的论述,美国在全球推行新自由主义,但它自己却没有完全地执行。"美国在全球推行新自由主义,但它自己却没有一以贯之地实行。例如,在农业领域,美国仍维持政府补贴。新自由主义认为,美国农业应完全自由市场化,否则效率很低。但是美国多数农产品直接或间接由

---

① 参见蓝庆新:《新自由主义的失败与美国金融危机的警示》,《南京社会科学》2009 年第 1 期。

② [日]中谷岩:《资本主义为什么会自我崩溃?——新自由主义者的忏悔》,郑萍译,社会科学文献出版社 2010 年版,第 4 页。

国家定价,现在效率很好。"①"新自由主义"实质是反马克思主义、反社会主义的美国国家意识形态和以实行私有化、自由化、全球化为主导的经济改革策略,与"中国模式"相去甚远,把中国改革开放的成就归之于实行新自由主义的结果,这是对"中国模式"的极大误读、误解和歪曲。

(二)中国模式不等于"新权威主义"

虽然"新权威主义"曾在中国理论界有过热烈的讨论,但从来没有成为中国官方的意识形态。这是因为"新权威主义"与马克思主义、中国特色社会主义之间有着本质的区别。

1.马克思主义无疑承认权威在社会发展中的重要性和必要性。恩格斯在《论权威》一文中指出,机器大工业生产本身是以遵循权威为前提的,"把权威原则说成是绝对坏的东西,而把自治原则说成是绝对好的东西,这是荒谬的。权威与自治是相对的东西,它们的应用范围是随着社会发展阶段的不同而改变的"。"革命无疑是天下最权威的东西。革命就是一部分人用枪杆、刺刀、大炮,即用非常权威的手段强迫另一部分人接受自己的意志。"②晚年马克思认为,从资本主义社会向共产主义社会过渡时期的典型特征就是无产阶级专政:"在资本主义社会和共产主义社会之间,有一个从前者变为后者的革命转变时期。同这个时期相适应的也有一个政治上的过渡时期,这个时期的国家只能是无产阶级的革命专政。"③但是马克思主义认为,权威仅仅是达到目的的手段,而不是目的本身。在马克思和恩格斯看来,以往存在着阶级和阶级对立的旧社会都是"虚假的共同体",在这样的社会里,有个性的个人被偶然的个人所代替,未来理想的新社会是"真正的共同体"——"在这个共同体中各个人都是作为个人参加的","各个个人在自己的联合中并通过这种联合获得自己的自由"④。"代替那存在着阶级和阶级对立的资产阶级旧社会的,将是

---

① 刘元琪:《大卫·科茨谈新自由主义和世界经济》,《国外理论动态》2005 年第 2 期。
② 《马克思恩格斯选集》第 3 卷,人民出版社 2012 年版,第 337、277 页。
③ 《马克思恩格斯选集》第 3 卷,人民出版社 2012 年版,第 373 页。
④ 《马克思恩格斯选集》第 1 卷,人民出版社 2012 年版,第 201、199 页。

这样一个联合体,在那里,每个人的自由发展是一切人的自由发展的条件。"①
马克思不仅创立了共产主义的完整体系,而且终生为实现这一理想而奋斗。
马克思毕生的真正使命,就是以这种或那种方式参加推翻资本主义社会及其
所建立的国家设施的事业,参加现代无产阶级的解放事业。从创办最早的
《莱茵报》到建立国际工人协会,很少有人像他那样满腔热情、坚忍不拔和卓
有成效地工作。"正因为这样,所以马克思是当代最遭嫉恨和最受诬蔑的人。
各国政府——无论专制政府或共和政府,都驱逐他;资产者——无论保守派或
极端民主派,都竞相诽谤他,诅咒他。"②

坚持马克思主义与坚持中央的权威并不矛盾。20 世纪 80 年代,邓小平
在《中央要有权威》一文指出:"我的中心意思是,中央要有权威。改革要成
功,就必须有领导有秩序地进行。没有这一条,就是乱哄哄,各行其是,怎么行
呢? 不能搞'你有政策我有对策',不能搞违背中央政策的'对策',这话讲了
几年了。党中央、国务院没有权威,局势就控制不住。"③党的十八大以来,中
央提出党员领导干部要增强"四个意识",并且制定《关于新形势下党内政治
生活的若干准则》、《中国共产党党内监督条例》,目的就在于统一全党思想,
净化党内政治生态,维护党中央权威,保证党的团结统一,既要树立共产主义
的远大理想,坚定信念,以高尚的思想道德要求和鞭策自己,更要脚踏实地地
做好现阶段的每一项工作。习近平指出:"党面临的形势越复杂、肩负的任务
越艰巨,就越要保持党的团结统一。党的团结统一靠什么来保证? 要靠共同
的理想信念,靠严密的组织体系,靠全党同志的高度自觉,还要靠严明的纪律
和规矩。"④

2.新权威主义传递的是美国人的政治价值观。新权威主义论来源于亨廷
顿对变动社会政治秩序的分析。亨廷顿认为,第二次世界大战后,第三世界国

家虽然经济有了快速发展,但经济发展却导致了政治上的不安定,其根本原因在于这些国家的政治发展落后于经济和社会的发展,两者没有同步、协调进行。不实现政治现代化,就不能保证经济和社会现代化的全面实现。实现政治现代化主要包含三方面的内容:一是权威的合理化,即由单一的、世俗化的、全国性的政治权威取代各种传统的、宗教的、家族的或种族的政治权威;二是新的政治功能的区分化,以及发展专门的机构履行这些功能;三是参政扩大化。亨廷顿认为,当今发展中国家的政治体系同时面临着集中权威、区分结构和扩大参政的问题。这便决定了发展中国家必须走一条有别于西方发达国家的政治发展道路。发展中国家必须建立这样的政治体系,它必须能够创新政策,即把权力集中于中央政府,以国家行动促进社会和经济改革,这涉及传统价值和行为模式的转变,涉及组织机构的区分化和制度化;同时,它还必须能够将现代化所产生的并因而获得新的社会意识的社会力量纳入体系之内,从而保证社会的稳定和活力。

亨廷顿的上述观点的确不是没有任何道理的。但是,我们必须看到,亨廷顿政治现代化的标本仍然是美国"三权分立"的政治模式。亨廷顿主张的在现代化过程中强化权威的必要性主要是针对分散型的(例如领主林立的)传统社会,像中国这样的社会主义国家应该如何? 亨廷顿未作系统论述,但他的意思还是很明白:这种社会主义集权对现代化的危害比"传统的分散系统"还大! 只有把这"整个体系推翻","新权威"的资源才有发展的机会。国内的新权威主义论者却得出了与亨廷顿相反的结论,认为中国不需要搞民主,中国的现代化需要加强中央集权,他们还由此得出了"孙中山不如袁世凯"、"光绪帝不如西太后"的结论。这种观点与改革开放以来中国共产党实行的执政理念是根本不同的。中国共产党在强调经济建设的同时,也一以贯之地强调民主法治建设的重要性,强调保护人权,建设民主富强的现代化国家,但坚决反对"多党制"和"三权分立"。

要求中国实行像美国一样的民主,这是极其不现实的想法。这一点,美国布鲁金斯学会约翰·桑顿中国中心高级研究员、研究部主任李成也看到了。他说:"长期以来,很多美国人不仅将美国式民主制度看作是全球民主制度的典范,而且还相信,民主制度的实现并不会太费周折。例如,很多人天真地认为,只要推翻伊拉克和阿富汗的独裁政权,民主制度便会在这些地方自动生根发芽。然而,事实证明并非如此简单。民主制度的有效运转需要一些前提条件,但是却很少有美国人去认真思考这个问题,因为这些条件对于'得天独厚'的美国来说从来都不成为问题。事实上,世界上许多国家的民主转型和巩固过程不顺利,恰恰是因为缺乏这些前提条件。在这方面,美国人确实缺乏一定的敏感性。"①

3.国外新权威主义论者认为,邓小平以来的中国共产党人,其执政理念的一个突出特点是取消意识形态,依靠的是"非意识形态的精神支柱",这是不够确切的。邓小平作为中国改革开放的总设计师,始终高度重视社会主义意识形态的地位和作用。邓小平对中国特色社会主义道路的探索,正是从意识形态领域的拨乱反正开始的。在邓小平看来,我国社会主义建设由于教条式地理解马克思主义,对什么是社会主义、怎样建设社会主义产生了诸多误解,结果导致了严重的"左"倾错误。同时,长期"以阶级斗争为纲",脱离生产力的实际,热衷于"上层建筑领域内的革命",片面追求"一大二公",搞所谓的穷过渡,使人民群众长期处于贫困状态。这不仅背离了社会主义建设的实际,而且偏离了社会主义的价值目标,扭曲了社会主义意识形态的价值指向,致使马克思主义理论与社会主义实践严重错位,严重阻碍了社会生产力的发展和社会进步,把社会主义引入困境。邓小平以后的中国领导人,都始终坚持实事求是,在推进改革的进程中,不断丰富和发展了马列主义、毛泽东思想,形成了中国特色社会主义理论体系,实现了马克思主义与中国实践相结合的第二次历史性飞跃。

(三)中国模式不等于"中国式联邦主义"

当代世界对联邦主义的界定,可谓众说纷纭。丹尼尔·伊拉扎的系统探

---

① 闫健:《对话李成:中国的政治改革、国际环境及未来》,《国外理论动态》2013年第3期。

索指出：“联邦主义关注以自由的名义出现的政治权力的扩散，同时也关注和代表整体或充满活力的政府的政治权力的集中。联邦制思想本身依赖于这样的原则，即政治的和社会的公共机构及他们间的关系是通过契约、合同或其他合同式的体制最完美地建立起来的，而不是，或者是除了简单的有机体的增长之外得以建立的。”①“中国式联邦主义论”思考的重心在于当代中国改革中的中央和地方关系。在这一问题上，“中国式联邦主义论”看到了中国政治体制改革中的重大变化，对中国的了解是比较深刻的，与那种认为“中国改革是没有政治改革的经济改革”的观点形成了鲜明的对比。

　　1.“联邦”、“自治”在中国的出现。中国是一个地域广阔的大国，也是一个多民族的国家，自古以来就存在着怎样处理中央和地方关系的问题。分分合合，最为核心的问题实质上是中央和地方权力如何划分的问题。由于政治统治的需要，自秦汉以来，中国一直以各种不同的方式保持着中央集权下的多级政府体制，而没有联邦制的概念。

　　联邦主义和联邦制在中国的传播和试验始于戊戌维新，著名代表人物是梁启超和孙中山。梁启超在《戊戌政变记》中回忆，他们在湖南的活动，“专以提倡实学，唤起士论，完成地方自治政体为主义”②。1897 年，孙中山提出未来的中国只能是“联邦共和国”。如果从 1898 年维新派把在湖南的活动自称“预立地方自治制”算起，到 1914 年袁世凯“停办地方自治”止，17 年间，既有“日触于耳”的大规模宣传，又有各地绅办、官绅合办的五花八门的举办，更有清廷颁发章程、下旨催办的全国范围办理，影响及于各行省。其后，又有“联省自治”运动的兴起，虽与地方自治实质有所区别，但也打着“自治”旗号行于湖南、四川、广东、浙江、江苏、安徽、江西、福建、湖北等省，波及东南沿海、长江中下游和西南地区，与北洋军阀形成对垒之势。孙中山于 1921 年5 月 5 日就任中华民国非常大总统时发表宣言，支持“省宪自治”。孙中山领导的国民党实际上是联邦党。20 世纪三四十年代国民政府搞“县自治”、颁布

---

① 丹尼尔·伊拉扎：《联邦主义探索》，彭利平译，上海三联书店 2004 年版，第 40 页。
② 梁启超：《戊戌政变记》，中华书局 1954 年版，第 130 页。

"新县制",号为地方自治,一般知识分子更是反应热烈,著书立说,发表文章、发表演说,有关地方自治的书籍出版盛极一时。①

事实上,1922年7月,中共召开二大,大会决议案第8条第5款是"在自由联邦制原则上,联合蒙古、西藏、回疆建立中华联邦共和国"。1945年4月,中共七大再次提出要"组织中华民主共和国联邦"。特别是毛泽东在他于1935年亲自起草的《苏维埃中央政府对内蒙古人民的宣言》里,就提出内蒙古人民"有权与其他民族结成联邦的关系";1945年在中共七大作题为《论联合政府》的报告时,曾提出过"在新民主主义的国家问题上,包含着联邦的问题"。不过这篇报告在最终收入《毛泽东选集》时,删去了有关联邦主义的段落。②

2.中央集权体制政权建立的合法性依据及负面效应。1949年的中国虽然也考虑过地方自治或联邦制,但最终建立了高度中央集权的单一制。从毛泽东等人的一系列著作以及中国共产党的一系列文件中,我们大致可以看出建立这样一种体制的合法性依据。

首先,中国是一个各地经济文化发展不平衡的国家,没有统一的国内市场,在中国经济中占主导地位的仍然是农业,工商业基本集中在东部沿海地区的一些大中城市。自给自足的农业经济使得广大农村可以相对独立于城市。没有经济联系作为纽带,各地之间的联系相当松散,如果没有高度的政治上、文化上的统一,就很容易发生分裂或割据。

其次,虽然近代以前的中国在一定意义上是一个封建专制国家,但由于它是一个地域辽阔的多民族大国,没有欧洲15、16世纪的那种绝对主义国家的历史,因此中国的皇权对全国更多是一种政治文化意义上的统治。"天高皇帝远"是中国近代以前的一个现实,国家权力没能有效深入到社会之中,当时的中国人缺少一种民族的认同,主要是一种文化的认同。如果实行联邦制,势必造成不同民族之间实际的分裂。

---

① 参见丁旭光:《近代中国地方自治研究》,广州出版社1993年版,第5页。
② 参见苏力:《当代中国的中央与地方分权》,《中国社会科学》2004年第2期。

再次,近代中国是一个受到各个列强间接控制的国家,各帝国主义国家对中国的各地有不同程度的影响。新中国的政治性质使得西方各国都不愿意看到出现一个统一的大国,他们希望并且实际上在中国制造某种政治上的分裂以及经济上对于列强的依赖。

最后,中国共产党领导的中国革命,主力军是农民,如果没有其他社会政治经济条件的配合和制度的有效制约,一些革命者未必不会落入历史上农民革命的窠臼。①

后来的实践证明,虽然中央高度集权的政治体制的建立是当时历史条件所必须,但在运行中也日渐暴露出其不良影响。"从党和国家的领导制度、干部制度方面来说,主要的弊端就是官僚主义现象,权力过分集中的现象,家长制现象,干部领导职务终身制现象和形形色色的特权现象。"②这种情况,毛泽东于 20 世纪 50 年代中期已有所觉察,"中央和地方的关系也是一个矛盾。解决这个矛盾,目前要注意的是,应当在巩固中央统一领导的前提下,扩大一点地方的权力,给地方更多的独立性,让地方办更多的事情。这对我们建设强大的社会主义国家比较有利。我们的国家这样大,人口这样多,情况这样复杂,有中央和地方两个积极性,比只有一个积极性好得多。我们不能像苏联那样,把什么都集中到中央,把地方卡得死死的, 点机动权也没有。"毛泽东提出:"我们要提倡同地方商量办事的作风。"③但是,在实际执行中并未如其所愿。

3.中国政治体制中联邦主义因素的增加。邓小平始于 1978 年的改革在中央和地方关系问题上总体有三个方面:一是简政放权,实行党政分开,给地方、企业、单位和个人以更多的自主权;二是实行"一国两制",大陆搞社会主义,台湾、香港、澳门实行资本主义;三是高度重视民族区域自治法和村民自治法的制定,用法治取代人治。

中央下放给地方的权力,具体来讲主要是:

第一,扩大地方政府的立法权。1979 年《地方组织法》、2000 年《立法法》

---

① 参见苏力:《当代中国的中央与地方分权》,《中国社会科学》2004 年第 2 期。
② 《邓小平文选》第二卷,人民出版社 1994 年版,第 327 页。
③ 《毛泽东文集》第七卷,人民出版社 1999 年版,第 31 页。

都规定了地方的立法权限,尽管受制于单一制的理念,后者有意避免使用地方立法权的概念。

第二,下放中央政府的部分财权,扩大地方政府的财政管理和支配权限。推行多种形式的中央与地方的财政包干制,扩大地方的财权。从 1980 年开始,中央改变了统收统支的政策,区别不同情况的财政,实行"划分收支、分级包干"的改革措施(1980 — 1985 年);实行以划分税种为基础的总额分成包干,即"划分税种、核定收支、分级包干"的改革措施(1986 — 1988 年);分别按情况实行"定额补贴"、"定额分成"或"总额分成"等办法,中央对地方的财政实行"包死基数、逐年递增、多收自留、定额补助"的政策(1989 — 1993 年)。这样就调动了地方政府的积极性,扩大了其财政管理权。1994 年的新税制改革按照中央与地方的事权划分了各级财政的支出范围;根据财权与事权相统一的原则,划分了中央与地方收入;实行中央财政对地方的税收返还和转移支付制度。2018 年 1 月 27 日国务院办公厅印发的《基本公共服务领域中央与地方共同财政事权和支出责任划分改革方案》对中央和地方财权关系作了新的调整,总体遵循三个原则:一是花钱与办事相一致,财权与事权相对应;二是以公共服务为划分基础,财力分配根据公共服务种类、供给对象及受众范围来不断优化调整;三是重点解决共同事权的支出责任问题,按照"谁使用、谁负责"的原则,对基本公共服务项目全面实施绩效管理,不断提高资金使用效益和基本公共服务质量①。

第三,下放中央政府的部分事权,在扩大地方利益的同时,加重其管理地方事务的职责。下放中央对地方政府的一部分固定资产审批权、物价管理权和统配物资的品种和数量、对外贸易的外汇权、旅游事业的外联权和签证通知权等。

第四,对某些地区切块下放中央经济特许权力。这里有 5 种形式:1982 年起对广东、福建两省实行特殊政策,建立深圳、珠海、厦门、汕头经济特区

---

① 参见《中央与地方财政关系新趋势:从分"钱"到分"事"》,《人民日报》(海外版)2018 年 3 月 8 日。

（后增加海南省）;1984 年开放上海、天津、大连等 14 个沿海沿江城市和长江三角洲地带,实行特区的某些政策;在内地各省建立高新技术开发区,实行特许政策;对 16 个中心城市实行计划单列,赋予相当于省一级的经济管理权限;对有条件的 150 多个城市实行市管县体制,扩大政府的职权和地域管辖。2013 年,中央在上海设立自由贸易实验区。2014 年,又在广东、福建、天津等地设立新的自由贸易区。2016 年 8 月,党中央、国务院决定在辽宁、浙江、河南、湖北、重庆、四川、陕西新设立 7 个自贸试验区,标志着自贸试验区建设进入了试点探索的新航程。中国自由贸易区本质上是以优惠税收和海关特殊监管政策为主要手段,以贸易自由化、便利化为主要目的的多功能经济特区。

第五,下放政府某些人事管理权。改革开放以前,中央直接管理到地方的地厅级行政官员的选拔、任命和日常管理。1984 年中央决定将这一级领导的管理权下放到省(自治区、直辖市)管理,省一级政府领导也将县一级领导的管理权下放到市地(厅)进行管理。这种做法,既不同于许多单一制国家的地方行政首长中央委任制,其政治合法性来自中央授权;也不同于联邦制国家地方政府首长的选举制,其政治合法性来自地方选举。

第六,下放一大批大中型国有企业。改革开放以前,全国绝大多数的国营骨干企业是由代表国家的中央政府控制的。这些骨干企业不但涉及国计民生的重要领域,也是国家财政收入的重要来源。改革开放后,中央政府陆续把绝大部分国营骨干企业下放到地方政府进行管理。这些企业的下放不但给地方政府带来收益,而且也给地方带来了高质量的管理人才和大量的经济信息。

4.联邦主义在中国是否可能? 在中央和地方之间,联邦主义的因素表现出一定的积极意义:一是中央政府从过去日常具体而繁琐的对地方计划、管理和干预的事务中解脱出来,从而使更好地规划国家和社会的发展、更好地科学决策成为可能。二是初步形成了地方利益驱动机制,有利于充分调动地方政府发展经济、文化和当地社会事务的积极性,加重了地方的政治责任感和经济压力。三是由于形成了多层次的不同范围的决策群体,并把这种决策与地方经济利益结合起来,就使这些决策更加慎重、更加有效率、更加符合当时当地的实际,从而在客观上减轻了对中央的压力,也减少了决策过分集中统一的风险。四是国家和社会在地方的各项事业得到迅速发展,特别是在经济发展方面更为明显,地方政府一方面要承受本地民众要求发展地方事业、改善生活水平的压力,也要承受周围地方政府管理地方事务水平和发展速度的压力,因而形成了"八仙过海,各显神通"的大力发展当地经济的局面。

但是,中央与地方关系的以权力下放为基本内容的调整也导致了一些负面效应。最主要的问题是在中央向地方政府放权过程中,中央政府未能适时建立起宏观调控体系和实施有效的监督,垂直管理能力弱化,未能有效地规范地方政府的行为,由于地方利益乃至小集团利益驱动的误导,造成了某些地方政府的变异行为。例如,地方政府或者从本地狭隘利益出发对中央政府讨价还价,把包干基数尽可能压低些,少上缴中央财政一些地方收入,多争取一些中央资金、项目和物资,造成了对全局调控的消极影响;或者上有政策下有对策,对中央政策,符合本地利益的就执行,不符合的就不执行,比如有的地方政府随意扩大税收减免范围,放松对企业的财务监督,从而人为地制造财政收入下降;有的还以基金等形式来大搞预算外资金,预算外资金就成为地方财政收入主要来源;还有的盲目上基建项目,导致宏观失控,全局受损;或者分割市场,搞"诸侯"经济割据,比如为了禁止本地资源外流,不少地方政府往往动用公安、交通管理、工商行政、税务等机构来封锁和争夺资源,一时间关卡林立,禁运通告接踵而至,各种争夺原材料的大战出现,他们还禁止外地商品"侵入"本地市场,追求自给自足的独立体制,以致生态环境恶化、环境污染、土地利用效率低下,等等。

鉴于以上的分析,"中国式联邦主义"只能是对联邦主义合理因素的参考借鉴,完全的联邦主义对当代中国是不适合的,这一点国外学者也看到了,与那些在政治上煽动分裂中国的做法形成了鲜明的对照,这是难能可贵的。

第三章　国外中国模式与"毛主义模式"关系研究

"毛主义"（Maoism）是国外学者、人士对毛泽东思想的一种习惯性简称，而"毛主义模式"则是指毛泽东思想指导下中国革命和建设的经验模式。尽管自20世纪60年代开始，国外学者已经在广泛使用这种概念，但我国并未承认这样的说法。因为我国一直主张，我们所取得的革命和建设的成功经验，是马列主义的先进理论和中国实际相结合的产物，是中国共产党集体智慧的结晶。本书在转述国外研究者的观点时，姑且沿用该说法。

那么如何看待"中国模式"与"毛主义模式"之间的关系？这是国外"中国模式"研究中最受关注的问题之一。自20世纪70年代末开始，国外学者、人士就十分关注中国改革与"毛主义模式"之间的关系，发表了大量的论文和专著。深入分析国外学者、人士关于这一问题的研究，对于我们在更深层次上理解和把握"中国道路"、"中国模式"和"中国方案"，无疑具有重要的参考意义。

一、国外研究的基本经过

国外关于这一问题的研究，可以追溯到20世纪70年代后期，经历了四个阶段。

（一）初步开始阶段

如何对待"毛主义"及其遗产？这是毛泽东去世后，国外学者、人士普遍关心的重要问题。早在 1977 年，日本学者在《中国研究》杂志上发表《毛泽东主义的去向——毛泽东主义是社会主义吗？》（1977 年 7 月）一文，开始了毛泽东之后中国去向的考察和研究。同年 11 月，《亚洲概览》杂志组织专题讨论，发表了迈斯纳的《毛主义的遗产和中国的社会主义》，威丁的《毛以后的中国》等文章，标志着国外对于这一问题研究的开始。1978 年关于真理标准的大讨论以及对"两个凡是"的批判，同时引发了如何对待晚年毛泽东社会主义的问题。一些学者、人士把粉碎"四人帮"、批判"两个凡是"看成是中国"非毛泽东化"的表现；另一些学者则认为，中国正在进入一个新时代，他们称之为"后毛泽东时代"或"邓小平时代"。

党的十一届三中全会以后，随着中国改革开放的全面展开，国外学者把研究重点更多地转向邓小平与中国的改革开放问题。费正清主编的《剑桥中华人民共和国史（1966—1982）》一书列举了这一时期国外有代表性的著作，有鲍大可和拉尔夫·N.克拉夫编的《现代化进程中的中国》，哈里·哈丁的《中国的第二次革命》，戴维·M.兰普顿编的《毛以后中国政策的实施》，伊丽莎白·J.佩里和克里斯汀·汪编的《毛以后中国的政治经济改革》，邹谠的《"文化大革命"与毛以后的改革》。除此之外，费正清等主编的《中国：传统与变革》（1978 年）、M.罗素的《毛泽东的思想遗产仍然是中国人民的基本意识形态》（1979 年）、迈斯纳的《毛的中国》（1979 年）、日本学者野纯一的《中国的迷惑——邓小平与毛泽东路线》，苏联学者康斯坦丁诺夫的《毛主义和毛的继承人》等也对这个问题进行了研究。

（二）走向正常化阶段

1981 年，中共中央《关于建国以来党的若干历史问题的决议》对毛泽东的功过是非作了科学的评价，对晚年毛泽东的错误予以纠正。国外学者回顾以往的研究，结合中国改革开放的实际，对前一阶段的研究进行回顾和反思，使研究的猜测性、主观性减少。很多国外学者、人士认为中国搞的不是"非毛化",而是"非神化"、正常化。此后,国外研究朝着比较积极的方向发展。迈斯纳在《马克思主义、毛泽东主义与乌托邦主义》(1982 年)一书中对毛泽东的理想主义与邓小平的现实主义进行对照比较,盛赞中国特色社会主义是"新版的中国马克思主义理论"。同时,他又指出:"'马列主义、毛泽东思想'现在还是官方理论,但同毛泽东在世时相比已面目全非了。它实际上已消除了所有空想和偏激的成分,由新作者改写或摒弃了中国版马克思主义中大多数带有十足毛泽东思想特点的东西,成了更加正统的马列主义理论。"①

1986 年,在毛泽东去世 10 周年之际,澳大利亚《中国事务》杂志发表了纪念毛泽东论文专辑。其中约翰·B.斯塔尔的《"正确"和"错误":毛泽东思想研究以及对毛的政治思想重新评价》、尼克·奈特的《毛泽东思想研究领域中的经验主义和论述方法》、格雷姆·扬的《毛泽东和社会主义社会的阶级斗争》、罗威尔·迪特默的《毛泽东之后的十年》等文章,都带有明显的反思性质,即所谓"重新评价"。讨论的主题,用评论者斯塔尔的概括来说,即对毛泽东"正确"与"错误"的分析问题。此外,派伊(Lucian W.Pye)的论文《论 80 年代中国的实用主义》、迈斯纳的《毛泽东的中国及后毛泽东的中国》、戴维·W.张的《邓小平领导下的中国》也是这一时期颇有思想深度的著作。

(三)反思研究阶段

20 世纪 80 年代末和 90 年代初,国际上出现了东欧剧变和苏联解体,中国也受国际"大气候"的影响,出现了政治风波。社会主义何去何从,中国特色社会主义还有没有前途? 这成为国际社会热烈讨论的问题。有人为苏东剧变叫好,有人则为社会主义的未来忧心忡忡。在国内外动荡的局势面前,邓小平态度坚决,理直气壮地平息了国内出现的政治风波。对此,国外一些学者、人士表现出极大的不理解,对邓小平所倡导的中国特色社会主义与毛泽东社会主义模式之间的关系再次进行反思,一度出现较大曲折。代表性著作有德

---

① Maurice Meisner, *Marxism, Maoism, and Utopianism*, Wisconsin: University of Wisconsin Press,1982,p. 217.

里克的《后社会主义？——中国特色社会主义的反思》（1989 年）、布罗哥（Bill Brugger）等人的《中国后毛时代的马克思主义》、汤森（Andrew J. Townson）写的《中国的危机：改革的矛盾与民主的前景》（1990 年）、克林伯格（Robert Kleiberg）的《中国的对外开放：对资本主义的试验》（1990 年）、泰韦斯（Frederick C.Teiwes）的《从毛泽东到邓小平》（1991 年）。

1992 年，邓小平视察南方的谈话，在国外引起强烈反响。1993 年秋季号《中国季刊》专辑实际上是对这次谈话的一个回应，很多国外学者高度评价南方谈话，其中也自然包含着对"毛主义"与"后毛主义"关系的比较研究。代表性著作有理查德·伊文思的《邓小平传》（1993 年）、苏黛瑞（Dorothy J. Solinger）的《中国从社会主义的转型：统治者的遗产与市场改革（1980—1990)》（1993 年）、戈登·怀特（Gordon White）的《骑虎难下：后毛中国经济改革的政治学》（1993 年）、乔纳森·昂哥（Jonathan Unger）主编的《中国的民族主义》（1996 年）、卡普拉·密拉（Kalpana Misra）写的《从后毛主义到后马克思主义：邓小平中国官方意识形态的衰落》（1998 年）、摩尔·古德曼（Merle Goldman）和罗德里克·麦克法夸尔（Roderick MacFarquhar）主编的《中国后毛时期改革的二难》（1999 年）。

1999 年，在新中国成立 50 周年之际，《中国季刊》冬季号发表专辑，对新中国 50 年的历程进行回顾总结，其中包括罗伯特·F.登伯格（Robert F.Dernberger）的《中华人民共和国 50 年：经济发展》、派伊的《中华人民共和国 50 年的总体回顾：虽有进步，但更多问题》、凯文（Kevin J.O'Brien）的《政治变革总览》、托马斯·G.罗斯基（Thomas G.Rawski）的《中国的经济改革：我们学到了什么》、胡永泰（Wing Thye Woo）的《中国增长的真正原因》。这些论著、论文显然更多地从正面看问题，思考新中国成立以来的成就，反映了国外学者对"毛主义"与"后毛主义"关系的新认识。

（四）全面提升阶段

进入 21 世纪以来，中国的持续发展引起世界上更多人的关注，被誉为"中国模式"、"中国道路"、"中国经验"、"中国奇迹"、"中国精神"、"中国方案"。中国为什么能够成功？如何看待改革开放后 30 年与前 30 年发展的关系？绝大多数国外学者、人士都强调从历史发展的视角看问题，反对把"后毛主义"与"毛主义"相割裂。美国芝加哥洛约拉大学哲学系教授大卫·施韦卡特，伦敦经济政治学院政治学教授林春，英国诺贝尔奖得主罗纳德·哈里·科斯（Ronald H.Coase）等都坚持这种观点。这一时期出版的一些相关著作也很好地体现了这一特点。澳大利亚学者乔纳森·昂哥主编的《中国政治的本质：从毛泽东到江泽民》（2002 年）一书，是纪念长期从事毛泽东思想及中国问题研究的著名专家邹谠和奥克森伯格的论文集，全书共分两个部分，作者分别是罗威尔·迪特默、派伊、泰韦斯、邹谠、黎安友、奥克森伯格、傅士卓、谢淑丽等人，反映了他们对当代中国从毛泽东到邓小平、江泽民时代变化特点的看法。尼克·奈特的《再思毛泽东：毛泽东思想的探索》（2007 年）从深层哲学方法论出发，结合西方学者关于毛泽东思想的诸多争论，呈现出关于毛泽东及其思想的新景观。由任柯安（Andrew Kipnis）等人共同主编的《当代中国的社会和政治》（2009 年）一书，共分为四卷，收录了国外 20 世纪 50 年代以来关于中国问题研究的代表作，反映了编者从更为广阔的历史空间俯瞰"毛主义"与"后毛主义"关系的宏大视野。郭苏建（Sujian Guo）的《后毛时代的中国：从极权主义到威权主义？》（2000 年）一书，虽然作者对中国的政治体制抱有不同于国内学者的看法，却反映了作者探索"毛主义"到"后毛主义"相互关系的意图。德国杜伊斯堡—埃森大学政治学研究所，东亚研究所所长托马斯·海贝勒（Thomas Heberer）在《关于中国模式若干问题的研究》一文中，分析了中国共产党意识形态一以贯之的实用主义倾向。[①]

二、国外关于这一问题的基本观点

综观国外学者、人士的研究，在"中国模式"与"毛主义模式"关系的问题

---

① 参见［德］托马斯·海贝勒：《关于中国模式若干问题的研究》，《当代世界与社会主义》2005 年第 5 期。

上,总体上存在着"背离否定论"和"继承发展论"两类截然相反的观点。

(一)"背离否定论"

这类观点过多地强调"中国模式"与"毛主义模式"之间的分歧和差距,并且最终错误地将两种模式完全对立起来。正如詹姆斯·R.汤森(James R. Townsend)和布兰特利·沃马克(Brantly Womack)所说,"构成具有中国特色的社会主义的政策和说法标志着与毛泽东主义模式坚决而重要的分离。随着旧模式的被抛弃和新模式的取而代之,转变已告完成"[①]。这类观点主要有以下几种:

1."非毛化论"。这种观点认为,中国粉碎"四人帮",把工作重心转移到经济建设上来,实行改革开放,都是对"毛主义"的否定。1977年5月1日,合众国际社高级编辑史密斯写文章认为:"中国领导人在使国家政治上实现稳定和经济再次走上正轨时,对毛的一些政策正在加以修改,甚至是完全的改变。"5月11日,法中友好协会主席夏尔·贝特兰发表了一篇在国际上一时颇有影响的《辞职书》。他说:"对最近几个月中国发表的文件的研究以及对有可能加以判断的具体实践的研究,使我认为:现在是一条修正主义路线占了上风,批邓已被放弃,要求将生产置于革命之上的呼声甚嚣尘上。"[②]《匈牙利民族报》也于1977年8月26日发表文章,说中国"将开始非毛泽东化时代"。美国革命共产党中央委员会主席阿瓦基安(Bob Avakian)在《毛泽东的不朽贡献》一书中说,中国发生了修正主义政变,无产阶级及其革命领导人遭到了严重打击。走资派不仅还在走,而且他们现在已经篡夺了最高权力,并且正在使中国走上了资本主义道路。[③] 费正清在《伟大的中国革命》一书中谈及中国粉碎"四人帮"之后的情形时,邓小平的改革一路顺畅。这些改革政策,……把毛主义与

---

① ［美］詹姆斯·R.汤森、布兰特利·沃马克:《中国政治》,顾速、董方译,江苏人民出版社1994年版,第333页。

② 转引自李君如:《毛泽东在国外》,河南人民出版社1993年版,第146页。

③ 参见 Bob Avakian, *Mao Tsetung's Immortal Contributions*, RCP Publications, 1979, p. 314、315。

后毛主义根本对立起来,只看到否定的一面,没有看到继承发展的一面。①

戈登·怀特所著《骑虎难下:后毛中国经济改革的政治学》一书的第一章,其标题是"毛主义发展模式的失败与经济改革的兴起"。他指出,经济体制改革的政治动力来自党的十一届三中全会。这次会议拒绝从前作为"以阶级斗争为纲"政治路线基础的毛主义的定义,提出今后的主要目标是经济现代化。为实现这一目标,传统的经济发展方式,20世纪50年代"苏联模式"基础上的计划经济体制从战略和组织两个方面被改革。② 艾赖恩·杰夫瑞(Elaine Jeffreys)主编的《中国的治理术:治理的变化,变化着的政府》一书认为,中国从"计划社会主义"向"市场社会主义"的转型,"它导致对标志毛时代特征的行之有效的群众路线政治的放弃,取而代之的是修正版的'科学社会工程和社会计划'"③,与之相关联的是它自身通过新技术发展形成的"距离治理"的新自由战略。一种社会主义—新自由主义杂交物(或者说"新列宁主义"),一种人们熟知的政治权威与技术统治的结合。

2.经济决定论。这种观点把邓小平强调以经济建设为中心错误地理解为对意识形态能动作用的否定,把强调意识形态的能动作用视为毛泽东思想的唯一特征。如迈斯纳就认为,毛泽东的思想是根深蒂固的民粹主义。与毛泽东相反,当代中国的马克思主义者将生产力置于生产关系之前,认为历史发展变化的动力是经济发展而非阶级斗争。"从根本上说,是苏联的老观点(50年代初,中国共产主义者非常推崇这一观点,50年代末,毛泽东把它抛弃了),即生产资料公有制同现代生产力的高速发展相结合,似乎就会以一种差不多是自发的方式造成一个共产主义理想社会。"④但当代中国的一些马克思主义者

---

① 参见 John King Fairbank, *The Great Chinese Revolution:1800－1985*, New York, 1986, pp. 342-343。

② 参见 Gordon White, *Riding the Tiger:The Politics of Economic Reform in Post-Mao China*,the Macmillan Press Ltd.,1993,p. 51。

③ Edited by Elaine Jeffreys, *China's Governmentalities:Governing Change,Changing Government*, Routledge,2009,p. 2.

④ Maurice Meisner, *Marxism,Maoism,and Utopianism*, Wisconsin:University of Wisconsin Press,1982,p. 233.

常常将马克思的"存在决定意识"中的"存在"狭隘地解释为经济发展水平。对马克思主义的这种决定论的理解不仅曲解了马克思主义学说,而且也背弃了毛泽东的教导。"实际上,毛泽东之后的中国马克思主义基本上是一种现代经济发展的理论,其目的是在可预见的未来逐步提高人们的物质生活水平。"①

日本学者小林弘二在《现代中国的历史》一书中也持此论调,在其结束语中指出:与其继续革命即向共产主义过渡,不如首先发展生产力。这就是邓小平政权的基本观点。"作为邓小平一百八十度大转变的背景,还有一点必须指出的,是'意识形态的毁灭'问题。"毛泽东去世后,倡导"解放思想"的邓小平,把毛泽东晚年的思想归结为"左倾错误"。不仅是坐标轴的大移动,而且据此从毛泽东思想的禁锢下解放了出来,重新取得了领导上的主动权,同时试图谋求意识形态的灵活性。"否定毛泽东的'继续革命'的邓小平,提出以经济建设为中心目标,以此取代革命。……依照邓小平的说法,'物质文明带来精神文明'。这同一贯强调'主观能动性'的毛泽东的价值观相反。"②

3.狭隘民族主义论。自 20 世纪 80 年代以来,国外一些学者、人士认为,中国特色社会主义已不具有马克思主义、科学社会主义的性质,取而代之的是中国的民族主义。尼克松说,邓小平"作为一名共产党人,他既不要资本主义的中国,也不要民主主义的中国,但他不是自己意识形态的俘虏,首先,他是一位需要强大中国的民族主义者"③。1995 年俄罗斯《远东经济评论》也以"中国的新民族主义"作为封面主题,发表了一组有关当代中国民族主义思潮的评论性文章,其中有一篇题为"锋芒毕露的民族主义"的文章,开宗明义地提出"中国会不会出现它自己的日里诺夫斯基"这样的问题。作者认为,虽然中国目前还没有出现这样的人物,但是"产生日里诺夫斯基的条件却正在成熟"。乔纳森·昂哥主编的《中国的民族主义》一书分九章专门论述了中国的

---

① Maurice Meisner, *Marxism, Maoism, and Utopianism*, Wisconsin: University of Wisconsin Press, 1982, pp. 237-238.

② [日]小林弘二、矢吹晋:《现代中国的历史》,载冷溶主编:《海外邓小平研究》,山西经济出版社 1993 年版,第 1—9 页。

③ [美]理查德·尼克松:《世界大角逐》,吉林人民出版社 1989 年版,第 267 页。

民族主义问题。玛莉·黑瑟·张（Maria Hsia Chang）指出："邓小平试图把马克思主义改造为发展民族主义的理念。在这样做的时候，邓小平铺平了现今中华人民共和国民族主义复活的道路。"①

美国《新闻周刊》主编法里德·扎卡里亚（Fareed Zakaria）也认为："随着经济的进步，中国人的民族主义情绪变得更加强烈。"②

4.变相资本主义论。这种观点认为中国改革所实行的市场经济制度，以及与之相应的其他方面的政策和措施，都具有资本主义性质。早在 20 世纪 80 年代，布热津斯基就提出，中国的改革开放、经济发展看来不会失败，但中国走的却是商业共产主义的路子，与马克思主义、科学社会主义的本义相距甚远，犹如两股道上的车子。③ 布鲁斯·迪克森（Bruce Dickson）认为，中国正在走向"红色资本主义"。④

大卫·哈维认为，中国经济改革的时间恰好与英国和美国发生的新自由主义转向一致，很难不把这视作具有世界史意义的巧合。结果是在中国建立了一种特殊的市场经济，日益将新自由主义要素与权威主义的中央控制交叉结合。因此，中国已确定无疑地迈向新自由主义和阶级力量的重建，虽然"带有独特的中国特色"。然而，权威主义、民族主义诉求、某种帝国主义的复兴，这些都表明中国正以其特殊的方式与新保守主义潮流汇合，后者在美国正兴风作浪。⑤

5.实用主义论。这种观点认为中国共产党提出的"实事求是论"、"实践标准论"、"三个有利于论"，都是实用主义"有用就是真理"、"目的可以证明手段之正确"的另外一种说法，与欧美实用主义并没有什么本质区别。石池

---

①　Maria Hsia Chang, The thought of Deng Xiaoping, *Communist and Post-Communist Studies*, Vol. 29, No. 4, 1996, p. 377.

②　Fareed Zakaria, *Is China the World's Next Superpower?* Newsweek, Mary 9, 2005.

③　参见［美］兹·布热津斯基：《大失败——二十世纪共产主义的兴亡》，军事科学院外国军事研究部译，军事科学出版社 1989 年版，第 220—221 页。

④　Bruce Dickson, *Red Capitalists in China: The Chinese Communist Party, Private Entrepreneurs, and Political Change*, Cambridge University Press, 2003, p. 157.

⑤　参见［美］大卫·哈维：《新自由主义简史》，王钦译，上海译文出版社 2010 年版，第 137、151 页。

雨(Chih-yu Shih)提出:"邓小平有句很有名的话:'不管白猫黑猫,抓住老鼠就是好猫'。换句话说,他只注重结果,而不注重这些结果是如何带来的。"①

彼沃娃洛娃讲得更为直接,"中国学者将继续进行卓有成效的探索以找到国家最有效的进步发展道路。在这一进程中所形成的文明社会到底被称为'有中国特色的社会主义',还是冠以其他名称,这并不那么重要,重要的在于它能够给亿万中国人民带来更加无愧于人的生活。显然,为建成这样的文明社会,可以遵循中国的这一格言:'不管白猫黑猫,抓住老鼠就是好猫。'实质上,这是'目的可以证明手段之正确'这一原则的另一种表述。"②

基辛格也认为,邓小平放弃了毛泽东的继续革命论。利用毛泽东搞实用主义。③ 海贝勒也认为,中国共产党的领导体制在经历了"转型"、"巩固"两个阶段后,目前已进入第三阶段,即"适应"阶段,"意识形态已逐渐被经济的、社会的和政治的实用主义所取代"④。

(二)"继承发展论"

这类观点能够辩证地分析问题,既看到了从毛泽东到邓小平之间的共同点,也看到其不同点,把毛主义与后毛主义之间的关系视为既一脉相承,又与时俱进的关系。

1.对社会主义认识的异同。毛泽东和邓小平都把社会主义作为中国唯一的选择。季塔连科认为,从毛泽东到邓小平,"两种构想都考虑到在中国建设社会主义社会的可能性和历史必然性,认为这种社会可以使中国摆脱落后和贫穷的桎梏,建立现代的繁荣昌盛的国家。在这方面,毛和邓都是从马克思主义经济形态不断进行历史性更替,最终社会主义要取代资本主义的理论出发

---

① Chih-yu Shih,*The Spirit of Chinese Foreign Policy:A Psy-chocultural View*,St.Martin's Press,1990,p. 90.

② [俄]彼沃娃洛娃:《"中国特色社会主义"的构想与探索实践》,《国外社会科学快报》1993 年 8 月。

③ 参见[美]亨利·基辛格:《论中国》,胡利平等译,中信出版社 2012 年版,第 327 页。

④ [德]海贝勒:《中国是否可视为一种发展模式?》,载俞可平等主编:《中国模式与"北京共识":超越"华盛顿共识"》,社会科学文献出版社 2006 年版,第 114 页。

的。'只有社会主义才能救中国!'这是他们的构想中共同鼓舞人心的思想"。无论对于毛泽东还是对于邓小平来说,他们的社会主义理想都是与儒家的传统思想和孙逸仙关于大同社会的文明民族主义融为一体的,都表达了全民族的振兴中华的美好思想。①

C.戴维指出:"从根本上看,作为马克思主义者,毛泽东主义者与邓小平主义者之间在思想意识形态上并没有多大差别。"②他还认为:"自 19 世纪末20 世纪初以来,中国一直存在着三种互相影响的政治文化或政治思想,这就是中国土生土长的文化传统、辛亥革命的新民主传统和1949 年革命时的马克思主义,在中国努力向现代化前进,使自己各方面赶上世界先进水平的时代,这三种政治传统之间的对抗从未停止过。"邓小平理论能否最终取得成功,取决于对这三种因素的正确处理。③ 德国前总理赫尔穆特·施密特指出:"在内政方面,邓使中国的共产主义走向合理化,并从而把它引上了发展经济的道路。毫无疑问,按照邓的意志,中国将来也仍然是一个共产主义社会。"④小川平四郎指出:"邓小平绝不是改革开放一边倒的人,在他的脑子里,经常同时存在两种观念,即改革开放的观念和坚持社会主义的观念。这从他的发言中便可以看出,他有时强调改革开放,有时强调坚持社会主义,有时是两者一起谈。"⑤

美国芝加哥洛约拉大学哲学系教授大卫·施韦卡特指出:中国在前 30 年(1949—1979)毕竟发生了惊人的变化。在 1949 年,中国是一个非常贫穷的国家,它的工业化程度比 32 年前取得革命胜利时的俄罗斯要低得多。而到

---

① 参见[俄]季塔连科:《对毛泽东、邓小平社会主义理论的比较研究》,马贵凡译,《中共党史研究》2001 年第 6 期。

② [美]C.戴维:《文化大革命时期的周恩来与邓小平》,南生等译,湖南大学出版社 1988年版,第 152 页。

③ 参见 Daved Wen-Wei Chang, *China under Deng Xiaoping*: *Political and Economic Reform*, Macmillan Press,1988,p. 238.

④ [德]赫尔穆特·施密特:《伟人与大国》,载《外国人眼中的中共群星》,四川人民出版社1991 年版,第 343—344 页。

⑤ [日]小川平四郎:《他不是改革开放一边倒》,载齐欣等编译:《世界著名政治家、学者论邓小平》,上海人民出版社 1999 年版,第 350 页。

1979 年,中国拥有了自己的工业基础(有大约 5000 万工人,其产值占 GDP 的一半还多)。工业生产总值增长了 38 倍,重工业增长了 90 倍。那时中国已造出了喷气式飞机、现代远洋轮船、核武器和弹道导弹。在农村,建成了许多大型的灌溉汲水控制工程。大量文盲变成了有文化的人,以前根本不存在的公共卫生系统产生并运作起来,人均寿命从 35 岁增长到 65 岁。所有这一切实际上是在没有外援的情况下取得的,这意味着中国进入零外债的改革期。①第三世界论坛主席萨米尔·阿明指出:在毛泽东时代的 30 年(1950—1980)中,中国异常的增长率已经是超纪录的,是印度和其他第三世界地区的 2 倍。20 世纪最后 20 年的成绩甚至表现得更不寻常。世界上没有哪个地区会做得这么好。不过,人们首先要记住,没有前一阶段的经济、政治和社会的基础,这些不平衡的成就是不可能的。②

然而,毛泽东与邓小平对社会主义的认识又存在巨大差异。苏珊·奥格登指出:在毛泽东看来,社会主义主要是一种意识形态和制度,"而现代化仅仅是想象中的达到共产主义之后的副效应。所以,中共执政后前 30 年争论的焦点,是如何将社会主义的价值观转化为政策,以迈向社会主义的高级阶段,而不是如何朝着一个现代化的社会发展。毛主义战略所珍视的,主要是平均分配,自力更生,扩大国家所有和集体所有单位的规模和消灭阶级剥削。……毛主义发展模式的中心问题,是如何处理好阶级斗争和建设社会主义之间的辩证关系。"而在邓小平看来,光有作为意识形态的社会主义还抵挡不住反社会主义的势力。把社会主义当作教条是不能解决发展问题的。最具有重要意义的是,马克思和列宁都没有料想到,资本主义国家竟能够被约束在同社会主义国家平起平坐的关系内,而且作为对等的一方,通过转让技术、设备、资金和科学知识,帮助社会主义国家发展。中国的改革者现在认为,同资本主义国家发展关系是一个机遇,中国过去对此有所忽视,对自己很不利。因此,对外开

---

① 参见[美]大卫·施韦卡特:《从这儿你到不了那儿:对"北京共识"的思考》,载俞可平等主编:《中国道路与"北京共识":超越"华盛顿共识"》,社会科学文献出版社 2006 年版,第 87 页。
② 参见[美]大卫·施韦卡特:《从这儿你到不了那儿:对"北京共识"的思考》,载俞可平等主编:《中国道路与"北京共识":超越"华盛顿共识"》,社会科学文献出版社 2006 年版,第 66 页。

放政策就成为今天中国发展战略的一个重要组成部分。"'有中国特色的社会主义'现在意味着,凡能够促使中国现代化的东西,均属社会主义。"①美国夏普公司出版的一本名为《中国现代化》的书认为,中国现在的"许多改革显然扭转了毛泽东在'文化大革命'时期的政策。毛泽东强调意识形态重新塑造的必要性,而邓小平则号召进行经济和技术改革;毛泽东信奉阶级斗争,而邓小平却大谈各阶级的团结;毛泽东要求经济自力更生,而邓小平要使中国向来自资本主义国家和社会主义国家的国际贸易、投资以及合资企业开放"②。国分良成认为:"毛泽东时代在重视意识形态这一点上,虽有程度差别,但是一贯的。而进入邓小平时代以后,便转到改革社会主义体制本身的方向上。结果,意识形态本身所具有的最重要意义几乎不复存在。换言之,这是由'教条主义'转变成'现实主义'。在毛时代,社会主义意识形态是普遍真理,是不可改变的。然而到了邓小平时代,出现一种动向,即积极地承认马克思主义本身有切合现实情况的侧面和由于意识形态坚持教条式的态度造成了社会主义的停滞。当然,这同直接否定社会主义意识形态无关,但和毛时代却有隔世之感。"③

2.工作重心的异同。毛泽东和邓小平都把实现中国现代化作为中国发展的目标。施拉姆指出:"许多事情表明,当今邓小平的中国和 20 年前毛泽东的中国有了不同,但是有一件事一点也没改变:即为寻求一条现代化的道路而向西方学习,特别是向马克思主义学习,同时又保留中国特色,他们都以此为目标。毛泽东谈到过开辟一条'走向社会主义的中国道路';邓小平则宁愿说建设'具有中国特色的社会主义'。这两项事业的推理方法在某些方面有极大的不同,但每个计划都涉及运用马克思主义来指导中国革命,同时要使之适

---

① [美]苏珊·奥格登:《八十年代社会主义在中国意味着什么》,王应一编译,载《国外中共党史中国革命史研究译文集》第二集,中共党史出版社 1999 年版,第 53、54、55、57 页。
② Juno Crasso,Jay Corrin,Miehael Kort,*The Modernization of China*,M.E.Sharp Press,1991,p.90.
③ [日]国分良成:《邓小平时代与毛泽东时代的异同》,韩凤琴摘译,载《国外中共党史中国革命史研究译文集》第二集,中共党史出版社 1999 年版,第 88—89 页。

应中国的具体情况,适应中国人民的文化传统。"①戴维·W.张指出:"毛泽东和邓小平都有一个坚定的在中国进行社会主义革命的共同目标,他们都相信社会主义比资本主义优越,都希望把中国建设成为强大的工业国,提高中国在世界上的地位。"实际上,当邓小平于1975年为执行实现四个现代化的政策而受命于危难之际时,毛泽东是坚决支持周恩来和邓小平的。②

英国诺贝尔奖得主罗纳德·哈里·科斯(Ronald H.Coase)指出:"谁也不会想到,30年后,中华人民共和国会在耀眼的市场经济下庆祝它的60岁华诞。毛泽东的经济遗产是中国改革的出发点。除非我们对毛泽东时代的中国经济有一个整体把握,否则我们恐怕无法理解毛泽东之后中国经济让人难以置信的转变,无法理解在这60年中,中国究竟走过了一条什么样的道路。"③毛泽东之后的改革绝不是中国对社会主义经济制度的第一次调整。早在1958年,毛泽东便亲自发起过一场大胆的分权运动,期望让中国的经济和政治体制摆脱斯大林主义的束缚。对于中国政府而言,毛泽东之后的改革是对毛泽东未竟事业的延续。笔者认为,毛泽东领导了中国的第一次革命,由此建立了中华人民共和国;而邓小平所倡导的改革则是中国的第二次革命。

毛泽东去世后,邓小平把毛泽东时代的"政治挂帅"转变为"经济挂帅"。施拉姆指出:毛泽东和邓小平之间的不同从总体上表现为,"毛泽东关注的是阶级斗争与社会主义建设之间的辩证法,而邓小平则关注的是政治改革与经济发展之间的辩证法;毛泽东相信只有通过上层建筑领域激烈的斗争才能保证人类走向一个新的、无私的社会的正确道路,相反,邓小平则认为真正的社会主义应该建立在高度发达的经济之上。"④石池雨认为,邓小平提出了实践

---

① Stuart Schram,*The Thought of Mao Tse-Tung*,Cambridge University Press,1989,p. 196.

② 参见[美]张大卫:《中流砥柱,各有千秋——周恩来与邓小平》,王宏国等译,中国广播电视出版社1988年版,第137页。

③ [英]罗纳德·哈里·科斯:《变革中国:市场经济的中国之路》,徐尧、李哲民译,中信出版社2013年版,第5页。

④ Michael Ying-Mao Kau,Susan H.Marsh eds.,*China in the Era of Deng Xiaoping:A Decade of Reform*,M.E.Sharpe 1993,p. 429.

是检验真理的唯一标准的观点,这种观点是为了阻止激进分子搬毛泽东思想来阻挠他的现代化计划。另外,他积极提倡补充新鲜血液。"他把'政治挂帅'变为'经济挂帅'。就经济来看,他并没有追求一种不切实际的增长。"①英国学者摩尔·古德曼(Merle Goldman)和罗德里克·麦克法夸尔(Roderick MacFarquhar)主编的《中国后毛时期改革的二难》和卡尔普拉·米拉(Kalpana Misra)写的《从后毛主义到后马克思主义:邓小平中国官方意识形态的衰落》等书也都持同样的观点。② 国分良成认为,从毛泽东时代向邓小平时代的过渡,可以看作是从"革命"向"建设"的全面战略重点转移。"换言之,这也是从'政治'向'经济'的工作重点转移。在毛泽东时代的中国,'政治'意味着'阶级斗争'。正如再三谈到的那样,毛泽东时代是继续革命论的时代,其结果,作为阶级斗争的政治被优先,现实的经济建设实质上被推迟了。然而,进入邓小平时代后,国内经济的现代化成为高于一切的课题,继续革命基本上宣告结束。"③

3.建设方式的异同。中国特色社会主义的构想实质是向毛泽东新民主主义构想的回归。季塔连科认为:"建设有中国特色社会主义构想本身,实质上在很多方面意味着回到新民主主义思想上。这两种构想的共同点是力求考虑到中国的现实条件,实行建立多种经济成分、社会主义与资本主义因素长期共存、保持和加强国家在经济建设中的调节作用的方针。"但后来盲目冒进地开展"大炼钢铁"、"大跃进"和"人民公社"运动以及"文化大革命",把中国引向了深刻危机的边缘。在这种情况下,1978 年 12 月召开的中共十一届三中全会,成了摆脱危机、探索国家现代化建设和发展的新途径的转折点。④ 大卫·古德曼也指出:"正如邓在 1980 年 1 月强调的那样,必须通过发展经济和恢复

---

① Chih-yu Shih,*The Spirit of Chinese Foreign Policy:A Psy-chocultural View*,St.Martin's Press,1990,pp. 90—92.

② 参见 Merle Goldman and Roderick MacFarquhar(eds.),*The Paradox of China's Post-Mao Reforms*,Harvard University Press,1999,p. 5.

③ [日]国分良成:《邓小平时代与毛泽东时代的异同》,韩凤琴摘译,载《国外中共党史中国革命史研究译文集》第二集,中共党史出版社 1999 年版,第 88 页。

④ 参见[俄]季塔连科:《对毛泽东、邓小平社会主义理论的比较研究》,马贵凡译,《中共党史研究》2001 年第 6 期。

他所认为的那些更为通常的做法来恢复广大群众对共产党的支持。邓对毛泽东思想的解释,就是他长期以来拥护的三个原则:实事求是、群众路线和独立自主。""八大所坚持的毛泽东思想与邓在 20 世纪 80 年代所解释的毛泽东思想一点也不矛盾,完全是一致的。"①

4.对外政策的异同。邓小平的外交战略,不仅继承了毛泽东时代制定的和平共处五项原则的规定,坚决反对国际霸权主义,而且进行了重要的转变。国外学者认为邓小平时代与毛泽东时代这种不同的对外政策来自毛泽东和邓小平对时代的不同判断。毛泽东一直认为,战争不可避免,而邓小平则认为战争是可以避免的。基辛格指出:1977 年邓小平第二次平反复职后,扭转了毛泽东的国内政策,但基本上沿袭了毛泽东的外交政策。这是因为他们二人都怀有强烈的民族主义感情,对中国国家利益也看法一致。然而,毛泽东和邓小平有一个重大的区别。毛泽东对美国对苏政策的战略意图心存怀疑;邓小平则以中美战略利益一致为出发点,集中注意确保实施过程中不发生抵触。毛泽东视苏联为抽象的战略威胁,为祸全球,并不专门针对中国;邓小平却认识到中国面临的特殊危险,尤其是北方潜在威胁未去,南方边境的威胁又迫在眉睫,二者形成合击之势,因此邓小平与美国的对话更侧重于具体操作。②

三、中央关于毛泽东思想一以贯之的论述

如何对待毛泽东和毛泽东思想? 这是中国改革开放进程中始终存在的重大问题。从邓小平到习近平,中央高度关注这一问题,在不同时期进行了反复论述,要求把毛泽东的历史功绩与晚年所犯错误区别开来。

(一)十一届六中全会前后的思想奠基

粉碎"四人帮"以后,百废待兴,百业待举,而千头万绪中最为关键的问题

---

① David S.G.Goodman, *Deng Xiaoping and the Chinese Revolution*, London and New York, 1994, p. 124.

② 参见[美]亨利·基辛格:《论中国》,胡利平等译,中信出版社 2012 年版,第 344—345 页。

是如何正确对待毛泽东和毛泽东思想的问题。这一问题不解决,极左路线得不到纠正,就不可能开拓创新,而这个问题要是解决得不好,就可能导致国家和社会的大动荡。正如邓小平所指出的:关于毛泽东同志功过的评价和毛泽东思想,写不写、怎么写,的确是个非常重要的问题。……不提毛泽东思想,对毛泽东同志的功过评价不恰当,老工人通不过,土改时候的贫下中农通不过,同他们相联系的一大批干部也通不过。对毛泽东和毛泽东思想作出科学评价,是邓小平的重大创造之一。邓小平反复强调的主要有以下三个方面:

1.科学地对待毛泽东的功过,必须以历史唯物主义为基础。邓小平指出:"两个凡是"不符合马克思主义,它把毛泽东同志在特定时间、特定场合讲的东西当作普遍的原则去对待,这必然要歪曲毛泽东同志本来的意思。毛泽东同志自己多次说过,他有些话讲错了。毛泽东同志在他的一生中,为我们的党、国家和人民建立了不朽的功勋。他的功绩是第一位的,错误是第二位的。因为他的功绩而讳言他的错误,这不是唯物主义的态度。因为他的错误而否定他的功绩,同样不是唯物主义的态度。"我们要实事求是地讲毛主席后期的错误。我们还要继续坚持毛泽东思想。毛泽东思想是毛主席一生中正确的部分。毛泽东思想不仅过去引导我们取得革命的胜利,现在和将来还应该是中国党和国家的宝贵财富。"①尽管毛泽东过去有段时间也犯过错误,但他终究是中国共产党、中华人民共和国的主要缔造者。……他为中国人民做的事情是不能抹杀的。对于错误,包括毛泽东同志的错误,一定要毫不含糊地进行批评,但是一定要实事求是,分析各种不同的情况,不能把所有的问题都归结到个人品质上。毛泽东同志不是孤立的个人,他直到去世,一直是我们党的领袖。"对于毛泽东同志的错误,不能写过头。写过头,给毛泽东同志抹黑,也就是给我们党、我们国家抹黑。这是违背历史事实的。"②在分析毛泽东所犯缺点和错误的时候,我们当然要承认个人的责任,但是更重要的是要分析历史的复杂的背景。只有这样,我们才是公正地、科学地,也就是马克思主义地对

---

① 《邓小平文选》第二卷,人民出版社1994年版,第347页。

② 《邓小平文选》第二卷,人民出版社1994年版,第301—302页。

待历史,对待历史人物,如果谁在对待这样严肃的问题上离开了马克思主义,那么,他就会受到党和群众的责难。不能把错误的责任完全推到毛泽东同志身上。毛主席最伟大的功绩是把马列主义的原理同中国革命的实际结合起来,指出了中国夺取革命胜利的道路。在搞社会主义方面,毛泽东主席的最大功劳是将马克思列宁主义的普遍真理同中国革命的具体实践结合起来。我们最成功的是社会主义改造。毛泽东同志在长期革命斗争中立下的伟大功勋是永远不可磨灭的。没有毛主席就没有新中国,毛泽东思想培育了我们整整一代人。"应该说,在六十年代以前或五十年代后期以前,他的许多思想给我们带来了胜利,他提出的一些根本的原理是非常正确的。他创造性地把马列主义运用到中国革命的各个方面,包括哲学、政治、军事、文艺和其他领域,都有创造性的见解。但是很不幸,他在一生的后期,特别在'文化大革命'中是犯了错误的,而且错误不小,给我们党、国家和人民带来许多不幸。"①

2.要完整准确地理解毛泽东思想,不要把毛泽东思想庸俗化、教条化。面对"两个凡是"的教条,邓小平指出:"凡是毛泽东同志圈阅的文件都不能动,凡是毛泽东同志做过的、说过的都不能动。这是不是叫高举毛泽东思想的旗帜呢? 不是! 这样搞下去,要损害毛泽东思想。"②因为它把毛泽东同志在这个问题上讲的移到另外问题上,在这个地点讲的移到另外的地点,在这个时间讲的移到另外的时间,在这个条件下讲的移到另外的条件下。这样做的实质就是把毛泽东同志的个别言论当作普遍的原则,这必然要把毛泽东思想教条化。毛泽东思想不是在个别的方面,而是在许多领域发展了马克思列宁主义。毛泽东思想是个体系,是发展了的马克思主义。光讲毛泽东思想,不提马克思列宁主义,看起来好像是把毛泽东思想抬高了,实际上是把毛泽东思想的作用降低了。我们党是集体领导,毛泽东同志是这个集体领导的代言人,是我们党的领袖,他的地位和作用同一般的集体领导成员是不同的。但是,切不可因此把毛泽东同志和党中央分开,应该把毛泽东同志看

---

① 《邓小平文选》第二卷,人民出版社 1994 年版,第 345 页。
② 《邓小平文选》第二卷,人民出版社 1994 年版,第 126 页。

作是党的集体领导中的一个成员,把他在我们党里头的作用说得合乎实际。毛泽东同志是尊重集体领导的。毛泽东思想不是毛泽东同志一个人的创造,包括老一辈革命家都参与了毛泽东思想的建立和发展。但主要是毛泽东同志的思想。"毛泽东同志的事业和思想,都不只是他个人的事业和思想,同时是他的战友、是党、是人民的事业和思想,是半个多世纪中国人民革命斗争经验的结晶。"①要用准确的完整的毛泽东思想作指导的意思是,要对毛泽东思想有一个完整的准确的认识,要善于学习、掌握和运用毛泽东思想的体系来指导我们的各项工作。只有这样,才不至于割裂、歪曲毛泽东思想,损害毛泽东思想。

3.毛泽东思想是一个完整的体系。在起草《关于建国以来党的若干历史问题的决议》的过程中,邓小平多次提出,毛泽东思想是一个完整的体系,要把毛泽东思想的内容写清楚。邓小平论述得最多的:一是实事求是的思想精髓。邓小平反复强调,贯通毛泽东思想的精髓是实事求是。"毛泽东思想的基本点就是实事求是,就是把马列主义的普遍原理同中国革命的具体实践相结合。毛泽东同志在延安为中央党校题了'实事求是'四个大字,毛泽东思想的精髓就是这四个字。毛泽东同志所以伟大,能把中国革命引导到胜利,归根到底,就是靠这个。"②二是关于中国新民主主义革命道路的理论。邓小平指出:"毛泽东同志根据中国的具体条件指明了革命的具体道路,在军阀割据的时候,在敌人控制薄弱的地区,领导人民建立革命根据地,用农村包围城市,最后夺取了政权。"③毛泽东所开辟的这条道路与俄国革命相比,虽然运用的都是马克思主义的原理,但具体方法是不同的。正是在这条路线的指引下,我们取得了抗日战争、解放战争的胜利。三是关于中国社会主义改造的思想。"我们最成功的是社会主义改造。"④这首先是由于毛泽东同志领导我们党制定了一条党在过渡时期的总路线。所谓总路线,其主体是国家工业化,两翼是

---

① 《邓小平文选》第二卷,人民出版社 1994 年版,第 172 页。
② 《邓小平文选》第二卷,人民出版社 1994 年版,第 126 页。
③ 《邓小平文选》第二卷,人民出版社 1994 年版,第 126 页。
④ 《邓小平文选》第二卷,人民出版社 1994 年版,第 313 页。

两个改造,即对农业、手工业和对私人资本主义工商业的社会主义改造。四是关于社会主义建设的重要思想。邓小平多次谈到,毛主席的《论十大关系》、《关于正确处理人民内部矛盾的问题》等是关于社会主义革命和建设的好文章。五是军队建设的思想。邓小平指出,毛泽东同志为我们军队树立了非常好的传统和作风,我们这个军队有个好传统。从井冈山起,毛泽东同志就为我军建立了非常好的制度,树立了非常好的作风。我们这个军队是党指挥枪,而不是枪指挥党。在军队建设的问题上,毛泽东同志历来反对"山头主义"、"宗派主义"、"主观主义"的作风。六是毛泽东党的作风建设的重要思想。邓小平认为,关于党的建设,马克思、恩格斯讲得不多,列宁有个完整的建党学说。正是因为列宁建立了那么一个好的党,才能取得十月革命的胜利,建立了第一个社会主义国家。把列宁的建党学说发展得最完备的是毛泽东同志。

(二)十二大以后的补充、丰富和发展

在中国特色社会主义事业的发展进程中,中央既坚持十一届六中全会对毛泽东和毛泽东思想的奠基性论述,又不断总结历史及新的实践经验,对毛泽东思想与中国特色社会主义之间的关系进行新的概括和总结。

党的十二大首次在以往经验教训的基础上提出"中国特色社会主义道路"的概念。邓小平在十二大开幕词中首先回顾了党的七大和八大的成就。他指出:1956年召开的党的第八次代表大会,分析了生产资料私有制的社会主义改造基本完成以后的形势,提出了全面开展社会主义建设的任务。八大的路线是正确的。但由于当时党对于全面建设社会主义的思想准备不足,八大提出的路线和许多正确意见没有能够在实践中坚持下去。从十一届三中全会以来,我们党在经济、政治、文化等各方面的工作中恢复了正确的政策,并且研究新情况、新经验,制定了一系列的正确政策。和八大的时候相比较,现在我们党对我国社会主义建设规律的认识深刻得多了,经验丰富得多了,贯彻执行我们的正确方针的自觉性和坚定性大大加强了。邓小平明确提出:"把马克思主义的普遍真理同我国的具体实际结合起来,走自己的道路,建设有中国

特色的社会主义,这就是我们总结长期历史经验得出的基本结论。"①可见,"中国模式"在其概念提出之时,就以毛泽东思想以及社会主义建设的经验教训为基础。十一届六中全会的决议认为:"毛泽东思想是马克思列宁主义在中国的运用和发展,是被实践证明了的关于中国革命和建设的正确的理论原则和经验总结,是中国共产党集体智慧的结晶。"②1982年党的十二大将上述论断的第二句,加上"和建设"三个字,改为"是被实践证明了的关于中国革命和建设的正确的理论原则和经验总结"。1987年党的十三大、1992年党的十四大和1997年党的十五大突出强调毛泽东思想是马克思主义与中国实际相结合的第一次历史性飞跃的理论成果。

党的十五大报告还首次提出"邓小平理论"的概念,报告从一个世纪视野的比较中评价毛泽东的历史功绩。报告指出:在20世纪,中国人民在前进道路上经历了三次历史性的巨大变化,产生了三位站在时代前列的伟大人物:孙中山、毛泽东、邓小平。第一次是辛亥革命,推翻统治中国几千年的君主专制制度。这是孙中山领导的。他首先喊出"振兴中华"的口号,开创了完全意义上的近代民族民主革命。第二次是中华人民共和国的成立和社会主义制度的建立。这是中国共产党成立后,在以毛泽东同志为核心的第一代领导集体的领导卜完成的。经过土地革命、抗日战争和解放战争,推翻了帝国主义、封建主义、官僚资本主义三座大山,中国人民从此站起来了,并且从新民主主义走上社会主义道路,取得建设社会主义的巨大成就。第三次是改革开放,为实现社会主义现代化而奋斗。这是在以邓小平同志为核心的第二代领导集体的领导下开始的新的革命。在新中国成立以来革命和建设成就的基础上,我们党总结历史经验和教训,成功地走出了一条建设有中国特色社会主义的新道路。百年巨变得出的结论是:只有中国共产党才能领导中国人民取得民族独立、人民解放和社会主义的胜利,才能开创建设有中国特色社会主义的道路,实现民族振兴、国家富强和人民幸福。

---

① 《邓小平文选》第三卷,人民出版社1993年版,第2—3页。
② 中共中央文献研究室编:《十一届三中全会以来重要文献选读》下册,人民出版社1987年版,第527页。

（三）十七大以来的新概括、新表述

党的十七大首次提出"中国特色社会主义理论体系"的概念，把新民主主义革命道路与中国特色社会主义道路相区别。十七大报告指出：马克思主义与中国实际相结合，实现了两次历史性飞跃，产生了两大理论成果，即毛泽东思想和中国特色社会主义理论体系。党的十八大把中国特色社会主义道路的创立视为中国共产党90年奋斗的成果，认为以毛泽东同志为核心的党的第一代中央领导集体在社会主义建设中取得的独创性理论成果和巨大成就，为新的历史时期开创中国特色社会主义提供了宝贵经验、理论准备、物质基础。十八大报告把中国特色社会主义道路的开辟时间上延到1921年中国共产党的成立。这与以往的论述是有着明显差别的。

党的十八大之后，在纪念毛泽东诞辰120周年座谈会上，习近平发表讲话，针对当前人们关心的问题以及理论界的争论，在以往论述的基础上，对毛泽东的历史功过作了新的论述。习近平指出：毛泽东为党、国家、民族作出了彪炳史册的伟大贡献，在晚年也犯过严重错误。但是，他的功绩是第一位的，错误是第二位的。改革开放以来，我们党对这个问题曾作过多次阐述，集中反映在《关于建国以来党的若干历史问题的决议》和江泽民、胡锦涛在纪念毛泽东诞辰100周年、110周年时的讲话中。习近平直面问题，申明了几个重要观点。一是从历史发展的一般规律，从一切正义事业发展的历史逻辑的高度，说明人世间没有一帆风顺的事业，越是伟大的成功其过程越是充满艰辛。二是毛泽东晚年犯错误，有其主观因素和个人责任，也有复杂的国内国际的社会历史原因，应该全面、历史、辩证地看待和分析。三是评价历史人物应该放在其所处时代和社会的历史条件下去分析，做到"六个不能"，即：不能离开对历史条件、历史过程的全面认识和对历史规律的科学把握，不能忽略历史必然性和历史偶然性的关系；不能把历史顺境中的成功简单归功于个人，也不能把历史逆境中的挫折简单归咎于个人；不能用今天的时代条件、发展水平、认识水平去衡量和要求前人，不能苛求前人干出只有后人才能干出的业绩来。四是革命领袖是人不是神，他们的认识和行动也要受时代条件限制。因此，对待他们所犯的错误，要做到"两个不能"：一个是"不能因为他们伟大就把他们像神那

样顶礼膜拜,不容许提出并纠正他们的失误和错误";另一个是"也不能因为他们有失误和错误就全盘否定,抹杀他们的历史功绩,陷入虚无主义的泥潭"。五是能否正确对待自己所犯的错误,是衡量一个马克思主义政党是否真正对人民负责任的一个最重要最可靠的尺度。提出对错误采取郑重态度的标准:"一是敢于承认,二是正确分析,三是坚决纠正,从而使失误和错误连同党的成功经验一起成为宝贵的历史教材。"六是总结和吸取历史教训,目的是以史为鉴、更好前进。我们要尊重自己的历史、珍惜自己的历史,着眼未来,把我们的全部历史作为向前发展的宝贵财富。①

四、中国模式对"毛主义模式"的继承和发展

中国模式不仅立足于毛泽东新民主主义革命和社会主义建设的成就,而且纠正了晚年毛泽东所犯的错误,把党和国家的工作重心转移到经济建设上来,作出实行改革开放的伟大战略,走出了一条具有中国特色社会主义的道路,在理论和实践上继承和发展了毛泽东的社会主义模式。

(一)唯物主义世界观的新境界

毛泽东把马克思主义运用于中国实际,创造性地开辟了中国新民主主义革命道路和社会主义建设道路,指引中国不断走向胜利。但晚年毛泽东在指导思想上却背离实事求是的思想路线。一是不顾中国生产力的现状,过分夸大人的主观能动作用,错误地发动"大跃进",片面地强调"一大二公",以致以高指标、瞎指挥、浮夸风和"共产风"为主要标志的"左"倾冒险错误在全国城乡盛行一时。二是错误地认为党内存在着一个"资产阶级司令部",把"反修防修,防止资本主义复辟"当作社会主义的主要任务来抓,坚持"以阶级斗争为纲"的路线。正如邓小平所指出的:"错误是从五十年代后期开始的。比如

---

① 参见习近平:《在纪念毛泽东同志诞辰120周年座谈会上的讲话》,《人民日报》2013年12月27日。

说,大跃进是不正确的。这个责任不仅仅是毛主席一个人的,我们这些人脑子都发热了。完全违背客观规律,企图一下子把经济搞上去。主观愿望违背客观规律,肯定要受损失。但大跃进本身的主要责任还是毛主席的。"搞'文化大革命',就毛主席本身的愿望来说,是出于避免资本主义复辟的考虑,但对中国本身的实际情况作了错误的估计。首先把革命的对象搞错了,导致了抓所谓'党内走资本主义道路的当权派'。……毛主席在去世前一两年讲过,文化大革命有两个错误,一个是'打倒一切',一个是'全面内战'。"①邓小平认为,毛泽东晚年之所以犯错误,其根本原因,一是和毛泽东个人有着直接的关系。毛泽东作为个人不是一般的个人,他是我们党和国家的最高领导人,他的言行对我们党和国家的事业发挥着绝非一般的影响。二是缺乏健全的约束机制。也就是说,在党和国家的制度中,客观上缺乏一套能够保证我们党和国家的决策是唯物的而不是唯心的这样一套机制,"党内确实存在权力过分集中的官僚主义。这种官僚主义常常以'党的领导'、'党的指示'、'党的利益'、'党的纪律'的面貌出现,这是真正的管、卡、压。许多重大问题往往是一两个人说了算,别人只能奉命行事。"②而林彪、"四人帮"大搞禁区、禁令,制造迷信,把人们的思想封闭在他们假马克思主义的禁锢圈内,不准越雷池一步。否则,就要追查,就要抓辫子、扣帽子、打棍子。在这样的情况下,人们就不敢想,不敢讲,只能唯上是从,在假马克思主义的道路上越走越远。由此,邓小平认为,要保障我们党始终坚持唯物主义,必须进一步解放思想,改革党和国家领导体制,建设社会主义法制国家。

党的十八大以来,以习近平同志为核心的党中央,明确提出要把改革和创新作为推进发展的第一驱动力。党的十八届三中、四中全会分别就全面深化改革、全面依法治国进行专门讨论,提出了推进国家治理体系和治理能力现代化的总任务。习近平总书记指出:改革开放是决定当代中国命运的关键一招,也是决定实现"两个一百年"奋斗目标、实现中华民族伟大复兴的关键一招。

---

① 《邓小平文选》第二卷,人民出版社 1994 年版,第 346 页。
② 《邓小平文选》第二卷,人民出版社 1994 年版,第 141—142 页。

全党同志首先是各级领导干部要清醒认识世情、国情、党情的变和不变,永远要有逢山开路、遇河架桥的精神,锐意进取,大胆探索,敢于和善于分析回答现实生活中和群众思想上迫切需要解决的问题,不断深化改革开放,不断有所发现、有所创造、有所前进,不断推进理论创新、实践创新、制度创新。[1] 党的十八届五中全会在综合国内外现代化经验的基础上,把创新摆在国家发展全局的核心位置,从培育发展新动力、拓展发展新空间、深入实施创新驱动发展战略、大力推进农业现代化、构建产业新体系、构建发展新体制、创新和完善宏观调控方式七个方面展开论述,进一步突出了创新的价值意义,用一系列新的举措落实了创新驱动战略。习近平总书记指出:一个国家和民族的创新能力,从根本上影响甚至决定国家和民族前途命运。目前世界范围正孕育着新一轮科技革命和产业变革,创新再次成为大国竞争的新赛场,谁主导创新,谁就能主导赛场规则和比赛进程。我们必须以巨大的勇气接受时代的挑战,通过创新引领和驱动发展,从根本上转变生产方式和发展方式,占领世界现代化新一轮发展的主动权。[2] 党的十八大以来,中央在四十年不断改革的基础上,又推出1200多项改革举措,为中国发展注入了强大动力。党的十九大强调,要瞄准世界科技前沿,强化基础研究,实现前瞻性基础研究、引领性原创成果重大突破。十九届三中全会通过的《中共中央关于深化党和国家机构改革的决定》,以及中共中央印发的《深化党和国家机构改革方案》,根据当代中国生产力和生产关系、经济基础和上层建筑的发展现状,从根本环节上发展了马克思主义的唯物史观。

(二)中国特色社会主义观的新水平

在什么是社会主义、怎样建设社会主义的问题上,毛泽东生前也力图突破苏联模式,探索一条适合于中国特点的新道路。但是,晚年毛泽东放弃了他在新中国成立初期的正确路线,固守苏联的僵化模式。在生产资料所有制形式

---

① 参见《十八大以来重要文献选编》(上),中央文献出版社 2014 年版,第 115 页。

② 参见习近平:《在省部级主要领导干部学习贯彻党的十八届五中全会精神专题研讨班上的讲话》,《人民日报》2016 年 5 月 10 日。

上,片面追求"一大二公三纯"的体制,以为所有制形式越大越公越纯越好;在分配方式上,片面强调平均主义,以为吃"大锅饭"就是做到了公平;在经济的运营方式上,片面强调计划经济,把计划经济等同于社会主义,把市场经济等同于资本主义,严重影响了人民群众建设社会主义的积极性。

党的十一届三中全会后,我们党根据新中国成立以来正反两方面的经验教训,重新认识"什么是社会主义,怎样建设社会主义"的问题,对我国社会主义的发展道路、发展阶段、根本任务、发展动力、外部条件、政治保证、战略步骤、领导力量、依靠力量、经济改革、政治改革、祖国统一等一系列问题都作了系统的论述。党的十四大根据邓小平的提议,把建立社会主义市场经济体制确立为我国经济体制改革的目标。十四届三中全会进一步勾画了建立社会主义市场经济体制的蓝图和基本框架。党的十五大提出,要把社会主义和社会主义的具体实现方式区别开来,一切反映社会化生产规律的经营方式和组织形式都可以大胆利用,充分肯定了非公有制经济在社会主义建设中的地位和作用。十六大进一步完善以按劳分配为主体、多种分配方式并存的分配制度,确立了劳动、资本、技术和管理等生产要素按贡献参与分配的原则。党的十七大明确提出要"创造条件让更多群众拥有财产性收入","初次分配和再分配都要处理好效率和公平的关系"。依据科学发展观的要求,十七大第一次提出了"生态文明"的概念,提出了加快转变生产方式,促进"又好又快发展"的任务。中国特色社会主义事业的总体布局,由原来的"三位一体"扩展到"四位一体"。

党的十八大在以往论述的基础上,进一步概括了中国特色社会主义的"总依据"、"总布局"、"总任务",提出要坚定中国特色社会主义"三个自信",发展中国特色社会主义"四个特色"。十八大之后,经党的十八届三中、四中、五中、六中全会,以习近平同志为核心的党中央提出"中国梦"的发展目标,"四个全面"战略布局,"五大发展理念"等治国理政新理念新思想新战略,谱写了坚持和发展中国特色社会主义的新篇章。习近平指出:"我国过去三十多年的快速发展靠的是改革开放,只有改革开放才能发展中国、发展社会主义、发展马克思主义。中国特色社会主义在改革开放中产生,也必将在改革开放中发展壮大。"①十九大明确提出习近平新时代中国特色社会主义思想,不仅从理论和实践的结合上,系统回答了新时代坚持和发展什么样的中国特色社会主义、怎样坚持和发展中国特色社会主义的问题,对中国特色社会主义的总目标、总任务、总体布局、战略布局和发展方向、发展方式、发展动力、战略步骤、外部条件、政治保证等基本问题作出新的设计和安排,并且根据新的实践对经济、政治、法治、科技、文化、教育、民生、民族、宗教、社会、生态文明、国家安全、国防和军队、"一国两制"和祖国统一、统一战线、外交、党的建设等各方面作出理论分析和政策指导,发展了社会主义,发展了中国特色社会主义。

（三）共同富裕价值观的新体系

推翻资本主义,解放和发展生产力,实现人类自由解放,这是马克思主义的终极价值追求。毛泽东领导人民推翻三座大山,取得新民主主义革命和社会主义建设的胜利,为人民过上幸福生活打下了坚实基础。然而,晚年毛泽东由于对国际国内形势的错误估计,在指导思想上发生"左"的逆转,对社会主义的价值追求作了片面的理解。一是片面地把精神鼓励作为社会主义的唯一价值,把阶级斗争作为社会主义时期主要任务来抓;把人们正常的生活追求视为"物质刺激",把发展生产力斥之为"唯生产力论"、"经济主义"。二是片面追求生产关系的"一大二公三纯","跑步进入共产主义",把与商品经济、市场关系、按劳分配、物质利益相联系的社会关系一概斥之为"资产阶级法权"而加以限制。从根本上割裂了义利关系,更割裂了社会主义与物质利益的血肉联系。粉碎"四人帮"之后,邓小平领导我们党重新认识主要矛盾,围绕满足人民生活需要制定了"三步走"的发展战略,把人民的"温饱"、"小康"、"富裕"作为头等大事来抓,并且一再强调,改革要尊重群众首创精神,注意集中群众智慧,把人民群众拥护不拥护、赞成不赞成、高兴不高兴、答应不答应作为制定各项方针政策的出发点,作为判断各项工作成败得失的基本标准。

---

① 习近平:《全面贯彻落实党的十八大精神要突出抓好六个方面工作》,《求是》2013年第1期。

党的十八大以来，以习近平同志为核心的党中央，再次根据我国的发展实际，对价值目标、价值基础、价值标准、价值实现等问题进行新的思考。习近平总书记指出：我们党来自人民、植根人民，是全心全意为人民服务的政党，无论干革命、搞建设、抓改革，都是为了让人民过上幸福生活。我们的改革之所以一路顺畅，归根结底是因为得到广大人民群众的衷心拥护和积极参与。尊重人民主体地位，发挥群众首创精神，紧紧依靠人民推动改革，始终是我们党立于不败之地的强大根基。我们要珍惜人民给予的权力，用好人民给予的权力，自觉让人民监督权力，紧紧依靠人民创造历史伟业，使我们党的根基永远坚如磐石。"检验我们一切工作的成效，最终都要看人民是否真正得到了实惠，人民生活是否真正得到了改善，人民权益是否真正得到了保障。"①我们一定要适应改革开放和发展社会主义市场经济的新形势，从政治、经济、社会、文化、法律、行政等各方面采取有力措施，促进社会公平正义，实现好、维护好、发展好最广大人民根本利益，特别是要实现好、维护好、发展好广大普通劳动者根本利益。"要把促进社会公平正义、增进人民福祉作为一面镜子，审视我们各方面体制机制和政策规定，哪里有不符合促进社会公平正义的问题，哪里就需要改革；哪个领域哪个环节问题突出，哪个领域哪个环节就是改革的重点。"②人民群众永远是我们的价值主体。

然而，价值总是建立在一定的客观条件之上的。一方面，经过 40 年的改革开放，我们创造了世界发展史上的奇迹。国内生产总值 2010 年达到 39.8万亿元，超过日本居世界第二。2016 年达到 74.4 万亿元，相当于日本的 2.4倍。服务业增加值占国内生产总值比重上升到 51.6%。中国高铁里程超 1.9万公里，占世界总量 65%。全球十大港口中国占 7 个。中国网民 7.1 亿，互联网普及率超过 51.7%。联合国《2017 年世界投资报告》显示，中国 2016 年对外投资飙升 44%，达到 1830 亿美元，首次成为全球第二大对外投资国。习近平总书记用"三个前所未有"概括中国所处的有利形势：前所未有地靠近

---

① 中共中央宣传部：《习近平总书记系列重要讲话读本》，学习出版社、人民出版社 2016 年版，第 213 页。

② 《习近平谈治国理政》第一卷，外文出版社 2018 年版，第 97 页。

世界舞台中心;前所未有地接近实现中华民族伟大复兴的目标;前所未有地具有实现这个目标的能力和信心。但另一方面,习近平总书记又强调初级阶段的基本国情。要求我们不要陶醉于已经取得的发展成就,不要头脑发热,不要"中心漂移",而是一切从当代中国的实际出发,牢牢坚持"发展是硬道理"的战略思想,扭住经济建设这个中心不动摇,深入贯彻"五位一体"总体布局和"四个全面"战略布局,以"五大发展理念"为指引,积极推进供给侧结构性改革,进一步筑牢国家发展繁荣、全国各族人民幸福安康和中华民族伟大复兴的强大物质基础。党的十九大基于我国社会主要矛盾的变化,把"三步走"的发展战略从"温饱"、"小康"、"基本现代化"调整为"全面建成小康社会的决胜阶段"、"基本实现社会主义现代化"和"社会主义现代化强国"三个阶段。同时,围绕这一目标提出"十四个坚持"的基本方略,以及一系列具体领域的发展战略,把马克思主义的价值观发展到一个崭新的境界。

(四)和平发展时代观的新判断

晚年毛泽东曾敏锐地感觉到了时代主题的变化。1955 年 5 月 26 日,毛泽东在会见印度尼西亚总理阿里·沙斯特罗阿米佐约时,作了以"和平为上"为主题的谈话,提出了有可能争取世界和平新环境:"亚非国家的团结是有希望的,万隆会议已经走了第一步。以后我们应该共同努力,继续工作,团结起来,促进和平。即使有战争,我们也可以把它推迟。我们要争取和平的环境,时间要尽可能的长,这是有希望的,有可能的。如果美国愿意签订一个和平条约,多长的时期都可以,五十年不够就一百年,不知道美国干不干。"1955 年 10 月 15 日,毛泽东同日本议员访华团谈话时,又讲了和平与进步是世界发展大势的问题:"所谓天下大事,就是解放、独立、民主、和平友好、人类进步。天下大势,'分久必合,合久必分',就搞不成什么事情了。我可以说一句,将来世界上的事情,和平友好是基本的,世界大战这个东西意思不大。"①可惜的是晚年毛泽东随着指导思想上"左"的东西的抬头,对国际形势的判断也发生了

---

① 《毛泽东外交文选》,中央文献出版社、世界知识出版社 1994 年版,第 213、224 页。

"左"的逆转,认为当代世界仍然是战争与革命的时代,不是战争引起革命,就是革命制止战争,因而在工作的轻重缓急上立足于世界大战不可避免,立足于早打、大打、打核战争。邓小平指出:"过去我们的观点一直是战争不可避免,而且迫在眉睫。我们好多的决策,包括一、二、三线的建设布局,'山、散、洞'的方针在内,都是从这个观点出发的。"①这段论述印证了当时毛泽东对时代的错误判断。

邓小平通过对世界形势的重新分析,认为和平与发展已经成为时代主题,和平是可以争取的,战争是可以避免的,并由此对我国的战略和对外政策作了新的调整。他说:"国际上有两大问题非常突出,一个是和平问题,一个是南北问题。还有其他许多问题,但都不像这两个问题关系全局,带有全球性、战略性的意义。"②现在世界上真正的问题,带全球性的战略问题,一个是和平问题,一个是经济问题或者说发展问题。和平问题是东西问题,发展问题是南北问题。概括起来,就是东西南北四个字。中国要坚定不移地奉行独立自主的和平外交政策。20世纪后半期是科技革命的时代。"现代科学技术正在经历着一场伟大的革命。近三十年来,现代科学技术不只是在个别的科学理论上、个别的生产技术上获得了发展,也不只是有了一般意义上的进步和改革,而是几乎各门科学技术领域都发生了深刻的变化,出现了新的飞跃,产生了并且正在继续产生一系列新兴科学技术。"③科学技术是第一生产力;中国要在世界高科技领域占有一席之地;教育要面向世界,面向未来,面向现代化。这种认识是毛泽东生前没有达到的。

经过40年的改革开放,中国一跃成为世界第二大经济体。国际上一些人出于霸权主义的逻辑,推测中国必然走上霸权之路,散布"中国威胁论"、"中国崩溃论"、"中国责任论"、"中国拖累论"、"中国失速论",百般遏止中国发展。习近平总书记在多种场合对这种论调进行批驳。他指出:零和博弈、国强必霸、赢者全拿的逻辑不适合于中国。首先,时代发生了巨大变化,在这个世

① 《邓小平文选》第三卷,人民出版社1993年版,第126—127页。
② 《邓小平文选》第三卷,人民出版社1993年版,第96页。
③ 《邓小平文选》第二卷,人民出版社1994年版,第87页。

界里,各国相互联系、相互依存的程度空前加深,人类生活在同一个地球村里,生活在历史和现实交汇的同一个时空里,越来越成为你中有我、我中有你的命运共同体。宽阔的太平洋容得下中美两国乃至更多的国家。其次,中华民族是爱好和平的民族。"国虽大,好战必亡"、"四海之内皆兄弟"、"协和万邦"、"以和为贵"、"和而不同"、"化干戈为玉帛"、"国泰民安"、"睦邻友邦"、"天下太平"、"天下大同"等理念在中国世代相传,中国不存在霸权主义的文化基因。即使中国强盛到国内生产总值占世界 30% 的时候,也从未对外侵略扩张。新中国成立以来,从 1950 年至 2016 年,中国累计对外提供援款 4000 多亿元人民币。再次,文明是多样性的统一。现在,世界上有 200 多个国家和地区,2500 多个民族和多种宗教。如果只有一种生活方式,只有一种语言可以用,只有一种音乐,只有一种服饰,那是不可想象的。"我们应该推动不同文明相互尊重、和谐共处,让文明交流互鉴成为增进各国人民友谊的桥梁、推动人类社会进步的动力、维护世界和平的纽带。"①第四,中国共产党人历来坚持和平共处、和平发展的外交方针,中国的发展成就,不是抢别人的饭碗得来的,而是中国人民几十年含辛茹苦、流血流汗干出来的。"观察中国发展,要看中国人民得到了什么收获,更要看中国人民付出了什么辛劳;要看中国取得了什么成就,更要看中国为世界作出了什么贡献。这才是全面的看法。"②中国不仅是全球化的受益者,也是全球化的回报者。2001 年中国实际国内生产总值对全球贡献率仅为 0.53%,而到 2016 年这一指标跃升至 33.2%。中国已连续 3 年稳居世界第一货物贸易大国地位,成为全球 120 多个国家和地区的最大贸易伙伴。近 10 年中国对外投资年均增长 25.4%,2015 年达到 1180 亿美元。预计未来 5 年,中国进口总额将达到 8 万亿美元,利用外资总额将达到 6000 亿美元,对外投资总额将达到 7500 亿美元,出境旅游将达到 7 亿人次。③

在批驳各种谬论的同时,习近平总书记提出"合作共赢,打造人类命运共

---

① 《习近平谈治国理政》第一卷,外文出版社 2018 年版,第 262 页。

② 习近平:《共担时代责任 共促全球发展——在世界经济论坛 2017 年年会开幕式上的主旨演讲》,《光明日报》2017 年 1 月 18 日。

③ 国纪平:《推动世界经济迈向包容普惠的新时代》,《人民日报》2017 年 1 月 19 日。

同体"的中国构想。他强调,世界命运应该由各国共同掌握,国际规则应该由各国共同书写,全球事务应该由各国共同治理,发展成果应该由各国共同分享。构建人类命运共同体,一要坚持对话协商,建设持久和平的世界;二要坚持共建共享,建设普遍安全的世界;三要坚持合作共赢,建设共同繁荣的世界;四要坚持交流互鉴,建设开放包容的世界;五要坚持绿色低碳,建设清洁美丽的世界。① 中国以实际行动践行自己的诺言,积极推进区域性命运共同体建设。自"一带一路"倡议提出以来,已有100多个国家和国际组织表示积极响应支持,40多个国家和国际组织同中国签署合作协议。"一带一路"、"构建人类命运共同体"等理念已纳入联合国的重要决议。2015年巴黎气候大会及其《巴黎协定》的最后签署批准,2016年杭州G20峰会的召开,都说明中国对世界的影响日益增强。2017年5月14日,习近平总书记在"一带一路"国际合作高峰论坛发表主旨演讲,进一步强调将"一带一路"建成和平、繁荣、开放、创新、文明之路。党的十九大进一步呼吁,"各国人民同心协力,构建人类命运共同体,建设持久和平、普遍安全、共同繁荣、开放包容、清洁美丽的世界。要相互尊重、平等协商,坚决摒弃冷战思维和强权政治,走对话而不对抗、结伴而不结盟的国与国交往新路。"②习近平新时代中国特色社会主义思想根据新的形势,发展了中国共产党人维护世界和平、实现中国与世界共同发展的全球构想。

---

① 参见习近平:《共同构建人类命运共同体——在联合国日内瓦总部的演讲》,《人民日报》2017年1月20日。

② 习近平:《决胜全面建成小康社会　夺取新时代中国特色社会主义伟大胜利》,人民出版社2017年版,第58—59页。

第四章　国外中国模式哲学基础的研究

历史上,任何大国崛起都与一定哲学的发展相联系。中国通过四十年的改革开放,形成了自己的发展模式,取得了举世瞩目的成就,成为当今世界关注的焦点。中国模式的哲学基础是什么？这是国外中国模式研究中争论的重要问题之一。深入分析国外学者关于中国模式哲学基础的研究,对于我们从更为根本的层面认识中国模式,无疑具有重要意义。

一、国外关于这一问题的基本观点

国外关于中国模式哲学基础的争论最早开始于 20 世纪 80 年代中期,贯穿于整个改革开放的过程之中,形成了四类典型的观点:“实用主义论”、“儒家社会主义论”、“三种传统论”、“务实主义论”。

(一)“实用主义论”

这类观点错误地认为邓小平所讲的“猫论”、“实事求是论”、“真理标准论”、“三个有利于”等,与欧美流行的实用主义并没有什么本质区别。

1.倡导所谓“猫论”=“有用就是真理”。正如前文引述的美国学者石池雨以及俄罗斯学者彼沃娃洛娃的观点,都认为邓小平讲“猫论”就是讲实用主义。"猫论"＝"有用就是真理"；"猫论"＝只注重结果，而不注重这些结果是如何带来的；"猫论"＝"目的可以证明手段之正确"。

2."对毛泽东正统思想理论中只言片语的利用"的误判。基辛格也认为，邓小平的主要手法是把"实事求是"和"理论联系实际"提升到"毛泽东思想基本原则"的高度，利用毛泽东正统思想理论中的只言片语，邓小平放弃了毛泽东的继续革命论。在基辛格看来，"实事求是"并不为毛泽东所重视，邓小平只是出于某种目的的需要，利用了毛泽东正统理论中的"只言片语"。① 香港毛泽东思想研究专家金思凯指出："邓小平的名言是：不管白猫黑猫，能捉老鼠就是好猫。这句话，反映着他是一个实用主义者。所以他的民主思想并不像毛泽东那样一贯，有用就是真理。"②在这段话中，似乎毛泽东讲民主是一贯的，而邓小平把民主当成了工具，有时讲，有时不讲。且不说这种观点把"文化大革命"中的那种所谓"民主"当成了民主的标准，更需要我们分析的是他把所谓"猫论"与"有用就是真理"相等同。

德国杜伊斯堡－埃森大学政治学研究所、东亚研究所所长海贝勒突出了中国发展中的实用主义因素，认为中国共产党的领导体制在经历了"转型"、"巩固"两个阶段后，目前已进入第三阶段，即"适应"阶段，"邓小平理论、'三个代表'重要思想和科学发展观都表明，意识形态因素让路于实用主义因素"③。这种实用主义有四个显著的特点：经济上，从计划经济到市场经济的转型，或者说政治的经济化。政治上，共产党已经从一个阶级的政党发展成为一个人民的政党。意识形态上，政府的目标不再是一个遥不可及的"共产主义"，而是一个不太遥远的"和谐社会"。政权的合法性不再基于意识形态之上，而是基于对现代化、增强国力、维护安定、建立社会主义民主等的承诺。许多整合都表明了这种政治实用主义，例如，经济改革从计划经济到市场经济的转变，在发展过程中允许私人成分的加入，允许外资的流入，认可社会的急剧

① 参见［美］亨利·基辛格：《论中国》，中信出版公司 2012 年版，第 327 页。
② 金思凯：《大陆的政治民主化》，载《江山辽阔多立时：论中国现代化》，香港青文书屋 1989 年版，第 163 页。
③ ［德］托马斯·海贝勒：《20 世纪中国政治史：对现代化与善治的追求》，张凤凤译，《马克思主义与现实》2009 年第 5 期。

变化等等。① 美国中国现代化研究专家吉尔伯特·罗兹曼认为,中国共产党具有坚持实用主义的传统。邓小平的实用主义是中国马列主义的另一种模式。马列主义的纲领和基本要素有各种各样的模式。"到1980年,中国看来又开始坚持实用主义传统,而且政策的制定者们被告诫要'实事求是'。这个实事当然包括其他国家的经验。现在领导人把眼光投向国外不是为了寻求一般的经验,而是寻找解决中国面临的各种实际问题的具体办法。"②

3.轻言"邓主义也可称为没有哲学的哲学"。本杰明·扬详细地考察了邓小平的早期生活,指出:"在过去经验的基础上,完全通过回忆的方法来解释一个人现在的行为,这或许过于简单。但如果邓小平是一个实用的共产主义者,这种个性的形成完全可以追溯到几十年前。"邓小平出身地主家庭而深受其父的影响,他父亲坚持的是一种实用主义哲学。为了使邓小平成为一个"贤人",邓小平的父亲送他去重庆和巴黎学习,最后又去莫斯科而成为一个职业革命家。"整个1949年以前的经历使邓小平形成了实用共产主义的品格,一种指导他革命生涯的品格以及改革的哲学。"③"西方观察家把邓小平的政治哲学称为'实用主义',这已经成为一种习惯。在很大程度上,这是公平的,邓小平的确是一个实用主义政治家。正像人们把实用主义称为没有理论的理论一样,邓主义也可称为没有哲学的哲学。"④本杰明·扬试图把他认为的邓小平实用主义与其人生经历联系起来。

(二)"儒家社会主义论"

这类观点的确看到了中国传统文化对中国模式的深刻影响,但有时又不

---

① 参见[德]托马斯·海贝勒:《中国是否可视为一种发展模式?》,载俞可平等主编:《中国模式与"北京共识":超越"华盛顿共识"》,社会科学文献出版社2006年版,第116页。

② [美]吉尔伯特·罗兹曼:《中国的现代化》,陶骅等译,上海人民出版社1989年版,第613页。

③ Benjamin Yang, The Making of a Pragmatic Communist: The Early Life of Deng Xiaoping, 1904—1949, *The China Quarterly*, September 1993, p.456.

④ Benjamin Yang, The Making of a Pragmatic Communist: The Early Life of Deng Xiaoping, 1904—1949, *The China Quarterly*, September 1993, pp. 282-283.

适当地夸大儒家思想的作用,忽视马克思主义的根本性意义,或者误解、曲解儒家思想与马克思主义、中国特色社会主义的关系。例如派伊、马丁·雅克等学者认为,自古以来中国就是一个文明国家而非民族国家,中国文化传统对当代中国普通群众和领导者的价值信念、治理方式、政策选择等都产生了相当重要的影响。"直到今天,这种传统思想还是了解中国人、中国家庭传统、政府角色、教育体制以及秩序和稳定重要性的根本要素——虽然现在这种儒家思想已经呈现出高度现代化的特征。"①他们认为,"中国模式"实质是中国古代儒家文明的复兴。

1.认为儒家"大同"、"小康"、"民为邦本"等概念正是"中国模式"的重要价值取向。早在20世纪80年代,戴维·W.张就指出:中国特色社会主义的构想,"它的由来是至少3000年的中国政治传统。"②邓小平的"有中国特色的社会主义"最终将这些传统发现并保留。中国古代政治文化就存在一种"变则通"的改革理论。③

俄罗斯学者杰柳辛指出:邓小平关于贫穷不是社会主义的观念以及富民富国的政策是完全符合关于统治者的作用的中国传统观念的。他从管子的"是以善为国者,必先富民,然后治之"中找到共同富裕和避免两极分化的思想;又遵循着儒家的传统说教,即"不患寡,而患不均;不患贫,而患不安"④。

美国密歇根大学中国问题研究专家约瑟夫·格利高里·迈哈内(Josef Gregory Mahoney)指出:"事实上,《礼记》有四个概念与胡锦涛的和谐理论,乃至与作为共产党整个意识形态核心的毛泽东思想和邓小平理论相关。这四个来自《礼记》的概念是:(1)大同;(2)小康;(3)和;(4)赞同黑格尔辩证法的儒

---

① Martin Jacques, *When China Rules the World*: *The End of the Western World and the Birth of a New Global Order*, New York: the Penguin Press, 2009, p. 25.

② David Wen-Wei Chang, *China under Deng Xiaoping*: *Political and Economic Reform*, Macmillan Press, 1988, p. 64.

③ 参见 David Wen-Wei Chang, *China under Deng Xiaoping*: *Political and Economic Reform*, Macmillan Press, 1988, p. 68.

④ [俄]杰柳辛:《革命家、毛泽东主义者、改革家》,载齐欣等编译:《世界著名政治家、学者论邓小平》,上海人民出版社1999年版,第63页。

家历史主义。"①日本的藤野彰也认为："以人为本与和谐社会与庄子、儒家思想以及乌托邦式的大同思想密切相连。"②

　　法国汉学家魏柳南（Lionel Vairon）指出：家庭作为儒家思想中社会的另一个支柱，在革命年代中幸存了下来，并在"文化大革命"后的中国社会里重新找回了核心位置。

　　2.认为中国传统儒家的政治风格深刻影响当代中国的治理方式。派伊指出，邓小平"是按照传统的中国政治领袖的方式来行事的"。邓小平所做的一切完全符合中国人的实践行为标准。按照中国传统，伟大领袖要求具有平易近人的风格和高尚的个人品质，完全不需要西方领袖的演讲艺术或故作姿态。邓小平平静的领导方式符合传统中国政治文化的重要准则。邓小平执政以后，中国的民众情绪和客观氛围非常适宜恢复中国传统的政治风格：最高领导郑重地宣布一种意识形态，而下级官员只要不公然违背这种意识形态，他们就可以做他们认为对本地区或本部门有利的事，而广大群众就可以在自己的小单位里为自己的利益而工作。用一句话来概括，这是一种被无政府状态所调和的权威主义模式。③

　　在费正清的眼里，邓小平具有旧时"士大夫"的风范。他说："邓小平改革的耐心和踏实作风使人想起旧时士大夫关心民生、解民忧患的治国传统，而现在的目标依旧是建设一个更加强大和更为人道的社会。但这需要逐步发展，不可能一蹴而就。"④针对邓小平对农村采取的合同制（即责任制），他认为，"合同制必须看成是中国'治国策'的最新阶段，所谓'治国策'就是怎样组织农民以改善他们的福利并富强国家。中国统治阶级有史以来世世代代努力解

---

①　［美］约瑟夫·格利高里·迈哈内：《通往和谐之路：马克思主义、儒家与和谐概念》，载吕增奎主编：《执政的转型：海外学者论中国共产党的建设》，中央编译出版社 2011 年版，第 27—28 页。

②　［日］藤野彰：《从中国共产党新的指导思想看政治、经济和社会变迁》，载吕增奎主编：《执政的转型：海外学者论中国共产党的建设》，中央编译出版社 2011 年版，第 49 页。

③　参见 Lucian W.Pye, An Introductory Profile：Deng Xiaoping and China's Political Culture, *The China Quarterly*, September 1993。

④　［美］费正清：《中国：传统与变迁》，张沛等译，世界知识出版社 2002 年版，第 4 页。

决这个问题。他们发现合同在半商业化的农业中最有刺激力,因而有利于生产。就是那么简单。魏源和其他一些早期的'治国策'学者,毫无疑问是理解和肯定这些组织农民群众的新方法的。"①

3.认为传统的社会结构延续为当代中国的社会结构。马丁·雅克指出:在中国,国家被认为是整个社会关注的重中之重,高于其他任何方面。在中国,其实曾经正式存在且真正重要的"机构"也就是两个,即一公和一私。"公"是指政府,"私"是指家庭。不论是在孔子的时代还是当今中国,政府都不允许不同利益的存在。其结果就是(至少官方认为)虽然中国各省差异较大,但本质上并无二致。唯一被认可的利益的代表就是遵守最高道德标准的政府,这种最高道德标准过去是孔子的儒家教义,在当代则是马列主义和毛泽东思想。作者认为,在毛泽东之后,党和人民之间事实上已经形成了一种新的社会契约,即党的任务就是治理国家,而人民享有充分的自由,去提高自己的生活水平。中国共产党越来越谋求从一个革命组织到一个执政党的转变。为此,它着重强调专业能力和创业精神,并宣传自己的革命历史、军事成就以及阶级背景。

4.认为变革亚细亚生产方式成为中国改革的目标所在。俄罗斯学者 A.B.维诺格拉多夫认为,中国传统上一直是一个按亚细亚生产方式运作的国家,其基本特点是:人类活动的主要范围是在农业领域;劳动力的组织形式受到国家极为严格的规定限制,个人没有机会脱离当时的经济关系体系;根据既定发展战略,实行国家垄断,严格监督手工业和商业,因为它们的个体经济性质和发展进程对受到严格限制的农村社会经济关系构成威胁;由于社会活动的各个领域受国家控制,官僚成为主要阶级,他们最重要的作用是维护稳定。作者认为,邓小平领导的 1978 年开始的改革,第一次成功地突破文明传统的框架,承认经济发展的重要性。在传统文化背景下,首先在经济领域,允许个人发挥主动性。主动权不再是国家的特权。市场竞争机制被纳入社会系统,从而在维护严格的上层中央集权的同时为下层人民发挥主动性提供了自由。实际上,

---

① John King Fairbank, *The Great Chinese Revolution*: *1800 — 1985*, New York, 1986, p. 348.

这种赋予人民主动性的行为也是国家首创精神的一种表现,以此国家维护了自身在经济和政治领域的最高地位。"邓小平身上一直保留着中国政治文化的传统。这使他能够利用个人的威望强化党的机制,而不是继续损害党的机制。……现代中国领导人的主要下线在于,推动社会朝着能够找到稳定的政治体制模式的方向发展,以实现经济巨变。"①

5.认为中国虽然在经济上取得了巨大的成就,但中国的官僚政治体制受到保护,并没有得到有效的改革。早在20世纪90年代,西班牙驻华使馆参赞凡胡尔就错误地提出,在中国特色社会主义这个"儒教与共产主义的混合体中,列宁主义是一种比马克思主义更为重要的成分"。他还指出,列宁主义对于中国共产党组织夺取政权乃至建设如此复杂与庞大的国家的斗争起了巨大的作用,而中国之所以能够保持稳定还因为共产主义制度已与中国文化传统融为一体,因而,这种中国特色社会主义与其他社会主义有了根本不同。② 巴莱特·L.麦克米克(Barrett L.McCormick)在《后毛泽东时代中国的政治改革:列宁主义国家的民主和官僚》一书甚至称中国特色社会主义为"列宁主义的极权主义"③;裴敏欣(Minxin Pei)在《国家社会主义的微观基础和经济转轨模式》的文章中,称有中国特色的社会主义为"不完全的国家社会主义"④;许慧文(Vivienne Shue)的题为《中国的国家权力和社会组织》的论文,称有中国特色的社会主义为"国家社会主义的合作主义"⑤。2017年12月17日,曾经作为特朗普竞选团队宣传总长的史蒂夫·班农,在日本东京的一次演讲中道出了美国精英们的底牌:自中美建交以来,美国的精英们就一直相信:一旦中国

---

① ［俄］A.B.维诺格拉多夫:《中国文明发展的新阶段:起源与前景》,载王新颖主编:《奇迹的建构:海外学者论中国模式》,中央编译出版社2011年版,第50—56页。

② 参见《参考资料》1992年1月12日(原载西班牙《国家报》)。

③ Barrett L.McCormick, *Political Reform in Post-Mao China:Democracy and Bureaucracy in a Leninist State*, University of California Press, 1990.

④ Minxin Pei, Microfoundations of State Socialism and Patterns of Economic Transformation, *Communist and Post-Communist Studies*, 29, No.2, 1996, pp.131-145.

⑤ Vivienne Shue, *State Power and Social Organization in China*, in Joel Migdal et al., *State Power and Social Forces:Domination and Transformation in the Third World*, Cambridge University Press, 1994, pp.76ff.

变得更加富足,中国经济得到发展后,中国的民主状态将得到相应层面的改进,中国就会在自由市场经济下变得民主化。而今我们却发现事实是相反的,"在过去二十年内看到的不过是个儒家重商主义专制模式"。

(三)"三种传统论"

近代中国,面对列强的入侵,有识之士开始放眼世界,力图通过融合文明,变革中国传统观念和制度体系,以此实现民族复兴和国家富强,从"康梁变法"到辛亥革命,再到五四运动和新中国成立,形成了民主革命的传统。"中国模式"正是对近代以来三种革命传统的继承和发展。这类观点是值得肯定的。中国共产党人的确是近代中国革新精神的继承者和发展者,中国模式的确包含了近代以来无数仁人志士革故鼎新、建设一个强大现代化国家的理想。

1.认为"中国模式"继承和发展了近代以来中国人变法图强的革新精神。安格斯·麦迪森(Angus Maddison)指出:数百年来,中国都是世界最大的经济体,直到19世纪初,中国的国内生产总值仍为世界的1/3,超出欧洲(27%)、印度(16%)和美国(2%)的国内生产总值。[①] 只是到1840年鸦片战争,中国才陷入列强瓜分,被动挨打的局面。自鸦片战争以来,无数仁人志士都在寻找着中国走向现代化,实现民族复兴、国家富强的道路。但一次次的努力均以失败而告终。邓小平"完成了一项过去150年里中国所有领导人都没有完成的使命:他和同事们找到了一条富民强国的道路。在达成这个目标的过程中,邓小平也引领了中国的根本转型,不论在它与世界的关系方面,还是它本身的治理结构和社会"[②]。

海贝勒指出,中华人民共和国的发展不能仅从近60年来理解,还应回顾更为久远的历史事件。这里指的不是对西方现代化的复制,而是一种"非西方化"的现代化。要吸纳的是西方的技术,而不是西方的思想。这个问题是中国现代史的背景和过去120年间中国思想的中心主题。从19世纪以来直

---

① 参见 Angus Maddison, *The World Economy: Historical Statistics*, Paris, 2003。
② [美]傅高义:《邓小平时代》,冯克利译,生活·读书·新知三联书店2013年版,第642页。

到中华人民共和国成立,有五大事件增强了中国对现代化的渴望:鸦片战争的失败(1840—1842)、外国影响和外国控制的增加、日本的崛起和对日本的军事失败、1919年的五四运动、苏联的成立。① 澳大利亚国立大学经济学教授罗斯·加诺特(Ross Garnaut)也认为,把近来中国经济发展的成就纳入历史视野中考察将会大有裨益。"中国经济在过去的1/4世纪中的强势增长,已经让中国有可能重新回到2200多年前的秦帝国第一次统一中国后、中国大部分时间所占据的世界最强大的经济大国的地位上去。"②康拉德·赛茨指出:"邓时代的后期为中国社会创造了一个罕见的融合,即西方文化、共产主义思想和中国的传统的融合。所有这一切都并存在了一起:资本主义式的拜金主义、中上层阶级的西方生活方式、发展中国家的新权威主义、对中国历史上的辉煌所产生的自豪,以及中国受外国列强屈辱的百年历史所引发的民族主义。能从这些要素中产生新的中国文化吗? 对于中国人来说21世纪会有什么样的憧憬? 这些憧憬对世界将会意味着什么?"③

2.认为"中国模式"继承和发展了孙中山"三民主义"的基本精神。戴维·W.张指出,孙中山终其一生,其使命就在于用政治革命或推翻满清王朝的手段改变中华帝国,"建立一个共和的中国是为了使国家现代化"。这项任务包括:唤醒民众、抵御外来侵略、废除不平等条约;建立一种民主政体,在历史上第一次允许公民选举各级政府领导人;采用和平的方式方法改革土地制度,实行耕者有其田的制度;吸引国际投资和技术,帮助中国民族工业的发展。平心而论,孙中山当时提倡的许多东西,后来证明是正确的、有效的。他是一个温和的革命家,一个调解文化差异的人和一个进步的思想家。"1949年以来,邓小平开创了和平改革的新纪元。"④现在,邓小平所提倡的一系列政策和

---

① 参见[德]托马斯·海贝勒:《20世纪中国政治史:对现代化与善治的追求》,张凤凤译,《马克思主义与现实》2009年第5期,第36—44页。

② [澳]罗斯·加诺特:《中国经济增长的可持续性及其影响》,崔存明、王报换摘译,《国外理论动态》2006年第6期。

③ [德]康拉德·赛茨:《中国:一个世界强国的复兴》,许文敏、李卡宁译,国际文化出版公司2007年版,第195页。

④ David Wen-Wei Chang, *China under Deng Xiaoping: Political and Economic Reform*, Macmillan Press, 1988, p. 247.

1911 年孙中山的革命目标有些相似,例如,打破公社的习惯做法,为使农民长期有耕种自由和让他们发财致富,把土地分给耕种者,但握有法律上的土地所有权。20 世纪 80 年代初,采用了新的税收制度,鼓励生产,防止私人利润过高。从 1984 年开始,中华人民共和国开始试验将国营大企业下放。

　　3.认为"中国模式"延续了苏式共产主义的传统。国外学者、人士认为,"中国模式"与共产主义传统有着密不可分的联系。迈斯纳在《毛泽东的中国及毛泽东后的中国》一书中指出:以邓小平为代表的"改革派"是从马克思主义的传统出发的,他们"大量引用了马克思、恩格斯、列宁、斯大林和毛泽东的著作——他们宣布独立于人的意志和意识之外起作用的'客观经济规律性'的存在,这个马克思主义的正统观点不久就成为毛泽东主义后政权的官方意识形态的标志"①。谢伟思(John Stewart Service)的《"延安精神"与中国的改革》一文,针对《纽约时报》等国外媒体关于中国政府"抛弃了马克思主义,同资本主义拥抱了"的不实报道,系统分析了"延安精神"与当代中国改革的关系。他说:"从延安看今天,没有什么是令人吃惊的,而且肯定不是离经叛道的。共产党的领袖们只不过回到过去,重新开始办那些很久以前他们就说过要办的事。"②日本的藤野彰认为,"从历史上来看,'三个代表'并不是全新的理念。1935 年 12 月的瓦窑堡会议上,毛泽东指出:'中国共产党是无产阶级的先锋队,同时也是全民族的先锋队,愿意为党的主张奋斗的人,不问阶级和出身,都可以加入党。''三个代表'中,积极吸纳支持党的政策、对党有贡献的中间阶层的实用主义也是在学习毛泽东的革命战术。以人为本与和谐社会与庄子、儒家思想以及乌托邦式的大同思想密切相连。"③詹姆斯·R.汤森(James R.Townsend)和布兰特利·沃马克(Brantly Womack)认为,"具有中国特色的社会主义"首先是对中国的马克思列宁主义传统中独立性的肯定,它

---

　　①　Maurice Meisner,*Mao's China and After:A History of the People's Republic*,The Free Press,1986,p.466.

　　②　[美]谢伟思:《"延安精神"与中国的改革》,载齐欣等编译:《世界著名政治家、学者论邓小平》,上海人民出版社 1999 年版,第 802 页。

　　③　[日]藤野彰:《从中国共产党新的指导思想看政治、经济和社会变迁》,载吕增奎主编:《执政的转型:海外学者论中国共产党的建设》,中央编译出版社 2011 年版,第 49 页。

坚持中国必须走自己把马克思主义与中国传统相结合的社会主义道路。这一立场最突出的倡导者自然是毛泽东,这表现在他于20世纪30、40年代竭力推动"马克思主义中国化"这一备受称赞的做法上面。而且,邓小平从第二种意义(即中国是一支独立的力量这一观念)上提倡毛泽东主义的自力更生,主张既不依赖于两个超级大国中的任何一个,也不与其中任何一个集团结盟,这两个论点结合在一起,形成了毛泽东和邓小平这两位领导人共同设想的形象,即一个追求自身独特发展模式的、强大的、独立的、社会主义的中国的形象。①戴维·W.张指出:列宁曾尝试过实现马克思主义,但没能够"描绘社会主义是什么"。中国共产党曾盲目地套用苏联模式而不考虑它是否适用于中国。此后的1973年邓小平第一次复出期间,仍然在毛泽东的领导之下,他协助周恩来制定四个现代化的规划。1984年实行城市经济改革,在此前两年,胡耀邦在党的十二大上把有中国特色的社会主义归纳为七个主要方面。换言之,中国正在"走它自己的现代化道路",这就是"有中国特色的社会主义"。②

(四)"务实主义论"

在国外,另外一些学者则认为,"中国模式"的哲学基础绝不是英美实用主义。正如大卫·古德曼所指出的:"邓是一个注重实效的人而并非是一个实用主义者,在他整个的政治生涯中他是一个坚定的革命者,为确保共产党夺取政权和中国的现代化事业一直在不懈奋斗。在邓小平看来,共产主义不仅是一种有组织的社会力量,而且也是解决21世纪中国所面临问题的最明智的办法。"③施拉姆也指出:"邓小平并非像欧美和日本有时所说的那种'实用主义者'。他是一位信奉无产阶级专政,信奉共产党的先锋作用,并在延安时代学到若干道德标准的经验丰富的革命家。""他讨厌由于对'资产阶级式的主

---

① 参见[美]詹姆斯·R.汤森、布兰特利·沃马克:《中国政治》,顾速、董方译,江苏人民出版社1994年版,第335页。

② David Wen-Wei Chang, *China under Deng Xiaoping: Political and Economic Reform*, Macmillan Press, 1988, p. 266.

③ David S.G.Goodman, *Deng Xiaoping and the Chinese Revolution*, London and New York, 1994, p. 7.

义'和个人主义以及其他错误想法的狂热而对马克思主义和革命精神持怀疑态度。"①有时,国外学者、人士所说的实用主义,并非真正的实用主义,而是说相对于毛泽东时代的理想主义而言,邓小平以来的政策变得更加现实,是"现实主义"、"务实主义"的另一种表述。这类观点有值得肯定的方面。

1.放手采纳古今中外任何发展模式的优点。《中国季刊》1986 年夏季号发表的派伊的论文《论 80 年代中国的实用主义》,认为关于中国奉行实用主义的观点,成为目前学术界较为正统的观点,是人们对中国政治的判断。他认为这只能意味着中国人在中国的情况下采取的一种政策,也是一种实用主义行为。派伊指出:"中国的实用主义有着自己的特点,与英美政治生活中的实用主义不同。西方分析家们所运用的实用主义的意思是中国的政治已经变得较少意识形态而更多实际的因素,并因而公共政策强调经济理性以及与物质现代化相联系的世界进步。"②在《邓小平和中国的政治文化》一文中,派伊又讲道:"用一个词,实用主义来概括邓小平的政治学已经成为一种习惯。当然,实用主义有各种不同的含义。在某些文化里,实用主义是对于那些没有原则而只顾自己个人的利益走上腐败之路的政客的一种婉转的说法。从更正式的译法来说,实用主义表示一种可操作的规则,在这种规则下,没有更高的价值,没有神圣的东西,如果它的价值是合法的,则一切都有待于'出售'。邓小平赢得这个标签在很大程度上是由于他的两只猫的理论,这种理论表示,他不受意识形态的束缚并因而能够把精力集中于效益,把效益作为他的指导原则。在很大程度上,就经济政策而言,这是一个公平的判断标准。"③

美国学者戴维·W.张在《邓小平领导下的中国》一书中指出,邓小平"很少关心'黑猫白猫'的意识形态之争,只要猫抓耗子;对于他来说,意识形态的修正主义似乎不是一个值得争论的问题,如果这种修正看来是必要的、合理的

---

① [美]斯图尔特·施拉姆:《邓小平超过毛泽东了吗?》,载齐欣等编译:《世界著名政治家、学者论邓小平》,上海人民出版社 1999 年版,第 191、193 页。

② Lucian W.Pye, On Chinese Pragmatism in the 1980s, *The China Quarterly*, Summer 1986, p. 209.

③ Lucian W.Pye, An Introductory Profile: Deng Xiaoping and China's Political Culture, *The China Quarterly*, September 1993, p. 441.

和有实践意义的"。邓小平"提出了一条讲求实效的格言:'实践是检验真理的唯一标准',这种观点把一切意识形态都置于受其实践效果所检验的地位"①。新加坡学者林住君也认为,邓小平改革的一个特点就是"不以任何既定的、先入为主的意识形态或价值系统为指导方针,而是用一种实事求是的态度和最开放的心态来处理改革开放问题"。"贯穿整个改革运动的其实是'实践是检验真理的唯一标准'这种精神。这种表面看来似乎是空洞的口号,其实却是一个涵盖面非常广、效用非常大的原则,使改革领袖可以放手采纳古今中外任何发展模式的优点,而完全不受任何既定思想理论或意识形态的束缚。"②洛丽塔·纳波利奥尼(Loretta Napoleoni)认为,邓小平采取了一条务实主义的方法解决问题:将所谓的意识形态的争论放在一边。"对意识形态的超越使实用主义的精神在中国人心中得到了重生,为中国实现伟大的一跃而奠定了基础。……实用主义的回归使每个人的积极性都被调动起来,对市场的重要性有了清醒的认识。但是无论怎样,中国仍然是一个共产主义国家,厨师还是那厨师,只是在尝试新菜。"③

2.不拘教条,强调发展方式的灵活性。苏联学者佩弗兹涅尔指出:中国特色社会主义所依据的实用主义,意图十分明确,就是旨在加速社会进步,它甚至是建立在马克思主义基础之上的。"不管任何阶段,集中化要保证实现像空气那样必要的市场性、竞争性,同时不要让这些现象产生这种或者那种剥削形式的可能性。谁也没有完成过这一任务,但这是历史提出的任务,因此必须履行。从这一观点看来,建立在马克思主义理论牢固基础上的实用主义,考虑到实际情况,考虑到每一特定时期而不同因素的结合(其中包括不同所有制、贸易方式的相互作用等等)。这是旨在加速社会进步的实用主义。"④

①　[美]张大卫:《中流砥柱,各有千秋——周恩来与邓小平》,王宏周等译,中国广播电视出版社1988年版,第3页。

②　[新加坡]林住君:《中国的经济改革及其国际影响》,载《海外人士谈中国社会主义》,北京大学出版社1990年版,第53页。

③　[意]洛丽塔·纳波利奥尼:《中国道路:一位西方学者眼中的中国模式》,孙豫宁译,中信出版社2013年版,第66、67页。

④　[俄]《苏联学者谈中国社会主义初级阶段理论》,黎汶摘译,《国外社会科学》1989年第11期,第43页。

季塔连科认为:"邓小平抛弃了毛泽东构想中的过分唯心主义的东西,如'政治是统帅'、'思想工作第一',对社会主义建设过程中的因素和参加者的评价代之以完全实用主义的论点("猫和老鼠"论)。这与毛的社会理论及其思想标准有很大不同。"①理查德·伊文思指出,邓小平讲的"实事求是"与"实践是检验真理的唯一标准"是相一致的。"坚持这两个口号并不意味着他放弃社会主义,而表明在邓的思想中,社会主义(以及共产主义)是与繁荣富强相联系的(这是马克思的观点),他要用各种方法来实现这一繁荣富强。他不想让那些没有参与过社会与经济实践只是在办公室中勾画蓝图的人来实现他的计划,也正因为如此,一些非共产主义作家称他为实用主义者。"②美国未来学家奈斯比特指出:"对于邓小平来说,问题的关键不在于是社会主义还是资本主义更适合这个企业,而是哪种体制能够使得企业发挥自己的最大潜力。"③

戴维·W.张指出:"邓小平认为,不管用什么方式,只要结果符合人民的要求和革命目的就行。如果群众支持和要求改革,那么这一定是革命的目的。"④由罗伯特·克林伯格所著的《中国的对外开放——对资本主义的试验》一书中的主要观点之一就是"实践是检验真理的唯一标准"和"实事求是"的口号,"宣布了政策上的新的灵活机动性的实用主义性质"。⑤ 美国学者阚哈叶也认为:"邓小平实用的施政方针,迎合了毛泽东之后中国人的心理状态。他没有高喊什么口号,而大谈提高生活水平。他强调中国需要从西方获取知识和技术,以实现国防、农业和工业的现代化。"⑥雷默认为,中国共产党

---

① [俄]季塔连科:《对毛泽东、邓小平社会主义理论的比较研究》,《中共党史研究》2001年第6期。

② [英]理查德·伊文思:《邓小平传》,武市红等译,上海人民出版社1996年版,第270页。

③ John and Doris Naisbitt, *China's Megatrends: The 8 Pillars of New Society New Society*, Harper Business, 2010, p. 4.

④ Daved Wen-Wei Chang, *China under Deng Xiaoping*, Macmillan Press, 1988, p. 64.

⑤ Robert Kleinberg, *China's Opening to the Outside World: The Experiment with Foreign Capitalism*, West view Press, 1990, p. 11.

⑥ [美]阚哈叶:《邓小平领导下的中国》,纽约档案有限公司1991年版,第10—11页。

采取实用主义的政策,目的在于激发群众的积极性,保持社会稳定,以便共产党长期执政。"这是行得通的实用主义政治策略。它体现了把自由职业发展与适当的及可变的约束结合起来的价值和可能性。"①巴里·诺顿指出:"事实上,如果进一步考察,即便是中国道路本质的'灵活性'和'实用主义'也被证明与中国制度的体制特性深深地交织在一起。"②赫尔穆特·彼得斯则认为,中国共产党的实用主义突出体现在对外政策上。他说:"中国共产党在最实用主义地处理与美国及其他主要资本主义国家的关系时,充分考虑了中国和资本主义核心之间在战略和政策上的对立矛盾。"③龙安志认为,中国发展的经验可以概括为一种新的经济学——"融合经济学",其核心之点就是埋葬意识形态、摆脱理论学说、奉行实用主义。"中国的做法有两个可供大家'打包带走'的'重点':第一,没有一个模式是普遍适用的;第二,基于意识形态的经济学是不切实际的。中国政府让市场有序发展。市场失灵的时候,政府再把它拉回来。如果财政措施、税收和利率都不管用,那么政府就会果断采用行政手段,规定费用和配额。它们并不在意你怎么看,只要做法奏效就行。"④

3.通过反复试验寻求政策的合理性。美国《时代》周刊先后于1978年和1985年两次评邓小平为"世界风云人物"。在1985年的《世界新闻人物》的序言里认为,"渐进主义"和"实用主义"是邓小平不同于毛泽东、周恩来的重要特征。"他一贯寻求的是:渐变而非突变;实用主义而非教条主义。"⑤

日本学者渡边利夫认为,邓小平改革开放的行动方式"其最显著的特征

①　Joshua Cooper Ramo,the Beijing Consensus,*The Foreign Policy Centre*,2004,p. 30.

②　Barry Naughton,*Singularity and Replicability in China's Developmental Experience*,*See Seeking Changes*:*The Political Development in Contemporary China*,Central Compilation & Translation Press,2011,p. 159.

③　[德]赫尔穆特·彼得斯:《中国政治:在追求原有目标进程中的战略转变》,载王新颖主编:《奇迹的建构:海外学者论中国模式》,中央编译出版社2011年版,第212—213页。

④　Laurence J. Brahm,*Fusion Economics*:*How Pragmatism is Changing the World*,Palgrave,2014,pp. 21,22.

⑤　《世界风云人物邓小平》,美国《时代》周刊1986年第1期。载齐欣等编译:《世界著名政治家、学者论邓小平》,上海人民出版社1999年版,第24页。

是实验主义性的实用主义"。"所谓邓小平的实用主义,就是反复实验,在其奏效之前,要想在制度上给予承认是很不容易的。"①另一日本学者矢吹晋认为,邓小平没有深奥的哲学和理论,但是他的智慧却是非凡的。"我们已经看到了一些具有庞大理论体系的领导人犯大错误的事实。因此,从我们的评价标准来看,只有邓小平的'摸着石头过河'的小理论,才真正是减少错误的比较理想的理论。"②

巴里·诺顿指出,灵活性和试验性的方法同"渐进主义"结合起来,这通常通过援引一句中国的俗语——"摸着石头过河"——反映出来。"事实上,如果进一步考察,即便是中国道路本质的'灵活性'和'实用主义'也被证明与中国制度的体制特性深深地交织在一起。"③中国的试验被嵌入到中国的政治体系中,这是现实主义的试验,它与开明经验主义的固有模式有极大的不同,但是这种经验主义模式有时也被灌输给中国的改革者们。④

4.邓小平的"实用主义"与邓小平的早期经历相联系。戴维·W.张指出,邓小平的"实用主义"可能来自这样的背景:"他是 20 年代以来唯一到国外广泛旅行过的中央领导人。他有在民主—自由法国的几年生活经历;1949 年以后,他经常到国外去旅行;尤其是在产生灾难性后果的'文化大革命'期间(主要是后期),1974 年,他去了欧洲和美国,在联合国特别会议上发言;1978 年中美两国外交大门正式打开后,作为中国的'铁腕人物',邓小平立即作为美国政府的国宾访美。这样,邓小平像周恩来一样,比其他人更早了解有关别国现代发展和生活水平的情况。这些独特的经历也许对他的改革政策和把重点

---

① 〔日〕渡边利夫:《邓小平的经济思想与改革开放》,《国外中共党史研究动态》1994 年第 6 期,第 3 页。

② 〔日〕矢吹晋:《邓小平的历史功绩》,载齐欣等编译:《世界著名政治家、学者论邓小平》,上海人民出版社 1999 年版,第 264 页。

③ Barry Naughton, *Singularity and Replicability in China's Developmental Experience*, See *Seeking Changes: The Political Development in Contemporary China*, Central Compilation & Translation Press, 2011, p. 149.

④ 参见 Barry Naughton, *Singularity and Replicability in China's Developmental Experience*, See *Seeking Changes: The Political Development in Contemporary China*, Central Compilation & Translation Press, 2011, p. 159。

放在实现四个现代化方面起了作用。"①

二、"实用"但并不等于"实用主义"

对国外关于"中国模式"哲学基础的讨论,"务实主义论"、"三种传统论"等观点有合理成分。习近平指出:中华民族"独特的文化传统,独特的历史命运,独特的基本国情,注定了我们必然要走适合自己特点的发展道路"。② 然而,实用主义与马克思主义有何联系和区别,特别是与"中国道路"、"中国模式"是什么关系? 笔者赞同美国毛泽东思想研究专家施拉姆的看法,"实用"但并不等于"实用主义"。在此,笔者力图对中国共产党人"实事求是"世界观精髓与美国经典实用主义的基本精神做一比较,以说明二者的异同。

(一)两种现代化的思想指南

实事求是与实用主义两种精神都具有突破教条主义束缚、反对僵化、勇于变革、勇于创新的特点,但实用主义代表的是 19 世纪末 20 世纪初美国资产阶级从自由资本主义走向垄断资本主义的要求,而实事求是则反映的是 20 世纪 70 年代末中国追赶世界发展潮流,实现中国现代化的要求。

实用主义在美国产生于 19 世纪 70 年代。据《美国历史统计》,1869 年至 1878 年,美国人均产值只有 531 美元,1900 年则达到 1011 美元,同年城乡人口也趋于持平。但是,工业化、城市化和托拉斯的膨胀也带来了大量的社会问题,如贫富悬殊、公平竞争机会的丧失、对自然资源的掠夺性开发、腐败的流行、党魁政治、新式犯罪、移民问题、道德领域混乱等等。社会经济的发展同时引发了不同阶级、阶层和个人社会地位的变动,人们的思想和心理也正经历着一场严峻的考验。地位和形势的变化使人们更加关心社会的公正、效率和稳

① Daved Wen-Wei Chang, *China under Deng Xiaoping : Political and Economic Reform*, Macmillan Press, 1988, pp. 22-23, 84-85.

② 《习近平在全国宣传思想工作会议上强调　胸怀大局把握大势着眼大事　努力把宣传思想工作做得更好》,《人民日报》2013 年 8 月 21 日。

定等问题,关心个人在社会中的作用和前途,这种责任意识的复兴激发了一场广泛的改革运动,从而进入了所谓"改革时代"。然而,人们虽有改革的愿望,但对于如何改革却一片茫然,对于新时代的到来既感陌生又无精神准备。当时在美国占统治地位的理论主要是社会达尔文主义、古典经济学和新教伦理。所有这些理论都不顾及日益变化的社会现实,仍孜孜不倦地宣扬安于现状、无所作为的自由放任主义。正是在这个时候,实用主义应运而生。它给美国思想界注入了新的生机和活力。它的出现给烦躁不安、无所适从的美国人注射了一针镇静剂。它适应了改革时代人心思变但又迷惘踟蹰的现实,给人们提供了一种行动的权宜之计。正如威廉·詹姆士所讲的:"那真像在漆黑之夜放出来的闪光一样!"①

中国特色社会主义探索与当代世界发展和中国社会主义建设的实际密切相关。一方面,从世界的发展来看,第二次世界大战后,特别是20世纪90年代以来,整个世界历史的发展出现了大变革和加速度,出现了一系列引人注目的新变化、新趋势、新特点:劳动社会化,交往普遍化,经济全球化,政治多极化,信息网络化,市场国际化。另一方面,从中国社会主义建设的实际来看,虽然取得了很大成就,但却遭受了严重挫折。中国在新中国成立以后所犯的最大错误,用邓小平的话来说,一是关起门来搞建设,脱离了世界历史发展的潮流。当世界其他国家不断调整自己的产业结构,科学技术飞速发展之际,中国人却关起门来睡大觉。"我们最大的经验就是不要脱离世界,否则就会信息不灵,睡大觉,而世界技术革命却在蓬勃发展。"②二是照搬苏联模式,满脑袋框框。苏联模式给我们"带来很多问题","我们很早发现,但没有解决好"③。三是脱离自己的实际,搞"大跃进"和"文化大革命"。邓小平认为:"我们就犯了'左'的错误。总的来说,就是对外封闭,对内以阶级斗争为纲,忽视发展生产力,制定的政策超越了社会主义的初级阶段。"④在极左思潮的影响下,很多

---

① 〔美〕威廉·詹姆士:《实用主义》,李步楼译,商务印书馆1979年版,第6页。
② 中共中央文献研究室编:《邓小平思想年谱(1975—1997)》,中央文献出版社1998年版,第423页。
③ 《邓小平文选》第三卷,人民出版社1993年版,第237、260页。
④ 《邓小平文选》第三卷,人民出版社1993年版,第269页。

人形成了一种"唯上"、"唯书",迷信权威,迷信教条,不动脑筋的生活习惯。这种"左"的教条主义的阴云在中国粉碎"四人帮"之后继续笼罩着中国大地。20世纪70年代"两个凡是"的论调和90年代姓"社"姓"资"的争论就是突出的例证。邓小平反复强调要解放思想,实事求是,其根本目的就是要突破教条主义的框框,充分调动广大人民群众的积极性和创造性,赶超世界先进水平,实现中国的现代化。

实用主义反映了美国资本主义走向现代化的要求。19世纪末20世纪初,世界资本主义正从自由竞争阶段走向垄断阶段。垄断资产阶级希望在国家政权的保护下,通过向海外扩张而取得新的原料产地和产品销售市场。重新瓜分殖民地是帝国主义时代的重要特点。美国是一个后起的帝国主义国家,比老牌帝国主义国家具有更强的竞争力。1860年,美国工业生产还处于世界第四位,1894年已跃居世界第一位。1840年至1842年中英鸦片战争期间,美国舰队就已经在中国领海内活动,1849年它迫使清政府缔结了"中美望厦条约"。美国在世界范围内展开了同其他资本主义国家进行掠夺殖民地的竞争。① 但是,移居美国的大部分人都是清教徒,掠夺殖民地与基督教的伦理精神是根本对立的。实用主义主张"有用即是真理",实际上是告诉人们,只要可能,不必拘泥于传统的道德观念。实用主义之所以能够为美国资产阶级所接受,正是因为它满足了帝国主义时代垄断资产阶级向海外扩张的要求。詹姆士在1901年的一次讲演中就敦促建立庞大的舰队,将商品和资本护送到海外,和其他国家一起进入权力角逐的舞台。罗素在评价杜威时也指出:"杜威博士的见解在表现特色的地方,同工业主义与集体企业的时代是协调的。"这暗示了实用主义同垄断资本集团的关系。杜威为此恼羞成怒。但不管他如何辩解,实用主义客观上满足了垄断资本集团扩张的需要,这是不可否认的。罗素还评价杜威说,"他是第一次世界大战的一个不由衷的支持者","虽然他在一切经济问题上都非常主张改进,但他从来不是马克思主义者"。②

① 参见王守昌、[美]苏玉昆:《现代美国哲学》,人民出版社1990年版,第31页。
② [英]罗素:《西方哲学史》下卷,马元德译,商务印书馆1976年版,第386、379页。

实事求是则反映了当代中国人追赶世界发展潮流,实现中国社会主义现代化的要求。邓小平强调要解放思想,实事求是,其目的是改革旧体制,解放和发展生产力,建设有中国特色的社会主义。中国奉行独立自主的和平外交政策,中国既不可能侵略别的国家,也不可能做别国的附庸,中国的发展主要依靠科技进步,而不是侵略别的国家。邓小平指出:"独立自主,自力更生,无论过去、现在和将来,都是我们的立足点。中国人民珍惜同其他国家和人民的友谊和合作,更加珍惜自己经过长期奋斗而得来的独立自主权利。任何外国不要指望中国做他们的附庸,不要指望中国会吞下损害我国利益的苦果。我们坚定不移地实行对外开放政策,在平等互利的基础上积极扩大对外交流。"①习近平也指出:我们虽然经过几十年的摸索,对中国特色社会主义规律的把握,已经达到了一个前所未有的高度,但同时我们还面临很多没有弄清楚的问题和待解的难题,对许多重大问题的认识和处理都还处在不断深化的过程之中。因此,还需要继续加强对规律的探索和认识。胆子大不是蛮干,蛮干一定会导致瞎折腾。对一些重大改革,不可能毕其功于一役,可以提出总体思路和方案,但推行起来还是要稳扎稳打,通过不断努力逐步达到目标,积小胜为大胜。"怎么改,改什么,有我们的政治原则和底线"我们不断推进改革,是为了推动党和人民事业更好发展,而不是为了迎合某些人的"掌声",不能把西方的理论、观点生搬硬套在自己身上。中央"提出的各项改革举措都是经过精心考虑、精密设计的"。这与实用主义反映的时代精神有着本质的区别。

(二)两种民族精神的现代传承

实事求是与实用主义分别以不同的理论形式体现了中美两个民族求实务实、积极进取的精神。但实用主义强调的是美国个人主义和功利主义传统,实事求是则是对中国古代"道义论"与"功利论"的超越。

实事求是与实用主义都体现了求实务实的精神。美国是一个由移民组成的国家,在开疆拓土的过程中,最需要的是脚踏实地的本领,边疆前进的每一

---

① 《邓小平文选》第三卷,人民出版社 1993 年版,第 3 页。

步都是与艰苦奋斗以及机动灵活分不开的。奴隶制废除以后,其面临的主要任务是发展经济,他们完全可以放开手脚从事竞争和投机活动。这种经验使他们不尚空谈,讨厌抽象的思辨,总是忙忙碌碌,说干就干,重视行动和效益。这种务实精神和"唯物"倾向在实用主义中表现得淋漓尽致。实用主义者尽可能地把自己的哲学称为一种"方法",以避开空谈之嫌。在詹姆士的著作中,"兑现价值"、"效用"、"收获"、"报酬"、"信用制度"等商业词汇充斥其间,使我们感觉到迎面吹来一种经商谋利的市井气息。在一些历史学家那里,美国人是"没有欧洲人书卷气的实干家","不受过去时代的那种一本正经的学问的约束",具有"实用的富于创造发明,能迅速找到应付办法的性格"。① 恩格斯曾赞扬美利坚民族是一个"比任何别的民族都要精力充沛的民族"②,"一旦美国人开始做了,他们就会以巨大的力量和飞快的速度做下去,使我们欧洲人相形之下显得十分幼小"③。列宁也曾认为,苏维埃政权+普鲁士的铁路秩序+美国的技术和托拉斯组织+美国的国民教育等等等等++=总和=社会主义,这就是建设俄国社会主义的最佳选择。④ 实用主义正是以理论的形式概括了美国人这种独立、自由、机会均等、竞争、务实、实干、效用至上等思想观念,以及与之相联系的不迷信权威、不固守抽象原则和书本知识、不拘泥于旧传统习俗、崇尚科学、富于创新进取的"美国精神"。

实事求是其最直接的思想来源是毛泽东思想,而它的深层基础则是中国古代哲学的知行观。虽然中国哲学中也有关于"本原"、"始基"问题的探讨,但更为关心的却是看得见、摸得着的眼前的"人事"。正如郑国大夫子产所说:"天道远,人道迩,非所及也,何以知之?"(《左传·昭公十八年》)孔子也说:"务民之义,敬鬼神而远之"(《论语·雍也》)。又:"子路问事鬼神。子曰:'未能事人,焉能事鬼?'曰:'敢问死'。曰:'未知生,焉知死?'"(《论语·先进》)墨子强调"取实予名"、"察类明故",并且提出"言必立仪","上本之于

---

① 中国社会科学院世界历史研究所:《世界历史译丛》1980 年第 1 期,中国社会科学出版社 1980 年版,第 30 页。

② 《马克思恩格斯全集》第 36 卷,人民出版社 1974 年版,第 668 页。

③ 《马克思恩格斯全集》第 38 卷,人民出版社 1972 年版,第 316—317 页。

④ 参见《列宁全集》第 34 卷,人民出版社 1985 年版,第 520 页。

古者圣王之事"、"下原察百姓耳目之实"、"观其中国家百姓人民之利"(《墨子·非命上》)。管子主张"静身以待之,物至而名之"(《管子·心术上》)。荀子认为判断是非要名实相符,"制名以指实"(《荀子·正名》)。韩非子强调,"循名实以定是非,因参验而审言辞"(《韩非子·奸劫弑臣》)。宋代朱熹提出"即物穷理"、"先知后行"。王阳明进一步提出"知行合一"学说:"知是行的主意,行是知的功夫。知是行之始,行是知之成。"明清之际"崇实黜虚"的实学思潮在真正意义上重新提出了"实事求是",如黄宗羲、颜元、戴震等人。而"实事求是"的真正勃发和全面兴起要算清代的乾嘉学派。以其总结性人物阮元而言,他斥"八股文"为"空文"、"虚学",大力提倡考据、训诂的"实学",并为之追求、奋斗一生,自称"余之说经,推明古训,实事求是而已,非敢立异也"(《研经室集·自序》)。正是在"实事求是"理想情怀的指引下,他创办学堂、编撰著作、刊校古籍、培养人才、传播思想。阮元所代表的乾嘉学派所提倡的"实事求是",强调摆脱后世注解者和自身的偏见,言必有据,以客观的态度训诂经典,了圣贤之道、求经史大义。乾嘉学派"实事求是"的精神被梁启超认为是"清学派之精神"①。

实事求是与实用主义都体现了乐观进取的精神。美国开拓新大陆的第一批移民是追求创新、极富冒险精神的清教徒。新大陆资源丰富,条件得天独厚,没有前资本主义枷锁的束缚,使美国人产生了一种自满自足的优越感。他们认为,是上帝将头号种子播撒美洲荒原,由他们去完成上帝赋予的使命。他们总是满怀信心面向未来,对象征未来的下一代更是关怀备至。他们从一个地方搬到另一个地方,永远追逐着他们的美国梦。19世纪末,大量社会问题的出现虽使美国人迷茫而不知所措,但他们仍然坚信未来充满希望和机会,正是这种理想才使他们热心投身于各种进步事业。实用主义正是在理论上表达了美国人的这种乐观进取精神。它不相信斯宾塞体系的"钢铁锁链"中人的被动地位,而是赋予人以巨大的能动性,把人的智慧也纳入了进化的过程之中,强调了个人参与积极行动的权利,到后来它又强调合作改造社会的重要

---

① 梁启超:《清代学术概论》,上海古籍出版社1998年版,第38页。

性。实用主义这种反宿命论的倾向与美国人乐观进取的精神是完全一致的。实用主义是一种行动哲学,据詹姆士对实用主义的解释,"实用主义这个名词是从希腊的一个词 πράγμα 派生的,意思是行动。'实践'(practice)和'实践的'(practical)这两个词就是从这个词来的"。1878 年皮尔斯开始把这个词用到哲学上来。同年 1 月,皮尔斯在《通俗科学月刊》(*Popular Science Monthly*)发表《怎样使我们的观念清晰》一文。他在指出我们的信念实际上就是行动的准则以后说:"要弄清楚一个思想的意义,我们只须断定这思想会引起什么行动。对我们来说,那行动是这思想的唯一意义。""对我们来说,除了实践的意义以外,并无别的意义可言。"①

中国特色社会主义的探索强调解放思想,实事求是,与时俱进。这种精神,不仅是中国共产党人在漫长的革命生涯中锤炼出来的,而且也是对中国历史上积极进取,变法图强精神的继承和发扬。在中国历史上,曾经产生过许多敢想敢做、破旧立新的改革家。他们往往既是思想家,又是实践家。他们所提出的具体的改革方案当然随历史的发展而成为过去。但他们所提出的革故鼎新的变法精神却长存史册,激励后人。例如,商鞅的"治世不一道,便国不必法古"(《商君书·更法》)的革新主张,韩非的"不期修古,不法常可,论世之事,因为之备"(《韩非子·五蠹》)的更化思想,王安石的"天变不足畏,祖宗不足法,人言不足恤"(《宋史·王安石传》)的无畏气度,龚自珍的"一祖之法无不敝,千夫之议无不靡,与其赠来者以劲改革,孰若自改革"(《乙丙之际著议第七》)的自我警醒,康有为的"变法而强,守旧而亡"(《上皇帝第六书》)的急迫呼唤,谭嗣同的"我自横刀向天笑,去留肝胆两昆仑"(《狱中题壁》)的牺牲精神。所有这些都已经过历史岁月的洗汰,成为中国哲学史、思想史的不朽篇章,并积淀在中华民族的文化传统中,成为我们民族精神的重要内容,至今仍焕发着激动人心的活力。在改革开放的每一个关键时刻,邓小平总是鼓励人们要勇于探索、大胆试验、努力创新,大声疾呼:"要克服一个怕字,要有勇气。""思想更解放一点,胆子更大一点,步子更快一点。""改革开放胆子要大

---

① 〔美〕威廉·詹姆士:《实用主义》,李步楼译,商务印书馆 1979 年版,第 26、27 页。

一些,敢于试验,不能像小脚女人一样。看准了的,就大胆地试,大胆地闯。……没有一点闯的精神,没有一点'冒'的精神,没有一股气呀、劲呀,就走不出一条好路,走不出一条新路,就干不出新的事业。"①习近平强调,领导干部要敢于渡过"深水区",啃下"硬骨头",永远要有逢山开路、遇河架桥的精神,锐意进取,大胆探索,敢于和善于分析回答现实生活中和群众思想上迫切需要解决的问题,不断深化改革开放,不断有所发现、有所创造、有所前进,不断推进理论创新、实践创新、制度创新。这种变革创新的精神正是对中国传统民族精神的继承和弘扬。

实用主义体现了美国人的个人主义和功利主义传统。美国人具有追求个人功利的传统。他们放手让儿童成长,教育他们通过自我努力改善自己的处境。这种寻求自我改善的愿望远可追溯至公元4世纪,当时英国学者派格勒就强调每个人都可通过理性的识别接近真理,并通过努力工作获得解脱。清教徒吸取了这种看法,一方面是人的堕落,另一方面是上帝的恩赐,结果是强烈地感到个人道德的缺陷,人们以此负罪心理追求圣洁化,尽力工作,以此实现上帝恩赐的希望。富兰克林是这种自助精神的典型。他认为,财富本身即美德的标志,而美德是坚定意志和不懈行动的结果,它除了给人带来社会地位的乐趣以外,还会结出珍贵的果实,即一个人为了获得财富而须铸就的完备和严谨的性格。实用主义与抹杀个性的各种教条作斗争,真实地再现了美国人独立自主的个人主义传统。詹姆士就是一个极力主张个人主义的哲学家。他被宾克莱描绘成"他简直像一个主张自由企业的哲学家,一个个人主义哲学家,一个敢于冒险的哲学家,一个重视实用性的哲学家"②,其哲学强调个性、功利、机会主义。而杜威哲学则从个人拯救转向社会改造,强调不仅为个人也为集体而工作的真理,当然这种真理的意义可最终归结到个人。尽管有这种差异,他们本质上都属于个人主义者,只是前者强调个人能量无拘无束地发挥,后者则强调只有通过协作,个人能量才能发挥到极限并对社会有意义。

---

① 《邓小平文选》第三卷,人民出版社1993年版,第372页。
② [美]L.J.宾克莱:《理想的冲突——西方社会中变化着的价值观念》,马元德等译,商务印书馆1983年版,第386页。

　　中国共产党人所坚持的义利观则是对中国古代"道义论"与"功利论"的继承和超越。中国古人曾经对义利问题进行过深刻的论述。春秋战国时代，战乱频仍，百姓苦不堪言，孔孟希望统治阶级多行仁义，在"利"面前，主张先义后利，"君子喻于义，小人喻于利"。庄子也认为："小人则以身殉利，士则以身殉名，大夫则以身殉家，圣人则以身殉天下。"（《庄子·骈拇》）人的身份地位越高，"义"的层次也就越突出。墨子则认为，"义，利也"。"义"在本质上代表着社会整体利益的要求，它的原则不是为道义而道义，而是以一定的功利为目的，以利集体、利国家、利天下为价值取向。墨子说："义，志以天下为芬，而能能利之，不必用。"（《墨子·经说上》）"义"就是要立志把天下的事当成自己的分内之事去兼利万民，而不必考虑自己是否被重用。这些思想是符合当时社会的要求的，在这里，义和利实际上是统一的，但后来被人们加以歪曲，认为孔孟是"重义轻利"的，而墨子是"重利轻义"的。传统义利观重"义"，并不表明它不言"利"，相反，它不但"言义必及利"（《国语·周语下》），而且是在更高层次上言利，是在义利相联系、相统一的高度上言利，主张义利双行，提出正义就是为了谋利，就要"义以生利，利以丰民"（《国语·晋语》），因为"义厚则敌寡，利多则民欢"（《晏子春秋·内篇·问上》）。正如董仲舒所言："天之生人也，使人生义与利，利以养其体，义以养其心。心不得义不能乐，体不得利不能安"。只是在言利的时候，不能以利害义，要见利思义，"不义，虽利勿动"（《春秋繁露·身之养重于义》）。宋明理学家却强调理欲的对立，认为欲为万恶之源。二程提出："出义则入利，出利则入义"（《遗书》卷十一）。他们还认为，义利问题是公私问题。"义利云者，公私之异也"（《粹言》卷一）。朱熹则提出了"存天理，灭人欲"的命题，把义利的对立推向了极端。明清之际，以王夫之、戴震为代表的思想家才纠正其偏弊，指出天理不能离欲而独立，天下必无舍生养之道而存者，凡事为皆有欲，无欲则无为矣；有欲而后有为，有为而归于至当不可易之谓理；无欲无为又焉有理！（参见《孟子字义疏证》卷下）理的实质就在于"情之至于纤微无憾"，"以通天下之情，逐天下之欲"。"虽云天理人欲不容并立，乃可言人欲之害天理，而终不可言天理之害人欲。害人欲者，则终非天理之极至也。"（王夫之：《读四书大全说》卷八）"文化大革命"

中,义利的对立再次被推向极端,把发展生产力,提高人民生活水平称之为
"唯生产力论",认为一旦生活富欲就会"变修",导致资本主义,说什么"宁要
穷的社会主义",片面地强调精神鼓励。邓小平以马克思主义革命家的理论
勇气,高瞻远瞩世界发展潮流,提出"三个有利于"的价值观,主张物质文明和
精神文明要"两手抓,两手都要硬"。党的十九大强调发展与公平发展的辩证
关系。不但把"蛋糕"做大,而且把"蛋糕"分好。一方面,我国是人口大国,资
源小国,仍将长期处于社会主义初级阶段,最大发展中国家的国际地位没有
变,发展仍然是硬道理。另一方面,发展必须坚持共享发展,让改革发展成果
更多更公平惠及全体人民。"必须多谋民生之利、多解民生之忧,在发展中补
齐民生短板、促进社会公平正义"。这种思想既不同于中国传统的"道义论",
又不同于"功利论",而是对传统义利统一思想的批判性继承和超越。

(三)两种近代哲学结出的不同花果

实用主义直接来源于西方近代哲学,实事求是是马克思主义哲学精髓的
概括。两种精神都与西方近代哲学相联系,但马克思主义哲学与实用主义从
西方近代哲学吸取和借鉴的内容存在着本质的差别。

实用主义的主要思想源头是实证主义、唯意志主义、新康德主义、新黑格
尔主义、马赫主义以及生命哲学。詹姆士一再宣称自己的理论来自英国实证
主义。他在《实用主义》一书开头给英国实证主义者约翰·穆勒的献词中说:
"我是从他那里,最早懂得实用主义的思想的开朗性;要是他现在还在世的
话,我极愿把他当作我们的领导者。"[1]杜威则宣称他与新康德主义有着师承
关系。他说:"我自己以及和我共同提出工具主义的人是从作为新康德派开
始的。"[2]列宁认为:实用主义与马赫主义只是大同小异。"从唯物主义的观点
看来,马赫主义和实用主义之间的差别,就像经验批判主义和经验一元论之间
的差别一样,是微不足道的和极不重要的。"[3]实用主义与现代西方反理性主

---

① [美]威廉·詹姆士:《实用主义》,李步楼译,商务印书馆1979年版,第2页。
② 转引自刘放桐:《实用主义述评》,天津人民出版社1983年版,第22页。
③ 《列宁选集》第2卷,人民出版社1995年版,第234页注释①。

义思潮也有着密切的关系。这突出表现在他们对经验概念作了反理性主义的解释,把一切非意识性的情感、体验均当作是经验。他们否认理性思维可以认识事物的本质,而认为它们不过是意志的工具,理性服从情感、意志。他们的这种观点正是师承了叔本华、尼采、柏格森等人的衣钵。实用主义的一些主要代表也公开承认他们对尼采、柏格森等人的师承关系。例如詹姆士对柏格森的反理性主义就赞扬备至。他说:"阅读他的著作使我有了勇气。"①詹姆士著名的"意识流"学说在一定程度上发扬光大于柏格森关于生命之流的学说。

美国实用主义哲学家莫利斯认为,实用主义的理论来源有四个:"1.科学方法在19世纪所享有的威望;2.当代哲学中经验主义的力量相应的上升;3.生物进化论的流行;4.美国民主制理想的流行。"这里的第1、3两项都是关于自然科学的。莫利斯认为,实用主义创始人皮尔士的实用主义就是将科学方法推广于哲学。其他实用主义者也推崇科学方法。因此,莫利斯宣称"对科学方法的高度评价是所有美国主要实用主义者的基本思想的一部分。"至于以达尔文为代表的生物进化论,更被实用主义者用来当作自己的主要的科学根据。他还说:"主要的实用主义者都接受这样一种观点:人是作为处于长期进化过程中的一种生物而产生的,实用主义无疑是达尔文主义以后的哲学。它的经验主义是朝生物学方向演变的经验主义。""怎样从进化论的观点来解释人心、人的认识、人的自我、人的道德,这是实用主义者的最重要的问题。"②总之,实用主义承袭并集中了它以前的唯心主义哲学学派的许多观点,同时也吸收了某些唯物主义的思想成分,在一定程度上反映了19世纪自然科学发展的成果。但实用主义并不是彻底的唯物主义,它带有鲜明的折中主义的思想特征。其实,他们中间有些人的观点本来就是彻底的唯心主义。

"中国模式"以马克思主义哲学为基础。邓小平一再申明:"我是个马克思主义者。我一直遵循马克思主义的基本原则。马克思主义,另一个词叫共产主义。我们过去干革命,打天下,建立中华人民共和国,就因为有这个信念,

① ［美］威廉·詹姆士:《多元的宇宙》,纽约1912年英文版,第214页。
② 转引自刘放桐:《实用主义述评》,天津人民出版社1983年版,第24、25页。

有这个理想。我们有理想,把马克思主义基本原则同中国实际相结合,所以我们才能取得胜利。革命胜利以后搞建设,我们也是把马克思主义的基本原则同中国实际相结合。"①习近平高度重视对马克思主义哲学的学习和运用。他多次强调领导干部一定要认真学习马克思主义经典著作,尤其要注意学习马克思主义哲学。他先后两次主持中央政治局集体学习历史唯物主义和辩证唯物主义。他的系列重要讲话,充满唯物论和辩证法,渗透着马克思主义哲学的思想逻辑。他指出:"马克思主义哲学深刻揭示了客观世界特别是人类社会发展一般规律,在当今时代依然有着强大生命力,依然是指导我们共产党人前进的强大思想武器。我们党自成立起就高度重视在思想上建党,其中十分重要的一条就是坚持用马克思主义哲学教育和武装全党。"②马克思主义哲学也是一种西方哲学,它也吸取了 19 世纪自然科学的优秀成果。但马克思主义哲学继承的主要是西方理性主义的传统,它批判地吸取了德国古典哲学中唯物主义的合理内核和辩证法的合理成分,创立了以实践观为基础的彻底的唯物主义,与实用主义有着本质的区别。

(四)两种强调实践的世界观

实事求是与实用主义都强调要面向现实,从"实际"出发,强调实践、行动、经验的重要意义。但是,实事求是反映的是彻底的唯物主义精神,实用主义则反映了折中主义精神。

实用主义与实事求是都强调要面向现实,把实践作为出发点。"实用主义"一词,英文原名 pragmatism,意思就是行为、行动。它与"实践"和"实践的"这两个词同源出于希腊文 πράγμα,并都由这个词派生出来。实用主义的本意中就包含着实践、行动的意思。实用主义的要旨就是把实践看得高于一切。詹姆士认为他的彻底经验主义首先包括一个假定。这个假定就是:只有可用经验来解释的事物才是哲学上可争论的事物;而不能经验的事物尽可能

---

① 《邓小平文选》第三卷,人民出版社 1993 年版,第 173 页。
② 习近平:《坚持运用辩证唯物主义世界观方法论》,中央政府门户网站 2013 年 12 月 4 日(www.gov.cn)。

可以存在,但绝不构成哲学争论的题材。根据这一假定,以彻底经验主义为基础的实用主义"坚持事实与具体性,根据个别情况的作用来观察真理,并予以概括"①。他说:"要做一个好的实用主义者,我们就必须面向经验,面向'事实'。""实用主义离开了事实,就觉得不舒服。"②杜威尤其强调哲学应面向现实,从经验出发,改造世界。他指出:"一种哲学倘若放弃捍卫固定不变的实体、价值和理想,就会为自己寻找一种新的事业。放弃绝对的、不变的实体和价值的寻求,也许看来像是一种牺牲,可是,这种抛弃正是开始承担一项具有更大活力的天职的条件。"③他说:"经验变成首先是做的事情。有机体决不是徒然站着,像米考伯一样,静等着事情的发生。它并不是被动地、死板地等候着外界有什么东西逼到它的身上。它按照它自己机体构造的繁简对环境发挥作用。"④胡适在《实验主义》中说:"杜威在哲学史上是一个大革命家。为什么呢?因为他把欧洲近世哲学从休谟和康德以来的哲学根本问题一齐抹煞,一齐认为没有讨论的价值。一切理性派与经验派的争论,一切唯心论和唯物论的争论,一切从康德以来的知识论,在杜威的眼里,都是不成问题的争论,都可以'不了了之'。"⑤怀特在分析实用主义时指出:"实用主义者坚决背弃了那些为职业哲学家所爱好的许多积习,并且断然反对这些积习,他丢开抽象思维和牵强附会,丢开字面的解决,丢开错误的先天理由,固定不变的原则,封闭的体系及冒牌的绝对与起源,他转向具体性和适应性,转向事实,转向行动和功能。"⑥怀特对实用主义的评价在一定程度上是中肯的。

中国几代领导人强调实践,更强调在实践中总结经验。邓小平多次指出:我们搞社会主义建设,既要重视外国的经验,也要重视自己的经验;既要重视历史的经验,也要重视现实中新总结的经验;既要重视成功的经验,更要重视

①　[美]威廉·詹姆士:《实用主义》,李步楼译,商务印书馆1979年版,第38页。

②　[美]威廉·詹姆士:《实用主义》,李步楼译,商务印书馆1979年版,第86、37页。

③　[美]约翰·麦奎利:《二十世纪宗教思想》,高师宁、何光沪译,上海人民出版社1989年版,第217页。

④　转引自赵修义等:《现代西方哲学纲要》,华东师范大学出版社1986年版,第193页。

⑤　葛懋春、李兴之编:《胡适哲学思想资料选》,华东师范大学出版社1981年版,第67页。

⑥　[美]M.怀特:《分析的时代》,杜任之译,商务印书馆1986年版,第163页。

失败的教训。"我们花钱要买到经验,经验这个东西很贵,今后还要花钱买经验,要力争花很少的钱买更多的经验"①。"历史上成功的经验是宝贵财富,错误的经验、失败的经验也是宝贵财富。"②"我们现在所干的事业是一项新事业,马克思没有讲过,我们的前人没有做过,其他社会主义国家也没有干过,所以,没有现成的经验可学。我们只能在干中学,在实践中摸索。""关键在于不断地总结经验"。"每年领导层都要总结经验,对的就坚持,不对的赶快改,新问题出来抓紧解决。恐怕再有三十年的时间,我们才会在各方面形成一整套更加成熟、更加定型的制度。"③这里所谓"经验"是指现实的感性实践,是对真实事物及其过程的反映。习近平指出:实行改革开放,发展社会主义市场经济,我们的老祖宗没有讲过,其他社会主义国家也没有干过,只能发挥主体能动作用,通过实践、认识、再实践、再认识的反复过程,从实践中获得真知。而要使实践成为创新型实践,首先必须解放思想。思想不解放,我们就很难看清各种利益固化的症结所在,很难找准突破的方向和着力点,很难拿出创造性的改革举措。因此,一定要有自我革新的勇气和胸怀,跳出条条框框限制,克服部门利益掣肘,以积极主动精神研究和提出改革举措。实践无止境,解放思想无止境。

实用主义则在唯物主义和唯心主义之间动摇。詹姆士在《实用主义》第一章中就开宗明义地指出:"我希望我能引导你们发现实用主义正是你们在思想方法上所需要的中间的、调和的路线。"④实用主义者对于"实际"、"实在"的理解与邓小平的理解不同。实用主义的集大成者詹姆士所讲的"实际"或"实在"指称的是个人的各种实际经验。在他看来,生活的环境和问题、旧的理论和观念、行动及其效果等等,凡是能够进入经验之中的,都是"实际"或"实在"。而各种各样的经验都扎根于彻底的纯粹经验的土壤之中,都是从纯粹经验中流淌出来的。那么,什么是"纯粹经验"呢?詹姆士并没有给"纯粹

---

① 《邓小平文选》第一卷,人民出版社 1994 年版,第 269 页。
② 《邓小平文选》第三卷,人民出版社 1993 年版,第 234—235 页。
③ 《邓小平文选》第三卷,人民出版社 1993 年版,第 258—259、372 页。
④ [美]威廉·詹姆士:《实用主义》,李步楼译,商务印书馆 1979 年版,第 24 页。

经验"下过一个明确的定义。他有时称之为"一种纷繁庞杂的混乱"、"感觉的一种原始混沌"、"一种意识流"、"一种不可捉摸的内在之流"、"一种生活之流","这种直接的生活之流供给我们后来的反思与其概念性的范畴以物质材料"①。在詹姆士看来,世界很难说是唯物的还是唯心的,世界是一条永不停息的"经验"之流,它根本就没有什么确定性。詹姆士说:"如果我们首先假定世界上只有一种原始素材或质料,一切事物都由这种素材构成,如果我们把这种素材叫作'纯粹经验',那么,就不难把认知作用解释为纯粹经验的各个组成部分之间可能发生的一种特殊关系"②。他又说:"思维和事物,就它们的质料来说,绝对是同质的……没有什么与事物素质不同的思维素质;不过同一的一段'纯粹经验'(这是我给任何事物的原材料所起的名称)既可代表一个'意识事实',又可以代表一个物理实在,就看它在哪一个结构里。"③这种纯粹经验流向各个不同的结构、关系中,就构成了各种经验。而各种经验的意义在于它所引起的行动及实际效果。各种经验综合构成了"实在"。而"'实在'一般是指真理所必须考虑的。……实在的第一部分就是我们的感觉流……实在的第二部分,为我们信仰所必须考虑的,就是我们感觉之间或它们在我们心里的摹本之间所存在的关系。……实在的第三部分就是过去已有的真理"④。詹姆士描述的没有定性混沌不分的纯粹经验实质上是个人的主观感觉,类似于柏格森生命意志的冲动。由此可见,詹姆士的"实在"、"实际"与实事求是的客观实在根本不同,其实质是主观唯心主义和相对主义的混合物。英国哲学家罗素揭穿了詹姆士实用主义的底色,"他使用'纯粹经验'一词,这反倒表露出一种或许不自知的贝克莱派的唯心论"⑤。詹姆士"彻底的经验主义"其实是彻底的唯心主义。

---

①　[美]威廉·詹姆士:《彻底的经验主义》,庞景仁译,上海人民出版社1986年版,第50页。

②　[美]威廉·詹姆士:《彻底的经验主义》,庞景仁译,上海人民出版社1986年版,第2页。

③　[美]威廉·詹姆士:《彻底的经验主义》,庞景仁译,上海人民出版社1986年版,第74页。

④　[美]威廉·詹姆士:《实用主义》,李步楼译,李商务印书馆1979年版,第124—125页。

⑤　[英]罗素:《西方哲学史》下卷,马元德译,商务印书馆1976年版,第371页。

实事求是与实用主义在哲学世界观上具有本质的区别。实事求是的"实事"或"实际"就是指客观存在的一切事物,它既包括具体的实际问题、形势、任务,也包括人民群众的实际需要、利益、心态和自觉的志愿。人民群众的愿望、心态虽有主观色彩,但对于党和政府的决策者等主体而言,是一种物质性的客观因素。客观物质性的"实际"构成了实事求是认识和解决问题的逻辑前提和出发点。这一前提和出发点本质上是客观的、具体的和物质性的。它的哲学基础根植于马克思主义哲学之中。它体现了物质、实践决定意识和认识,意识、认识又反映物质和实践的辩证关系,是唯物主义的一元论、辩证法、认识论和历史观的基本原则的综合表现。

(五)两种注重效用的真理观

在认识论上,实事求是和实用主义都强调真理的效用。但实用主义把"效用原则"绝对化并作为检验真理的唯一标准,忽视真理的客观性;邓小平理论精髓则把效用作为真理的重要组成部分,强调真理的客观性,把人民群众的社会实践作为检验真理的唯一标准。

实用主义把效用原则绝对化。实用主义哲学的创始人皮尔士在创立实用主义之初就认为,事物、观念的意义在于它所引起的实际效果。他在《如何使我们的观念清楚》一文中说:"我只想指出,说我心里会有一种观念,它同设想到的事物的可感觉效果竟然毫无关系,那是完全不可能的事情。我们关于任何事物的观念乃是我们关于它的可感觉的效果观念;如果我们幻想我们具有任何别的观念,我们就是欺骗自己。""考虑一下我们概念的对象应该具有什么样的效果,这些效果能够设想有着实际的影响,那么,我们对这些效果的概念,就是我们关于对象的概念的全部。"①这就是所谓"皮尔士原则"。

詹姆士认为,思想产生行为,而行为必有效果,要研究思想的正确与否,与其从思想本身来辩论,倒不如干脆就看它行为的效果如何。实用主义的方法

---

① ［美］皮尔士:《如何使我们的观念清楚》,载洪谦主编:《现代西方哲学论著选辑》上册,商务印书馆 1993 年版,第 186—187 页。

就是要把注意之点从最先的事物移到最后的事物，从通则移到事实，从范畴移到效果，它"不是去看最先的事物、原则、'范畴'和假定是必需的东西，而是去看最后的事物、收获、效果和事实。"①基于这种认识，詹姆士把"皮尔士原则"作了更进一步的、直截了当的发挥，提出了"真理就是有用，有用就是真理"的著名公式，从而把观念的真理性与观念的主观效用直接等同起来。"它是有用的，因为它是真的"与"它是真的，因为它是有用的"，"这两句话的意思是一样的"。观念对你来说是有用的，那么，它就是真的；反过来，真的观念必须是能证实的，并能对你产生满意效果的观念。一个学说也应该是这样，如果能为你解决问题和困难，它就是真理，这犹如医生使病人痊愈的方剂就是良方一样。"只要观念（它本身只是我们经验的一部分）有助于使它们与我们经验的其他部分处于圆满的关系中，有助于我们通过概念的捷径，而不用特殊现象的无限相继续，去概括它、运用它，这样，观念就成为真实的了。譬如说，如果有一个概念我们能驾驭，如果一个概念能够很顺利地从我们的一部分经验转移到另一部分经验，将事物完满地联系起来，很稳定地工作起来而且能够简化劳动，节省劳动，那末，这个概念就是真的，真到这样多，真到这种地步，从工具的意义来讲，它是真的。"②

杜威认为，观念的意义不是揭示事物固有的特性，而是揭示处理问题、解决问题的方法、计划和预期效果。观念揭示的意义在付诸实际行动检验以前，都是试探性的，都是假设。所谓真理也是一种思想观念，是一种应付环境的理智工具。他说："如果观念、意义、概念、学说和体系，对于一定环境的主动的改造，或对于某种特殊的困苦和纷扰的排除确是一种工具般的东西，它们的效能和价值就全系于这个工作的成功与否。如果它们成功了，它们就是可靠、健全、有效、好的、真的。如果它们不能排除纷乱，免脱谬误，而它们作用所及反致增加混乱、疑惑和祸患，那末它们便是虚妄。"③可见，在杜威那里，作为真理的概念、理论等的真假，完全取决于概念、理论等的实际效果。

---

① ［美］威廉·詹姆士：《实用主义》，李步楼译，商务印书馆1979年版，第31页。
② ［美］威廉·詹姆士：《实用主义》，李步楼译，商务印书馆1979年版，第32—33页。
③ ［美］杜威：《哲学的改造》，许崇清译，商务印书馆1958年版，第84页。

只强调真理的效用，而忽视真理的客观性，必不可免地要导致主观真理论。实用主义真理观带有浓厚的市侩气息，它实质上体现了垄断资产阶级向海外扩张的思想动机。詹姆士在1901年的一次讲演中就敦促建立庞大的舰队，将商品和资本护送到海外，和其他国家一起进入权力角逐的舞台。这种观点正与"有用即是真理"的思想相吻合。罗素在评价杜威时也指出："杜威博士的见解在表现特色的地方，同工业主义与集体企业的时代是协调的。"这暗示了实用主义同垄断资本集团的关系。杜威为此恼羞成怒。① 但不管他如何辩解，实用主义客观上满足了垄断资本集团扩张的需要，这是不可否认的。

实事求是强调真理的效用，但检验真理的标准只能是社会实践。邓小平理论精髓的真理观，同样务实，强调效果，讲求实效，强调管用，甚至对马克思主义也一样强调"管用"，"学马列要精，要管用"。② 但是，实事求是的"是"，指的是客观事物的内在联系、规律以及合乎客观规律的方法，对"是"的认识便是真理。换言之，真理是对客观事物及其规律的正确反映，就是主观与客观相符合。而判定是非、检验真理的标准只能是实践，是人民群众的社会物质性活动。实践不仅仅包括实践最后获得的效果，也包括实践本身及其过程；不但包括价值判断标准，也包括事实判断标准，是价值判断标准与事实判断标准的统一。它作为事实判断标准，其实质是主观认识与客观规律相符合；它作为价值判断标准，要求认识导致的实际效果与人民群众的利益相一致。从实事求是的实践标准中，不难看到，实事求是所追求的"实际效果"，是在个人、集体和社会利益统一基础上实现的人民群众的最大利益，是符合"三个有利于"标准的最大化利益。它体现着社会主义、集体主义的价值观念和价值取向。同时必须看到，邓小平讲"猫论"、讲"管用"具有强烈的时代性和针对性。不能由此把邓小平理论归之于"实用主义"。"猫论"是20世纪60年代提出的，其目的是根据各地的实际，采取灵活多样的措施快速恢复生产，提高人民生活水平。讲"学马列要精，要管用"是针对20世纪90年代一些"左"的教条主义者

① 参见［英］罗素：《西方哲学史》下卷，马元德译，商务印书馆1976年版，第386页。
② 《邓小平文选》第三卷，人民出版社1993年版，第382页。

不顾改革开放的实际,动辄拿马克思主义的"本本"来套社会主义的做法而讲的。它并不排斥专业科学理论工作者把理论工作搞得更扎实、更深入。而且,他还一再强调,祖宗的东西不能丢。"不丢老祖宗,发展老祖宗"是邓小平一贯坚持的基本原则。一定要用共产主义理想来教育我们的人民,尤其是我们的青年,要有理想。同样地,习近平也高度重视工作的成效。例如,关于扶贫工作,他一再强调:中国共产党坚决反对搞数字脱贫、虚假脱贫。扶贫工作必须务实,脱贫过程必须扎实,脱贫结果必须真实,让脱贫成效真正获得群众认可,经得起实践和历史检验。这与实用主义的真理观是根本上不同的。

(六)两种以人为本的价值观

在价值观上,实事求是与实用主义都以自由、平等、求实、创新为其基本价值取向,反映了一种人文主义精神。但实用主义体现的是美国特色的资本主义价值观,而实事求是则反映的是中国特色社会主义的价值观。

实用主义的价值主体和价值标准都是个人功利。实用主义反对脱离现实的空谈,追求求实、创新的价值取向。关于求实、创新在前文已经作了论述,此处不再赘言。关于自由、平等,詹姆士和杜威等人的著作反映得特别突出。詹姆士以多元主义为其哲学基础,反对单一和划一,认为多样性才是生命的气味,才是孕育自由的母体。他可以容忍持各种不同观点的人,所有观点都可以自由竞争,实用主义是一种"走廊哲学",所有的观点都是与这条"走廊"相通的。杜威也是一个民主派,他不像詹姆士那样强调知识贵族的领导,而断言一般智力足以使个人作出有价值的贡献。从这点看,他比詹姆士更愿接近普通大众。

实用主义的价值观与美国人的基本价值观密不可分。美国人虽然来自欧洲,但他们却没有欧洲人等级传统的枷锁。他们崇尚自由,强调平等。对清教徒来说,在上帝面前一切都是平等的,一切人都被视为罪人,就个人的力量来说完全无能为力,哪一个人都不比另一个人更有价值。[①]《独立宣言》也宣

---

① 参见[美]梅里亚姆:《美国政治学说史》,朱曾汶译,商务印书馆1988年版,第14页。

称：我们认为这些真理是不言而喻的：人人生而平等，他们都从他们的"造物主"那里被赋予了某些不可转让的权利，其中包括生命权、自由权和追求幸福的权利。因此，尽管现实中不平等现象比比皆是，但在理论上人人都可平等地追求财富，沉浮宦海。而实质上，美国人是"生而平等，而不是变成平等的"，其结果导致美国人对一种"绝对自由主义"的崇拜。① 实用主义体现了美国特色的资本主义价值观。

实事求是反映了中国特色社会主义的价值观，它是以初级阶段的国情为基础，以"三个有利于"为特征，以共同富裕为目标，以人民群众为主体的社会主义新型价值观。与实用主义不同的是，中国特色社会主义的价值观，其主体是人民群众的利益。我们制定的路线、方针、政策好不好，对不对，关键要看"人民拥护不拥护"、"人民赞成不赞成"、"人民答应不答应"、"人民高兴不高兴"。邓小平强调，必须把肃清封建主义残余影响的工作同对于资产阶级损人利己、唯利是图思想和其他腐化思想的批判结合起来。"思想文化教育卫生部门，都要以社会效益为一切活动的唯一准则，它们所属的企业也要以社会效益为最高准则。思想文化界要多出好的精神产品，要坚决制止坏产品的生产、进口和流传。"②习近平高度重视人民群众各方面的利益。针对高速铁路、城市轨道、油气管网、城市燃气、高层建筑防火、城中村等重点领域和煤矿、矿山、化工、烟花爆竹等重点行业事故多发的现象，以及其他不安全问题，他强调："要健全常态化的安全生产检查机制，定期不定期开展不打招呼、一插到底和谁检查、谁签字、谁负责的安全生产大检查，对检查发现的问题要厉行整改，切实消除隐患，确保万无一失。"③中国共产党人的价值观，是高度体现人民群众利益的价值观，与资产阶级个人利己主义价值观有着本质区别。

---

① 参见［美］罗伯特·海尔布罗纳等著：《现代化理论研究》，俞新天等译，华夏出版社1989年版，第46页。

② 《邓小平文选》第三卷，人民出版社1993年版，第145页。

③ 中共中央文献研究室编：《习近平关于社会主义社会建设论述摘编》，中央文献出版社2017年版，第153页。

（七）两种强调主体能动作用的历史观

实用主义和实事求是精髓都具有强调人的主体能动作用、反对宿命论的特点。但实用主义在强调主体能动作用的同时也否定了历史决定论；实事求是则体现了主体能动作用与历史决定作用的统一。

实用主义在强调个人主体能动作用的同时否定了历史决定论。詹姆士指出："决定论者否认它，说个人不创造什么，只能把过去宇宙的全部推动力传给将来，人只是这个宇宙的一种极其渺小的表现。决定论者这样说是贬低了人的作用。去掉了这个创造性原则，人就不那么可羡慕的了。我想你们大半和我们一样是本能地相信自由意志的。"①"自由意志的实用主义的意义，就是意味着世界有新事物，在其最深刻的本质方面和表面现象上，人们有权希望将来不会完全一样地重复过去或模仿过去。""而决定论则使我们相信我们可能性的整个观念是人类愚昧所产生的；世界的命运全是受必然性和不可能性所支配的。"②詹姆士提出了一种"创造的实在论"的设想。他认为，所谓实在，不是现成的、永远完全的，不是被展示出来的，而是逐渐创造出来的。人类最大的优势就是主观能动性。人类的发展史也就是不断地改变世界的历史。拯救和改变世界不是不可能的，其条件就是我们每一个人的参与，每一个人都得尽力去做。杜威认为，社会的含义是无限多样的，无论是经济的、政治的团体，还是宗教的、文化的、教育的团体，都是"社会"一词的含义。那么，其中有没有一种决定性的含义呢？也就是在构成社会的各种活动和因素中，有没有一种占主导地位、产生和调节其他因素的社会因素呢？杜威认为没有。他认为，如果主张各种社会因素中有一种因素起决定作用，那就是历史一元论。杜威主张历史的多元论，反对历史的一元论。他说："社会不只是一个字，而是无定的许多东西。它包括人们由合群而共同享受经验和建立共同利益和目的的一切方式，如流氓群、强盗群、徒党、社团、职工组合、股份公司、村落、国际同盟等。而新方法的效力在于拿这些特殊的、可变的、相对的事实（与命题和目的

---

① ［美］威廉·詹姆士：《实用主义》，李步楼译，商务印书馆1979年版，第62页。

② ［美］威廉·詹姆士：《实用主义》，李步楼译，商务印书馆1979年版，第64页。

相对,非形而上学的相对)的研究去替换一般概念的矜持摆弄。"①胡克
(Sidney Hook)十分明确地反对认为社会生活领域有必然性、规律性,认为决
定论不适合社会生活领域,如果把决定论用于社会生活就会取消人们的积极
活动。他认为,决定论只能适用于"普通情况",即宏观世界,而不适用于具有
"独特性"的微观世界。他指出,德国物理学家海森堡提出的不可能同时测定
一个微观粒子的位置和速度的测不准关系,在哲学的意义上就是否定决定论。
他说:"我的结论是,必须把测不准关系解释为要求否认因果关系。"②胡克还
认为,只要人们积极行动,没有什么是必然的、不可避免的。在胡克看来,典型
的社会决定论有三种:黑格尔的时代精神(绝对精神决定论)、斯宾塞的社会
进化决定论和马克思主义的经济决定论。"对于后面这两派,进化论学说乃
是一种形而上学的原理,而且根据所主张的逻辑原则可以由此演绎出社会决
定论的理论体系。而马克思主义者则把决定论的理论基础建基于历史经验之
上,而且是方方正正地以此为其坚固的理论根据。他们把自己的主张建筑在
细致的历史研究的基础上。而他们设想这种历史研究足以证实他们的基本假
设:经济生产方式,以及由此而发生的集团利益的冲突就是历史的决定性因
素。他们认为黑格尔是神秘的,斯宾塞是折中主义的,而只有马克思主义本身
才是科学的和一元论的。"③尽管正统马克思主义的经济决定论有其合理之
处,然而把社会看成决定论体系则是错误的。他说:依照恩格斯看来,历史领
域为一种必然性所支配,这种必然性在根底上是一种经济必然性。社会经济
的发展以生产力的不断膨胀为其发动的源泉,它的进程是在生产力与生产关
系的对立和冲突中向前发展的。胡克认为,这种经济决定论完全忽视了社会
历史是人创造的,把社会历史看成是毫无血肉的抽象体生产力与生产关系斗
争的过程。胡克说,在许多正统马克思主义作品里,"你几乎能够看见资本和
利润已经给'生产力'套上了镣铐,'生产力'正在拼命挣扎,而没有加入这一

---

① [美]杜威:《哲学的改造》,许崇清译,商务印书馆1958年版,第107—108页。
② [美]胡克:《必然性、非决定论与感情用事》,载中国社会科学院哲学研究所现代外国哲
学组编:《当代美国资产阶级哲学资料》第1集,商务印书馆1978年版,第69页。
③ [美]悉尼·胡克:《历史中的英雄》,王清彬等译,上海人民出版社1987年版,第52页。

场拉锯战的人们屏住气,看它们打出个分晓来"①。胡克否定决定论,认为社会的发展是由多种多样的因素起作用的结果,没有一种经常起决定作用的因素。在社会发展中起决定作用的,有时是政治,有时是科学技术,有时是宗教,有时是道德价值,有时是心理要求。总之,一切由偶然的机遇和人的选择而定。

实事求是把坚持历史决定论作为发挥个人能动作用的前提。邓小平认为马克思主义是科学,"它运用历史唯物主义揭示了人类社会发展的规律。封建社会代替奴隶社会,资本主义代替封建主义,社会主义经历一个长过程发展后必然代替资本主义。这是社会历史发展不可逆转的总趋势,但道路是曲折的"②。邓小平特别强调,建设社会主义必须发挥人的主观能动性,但发挥能动性要以尊重客观规律为前提。在《邓小平文选》中,邓小平讲得最多的就是"要按辩证法办事",他除了讲唯物辩证法的基本规律,即对立统一规律、质量互变规律、否定之否定规律外,他还讲道:"自然规律不可抗拒。"③他认为是否尊重客观规律,按客观规律办事是关系社会主义前途命运的事情。在尊重客观规律的前提下应充分发挥个人的自觉能动性。他主张要大胆地试,大胆地闯。但是,解放思想并不是瞎闯蛮干,而是做到"两个结合":即主观和客观、理论和实际的结合。习近平强调:作为领导者,必须善于统筹全局,注意改革的整体设计,学会十个指头弹钢琴。改革决不能东一榔头西一棒子,必须统筹谋划深化改革各个方面、各个层次、各个要素,注重推动各项改革相互促进、良性互动、协同配合。要坚持整体推进,加强不同时期、不同方面改革配套和衔接,注重改革措施整体效果,防止畸重畸轻、单兵突进、顾此失彼、各行其是、相互掣肘。这项工程极为宏大,零敲碎打调整不行,碎片化修补也不行,必须是全面的系统的改革和改进,是各领域改革和改进的联动和集成,在国家治理体系和治理能力现代化上形成总体效应、取得总体效果。"要有序推进改革。该中央统一安排的各地不要抢跑,该尽早推进的不要拖延,该试点

---

① ［美］悉尼·胡克:《历史中的英雄》,王清彬等译,上海人民出版社1987年版,第8页。
② 《邓小平文选》第三卷,人民出版社1993年版,第382页。
③ 《邓小平文选》第二卷,人民出版社1994年版,第227页。

的不要仓促面上推开,该深入研究后再推进的不要急于求成,该先得到法律授权的不要超前推进。"这与实用主义的社会历史观是根本不同的。客观上是对人类社会发展规律、社会主义建设规律、共产党执政规律的进一步概括和总结。

三、强调传统文化不等于搞"儒家社会主义"

"儒家社会主义论"其实是一个复杂的思想论调。绝大多数学者是从尊重中国传统的角度而言的,是对当下中国马克思主义的一种肯定。但也有人将儒家思想视为专制主义的思想基础,提出所谓"儒教—列宁主义"、"儒家重商主义专制模式"等论调。这不仅是对传统儒家思想的偏见,也是对中国模式的误解。

(一)一个复杂的历史问题

中华民族具有五千多年的文明史,拥有灿烂的文化资源。但传统文化与现代化到底是什么关系,如何对待中国传统文化? 在这一问题上,并不是一开始就十分清晰的。20 世纪初,在新文化运动时期,李大钊、陈独秀等人将孔子及其儒学斥之为"奴隶道德",认为孔子的学说之所以能支配中国两千余年,是因为"他是适应中国二千余年来未曾变动的农业经济组织反映出来的产物"[1]。"孔子者,历代帝王专制之护符也。"[2]陈独秀则将中国传统文化比作"粪秽",称"东方文化之圣徒"研究国学,是在"粪秽中寻找毒药"。[3] 他说:"我们反对孔教,并不是反对孔子个人,也不是说他在古代社会无价值。不过因他不能支配现代人心,适合现代潮流,还有一班人硬要拿他来压迫现代人心,抵抗现代潮流,成了我们社会进化的最大障碍。"[4]1942 年,毛泽东在谈及

---

[1] 《李大钊全集》第三卷,人民出版社 2006 年版,第 145 页。
[2] 《李大钊全集》第一卷,人民出版社 2006 年版,第 242 页。
[3] 《陈独秀文章选编》(中),生活·读书·新知三联书店 1984 年版,第 404 页。
[4] 《陈独秀文集》第一卷,人民出版社 2013 年版,第 462—463 页。

如何评价孔子的问题时指出:"他们(国民党)靠孔夫子,我们靠马克思,要划清界限,旗帜鲜明。"①

新中国成立后,在相当长一段时间里,将传统文化作为实现中国现代化的巨大包袱而加以拒斥。20世纪70年代,甚至掀起"批林批孔"运动,提出"孔丘名高实秕糠"的判断,宣布与传统实行最彻底的决裂。80年代,随着改革开放及其国门的打开,西方哲学文化如潮水般涌入,中国传统文化再次遭受贬低和否定。90年代,在建立社会主义市场经济体制的过程中,一些人又把市场经济简单等同于"唯利是图"、"一切向钱看",从另一个方向否定中国传统文化。

党的十一届三中全会后,我们党吸取以往的经验教训,破除各种禁区、禁令,重申不抓辫子、不戴帽子、不打棍子的"三不主义",实行"百花齐放,百家争鸣"方针,认为物质文明和精神文明要"两手抓,两手都要硬",传统文化焕发出新的生机和活力,涌现出一大批创新型成果,增添了社会主义现代化建设的新内涵。

(二)习近平对中国传统文化的新解读

党的十八大以来,习近平发表系列重要讲话,从不同视角、不同层面对弘扬优秀中国传统文化的重要性,中国传统文化的内涵和时代价值,对待传统文化的方法等问题都作了精辟的论述。

1.弘扬优秀传统文化对当下中国何以必要?在习近平看来,优秀传统文化是中华民族的"根"和"魂",是中国走向现代化、最能体现民族特色的地方,不仅关系本国本民族的发展,而且能够为世界发展发现新的思路。2014年2月24日,在党的十八届中央政治局第十三次集体学习时的讲话中,习近平指出:中华传统美德是中华文化精髓,也受到国际社会推崇和称赞。英国哲学家罗素说:"中国至高无上的伦理品质中的一些东西,现代世界极为需要"、"若能够被全世界采纳,地球上肯定比现在有更多的欢乐祥和"。现在,国际上出现

---

① 许全兴:《毛泽东与孔夫子》,人民出版社2003年版,第44页。

"中华文化热"、"孔子热",很多人都在探讨中华文化的时代价值,这也表明了中华文明具有重要现实意义①。2014年9月24日,在纪念孔子诞辰2565周年国际学术研讨会上,他发表重要讲话,并亲自到山东曲阜参观孔庙,明确为孔夫子正名,为中国传统文化正名。他强调:优秀传统文化是一个国家、一个民族传承和发展的根本,如果丢掉了,就割断了精神命脉。中华民族在五千多年文明的发展中,创造了博大精深的灿烂文化,有其独特的价值体系,植根在中国人内心,潜移默化影响着中国人的思想方式和行为方式,也为解决人类面临的难题提供了重要启发。

2.传统文化的哪些价值适合于当下中国? 习近平首先回顾中国传统文化的发展历程。他认为,中国传统文化,尤其是作为其核心的思想文化的形成和发展,大体经历了中国先秦诸子百家争鸣、两汉经学兴盛、魏晋南北朝玄学流行、隋唐儒释道并立、宋明理学发展等几个历史时期。在两千多年的发展进程中,儒、释、道各家各派文化相互借鉴、融合发展,与时俱进,既坚持经世致用原则,注重发挥文以化人的教化功能,又把对个人、社会的教化同对国家的治理结合起来,达到相辅相成、相互促进的目的,这是中国传统文化的重要特点。2014年2月24日,在十八届中央政治局第十三次集体学习时的讲话中,习近平指出:中华优秀传统文化,蕴含着丰富的思想道德资源。比如,在坚守道德底线方面,强调"己所不欲,勿施于人"、"与人为善"、"以己度人"、"推己及人"、"君子忧道不忧贫",要恪守"良知",做到"信仰无愧"。再比如,在树立道德理想方面,强调"大道之行也,天下为公",人要"止于至善",有社会责任感,追求崇高理想和完美人格,倡导"兼善天下"、"利济苍生"、"修身齐家治国平天下"、"见贤思齐焉,见不贤而内自省也",做君子、成圣贤。我们要利用好中华优秀传统文化中的这些富贵资源,增强人们的价值判断力和道德责任感,不断提高人们道德水平,提升人们道德境界。中华优秀传统文化包含着讲仁爱、重民本、守诚信、崇正义、尚和合、求大同的时代价值,"像这样的思想和理

---

① 中共中央文献研究室编:《习近平关于社会主义文化建设论述摘编》,中央文献出版社2017年版,第140页。

念,不论过去还是现在,都有其鲜明的民族特色,都有其永不褪色的时代价值。"①我们要把继承传统优秀文化与弘扬时代精神结合起来,"让收藏在禁宫里的文物、陈列在广阔大地上的遗产、书写在古籍里的文字都活起来。"②以此提高国家文化软实力,展示底蕴深厚、各民族多元一体、文化多样和谐文明大国形象,提高中国国际话语权,为时代发展提供丰富的精神营养,充分体现中国特色、中国风格、中国气派。2016 年 12 月 12 日,在会见第一届全国文明家庭代表时的讲话中,习近平指出:中华民族历来重视家庭。正所谓"天下之本在家"。尊老爱幼、妻贤夫安,母慈子孝、兄友弟恭,耕读传家、勤俭持家,知书达礼、遵纪守法,家和万事兴等中华民族传统家庭美德,铭记在中国人的心灵中,融入中国人的血脉中,是支撑中华民族生生不息、薪火相传的重要精神力量,是家庭文明建设的宝贵精神财富。

3.如何正确对待中国传统文化? 习近平强调,对待中国传统文化一定要坚持唯物辩证的观点。2014 年 2 月 17 日,在省部级主要领导干部学习贯彻十八届三中全会精神全面深化改革专题研讨班上的讲话中,习近平指出:"对先人传承下来的文化和道德规范,要在去粗取精、去伪存真的基础上,采取兼收并蓄的态度,坚持古为今用、推陈出新的方法,有鉴别地加以对待,有扬弃地予以继承。"③2014 年 10 月 20 日,在党的十八届四中全会第一次全体会议上关于中央政治局工作的报告中,习近平再次指出:要坚持古为今用,去粗取精、去伪存真,继承和弘扬中华民族优秀文化,促进社会主义核心价值体系建设,促进社会公德、职业道德、家庭美德、个人品德教育,弘扬中华传统美德,弘扬时代新风。

(三)马克思主义指导地位不能动摇

尽管习近平在不同场合反复强调弘扬优秀传统文化时代价值的重要性,

---

① 《习近平谈治国理政》第一卷,外文出版社 2018 年版,第 171 页。

② 《习近平谈治国理政》第一卷,外文出版社 2018 年版,第 161 页。

③ 中共中央文献研究室编:《习近平关于社会主义文化建设论述摘编》,中央文献出版社 2017 年版,第 139 页。

但在传统文化与马克思主义的关系问题上,从来以坚持马克思主义的指导地位为前提。2015年12月,在全国党校工作会议上的讲话中,针对对待马克思主义问题上的诸多不良倾向,习近平指出:我们干事业不能忘本忘祖、忘记初心。我们共产党人的本,就是对马克思主义的信仰,对中国特色社会主义和共产主义的信念,对党和人民的忠诚。我们要固的本,就是坚定这份信仰、坚定这份信念、坚定这份忠诚。世界社会主义实践的曲折历程告诉我们,马克思主义政党一旦放弃马克思主义信仰、社会主义和共产主义信念,就会土崩瓦解。共产党人如果没有信仰、没有理想,或信仰、理想不坚定,精神上就会"缺钙",就会得"软骨病",就必然导致政治上变质、经济上贪婪、道德上堕落、生活上腐化。[1]

2017年5月7日,在哲学社会科学工作座谈会上的讲话中,习近平再次指出:马克思主义深刻揭示了自然界、人类社会、人类思维发展的普遍规律,为人类社会发展进步指明了方向;马克思主义坚持实现人民解放、维护人民利益的立场,以实现人的自由而全面的发展和全人类解放为己任,反映了人类对理想社会的美好憧憬;马克思主义揭示了事物的本质、内在联系及发展规律,是"伟大的认识工具",是人们观察世界、分析问题的有力思想武器;马克思主义具有鲜明的实践品格,不仅致力于科学"解释世界",而且致力于积极"改变世界"。在人类思想史上,还没有一种理论像马克思主义那样对人类文明进步产生了如此广泛而巨大的影响。在我国,不坚持以马克思主义为指导,哲学社会科学就会失去灵魂、迷失方向,最终也不能发挥应有作用。正所谓"夫道不欲杂,杂则多,多则扰,扰则忧,忧而不救"。[2] 2016年7月,在庆祝中国共产党成立95周年代表大会上的讲话中,习近平进一步指出:"马克思主义是我们立党立国的根本指导思想。背离或放弃马克思主义,我们党就会失去灵魂、迷失方向。在坚持马克思主义指导地位这一根本问题上,我们必须坚定不移,任何时候任何情况下都不能有丝毫动摇。"[3]

---

[1] 习近平:《在全国党校工作会议上的讲话》,《求是》2016年第9期。

[2] 习近平:《在哲学社会科学工作座谈会上的讲话》,《人民日报》2016年5月19日。

[3] 习近平:《在庆祝中国共产党成立95周年大会上的讲话》,《人民日报》2016年7月2日。

显然,在习近平的思想体系中,马克思主义、共产主义是共产党人的精神支柱,是指引中国现代化的根本指导思想,是"本"和"体",而优秀传统文化是中国走向现代化、打造中国特色、中国风格、中国气派的宝贵精神财富和道德遗产,是"根"和"魂"。二者的关系是非常清晰的,坚持马克思主义并不排斥继承优秀传统文化,并不存在姓"儒"还是姓"马"的问题。

(四)中国传统文化蕴含着宝贵的时代精华

国外有学者认为,以儒家思想为主导的中国传统文化其本质特点就是极权主义、专制主义。这是值得商榷的。笔者认为,相对于西方文化强调主体自我价值的特点而言,中国传统文化更加强调从不同主体的相互性视角思考和处理问题,这是中国传统文化独具特色而又一脉相承的价值观,也是当今世界实现人与人、民族与民族、国家与国家之间合作共赢,建构人类命运共同体的深层文化基础。

1.强调不同主体间的互敬互爱。这是中国传统文化的一个基本点。儒家创始人孔子所谓"修己以敬"、"仁者爱人","敬"和"爱"的对象都是"人",即"他人"。这里的"人",不仅包含社会中有地位的上层人,而且也包含庶民百姓。《论语·乡党》载:"厩焚。子退朝,曰:'伤人乎?'不问马。"在这里,孔子对下人的关切之情溢于言表。如何做到敬人爱人?从个体层面,孔子强调每个人都要将心比心,从我的喜好和厌恶考虑到他人的喜好和厌恶。"己欲立而立人,己欲达而达人。"(《论语·雍也》)"己所不欲,勿施于人。"(《论语·颜渊》)从国家层面,孔子强调"为国以礼"。"礼"何以重要?孔子说:"非礼无以节事天地之神也,非礼无以辨君臣、上下、长幼之位也,非礼无以别男女、父子、兄弟之亲,昏姻、疏数之交也。"(《礼记·哀公问》)"礼"之所以重要,就在于它从相互性的角度规定了君臣、上下、长幼、男女、父子、兄弟之间各自的责任和义务,成为维护国家秩序、保证国家安定的基本准则。道家创始人老子认为,"为人"和"为己"是统一的,为别人、给别人越多,自己得到的也越多。"既以为人,己愈有;既以与人,己愈多。"(《老子·第八十一章》)天地为什么能够长久存在,就是因为它们从来不为自己而生。"天长地久。天地所以能长且久者,以其不自生,故能长生。"(《老子·第七章》)最高的道德境界是无私奉献的"玄德"境界。"生而不有,为而不恃,长而不宰,是谓'玄德'。"(《老子·第十章》)庄子认为,爱人要以尊重对方的本真为前提。他用一则寓言说明这个道理,"南海之帝为儵,北海之帝为忽,中央之帝为浑沌。儵与忽时相与遇于浑沌之地,浑沌待之甚善。儵与忽谋报浑沌之德,曰:'人皆有七窍以视听食息,此独无有,尝试凿之。'日凿一窍,七日而浑沌死。"(《庄子·应帝王》)南海之帝和北海之帝虽是好心,但却没有带来好的结果。这是因为他们只从自己主观的愿望出发,没有从对方的角度去考虑。墨家创始人墨子提出"兼相爱"、"交相利"的社会交往原则。他激烈批判社会上自私自利的行为,认为天下大乱,根本原因在于人们彼此不能相爱。"为人君者不惠"、"臣者不忠"、"父者不慈"、"子者不孝"、"贱人执其兵刃毒药水火,以效(交)相亏贼。"(《墨子·兼爱下》)要扭转这种局面,关键在于实行"兼爱"。"爱人,待周爱人而后为爱人。"(《墨子·小取》)"爱人若爱己身"(《墨子·兼爱上》)"视人之国若视其国,视人之家若视其家,视人之身若视其身。"(《墨子·兼爱中》)"爱人之亲,若爱其亲。"(《墨子·大取》)如果人们能够像爱自己或自己的亲人一样去爱他人或他人的亲人,那么,天下自然就走向大治。"若使天下兼相爱,国与国不相攻,家与家不相乱,盗贼无有,群(君)臣父子皆能孝慈,若此,则天下治。"(《墨子·兼爱上》)

2.强调不同主体间的和合共生。中国传统文化高度重视不同主体间相互的"和合"。中国最早的史书《尚书》以及《易经》中都详细记载了有关"河图"及"洛书"的传说。"河图"八卦,"洛书"五行是华夏文化的重要源头。八卦、五行都把整个物质世界视为多种因素,多种异质异形成分的物质组合,它们在运动中相互依存,相互制约,相克相生,在矛盾中统一,在协调中发展。《尚书·尧典》赞扬帝尧:"克明俊德,以亲九族","百姓昭明,协和万邦"。《尚书·舜典》记载:帝舜命夔制成典乐,"八音克谐,无相夺伦,神人以和。"《逸周书》载,周文王告诫子孙:"能协天地之胜,是以长久。"《周易·乾卦》之《文言》说:"夫'大人'者,与天地合其德,与日月合其明,与四时合其序,与鬼神合其吉凶。"只有遵守大道,和合天地阴阳,才能顺利生长。在中国古人看来,

"协和"、"和合"是天地化生万物的方式。《系辞传》说:"天地纲缊,万物化醇。男女构精,万物化生。"同时,"和合"也是王道的体现,"礼之用,和为贵。先王之道,斯为美。"(《论语·学而》)"和,故百物皆化。"(《礼记·乐记》)"父子笃,兄弟睦,夫妇和,家之肥也!（。）"(《礼记·礼运》)孟子认为,天地间没有什么力量可以胜过"人和"。"天时不如地利,地利不如人和。"(《孟子·公孙丑下》)董仲舒认为,"和"是天地间最美的德。"举天地之道,而美于和。"(《春秋繁露·循天之道》)然而,中国古人讲"和合"、讲"同一",并不等于千篇一律,没有原则地与对方苟同。早在西周晚期,郑国大夫史伯就曾说过:"夫和实生物,同则不继。以他平他谓之和,故能丰长而物归之;若以同裨同,尽乃弃矣。"(《国语·郑语》)孔子也曾说:"君子和而不同,小人同而不和。"(《论语·子路》)儒家经典《中庸》说:"君子和而不流,强哉矫!中立而不倚,强哉矫!"其意思是说,君子虽然"贵和",但是反对无原则地随波逐流,为取悦世俗而改变自己正确的立场和主张。

　　3.强调不同主体间的相互平等。追求不同主体间相互的平等,这是中国传统文化一以贯之的价值取向。老子认为,天道是没有远近亲疏的,"天道无亲"(《老子·第七十九章》)"天地不仁,以万物为刍狗;圣人不仁,以百姓为刍狗。"(《老子·第五章》)天道自然地调节着人与人地位的高低和财富的占有,"天之道,其犹张弓与? 高者抑之,下者举之;有余者损之,不足者补之。""天之道,损有余而补不足。"(《老子·第七十七章》)《尚书·蔡仲之命》说:"皇天无亲,惟德是辅"。孔子认为,每个人都有平等追求自己理想的权利。"三军可夺帅也,匹夫不可夺志也。"(《论语·子罕》)社会最大的祸患就是财富分配的不平等。"不患寡而患不均""盖均无贫"(《论语·季氏》)。孟子认为,君臣之间是平等而相互依存的关系,臣有权利依据君的态度采取相应的行为。"君之视臣如手足,则臣视君如腹心;君之视臣如犬马,则臣视君如国人;君之视臣如土芥,则臣视君如寇仇。"(《孟子·离娄下》)每个人都具有成为圣贤的可能,"人皆可以为尧、舜"(《孟子·告子下》)。墨子认为,"人无幼长贵贱,皆天之臣也"(《墨子·法仪》)。选贤任能,要一视同仁。"不党父兄,不偏富贵,不嬖颜色"(《墨子·尚贤中》)。韩非子认为,法律面前人人平等。

"法不阿贵,绳不挠曲。……刑过不避大臣,赏善不遗匹夫。"(《韩非子·有度》)在两千多年的封建社会里,实现人与人之间的相互平等,更是农民阶级的愿望。秦末陈胜、吴广起义,提出了"王侯将相,宁有种乎"的呼号,北宋时王小波、李顺起义,发出"吾疾贫富不均,今为汝均之"的号召,明朝李自成起义,打出"均田免粮"的旗帜,清朝洪秀全起义,发誓要建立一个"无处不均匀,无处不饱暖"的"太平天国"。近代康有为所著《大同书》更是追古抚今,系统概括千百年来中国人对平等世界的祈求,设想未来社会将消灭"九界",即国界、级界、种界、形界、家界、业界、乱界、类界、苦界,建立一个人人平等相亲的大同世界。"于是时,无邦国,无帝王,人人相亲,人人平等,天下为公,是谓大同。"(《大同书》,上海古籍出版社2005年版,第71—72页)孙中山提出"三民主义",立志要建立一个与欧美各国并驾的国家,实现国内各阶级、各人民之间的相互平等。①

4.强调不同主体间的宽厚包容。中国传统文化认为,能否以宽厚、包容的态度对待他人,这不仅是衡量一个人品德是否高尚的基本标准,也是事业能否成功的重要前提。《周易》强调,"地势坤,君子以厚德载物"。孔子说:"宽则得众"。宽容地对待他人,才能得到他人的认同、拥护和支持。又说:"人不知而不愠,不亦君子乎"(《论语·学而》),"君子求诸己,小人求诸人"(《论语·卫灵公》),"不患人之不己知,患不知人也"(《论语·学而》)。这些格言,均是教人更多检视自己的言行,宽厚待人,包容他人的缺点或过失。子贡问曰:"有一言而可以终生行之者乎?"子曰:"其恕乎!"所谓"恕",就是宽恕他人。老子认为,只有像大海那样,善于处下,容纳百川,始能成为百谷之王。"江海之所以能为百谷王者,以其善下之,故能为百谷王。"(《老子·第八(六十六)章》)那些自以为是,骄傲自大的人是注定不能成就大业的。"企者不立,跨者不行,自见者不明,自是者不彰,自伐者无功,自矜者不长。"(《老子·第二十四章》)秦国宰相李斯全面总结国家兴亡成败的道理,认为"泰山不让土壤,故能成其大;河海不择细流,故能就其深;王者不却众庶,故能明其德。"(《史

---

① 《孙中山选集》,人民出版社1918年版,第903页。

记·李斯列传》)汉代董仲舒虽然强调"尊君",但他同时认为,"尊君"以"爱民"为前提。他举例说:"昔者晋灵公杀膳宰以淑饮食,弹大夫以娱其意"。像晋灵公这样的国君,一不高兴就杀人,没有丝毫包容大臣的胸襟,可以称为"独夫","如此者,莫之亡而自亡也。"(《春秋繁露·仁义法》)韩愈倡导儒家的"道统",高度赞扬古代士君子"严己宽人"的风范。"古之君子,其责己也重以周;其待人也轻以约。""取其一,不责其二;即其新,不究其旧;恐恐然惟惧其人之不得为善之利。"(《韩愈全集·原毁》)这种宽厚包容的精神在中华民族的血脉中一直流淌着,成为民族精神的重要组成部分。五四之后,蔡元培先生倡导"兼容并包"的学术理念,开创了北京大学的空前辉煌。

5.强调不同主体间的忠诚互信。中国传统文化高度重视不同主体间的忠诚互信。《春秋穀梁传·僖公二十二年》说:"言之所以为言者,信也。言而不信,何以为言? 信之所以为信者,道也。信而不道何以为道?"老子认为,轻易许诺别人,必然困难重重,"夫轻诺必寡信,多易必多难。"(《老子·第六十三章》)一旦失信,别人就不再信任他,"信不足焉,有不信焉"。孔子认为,"诚信"是"立言"、"为人"、"做事"的大道。他时常要求学生"主忠信"、"谨而信"、"敬事而信"、"与朋友交,言而有信"。一个人如果缺乏诚实品格,做事不守信义,就不能立身于世。故曰:"人而无信,不知其可也。"孟子认为,"诚者,天之道也;思诚者,人之道也。""思诚"就是要"明乎善","不明乎善,不诚其身矣"(《孟子·离娄上》)。管子认为,"诚信者,天下之结也"(《管子·枢言》)。荀子则强调:"诚者,君子所守也,而政事之本也。"(《荀子·修身》)"政令信者强,政令不信者弱"(《荀子·强国》)。《吕氏春秋》则从反面阐释了"不信"的五种负面效应。"君臣不信,则百姓诽谤,社稷不宁;处官不信,则少不畏长,贵贱相轻;赏罚不信,则民易犯法,不可使令;交友不信,则离散郁怨,不能相亲;百工不信,则器械苦伪。"(《吕氏春秋·贵信篇》)刘向认为,"人背信则名不达"(《说苑》)。程颐认为,"人无忠信,不可立于世。"(《程颐文集》)汉代王充进一步认为,诚信是无价的,只要有诚心,就没有做不到的事情。"精诚所至,金石为开。"(《论衡·感虚篇》)

第五章　国外中国模式世界意义的研究

谋求国家富强、民族振兴、人民幸福,这是自 19 世纪中叶以来,数代中国人梦寐以求的理想,习近平将其概括为"中国梦"。中国的改革开放使中国迅速融入国际体系,成为世界第二大经济体。中国突飞猛进的发展,引起了世界的普遍关注。据载,2011 年 5 月 5 日,美国全球语言研究所排出的 21 世纪十大新闻,"中国崛起"高居榜首。全球语言研究所指出,进入 21 世纪以来全球的最大新闻仍然是中国作为经济和政治大国的崛起。迄今为止,有关中国崛起的新闻已经播发了大约 3 亿次。① 2018 年春,美国总统特朗普先后签署"台湾旅行法"及对中国输美产品征收关税的总统备忘录,再度引发人们对"中国模式"世界意义的思考。"中国模式"是对世界的威胁,还是世界发展的机遇?如何理解"中国模式"的世界意义? 这是引起国际社会热烈争议的重大问题。

一、国外关于这一问题的基本观点

中国的发展无疑是影响和塑造未来世界的重要力量。对此,世界各国反响强烈,议论纷纷,有人从西方片面的霸权主义逻辑出发,放言中国已经成为

---

① 参见《中国崛起是新世纪最大新闻》,《参考消息》2011 年 5 月 7 日第 6 版。

世界经济和军事大国,四处宣扬"中国威胁论"、"中国责任论"、"民族主义论";绝大多数人为中国发展的前景喝彩,认为中国为区域和全球发展作出了重要贡献,提出"中国机遇论"、"中国复兴论"、"中国示范论"等观点。

(一)"中国威胁论"

据考证,最早宣扬中国人和其他黄种人存在"威胁"的文献,是美国参众两院1877年公布的《调查中国移民问题的联合特别委员会报告书》。该报告说,美国人是世界上最优秀的种族,而中国人、日本人、马来人是"劣等"民族,200年以后,他们就将"如同加利福尼亚州的蝗虫猖獗为害于农夫的田地一样"进入美国,改变美国人种,使美国整个国家退化。俄国无政府主义者巴枯宁在1873年出版的《国家制度和无政府状态》一书中,提出的来自东方的危险论可谓"黄祸论"的先导。正式发明"黄祸论"的是德国皇帝威廉二世。中日甲午战争之后,他在与俄国皇帝尼古拉二世通信中大肆宣扬"黄祸论",编造中国等亚洲国家的黄种人联合进攻欧洲的危险。20世纪初,美国军事理论家马汉(Alfrd Thayer Mahan)在其著《海权论》中正式提出了"中国威胁论"。马汉得出这一结论,主要是基于两个因素:一是中国规模大,人口众多;二是中国正逐渐成为　个现代化大国。1944年,英国驻华大使向中国战区美国武装部队司令魏德迈提出,一个强大和统一的中国将对世界构成威胁,将迅速危及白种人在远东乃至最终在全世界的地位。应当指出的是,英国大使提出"中国威胁论"时,中国还处在国民党蒋介石政府的统治下。这个事实告诉我们,"中国威胁论"从其产生之日起就是为固有霸权利益和强权政治服务的。

1990年日本防卫大学教授村井友秀在《诸君月刊》发表《论中国这个潜在的威胁》,从国力角度论证中国将是一个潜在的敌人,开冷战后"中国威胁论"之先河。1994年美国人正式提出中国不是发展中国家的官方论调。这些观点为冷战后"中国威胁论"的发端提供了导线。

第一波大规模的"中国威胁论"泛滥于1992—1993年间。1992年,世界银行前首席经济学家劳伦斯·萨莫斯提出,按照购买力平价计算,中国的经济规模相当于美国的45%。① 美国费城外交政策研究所亚洲项目主任罗斯·芒罗(Ross Munro)发表《正在觉醒的巨龙:亚洲真正的威胁来自中国》一文,把中国经济强大、政治影响力上升进而军事力量扩张的前景层层推演,系统地把中国描述成为一股威胁亚洲的力量。1993年,国际货币基金组织(IMF)使用购买力评价对各国进行排序,中国GDP提高了四倍。美国《时代》周刊载文指出,中国经济2010年将超过日本,2020年超过美国,中国经济发展必然威胁国际贸易的正常进行,影响原有贸易格局和利益划分。哈佛大学教授塞缪尔·亨廷顿(Samuel Huntington)《文明的冲突与世界秩序的重建》一书断言"儒教文明"与伊斯兰教文明的结合将是西方文明的天敌,从意识形态、社会制度乃至文明角度论证"中国威胁"。亨廷顿指出,冷战结束后,中国确立了两个目标,即成为中华文化的倡导者,吸引其他所有华人社会的文明的核心国家,并恢复它在19世纪丧失的作为东亚霸权国家的历史地位。② 尼古拉·克里斯朵夫(Nicholas Kristof)的《中国的崛起》③,迪尼·罗艾(Denny Roy)的《区域霸权? 中国对东亚安全的威胁》④都发表了有关"中国威胁"的言论。1994年9月,美国世界观察研究所所长莱斯特·布朗发表了长达141页的《谁来养活中国——来自一个小行星的醒世报告》。布朗认为,中国日益严重的水资源短缺,高速的工业化进程对农田的大量侵蚀、破坏,加上每年新增加一个北京市的人口,到21世纪初,中国为了养活10多亿的人口,可能得从国外进口大量粮食,这可能引起世界粮价的上涨,由于全球经济的一体化,中国的粮食问题可能会对世界的粮食供应产生巨大的影响。布朗的这一报告很快就得到西方舆论界的大力追捧。《纽约时报》、《华盛顿邮报》、《洛杉矶时报》、《华尔街日报》等纷纷进行相关报道,一些报刊还发表了评论。报告同时被迅速译成中文、日文、德文和意大利文等多种文字,布朗也被邀请到世界各地进行演讲。"中国威胁论"由此不胫而走,在世界各地蔓延。

---

① 参见《中国观察》,《经济学家》1992年11月28日。

② 参见[美]塞缪尔·亨廷顿:《文明的冲突与世界秩序的重建》,周琪等译,新华出版社1999年版,第182页。

③ 《外交事务》第72卷,1993年11—12月号,第6期。

④ 《国际安全》第19卷,1994年夏季号,第1期。

第二波"中国威胁论"发端于 1995—1996 年间,诱因则是台海危机以及由此而起的美国国内对华政策大辩论,"中国对台湾海峡的和平与稳定构成威胁"、"香港的回归意味着自由民主世界将受到专制制度的威胁"等言论在当时不绝于耳。理查德·伯恩斯坦(Richard Bernstein)和芒罗所著《即将到来的美中冲突》一书更是集上述论点之大成,认为中国会不可避免地追求亚洲霸主地位。① 并且预言,在未来 20 年里,中国将成为美国在全球范围的竞争对手。持同样观点的还有彼得·T.R.布罗克斯(Peter T.R.Brookes),他预言,中国将在历史的转折时期以超前的力量成为与美国平起平坐的竞争者。② 美国《时代》周刊还发表弗尔德·萨卡尼亚(Fareed Zakaria)的文章,提出了类似的疑问。③ 与"中国威胁论"一起,国际上还流行着一种遏制中国的论调。1995 年 7 月 29 日英国《经济学家》杂志发表的《遏制中国》的专题文章,1995年 7 月 31 日《时代》周刊发表的《为什么我们必须遏制中国》,1997 年伯恩斯坦和芒罗出版的《即将到来的美中冲突》,都是遏制论的代表作。然而,这一战略天然存在的狭隘性使之难以被确定为主流战略。接触中国的战略时起时伏,但一直是西方国家对华战略的一条主线。而以美国为代表的"接触+遏制"(Con-gagement)战略似乎越来越成为主流选择。当然,也有人不愿意放弃干涉中国内政的企图,提出"织网"战略(Enmeshment or Weaving the Net),即利用正式谈判、非正式交流或带有较低层次的强制性手段,把中国拉进国际体系,以外在的力量制约并最终改变中国。④

第三波"中国威胁论"则甚嚣尘上于 1998—1999 年间,美国先后出现了《考克斯报告》、李文和案、中国政治献金案,美国国会和媒体把中国称为对美国国家安全构成重大威胁的势力。《考克斯报告》指责中国窃取美国的军事

---

① 参见 Richard Bernstein、Ross H.Munro, *The Coming Conflict with China*, Vintage, 1998, p.53。

② 参见 Peter T.R.Brookes, Strategic Realism: The Future of U.S.-Sino Security Relations, *Strategic Review*, Summer 1999, pp.53-56。

③ 参见[美]弗尔德·萨卡尼亚:《中国:缓和还是容忍? 以温软语言掩盖威胁》,《时代》周刊 1996 年 2 月 18 日。

④ 参见 James Shinn, *Weaving the Net: Conditional Engagement with China*, Council on Foreign Relations Press, 1996, pp.12-30。

和商业技术。中国人民解放军的经济活动也被视为对美国的经济威胁,因为这有可能反过来促进中国的军事现代化。中国的军事威胁主要指的是中国的军事现代化、中国大规模杀伤性武器的扩散、中国在亚太地区的军事部署、中国的军费增加等。爱德华·特里普利特(Edward Timperlake)和威廉·廷珀莱克(William Triplett Ⅱ)合写的《鼠年》和《红龙跃起》两书更是大肆渲染,矛头指向"中国对美国国家安全构成重大威胁"这一敏感问题,认为中国迅速发展的进攻性导弹正在改变东亚地区的战略形势,破坏地区和全球稳定,从而对美国和世界其他国家构成严重的军事威胁。[1] 保罗·戈登威因(Paul Godwin)也坚持同样的观点。[2] 比尔·格茨(Bill Gertz)也提出指责,认为"中国政府在1997年建立了一个大规模偷窃美国技术的计划"[3]。

第四波"中国威胁论"泛滥于2002年,美国美中安全评估委员会发表题为《美中经济关系对国家安全的影响》年度报告,美国国防部公布《关于中华人民共和国军事力量问题的年度报告》,首次公开指出中国军力不仅对台湾地区而且对中国周边国家甚至美国构成威胁,对中美经贸关系大加挞伐,公开否定对华"接触政策"的有效性。艾玛·V.布鲁弗尔德(Emma V.Broomfield)从意识形态的角度指出,中国是世界上仅存的强国,其国内民族主义的上升和反美宣传可视为意识形态上的威胁,中国的民族主义支持区域内领土扩张。[4]约翰·米尔斯海默(John J.Mearsheimer)断言,中国成不成为民主国家无关紧要,仅仅是正在迅速发展这个事实就使得中国走上了一条与美国冲突的道路。他强调,任何国家都期望成为区域内的霸主,控制并防止其他国家侵入其后

---

① 参见 Edward Timperlake, William Triplett, *Year of the Rat: How Bill Clinton Compromised U. S. Security for Chinese Cash*, Regnery Publishing, 1998; *Red Dragon Rising: Communist China's Military Threat to America*, Regnery Publishing, 1999, p. 12。

② 参见 Editde by James R. Lilley, David L. Shambaugh, *China's Military Faces the Future*, M. E. Sharpe, 1999, pp. 39-63。

③ Bill Gertz, *The China Threat: How the People's Republic Targets America*, Regnery Publishing, 2000, p. 59.

④ 参见 Emma V. Broomfield, Perception of Danger: the China Threat Theory, *Journal of Contemporary China*, 2003, Vol. 12, No. 35, pp. 265-284。

院,这是门罗主义(The Monroe Doctrine)的实质。[①] 中国的目的是,与俄罗斯、美国、欧盟各国等主要国家以及周边国家建立伙伴关系,减少美国或其他大国阻止中国崛起或妨碍它在本地区和全球大展宏图的可能性。美国中国问题专家、在克林顿政府中曾任负责中国事务的副助理国务卿、现为加利福尼大学全球冲突与合作研究所所长的苏珊·L.舍克(Susan L.Shirk)认为,从外表看,中国貌似强大,但是对其领导人来说,中国看起来是脆弱的、贫穷的,国内问题堆积如山。但是,中国面临的巨大的国内问题,不能使美国放心,反而使美国担心。中国内部的脆弱而非中国正在增长的实力,才是美国的最大危险。苏珊·L.舍克反复强调,中国的脆弱,就是美国的危险。[②] 英国世界和平与安全问题研究专家、现任英国汉普郡学院教授迈克尔·克莱尔(Michael T.Klare)从另一个视角透露了美国对中国和平发展的忧虑。他说:五角大楼在2006年2月5日发布的《国防年鉴》中第一次提及美国的战略范围。在讨论对美国安全的长期威胁时,《国防年鉴》一开始就再次确认了1992年的《国防年鉴》中已作出的断言:美国不会允许任何竞争性的超级大国的崛起。该文件声明:这个国家"企图阻止任何军事竞争者发展出足以反对美国的区域霸权或采取敌对行动的能力",它指出,中国是最有可能对美国产生威胁的竞争对手。在这些新兴的主要力量当中,中国有最大的潜力与美国进行军事竞争,中国具有能不断更新的军事科技从而可能抵消美国的传统军事优势。[③] 2010年7月,中国官方媒体连续发表分析文章,强调中国在南海的核心国家利益,由中国海军主导自己在这一海域开展反海盗行动。澳大利亚《悉尼先驱晨报》2010年7月13日在网站上刊登彼得·哈尔彻的文章《中国正朝领土野心全速前进》,称:"此举令中国与5个邻国的领土主张直接冲突,对美国海军在南中国海上的海上优势形成挑战"[④]。

第五波"中国威胁论"始于2018年前后。2018年年初,澳大利亚澳情报

---

① 参见《美国学者提出另一种"中国威胁论"》,《环球时报》2003年3月14日第12版。

② 参见 Susan L.Shirk,*China:Fragile Superpower*,Oxford University Press,2007。

③ 参见[英]迈克尔·克莱尔:《遏制中国》,《国外理论动态》2007年第1期。

④ 《"中国必须这么做","也能这么做"》,《参考消息》2010年7月14日。

机构将中国列为"极端威胁"。美国总统特朗普在首份《国家安全战略报告》中直接将中国和俄罗斯定位为"战略竞争对手",美国太平洋司令部司令哈里斯毫不隐讳地指责中国是印太地区的"破坏性力量"。在美国带领下,其他西方国家也跟着摇旗呐喊。英国一些媒体鼓噪所谓的"锐实力",指责中国试图对其他国家的政界、媒体和学术界进行渗透和分化。澳大利亚媒体鼓噪中国所谓的"政治渗透",给西方国家带来"真实存在"的挑战。德国、法国、意大利联合起草了一份加强对外资并购审查和控制的法律草案,以遏制中资在欧洲的收购热。凡此种种,不一而足。新一轮"中国威胁论"不再鼓吹对积贫积弱中国的防范,也不再是对中国人口众多而挤占资源的顾虑,而是对中国实力快速上升的恐惧。尤其令西方担心的是,中国可能代表着人类社会发展的另一个方向,有可能构建"另一个世界",这是新一轮"中国威胁论"的要害所在。中国正在释放出的勃勃生机,以及中华文明可能释放出的非西方前景,都在指向一个更加美好的世界。对有些西方人来说,他们宁愿选择一个"失败的西方",也不愿接受一个"复兴的东方"。面对中西力量对比的历史性变化,有些西方人企图通过在国际社会鼓噪"中国威胁论"混淆视听,掩盖不合理不公正的国际利益格局,掩盖日薄西山的霸权地位①。

(二)"中国责任论"

早在 1994 年 10 月,时任克林顿政府国防部长佩里在中国人民解放军国防大学发表演讲时就指出:"冷战的结束为亚太地区敞开了大门……当今美中两国面临的挑战是确保这一地区未来几代人享有充分的稳定与繁荣。在这一方面,美中两国负有共同的特殊的责任"。但由于克林顿政府期间对华战略一直没有明确的战略方向,加之小布什上台后曾经一度把中国视为战略对手并采取预防性遏制的对华战略,所以,处于正面的"中国责任"呼声常常被"中国威胁论"压倒。2005 年,布什本人提出:"要以建设性和坦诚的方式与中国接触",国务卿赖斯提出:"希望中国成为全球伙伴,能够并愿意承担与其能

---

① 参见赵可金:《新一轮中国威胁论,新在哪》,《环球时报》2018 年 2 月 2 日。

力相称的国际责任"，副国务卿佐利克则在"中国向何处去"的著名演讲中呼吁，中国应成为国际社会中负责任的"利益相关者"。[①] 责任内容涉及中国的内政外交等各个层面，如：要求中国加快政治改革步伐、进一步开放市场、加强知识产权保护、放松人民币汇率管制、增加军事预算透明度、加大对阿富汗和伊拉克战后重建的投入、增加联合国会费、对朝鲜和伊朗施加更大的压力、改变获取外部能源的方式、处理好与苏丹及缅甸等国家的关系，等等。此后，负责任的"利益相关者"又被写入了美国 2006 年《国家安全战略报告》，正式成为美国官方的对华新定位。此外，2006 年 9 月 27 日发表的反映美国各界精英主流意见并可能对美国国家安全战略产生深远影响的《普林斯顿项目报告》声称："美国的目标不应当是阻止或者遏制中国，而应当帮助它在目前的国际秩序范围内实现其合理的抱负，成为亚洲和国际政治生活中的一个负责任的利益相关者"。此后，美国所带动的"负责任"的"利益相关者"成为国际社会谈论中国时的一个时髦用语。美国各界继续推波助澜，世界其他国家和地区纷纷跟进。在这一形势下，"中国威胁论"隐声匿迹，"中国责任论"压倒性地构成了中国所面临的主要国际舆论环境。

2008 年 9 月 15 日，美国有 158 年历史的老牌投资银行雷曼兄弟公司倒台，美国银行系统内部的"次贷问题"演化成全球金融海啸，中国受到的冲击相对较小，国际社会对中国的期待进一步上升，其集中体现就是关于"G2"和"Chinamerica"的说法。"G2"概念是华盛顿彼特森国际经济研究所所长伯格斯腾在 2008 年 7—8 月的《外交事务》上提出的，他认为美国应寻求同中国发展一种真正的伙伴关系，以实现对全球经济体系的共同领导，而不是纠缠于双边关系中的众多问题和相互抱怨。[②] 最近比较引人注目的是林毅夫和佐利克在《华盛顿邮报》上联名写的"经济复苏取决于 G2"一文，他们指出世界经济要想复苏，中美这两个经济发展的发动机必须合作，并成为二十国集团的引

---

① Robert Zoellick, Whither China: From Membership to Responsibility? *Department of State Deputy Secretary of State*, No. 2, 2006.

② 参见 C.Fred Bergsten, A Partnership of Equals: How Washington Should Respond to China's Economic Challenge, *Foreign Affairs*, July to August, 2008。

擎。没有"G2"的强劲发展，二十国集团就将会令人失望。此外，哈佛大学商学院教授尼尔·弗格森还提出了"Chinamerica"的概念。在他看来，中美已经走入"共生时代"，作为全球最大消费国的美国与世界最大储蓄国的中国应该相互合作，方式是美国负责消费、中国负责生产。这两个词都是经济学家基于经济发展的事实提出来的，主要是分析中美两国的经济地位，以及对世界经济发展的责任。从经济的角度来讲，这不无道理。中美两国对世界经济的贡献超过50%，对世界经济的复苏具有至关重要的作用。但是，美国少数学者和个别战略家将"G2"一词上升到政治层面，特别是提出一种中美共治的制度性领导结构。这在政治上是非常危险的，在实践中也行不通。

美国的"中国责任论"的含义可以概括为一句话：中国正在崛起，但还不是个充分负责的国家，中国应该承担与其实力相称的责任，从而成为国际社会负责任的一员。这句话包含了三层含义。第一，认可中国实力上升的事实，并把中国列为大国。美国认为，中国"浓缩了亚洲引人注目的经济成功"，"中国的崛起是21世纪初划时代的事件之一"。但是，对未来的道路是融入美国主导的国际体系还是相反，中国还没有作出明确的选择。正是在这一意义上，美国认为，中国还是处于"战略十字路口"的国家。第二，认可中国已经表现出一定的合作迹象。2006年美国国家安全战略报告声称："在二三十年里，中国已经摆脱贫穷和孤立，日益融入国际经济体系。中国以前反对全球机构；如今它是联合国安理会和世贸组织的永久性成员"，"美国对保持和平发展承诺的中国的崛起表示欢迎"。2007年美国对外关系理事会提交的研究报告认为，中国在与世界接轨的过程中尤其在国际贸易和安全领域，越来越遵守国际规则、机制和准则，并成为国际社会中不可分割的一部分。第三，中国还不是一个充分负责的国家，"中国的过渡还不完全"，还没有真正融入国际社会。中国还必须努力"像负责任的利益攸关方那样行事，履行其承诺并与美国和其他国家共同努力，促进为其成功提供条件的国际体系"。

美国对中国的责任期待内容很多。具体说，经济上开放市场，增加内需，改变中美贸易逆差关系；政治上加速推进政治改革，实现政治自由化和民主化；军事上增加军事透明度；外交上帮助解决地区安全问题及热点问题，如朝鲜、伊朗和苏丹达尔富尔问题;环境上减少废气排放量使之符合国际排放标准;等等。就其本质而言,美国的"中国责任论"就是要以美国模式来塑造中国,并要求中国与美国合作来共同维护美国领导的国际体系。尽管这表现出美国的天定命运的傲慢,但是,与"中国威胁论"相比,"中国责任论"表现出美国的合作意愿和姿态。这既是一种机遇也是一种挑战,把握得好则可以乘势加强中国责任大国的形象从而促进中国的和平发展,把握不好则可能有损自身的形象和实力或超出自身能力的责任范围从而不利于中国的和平发展。

(三)"民族主义论"

20 世纪 90 年代前后,随着东欧剧变和苏联解体,民族主义成为一种席卷世界的浪潮。与此同时,国外也有人认为,民族主义也已经成为中国的主流意识形态,中国共产党领导人自 20 世纪 80 年代末期以来,表面上倡导马列主义,实质上搞的是民族主义。

1.铺平中国民族主义复兴的道路。早在 20 世纪 80 年代,英国学者罗伯特·克林伯格(Robert Kleinberg)就指出,中国的社会主义历来带有强烈的民族主义倾向,今天则比以往任何时候都更加显而易见地成为一种可供利用的追求富强的工具。他认为,这种民族主义是对列宁主义国家学说的放弃,是对马克思主义的解构(Disintegration of Marxism),"每一代马克思主义领导者都为了现实需要而调整正统理论,它最初始的某些因素已消失殆尽了"①。尼克松认为民族主义是邓小平在资本主义和共产主义之外的另一种选择。邓小平"作为一名共产党人,他既不要资本主义的中国,也不要民主主义的中国,但他不是自己意识形态的俘虏,首先,他是一位需要强大中国的民族主义者"②。玛莉·黑瑟·张(Maria Hsia Chang)认为邓小平为现今中国的民族主义作了

---

① Robert Kleinberg, *China's Opening to the Outside World:The Experiment with Foreign Capitalism*, West View Press, 1990, p. 39.

② [美]理查德·尼克松:《世界大角逐》,夏青等译,吉林人民出版社 1989 年版,第 267 页。

最为重要的铺垫。"邓小平试图把马克思主义改造为发展民族主义的理念。在这样做的时候,邓小平铺平了现今中华人民共和国民族主义复活的道路。"①换句话说,这部分国外学者认为,以爱国主义为形式的民族主义已经成为当今中国普遍流行的形式,澳大利亚学者白杰明(Geremie R.Barme)指出,尽管整个 20 世纪 80 年代共产党强调爱国对民族的重要作用,但它还只是动员民族的符号和支撑其地位的神话,到 20 世纪 90 年代形势发生了变化。爱国情感不再是唯一党及其宣传者的领域。正如商业创造了各种贪婪的社会契约一样,民族主义具有超官方文化的认同功能。② 汤森(James Townsend)认为,今日中国的民族主义是多层次的复合体,包括政治民族主义、汉民族认同,以及文化主义自豪感。③

2.认为中国的民族主义带有强烈威胁世界的性质。郑永年指出:20 世纪后期国际关系中最重要的事件之一是中国民族主义的兴起。在国际上,有人甚至别有用心地把中国民族主义的兴起与德国国家社会主义下的民族主义以及日本军国主义下的扩张主义相比较。例如,萨缪尔·亨廷顿(Samuel Huntington)认为除非中国变成一个民主国家或者加入到世界建设的行列,它将会像德国在 20 世纪 30 年代变得强大时一样危险。詹姆士·科斯(James Kurth)也认为 21 世纪上半叶,中国将在军事和经济两个方面给美国和国际安全以及经济秩序造成威胁。自 1976 年以后,中国经济的迅速崛起以及最近军事力量的现代化必将打破亚洲的贸易平衡和军事平衡,正像 1886 年以后德国的崛起打破欧洲的平衡一样。自 1990 年以来,在西方出现的"中国威胁论"、"制裁中国论"等都是对中国民族主义兴起的反映。④

弗里德曼(Edward Friedman)把中国的民族主义与极权主义、军事扩张主义相联系,认为在当代中国流行着政权合法化的三种形式:民族主义、实绩和

---

① Maria Hsia Chang,The Thought of Deng Xiaoping,*Communist and Post-Communist Studies*,Vol. 29,No. 4,1996,p. 377.

② 参见 Jonathan Unger eds.,*Chinese Nationalism*,M.E.Sharpe,1996,p. 185。

③ 参见 Jonathan Unger eds.,*Chinese Nationalism*,M.E.Sharpe,1996,p. 1。

④ 参见 Yongnian Zheng,*Discovering Chinese Nationalism in China*,Cambridge,Cambridge University Press,1999,p. 1。

霍布斯主义,所有这些都是由全球化而带来的有威胁性的东西。民族主义的合法性已受到普通民众的关注,它在本质上是一种"可能的中国民族沙文主义的幽灵,一种带有威胁性的由儒教和马克思主义反个人主义组成的混合物,国家主义、领土收复主义、仇视外国人的心理倾向"①。

3.认为中国的民族主义迄今经历了四代。美国科罗拉多大学的彼得·海斯·格利思(Peter Hays Gries)认为:"革命的第一代在20世纪30、40年代经历了反法西斯和国内战争的痛苦。第二代经历了50年代的反右运动和'大跃进'。第三代在60年代末和70年代的'文化大革命'中被送到乡村。相反,中华人民共和国的第四代是在80年代和90年代邓小平改革开放带来的物质相对繁荣的条件下成长起来的。"②他认为,新一代民族主义的产生,更多是在新一代中国人中自发产生的。这些人非常仰慕前几代人的苦难经历,对于第四代沉溺物质主义、仅仅满足于文化和精神快餐深感痛心,他们觉得再也不能在这种苦闷中沉默,因此给自己选择了爱国主义这一具有狂欢性质却又能得到政府允许的形式。格里斯认为,缘于欧洲的现代意义上的民族主义并不适用于中国的情境,新一代的中国的民族主义者总是愤愤不平于中国没有得到世界的尊重,但像他们这样做只会取得适得其反的效果。③

美国国家安全顾问埃里克·安德森(Eric C. Anderson)赞成格里思的观点。他说:"中国的民族主义身份是什么?《中国的新民族主义》一书的作者彼得·海斯·格利思将这一情绪描述为历史和一个屈辱世纪的产物。""我同意他的观点,但还想再加上一个因素——中国的民族主义者还对国家近期所取得的成就感到自豪,尤其是经济发展的奇迹和国际能力的展示,这可以从2008年北京奥运会看出。"然而,"这种新的民族主义有时会失控"。作者甚至作了举例说明,试图论证所谓中国民族主义的表现。

---

① Edward Friedman, *Globalization, Legitimacy, and Post-Communism*, Edited by Hung-Mao Tien, Yun-Han Chu, *China under Jiang Zemin*, Lynne Rienner Publishers, 2000, p. 235.

② Peter Hays Gries, *China's New Nationalism: Pride, Politics, and Diplomacy*, University of California Press, 2004, p. 4.

③ 参见 *Washington Observer Weekly*, No. 38, October 20, 2004。

(四)"中国机遇论"

这类观点认为,中国不会成为第二个苏联,不会成为美国的对手,更不会成为对世界和平的威胁。相反,中国的发展将给世界各国带来更多的发展机遇。

早在 1997 年,美国前国务卿基辛格博士就指出:中国的经济增长确实惊人,但是它的起点要比我们低得多。根据不同的估计,它的起点相当于我们国内生产总值的 10% 至 25% 不等。这样,就绝对数字而言,即便中国继续无限期地以 10% 的速度增长(这种假定是没有任何先例可作依据的),它在可以预见的将来也无法与美国 2.5% 至 3% 的绝对增长相匹敌。中美两国在军事领域更是不可同日而语。中国不是一个支配亚洲的军事大国。我们的军费占国内生产总值的 3.5%,中国的防务开支充其量只有我们的 1/10。[①] 在《论中国》一书中,基辛格再次指出:尽管邓小平的改革令人惊羡,但中国最初几十年壮观的增长,部分是因运气不错。由于生活水平和人均寿命不断提高,再加上独生子女政策,中国拥有世界上老龄化最快的人口。"一个面对如此庞大国内任务的国家不太可能轻易(更别说自动)投身于战略对抗或追求世界主导地位。"[②]美国达拉斯联邦储备银行副行长兼首席经济学家迈克尔·考克斯(Michael Cox)指出,中国已不再是三十年前那个好斗的、构成威胁的共产党国家了。但是,在许多人眼里中国仍然是一个威胁。"中国崛起的真正危险并不在于美国消费者抢购廉价的服装、鞋类、玩具和电子产品,而在于成群结队的美国公司前往华盛顿游说政府给予贸易保护,以抵御这种新威胁。"[③]美国国防部顾问、亚太安全战略专家、大西洋理事会亚洲计划主任班宁·加勒特指出,苏联解体后,许多战略思想家开始寻找另一个与苏联实力相当并将在21 世纪对美国发出挑战的竞争者。现在看来不会出现这样一个国家。参与到全球化进程中的国家在成为经济和政治上的竞争者的同时也将成为伙伴。

[①]　参见 Henry Kissinger, Let's Cooperate With China, *The Washington Post*, July 6, 1997.

[②]　[美]亨利·基辛格:《论中国》,中信出版社 2012 年版,第 511—514 页。

[③]　Michael Cox and Jahyeong Koo, China is no threat to America, *Financial Times*, October 28, 2008.

美国有些人仍然以现实主义的态度看待世界，他们断言一个像中国这样正在崛起的大国本质上就具有威胁性。"然而，这些观点并没有考虑到全球化条件下国家力量和国家利益的变化基础。此外，它也没有考虑到中国领导人是如何看待中国的长期利益和战略的。"①

很多国外学者、人士对妖魔化中国的言论给予针锋相对的批评。英国《金融时报》发表文章指出："忽视中国是不对的，但妖魔化中国更是错误的。"②新加坡《海峡时报》发表文章指出："中国并非奉行扩张主义的大国，没有必要对它进行'遏制'。""采取一种把是否同中国对峙作为战略选择的遏制政策是不合时宜的。"③美国乔治·华盛顿大学哈里·哈丁（Harry Harding）教授针对关于中国威胁的错误认识指出。中国最大的危机并不是经济危机，而是生态危机；中国爆发大规模群体性事件是几乎不可能的，中国政府正在采取措施努力消除来自各方面的不满；中国的政治已经变得越来越制度化，精英们越来越务实；中国的银行体系仍面临很大困难，但未必行将崩溃；中国确实已经高度融入了当今的国际经济，但比起绝大多数国家来，它的抗风险能力要强得多，中国并不过分依赖国际金融；中国的民族主义确实在上升，但共产党也认识到，民族主义是一把双刃剑；中国正在推进军事现代化，不仅在寻求更强大的核威慑力，而且也在寻求改善常规武器的力量，但中国的崛起导致军事冲突是极不可能的。中国崛起的最大风险不是北京将会使用武力去进攻别国，而是它将会利用日益增加的资源使全球力量平衡朝着有利于自己的方向转移，尤其是在亚洲。④ 曾于1993—1996年间担任世界银行北京办事处首席经济学家的印度学者阿嘎瓦拉认为，中国对世界其他国家来讲代表着一个伟大的机遇。它将成为世界许多农产品和工业品的最大生产者，并且有可能成为亚洲绝大多数国家和世界其他国家的最大的贸易伙伴。对发展中国家而言，中国代表着一种机遇，可以扭转发展中国家原材料价格如咖啡、可可等下降的

---

① ［美］班宁·加瑞：《注定成为伙伴》，香港《南华早报》2004年2月20日。
② 《中国应该是个担忧，而不是种担扰》，英国《金融时报》2005年3月15日。
③ 《微妙的平衡之举》，新加坡《海峡时报》2005年3月25日。
④ 参见［美］哈里·哈丁：《对中国的再思考》，美国《外交事务》2007年3—4月号。

趋势,并将成为其贸易和投资的重要来源。对发达国家而言,中国有潜力成为它们大部分产品的最大消费市场,不仅包括农产品,还包括飞机、计算机、电厂和石油化学制品等工业产品。最为重要的是,中国将为发展战略提供有效的选择。中国为世界提供从目前的"华盛顿共识"(Washington Consensus)中解放出来的机会。中国的经验说明:市场与政府的结合和自由与纪律的均衡在一定条件下能产生比单独计划或市场更好的结果;同时说明国家应像树木一样立足自我发展。①

美国中国问题研究专家戴维·兰普顿(David Lampton)指出,中国政策的成功的确对美国是有影响的。他认为其中最为重要的就是,中国政策的走向与美国人的基本利益是一致的。华盛顿不应该使中国偏离其基本方向。中国的崛起还对美国的经济政策产生了重大影响。因为"中国日益成为地区和全球经济发展引擎,华盛顿同北京保持稳定的战略关系超越了狭隘的安全利益"。中国的崛起对美国和全世界来说可以是非常积极的,也可能会引发摩擦和冲突。如果出现的结果是积极的,那是因为,两国对共同创造的合作机会的反应是积极的。② 在《中国力量的三面:军力、财力和智力》一书中,戴维·兰普顿再次指出:"中国不是,也不会成为另一个苏联。它将成为一个什么样的中国,取决于中国未来的领导人、未来的国内发展以及持续变动的国际环境。"③美国《商业》周刊发表文章指出,不久以前,日本对于中国崛起的前景深感不安。但如今日本企业界和政治界的精英们却发出了不同的声音。中国已不再是"祸害"的源头,中国越来越像是一个拯救者,帮助日本10年来第一次实现持续的经济复苏。2004年2月18日,日本报道说日本经济在2003年第四季度中测得7%的年增长率。这是日本连续第4个季度经济持续增长,也

---

① 参见[印度]阿嘎瓦拉:《中国的崛起:威胁还是机遇?》"原版前言",陶治国等译,山西经济出版社2004年版,第8页。

② 参见[美]戴维·兰普顿:《中国在亚洲日益增长的实力和影响力对美国政策的影响》,本文为作者在美中经济和安全评估委员会2004年2月13日举办的题为《崛起的地区和科技大国——中国对美国经济和安全利益的影响》的听证会上的证词。

③ [美]戴维·兰普顿:《中国力量的三面:军力、财力和智力》,姚芸竹译,新华出版社2010年版,第212页。

是自 1990 年以来最大的增幅。① 亚洲银行首席经济学家拉梅什·B.阿德赫卡里(Ramesh B.Adhikari)认为,中国扩大开放尽管将在中短期内引起发展中国家的调整压力,但从长远来看应该会有利于世界各国包括发展中国家的发展,而中国与其他发展中国家的竞争实际上是彼此国内改革步伐的竞争。②

法国《解放报》指出:"中国的崛起是一个事实。认为可以无视它或是用一些贸易保护主义措施来对付它是无济于事的。中国的繁荣也是保持世界稳定的一个因素。"③南非国际问题研究所贸易问题研究员彼得·德雷珀在谈及中国崛起与南部非洲的关系时指出:"从理论上讲,中国经济如果继续迅猛增长的话,中国起码可以通过巩固物价从而改善南部非洲的贸易条件给南部非洲提供一个充满希望的经济机遇。这反过来又能加强整个地区的国际收支状况,或许还将有助于解决清偿债务这个普遍存在的问题。"④世界银行远东和太平洋地区首席经济学家霍米·哈拉斯认为:"中国的成功将对大多数发展中国家有所助益,而不是造成伤害。"中国每年 4000 亿美元的进口额中有45%来自发展中国家,而进口贸易额在 2003 年又增加了 550 亿美元。中国对基础商品的需求十分强烈,从而抬高了粮食作物和铝、钢、铜、棉花及橡胶等工业原材料的价格。对世界各地数以百万计靠这些产品的收入谋生的农民来说,全球性的价格飙升来得正是时候,它扭转了几十年来价格不断下跌的局面。⑤ 美国发展经济学家龙安志认为,中国的融合经济学是可以为发展中国家参考借鉴的,"其他亚洲国家都在注视着中国的尝试,然后开始实施自己的'融合'经济学,将市场和计划混合起来,混合比时大时小。越南、老挝和马来西亚就是混合经济体。每个国家都根据国情走自己的路。这些国家想要进行'有序的'、秩序渐进的改革,并不采用'休克疗法'。巴西、俄罗斯、印度、南非

① 参见 *Business Week*,March 1,2004。

② 参见 Kevin Honglin Zhang,*China As the World's Factory*,Routledge,2006。

③ [法]《决定性的考验》,《解放报》2004 年 12 月 9 日。

④ [南非]彼得·德雷珀:《中国对南部非洲意味着什么》,新加坡《海峡时报》2004 年 12 月 28 日。

⑤ 参见 Homi Kharas,"Lifting All Boats:Why China's Great Leap Is Good for the World's Poor",*Foreign Policy*,No. 146,January-February,2005。

(金砖国家)和 77 国集团(G77)很重视中国的做法。它们借鉴有用的、抛弃无效的,不囿于意识形态和理论学说。"①

在人类发展遭遇方向性迷茫的时刻,越来越多的外国政府和政党开始关注"中国模式"和"中国道路",希望汲取中国治国理政的成功经验。尤其是不少发展中国家,注重借鉴中国发展经验,探索符合自身国情的发展道路。巴西里约热内卢州立大学国际关系系主任毛里西奥·桑托罗认为,对比国际政治经济舞台"黑天鹅"频飞,"中国的稳定给予世界其他发展中国家以信心"。南非大学教授撒贝罗说,中国承诺推行求稳求实的经济政策,中国经济向世界发出了非常积极的信号。在世界经济持续不景气、增长乏力的背景下,中国仍是世界经济增长的"发动机"和"稳定器"。事实证明,中国的发展牵动世界,任何抹黑和诋毁中国的言论都是站不住脚的。法国《欧洲时报》认为,在不确定性日益增大的世界环境中,中国一直保持着自身的经济平稳、政治稳定、社会稳定和政策稳健。外界在找寻政府治理、经济发展等新模式的过程中,越来越聚焦"中国模式","中国正为世界治理提供巨大镜鉴"。英国《金融时报》不久前发表的一篇评论文章指出,中国正在迅速成为自由贸易和开放经济的领导者。"如果现在大家要想想自己应该走哪条路,未来在哪里,那么就请看一看中国。"德国《斯图加特日报》网站刊文高度评价中国在发展议题上的贡献,指出"中国的发展模式可能成为解决迫在眉睫的全球问题的方案的一部分"②。

(五)"中国复兴论"

针对"中国威胁论"散布的各种流言,很多国外学者、人士指出,根本没有必要为中国的崛起而恐慌,因为中国在历史上曾经一直走在世界的前列,中国的崛起只是东山再起。美国的约瑟夫·奈指出:"'崛起'是一种不确切的说

---

① Laurence J. Brahm, *Fusion Economics: How Pragmatism is Changing the World*, Palgrave, 2014, pp. 17-18.

② 参见《海外看中国:中国方案为世界注入正能量》,中国经济网 2017 年 3 月 13 日 (http://news.eastday.com/eastday/13news/auto/news/world/20170313/u7ai6589911.html)。

法,'复兴'比较准确。中国幅员广大,历史悠久,长期以来一直是亚太地区的重要力量。从技术和经济上讲,从公元 500 年到公元 1500 年,中国是世界领先者,只是在过去 500 年被欧洲和美洲超过。"①黄亚生指出:"有必要从恰当的视角来看待所谓的'中国崛起'。首先,中国已经'崛起'这种理念是极其错误的;事实上,中国只是东山再起,因为它在历史上很长的时间里都是世界上最大的经济体。据经济史学家奥格斯·麦迪逊说,1820 年,中国的 GDP 占世界 GDP 的 1/3,而且在 13 世纪,中国在人均收入水平方面领先于欧洲。即便到了 1960 年,中国在机床技术方面也只比日本落后几年。"②美国《亚洲华尔街日报》发表文章指出:中国确曾有过作为世界经济霸主的历史。从公元约 1000 年开始的 700 年里,它大多数时候都是世界头号经济体。伦敦经济学家肯特·邓说,与今天的资本和技术转让类似,早熟稻种以及后来玉米、甘薯等新大陆作物的引入导致了食物的过剩,中国的陶瓷和丝绸产业得以发展并主宰全球贸易。历史学家说,直至 1730 年,全球制成品中仍有 1/3 产于中国。中国目前在世界制造业中占据大约 12% 的比重。③ 杰姆士·凯恩(James Kynge)指出:"在谈及中国崛起的影响时,很难确切地说他将成为全球力量的霸主。在 20 世纪 90 年代有关北京的探讨成为国际社会的焦点。中国 20 世纪 90 年代中期经济的增长帮助创造了中国周边国家的繁荣。紧接着,1997 年和 1998 年,当亚洲金融危机在本地区蔓延时,世界期待北京能够稳定这一风暴。然而,根据我对《金融时报》数据的统计,整个 20 世纪 90 年代的世界经济增长中,世界对中国的影响远远超过了中国对世界的影响。再后来,说法突然反转过来,世界各个角度的报告都说宏观经济和社会的某一方面或几方面已被中国贪婪的资源、就业、市场、能量以及其他各种各样的需求所改变。"④

---

① [美]约瑟夫·奈:《中国崛起,别的国家就该俯首帖耳吗?》,英国《经济学家》周刊 1998 年 6 月 27 日。

② [美]黄亚生:《中国不是在领跑,它只是追上来了》,英国《金融时报》2004 年 6 月 8 日。

③ 参见《中国的持续发展使它走上赶超美国之路》,美国《亚洲华尔街日报》2005 年 1 月 24 日。

④ James Kynge,*China Shakes the World:a Titan's Rise and Troubled Future—and the Challenge for America*,Houghton Mifflin Company,2006,p. 12.

美国著名智库布鲁金斯学会董事会主席约翰·桑顿(John L.Thornton)强调中国模式与近代以来中国社会变革的关系。他指出:在过去一个世纪里,没有人比中国人自己更多地思考中国民主的前景,也没有人比他们因民主难产而更为失望。一次又一次,他们目睹了国人掀起的民主热潮,或是归于失败,或是在未成熟前被镇压下去。慈禧太后扼杀了1898年由光绪皇帝的一批幕僚发起的"百日维新"。孙中山1912年1月任中华民国临时大总统就职典礼时所激起的乐观情绪马上被军阀袁世凯打得烟消云散——袁世凯在1915年试图建立新王朝而称帝。20世纪30年代,国民党和共产党中的进步人士都憧憬着民主形式的政府,这种理想却早已毁于日本侵华和其后的国共战争之中。1949年中华人民共和国的成立预告了自立、繁荣和民主时代的到来,但是新中国成立初期的各项政治运动,以致最终导致的"文化大革命",使新中国成立初期的希望又一次破灭。"历史、传统和文化并没有强迫中国人选择民主集中制作为自己的政治组织形式。但是,当代中国的各种各样的特点或许使真正的民主集中制成为一种具有吸引力和较为可行的选择,或许是一种吸引力和可行性在中国得到最佳结合的选择。"①

德国中国问题研究专家康拉德·赛茨(Konrad Seit)指出:美国把正在崛起的中国视为东亚地区的威胁。而中国却要求该地区平安无事。她批评美国的军事霸权,称其所扮演的维护地区秩序角色,是"过时了的做法"。"全球一体化的世界出现了一个新的局面,美国的霸权主义和中国的崛起不只是对手之间的竞争,同时还有共同的利益。双方都希望有一个稳定的、没有恐怖分子的世界。双方都认为处于一个经济相互依存的关系中。中国1/3的产品出口美国,并且依靠美国巨大的工业投资实现她经济的现代化。出口投资停滞会使中国出现经济危机。反过来对美国也会产生严重影响。"②美中关系不同于冷战时期的美苏关系,他们既是竞争对手,又是合作伙伴。保持这种关系的平

---

① John L.Thornton, Long Time Coming: the Prospects for Democracy in China, *Foreign Affairs*, Vol. 87, No. 1, January-February 2008.

② [德]康拉德·赛茨:《中国:一个世界强国的复兴》,许文敏、李卡宁译,国际文化出版公司2007年版,第312—313页。

衡,要求双方要有冷静的理智和均衡的利益。熊玠指出:"中国威胁论",实质是惧怕"中国复兴论"。中国的崛起从未带有侵略性,评价中国复兴应跳出固有的政治传统。"新现实主义的落伍尽管依然主导国际关系领域,但是在处理'中国复兴'问题上却显得力不从心;在研究中国及其复兴的问题上有许多互相竞争的范例。"①中国的复兴提供了一种新的文明形式。"整体上,中华文明的主要精神可以概括为三点:各民族、各地域间所共有的对'天'的崇敬。若将其转化为政治术语,就是政府在理论上是其所有臣民(在其统治下的所有人)的保护人;中国人的'阴阳'相辅相成思想,体现了将矛盾双方统一的至高水平的思维方式,突出了中国人将新旧(通常矛盾的)思想和价值进行融合的能力;非常重视政府教育和培养民众的传统。"②中国是以一种文明的方式迈向复兴之路的。"从广义上看,我们能从三个方面更准确地了解中国的复兴于当代威斯特伐利亚传统主导的国际社会的影响。首先,我们可以从中国第一次崛起(713—1820年)的历史中获得启发,它可以帮助人们预测中国复兴时可能的行为模式和倾向。其次,中国从19世纪中叶威斯特伐利亚体系的列强入侵时所遭受的一个半世纪的屈辱中取得的经验和教训,这些经历会对复兴的中国处理外交关系时可能产生的影响。第三,迄今为止中国转型或不断发展成为世界强国的过程中在处理外交关系时的行为特征。"③

雷默认为,人们关于中国崛起的评价常常带有一定的主观性。"人们在谈论'中国威胁'或'中国机遇'时还不够强调实事求是,人们以前从未看到这种快速的发展,对这种速度的反应就是按他们的需要而提出批评的理论。"④他认为应该用一种不带感情色彩的分析框架来研究中国问题。关于中国的研究常常陷入结论在先的分析陷阱,是因为美国的中国问题专家们过于依赖他

---

①　[美]熊玠:《大国复兴:中国道路为什么如此成功》,李芳译,湖北教育出版社2016年版,第194页。

②　[美]熊玠:《大国复兴:中国道路为什么如此成功》,李芳译,湖北教育出版社2016年版,第198—199页。

③　[美]熊玠:《大国复兴:中国道路为什么如此成功》,李芳译,湖北教育出版社2016年版,第204页。

④　[美]乔舒亚·雷默:《为什么要提出"北京共识"?》,载俞可平等主编:《中国模式与"北京共识":超越"华盛顿共识"》,社会科学出版社2006年版,第7页。

们自认为了解的情况,但是没有看到中国是个日新月异、迅速变化的国家,那些十几年前,甚至五年之前的老论调已经毫无意义了。西方人对中国的研究过于简单,无论是欧洲还是美国,甚至亚洲国家,对中国的看法都不够客观。

(六)"中国示范论"

这类观点认为,中国发展的成功为全球发展提供了重要参考和榜样示范。罗斯·加诺特指出:全球发展的一条重要经验来自中国近 30 年的成功发展。现代经济发展的良好进程始于西欧的沿海地区,19 世纪发展到日本,然后又在 20 世纪 50 年代发展到东亚一些小国家,然而这种良好的发展势头其实可以惠及人类社会更广泛的范围。它们并不是局限于一小部分人的,也不局限于狭窄的特殊历史和文化背景下。中国的成功大大促进了这种可持续的、快速的、国际化的现代经济发展。继中国之后,其他人口众多的国家也取得了成功,这些国家和中国一起用自己的经验证明,发展所必要的条件可以在不同文化和历史的不同经济环境中得到满足。中国发展的一个特别经验就是始于农业和广大农村地区的改革和发展进程具有突出优势。第二个特别经验是一般经验的一个必然结果,它证明了自由贸易的重要性。中国经验显示了快速的、国际性的发展对一个大国来说是可能实现的。第三个特别经验存在于渐进改革的优势中。"这都是中国的发展经验,我们可以从中吸取大量的经验教训来取得好的成果。我们完全没必要把好东西当成敌人来看待。"[①]美国国家安全顾问埃里克·安德森指出:世界银行的分析人士认为,自 1978 年经济改革计划开始实施以来,约有 4 亿中国人脱离了绝对贫困。裴文睿(Randy Peerenboom)在其重要著作《中国走向现代化:是西方的威胁还是其他地区的典范》一书中指出,"越南也紧跟中国经济、法律和政治改革的脚步⋯⋯在中国的带领下实行市场改革","伊朗及其他中东国家邀请研究中国法律、经济和政治的专家为政府官员和学者开讲座"。他们为何对中国如此仰慕?答案很简

---

① [澳]罗斯·加诺特:《中国 30 年改革与经济发展经验》,载王新颖主编:《奇迹的建构:海外学者论中国模式》,中央编译出版社 2011 年版,第 83—86 页。

单,中国模式取得了成功。"中国共产党推动了前所未有的经济增长和具有重大历史意义的扶贫事业,该党正致力于建设一种超越多数非洲、中东和拉美国家所建立的类似体制的法律顾问和执政体系。"①

在新中国成立60周年之际,俄罗斯《新闻时报》刊登俄罗斯科学院远东研究所主任研究员雅科夫·别尔格尔的一篇题为《新的领导者——世界准备好迎接中国挑战了吗》的文章,认为世界上只有为数不多的国家,能够在一两代人的时间内完成两次全面变革。更何况,在世界数千年的历史中这只是一个短暂的瞬间。在借鉴了许多外国东西的同时,中国对世界的影响越来越大。首先,它的经济迅速发展,许多专家早在21世纪初就预见到中国将变成世界上最大的经济体。世界金融危机加快了中国的这一进程。顺利地实施完善国家经济的规划,中国正引领整个亚洲走出危机,促进全球状况的好转。中国正在实现全面现代化,它是经济成就的基础。其次,现代化还涉及对外政策。中国多次宣布,不想走重建大帝国的道路,不想在世界上称霸,不会当类似美国那样的世界警察。为了实现国家的利益,中国希望能够为自己的发展提供和平的环境。当中国越来越强大的时候,它也越来越愿意承担责任,帮助解决复杂的国际问题,包括不扩散核武器、防止饥饿和贫困、打击恐怖主义、防止气候变暖。中国模式从西方思想中吸取了与建设市场经济和法治社会有关的东西。这使中国模式有吸引力,真正具有普遍意义。中国不是匆忙地,而是随着政治、经济和社会文化必要条件的成熟逐渐地推进民主化。再次,中国准备回应全球性挑战。中国不仅把金融—经济危机看作是考验,而且看作是一个机会,可以利用这个时机实施早就该在社会生活各个领域进行的改革,进一步提高国际竞争力。世界是否准备应对中国的挑战,并利用中国的经验造福人类,世界能否与中国一道建立平等、互利和有效的战略伙伴关系? 如何回答这些问题将在很大程度上决定人类的未来。②

---

① ［美］埃里克·安德森:《中国预言:2020年及以后的中央王国》,葛雪蕾等译,新华出版社2011年版,第167—168页。

② 参见《俄学者评价中国模式有生命力有世界意义》,《新华每日电讯》2009年10月10日。

中英可持续发展对话的国家协调员里奥·霍恩(Leo Horn)指出:发展中国家领导人也正将目光转向中国,寻找他们自身发展困境的解决之道。从委内瑞拉到越南,对于所谓的"中国模式",其吸引力随处可见。伊朗、叙利亚和其他中东国家邀请中国专家给高级官员和学者授课。① 美国哈佛大学商学院教授里金纳·艾布拉米认为,中国改革开放30年,实现了经济发展,保持了社会稳定,这对众多的发展中国家非常具有吸引力。虽然这些发展中国家与中国国情有所不同,"中国模式"也许不完全适用,但"中国模式"的出现毕竟为他们提供了一条不同于西方国家和世界银行、国际货币基金组织所倡导的发展道路,值得他们思考。"中国模式"不仅具有实践意义,还具有三大理论意义。首先,"中国模式"颠覆了公有制企业没有效率的传统观点。在中国,很多乡镇企业在实现增长方面非常有效率,乡镇所有制也是一种公有制。其次,"中国模式"颠覆了新兴的大国必是好战和富有侵略性国家的论点。中国共产党和中国政府一再宣示,中国走和平发展的道路。到目前为止,中国的崛起并没有为传统的国际关系理论再增加一个新例子,反而增加了一个"反例"。最后,"中国模式"还颠覆了经济发展必将导致西方式民主的定论。在中国崛起之前,相关的统计数据已经表明,经济发展和西方式民主制度之间不存在因果关系,而中国的发展则为这种结论提供了最有说服力的实证。② 福山指出:随着2016年的到来,一场历史性的发展模式——即促进经济增长的策略——之争正在上演,一方是中国,另一方是美国等西方国家。尽管这种竞争很少出现在公众视野,但其结果将会影响到大部分欧亚国家未来数十年的命运。全球政治未来的重要问题很简单:那就是谁的模式会奏效? 如果"一带一路"倡议达到预期效果,那么从印尼到波兰,整个欧亚大陆都将在未来二三十年内发生变化。"中国模式"将在国外盛行,为沿线国家增加收入并因此产生对中国产品的需求。污染行业同样也会被转移出去。中亚将不再处于全球经济的边

---

① 参见[英]里奥·霍恩《中国模式背后的真相》,英国《金融时报》2008年7月29日。
② 参见吴云:《"中国模式"挑战传统理论——外国专家评价"中国模式"之一》,人民网2009年5月8日(http://theory.people.com.cn/GB/49154/49155/9267839.html)。

缘,而是变成世界经济的核心。[①]

二、如何理解中国模式的世界意义

"中国模式"强调改革、创新、开放、合作,释放了本国人口、资源的巨大潜力,显示了社会主义制度的优越性,开辟了发展中国家现代化的新视野,树立了"南北对话"、"南南合作"的示范,为实现世界共同发展创造了诸多机遇。党的十九大报告指出:"中国特色社会主义进入新时代,意味着近代以来久经磨难的中华民族迎来了从站起来、富起来到强起来的伟大飞跃,迎来了实现中华民族伟大复兴的光明前景;意味着科学社会主义在 21 世纪的中国焕发出强大生机活力,在世界上高高举起了中国特色社会主义伟大旗帜;意味着中国特色社会主义道路、理论、制度、文化不断发展,拓展了发展中国家走向现代化的途径,给世界上那些既希望加快发展又希望保持自身独立性的国家和民族提供了全新选择,为解决人类问题贡献了中国智慧和中国方案。"[②]这是对中国模式世界意义的高度概括。

(一)释放了占世界 1/5 人口的潜力

自鸦片战争打开中国大门,战争在中国的土地上持续了近百年,内忧外患,山河破碎,人民流离失所,饥寒交迫。中国共产党领导人民通过新民主主义革命和社会主义革命,完成社会主义改造,确立社会主义的基本政治、经济和文化制度,实现了中国历史上最为深刻的社会变革,为当代中国的发展提供了宝贵经验、理论准备、物质基础。然而,由于缺乏经验,在新中国成立初期就照搬了苏联模式。其结果,严重违背社会发展规律,极大损害了广大人民群众的积极性和主动性,人民生活长期在低水平徘徊。正如邓小平指出:"我们干革命几十年,搞社会主义三十多年,截至一九七八年,工人的月平均工资只有四五

---

① 参见[美]弗朗西斯·福山:《出口中国模式》,《海峡时报》2016 年 1 月 4 日。
② 习近平:《决胜全面建成小康社会　夺取新时代中国特色社会主义伟大胜利》,人民出版社 2017 年版,第 10 页。

十元,农村的大多数地区仍处于贫困状态。这叫什么社会主义优越性?"①

党的十一届三中全会恢复党的实事求是的思想路线,开启了改革开放的伟大试验。改革从农村实行家庭联产承包责任制开始,进而深入到城市集体和国有经济的租赁制、股份制改革;从沿海建立四个经济特区,进而深入到沿江、沿边扩大开放;从东部沿海地区先行先试,进而向中西部地区全面推开;从经济领域的局部改革,进而深入到政治、文化、社会等各个领域的全方位、多层面、多视角的改革。改革开放的号角响彻祖国大地,震荡人们的心灵,成为时代的最强音。改革打破传统僵化的计划经济体制,建立了充满生机活力的市场经济体制,确立了以公有制为主体、多种所有制经济共同发展,以按劳分配为主体、多种分配方式并存的基本经济制度。确立了"依法治国"的基本方略,废除领导干部职务终身制,建立了退休制度、公务员制度、反腐倡廉的各种制度,人民代表大会、政治协商、基层民主选举等各项制度得到进一步加强和完善。改革破除文化领域的各种禁区禁令,马克思主义文化、中国传统文化、西方文化被重新认识,多元文化相互融合发展,形成了空前繁荣的新局面。社会建设被提上议事日程,得到前所未有的重视,各类社会组织雨后春笋般成长,成为维护社会稳定、增进社会和谐的新生力量;"生态文明"概念的提出改变了中国特色社会主义事业的整体布局,"绿色"、"环保"、"低碳"成为人们新的思想观念。改革调动了占世界1/5人口的积极性,迸发出无限的创造活力,给中国带来翻天覆地的深刻变化。

在四十年的时间里,我国生产力迅猛发展,国内生产总值由1978年的3645亿元增长到2017年的82.7万亿元。全国城乡居民人均可支配收入分别为36396元和13432元,跨入中等收入国家行列。财政收入从1978年的1000亿元,增长到2017年的超17.2万亿元,国家从事经济社会建设、抵御各种风险和灾害的实力明显增强。形成了门类齐全的现代工业体系,展现出较强的国际竞争能力,在30多个大的制造业分类中,半数以上生产规模居世界第一位,220种工业品产量居世界第一位。中国农业用只占世界7%的耕地解

① 《邓小平文选》第三卷,人民出版社1993年版,第10—11页。

决了占世界 1/5 人口的吃饭问题。创新型国家建设成效显著,载人航天、探月工程、载人深潜、超级计算机、高速铁路、装备制造、通信设备等领域的科技创新能力已达到世界领先水平。一批大型基础设施项目,如三峡工程、南水北调、西气东输、青藏铁路等,突破制约瓶颈,相继完工或取得重大进展。沿海港口吞吐能力、高速铁路通车里程已居世界第一位,高速公路和铁路通车里程居世界第二位。改革开放使近七亿人摆脱贫困。据联合国《2015 年千年发展目标报告》显示,中国极端贫困人口比例从 1990 年的 61%,下降到 2002 年的 30% 以下,率先实现比例减半,2014 年又下降到 4.2%,中国对全球减贫的贡献率超过 70%。中国成为世界上减贫人口最多的国家,也是世界上率先完成联合国千年发展目标的国家,为全球减贫事业作出了重大贡献,得到了国际社会的广泛赞誉。这个成就,足以载入人类社会发展史册,也足以向世界证明中国共产党领导和中国特色社会主义制度的优越性。

(二)开辟不发达国家现代化崭新之路

20 世纪上半叶,如何实现发展中国家的现代化,成为一个世界性的研究课题。20 世纪 50、60 年代兴起于西方的"现代化理论"(Modernization Theory)断言,发达国家的今天就是发展中国家的明天,后发国家唯一的选择就是全盘西化,其实质在于建立一种以资本主义私有制度、自由市场制度、分权型或集权型现代国家机构为基本要素的发展模式。20 世纪 60 年代末出现的"依附理论"(Dependency Theory)则以拉丁美洲、非洲等发展中国家为研究对象,把发展中国家欠发展和低度发展的原因归之于世界资本主义体系,认为发展中国家只有切断与发达资本主义国家早期形成的依附性关系,摆脱其外围的、受剥削的地位,才能走上自己的现代化之路,获得真正的发展。20 世纪 70 年代,由美国著名历史学家沃勒斯坦提出的"世界体系理论"(World-System Theory),把外部动力和条件提升到理解现代化的"关键钥匙"的地位,认为在整个现代化的进程中,西方国家处于"核心"(Core)的地位,非西方国家则处于"边缘"(Periphery)的地位,"核心"和"边缘"共同构成了世界体系并成为这一体系的两极,现代资本主义世界体系正是建立在"核心"和"边缘"的不平等交换基础之上的,"核心"地区攫取了"边缘"地区的剩余价值。正是不平等的交换造成发展中国家的贫穷落后,也形成发达国家的资本积累。第三世界国家要想克服资本主义世界体系的弊端,走出历史的困境,唯一的出路是通过本国的民族解放运动,同时配合发达国家内部的社会运动,形成所谓"反体系运动",消灭不平等的交换关系。

然而,从世界范围的实践效果来看,除极少数发展中国家和地区,如亚洲"四小龙",利用后发优势抓住了历史机遇,实现了经济高速增长,步入现代化殿堂之外,大多数发展中国家至今仍然步履蹒跚,艰难地摸索着自己的现代化之路,常常陷入巨大困境。据联合国统计,1971 年世界上有 25 个国家被列为不发达国家,2002 年已增至 49 个。1960 年发达国家与发展中国家之间的收入差距为 31∶1,而 1997 年则扩大至 74∶1。1993 年,世界上有 16 亿人的人均收入低于 15 年前的水平,贫困人口达 13 亿,而到 1999 年,这一数字进一步增加到 15 亿。① 发展中国家如何实现现代化的时代课题并没有得到真正的解决。中国作为世界上最大的发展中国家,一方面,广泛吸纳和借鉴世界现代化的有益经验,吸引了世界大量的资金、技术、人才,以及各方面的管理经验。1992 年中国吸收外资首次超过 100 亿美元,达到 110 亿美元,位列全球发展中国家的首位。从 1992—2009 年,连续 17 年成为世界上吸收外资最多的发展中国家。2017 年中国实际使用外资的金额超过 1300 亿美元,吸引外商直接投资(FDI)达到了 1310 亿美元,仅次于美国。另一方面,中国坚定不移奉行独立自主,自力更生的方针。既把握发展规律,审慎行事,稳扎稳打,又大胆地干,大胆地闯,创新发展理念,转变发展方式,破解发展难题;既考虑改革的经济效率,又兼顾社会公平正义,正确处理改革、发展、稳定的关系;既坚持人民的主体地位,把人民利益放在首要位置,尊重群众的首创精神,又强调加强党的领导,提高党的执政能力,坚定不移地推进反腐败斗争;既强调原则的坚定性,又兼顾具体策略的灵活性,根据时代特点和实践的具体要求,不断调整发展战略。开辟了发展中国家走向现代化的新路。

---

① 参见宋利芳、熊昆:《经济全球化时代的后发优势与发展中国家的对策》,《世界经济研究》2003 年第 8 期。

（三）极大推进国际共产主义运动

什么是社会主义,怎样建设社会主义? 社会主义的优越性应体现在哪些方面? 这是国际共产主义运动史上的重大难题。马克思和恩格斯根据欧洲革命的实践,创立了科学社会主义的一般原理,从逻辑上对未来社会进行了设计。20世纪初期,列宁领导俄国无产阶级突破帝国主义的东方战线,建立了世界上第一个社会主义国家。在理论和实践上对社会主义进行了多方面的试验,提出了包括"新经济政策"在内的多种方案,但由于列宁去世过早,加上战争的迫近,"新经济政策"实施不久就被宣布停止。第二次世界大战结束后,南斯拉夫、保加利亚、东德、波兰、匈牙利等东欧社会主义国家试图借鉴苏联模式正反两方面的经验,寻找适合本国特点的新路,但迫于冷战时代外部环境的压力,最终被无理扼杀。20世纪80年代到90年代初,改革再次成为整个社会主义国家汹涌的浪潮。然而,最终的结果却是东欧剧变,苏联解体。一时间,社会主义"失败论"、马克思主义"过时论",似乎成了颠扑不破的真理。也正是在这个关键时刻,中国改革开放的总设计师邓小平审时度势,牢牢把握改革的主动权,坚守社会主义的改革方向,力挽狂澜,改变了世界社会主义的命运,中国成为世界社会主义的桥头堡,把世界社会主义运动推向一个崭新的阶段。

中国特色社会主义显示出多方面的优越性。首先,在中国,共产党是唯一的执政党,不搞多党竞选,不搞"轮流坐庄",八个民主党派不是反对党、在野党,而是参政党,它们与共产党不是对立的、互相竞争的关系,而是合作者和监督者的关系。同时,中国也不搞"三权分立"和"两院制",实行人民代表大会"一院制",实行"自上而下"与"自下而上"的相互结合,逐渐推进社会主义民主政治建设。这种体制避免了政治纷争,减少了政治运行的成本,能在较短时间动员民众集中力量办大事,有效维护社会稳定。比如,在申办奥运,抗震救灾,克服世界金融危机的不良影响的过程中,中国的政治体制都显示出不可替代的优势。其次,社会主义与市场经济的有效结合,使各种经济因素混合发力,相互补充,确保了社会健康有序的竞争和发展环境,创造了四十年持续发展的奇迹。再次,坚定地奉行"共同富裕"的发展目标,不断促进社会"公平正义"。邓小平曾反复强调,社会主义的本质是共同富裕,两极分化不是社会主义。1993年党的十四届三中全会,根据我国社会发展的实际,明确提出了"效率优先,兼顾公平"的原则。党的十七大第一次把"促进社会公平正义"写进了党的文献,报告指出:实现社会公平正义是中国共产党人的一贯主张,是发展中国特色社会主义的重大任务。同时强调初次分配和再分配都要处理好效率和公平的关系,再分配更加注重公平。党的十八大再次强调,"共同富裕是中国特色社会主义的根本原则","公平正义是中国特色社会主义的内在要求",要加紧建设对保障社会公平正义具有重大作用的制度,逐步建立以权利公平、机会公平、规则公平为主要内容的社会公平保障体系,努力营造公平的社会环境,保证人民平等参与、平等发展的权利。党的十九大提出了一系列实现社会公平正义的具体举措。如,坚持按劳分配原则,完善按要素分配的体制机制,促进收入分配更合理、更有序;鼓励勤劳守法致富,取缔非法收入;坚持在经济增长的同时,实现居民收入同步增长、在劳动生产率提高的同时实现劳动报酬同步提高;拓宽居民劳动收入和财产性收入渠道;履行好政府再分配调节职能,加快推进基本公共服务均等化,缩小收入分配差距。这些都从理论和实践上丰富和发展了社会主义的价值观。

(四)为人类未来发展提供中国方案

作为当今世界多极化的一员,中国积极开展"南北对话"、"南南合作",为实现世界共同发展创造了诸多机遇。人类将向何处去? 怎样处理不同国家间的关系? 这不仅是当代中国发展面临的问题,也是人类文明发展面临的重大难题。世纪之交,世界各国的思想家、政治家都在思考这一问题。美国籍的日本人弗朗西斯·福山(Francis Fuknyama)认为,未来社会必将是西方资本主义,尤其是新自由主义的"一统天下论"、"千年王国论"。"西方的'自由主义'(Liberalism)已没有任何其他的对手。"[①]在《历史的终结》一书的绪论中,福山开门见山地提出了他的基本思想:"这本书的前身是我1989年夏天为

---

① [美]弗朗西斯·福山:《历史的终结》,《历史的终结》翻译组译,远方出版社1998年版,第388页。

《国家利益》(*The National Interest*)杂志所撰写的论文《历史的终结?》(*The End of History?*)。文中,我论述说,关于作为一个统治体系的自由职业民主的正统性,一个值得注意的共识这几年已在世界出现,因为自由民主已克服世袭君主制、法西斯与共产主义这类相对的意识形态。可是,我更进一步指出,自由民主可能形成'人类意识形态进步的的终点'与'人类统治的最后形态',也构成'历史的终结'。换言之,以前的统治形态有最后不得不崩溃的重大缺陷和非理性,自由民主也许没有这种基本的内在矛盾……自由民主的'理念'已不能再改良了。"①与福山相反,亨廷顿则于1993年提出了"文明冲突论"。提出当代世界"八大文明"的历史分野:西方文明、儒家文明、日本文明、伊斯兰文明、印度文明、东正教文明、拉丁美洲文明、非洲文明。他的理论观点为"文明冲突论",而实质则是"东西文明冲突论"。他虽然笼而统之地承认,"每一种文明都必须学会与其他文明共处",却把当今时代的世界文化,分成"西方文化"与"非西方文化"这样对立的两大营垒,而在非西方文化中,又特别强调东方"伊斯兰文化—儒家文化"的联合,会对西方文明形成严重威胁。因而,对美国文化、西方文化的国家战略与全球战略,提出四个层次的政策建议:首先要加强西方文明核心部分——北美文明与欧洲文明的合作与团结;将东欧文明与拉丁美洲文明逐步融入西方文明圈内;努力维系西方文明与俄罗斯文明、日本文明的合作伙伴关系;孤立与抑制东方儒家文明与伊斯兰文明,并努力制造他们内部对立,防止他们联手对抗西方文明。

1993年前后,曾在1977—1981年间任美国总统卡特国家安全事务助理的布热津斯基,在世纪之交先后发表了一系列学术著作,其中影响较大的是他提出的"混乱失控论"。他对世纪之交,乃至21世纪的一个基本看法,是认为失去控制的全球混乱,可能成为值得忧虑的世界走向。他在《失去控制:21世纪前夕的全球混乱》一书中,开门见山地提出了自己的第一个主要观点:"本书不是预言而是紧迫的预警。它论述当今全球政治的形势,谈及21世纪开始

---

① [美]弗朗西斯·福山:《历史的终结》,《历史的终结》翻译组译,远方出版社1998年版,第1页。

时可能发生的情况,还谈到必须防止发生的事情,我对全球变化的失去控制的关注,包括对我们时代政治作出必要的主观解释。因此,本书有些地方是对病情的诊断,有些地方是对后果的预断,有些地方则是作者的倡议书。""承认人类历史发展速度的明显加快及其发展轨道的不确定性乃是我立论的必要出发点。历史并没有完结,而是压缩在一起了。"①他认为,世界历史发展正在失去控制、失去目标、失去方向。"今天的世界更像是一架用自动驾驶仪操纵的飞机,速度连续不断地加快,但没有明确的目的地。""在这两大趋势间的潜在冲突的内在危险是,世界政治——无论从国际事务方面看,还是从国内的社会情况看——完全可能发生剧变而失去控制,引起大规模的政治动荡和哲学上的混乱。"②这种全球性的大失控、大混乱,不仅是世纪之交的显著特点,而且可能会进一步成为 21 世纪本质特征:"因此,在意识形态混乱和社会分化严重的世界里,显然游荡着地缘政治分崩离析的幽灵。政治上人类在朦胧地渴望其未来有某种确定性,渴望有某种为人类普遍接受的正义标准,全球地缘政治动态正与这种渴望相互作用。"③

与上述各类观点不同,改革开放以来,中国一直主张"南北对话"、"南南合作"。中国经济的快速增长,不仅推动了世界经济的发展,为世界创造了大量发展的机遇,而且提供了"中国方案"。早在 1956 年纪念孙中山诞辰 90 周年的文章中,毛泽东就提出,再过 45 年,也就是进入到 21 世纪的时候,中国的面目要大变,中国应当对人类有较大的贡献。正如毛泽东预言的那样,经过新中国成立后特别是改革开放以来 40 年的发展,古老的中国终于有了堂堂正正提供"中国方案"的资格和底气。在国际社会的一些重大问题和领域,中国也确实已经从自身成功的探索实践中,给出了可行的答案和路径。2014 年 3 月,习近平应德国科尔伯基金会邀请,在柏林发表演讲时就围绕发展的主题,

---

① 〔美〕布热津斯基:《失去控制:21 世纪前夕的全球混乱》,潘嘉玢、刘瑞祥译,中国社会科学出版社 1994 年版,第 1 页。

② 〔美〕布热津斯基:《失去控制:21 世纪前夕的全球混乱》,潘嘉玢、刘瑞祥译,中国社会科学出版社 1994 年版,第 6 页。

③ 〔美〕布热津斯基:《失去控制:21 世纪前夕的全球混乱》,潘嘉玢、刘瑞祥译,中国社会科学出版社 1994 年版,第 213 页。

提出过"贡献完善全球治理的中国方案",并表示"为人类社会应对 21 世纪的各种挑战作出自己的贡献"。此后,在联合国气候变化问题领导人工作午餐会上习近平再提"中国方案",议题是全球气候治理;在乌镇世界互联网大会上,习近平提出的"中国方案",涉及的是构建网络空间命运共同体。在庆祝中国共产党成立 95 周年大会上的讲话中,习近平提出中国要"为人类对更好社会制度的探索提供中国方案"。这一表述涉及人类文明发展进步的根本问题,表现出为人类和平发展贡献中国智慧和中国力量的积极意愿。2017 年 1 月,在联合国日内瓦总部的演讲中,习近平进一步分析当今世界形势,对中国方案的具体内容作了更为精确全面的阐述。他指出:当今世界充满不确定性,人们对未来既寄予期待又感到困惑。世界怎么了、我们怎么办? 人类也正处在一个挑战层出不穷、风险日益增多的时代。世界经济增长乏力,金融危机阴云不散,发展鸿沟日益突出,兵戎相见时有发生,冷战思维和强权政治阴魂不散,恐怖主义、难民危机、重大传染性疾病、气候变化等非传统安全威胁持续蔓延。中国方案是:构建人类命运共同体,实现共赢共享。其具体内容:一是坚持对话协商,建设一个持久和平的世界。二是坚持共建共享,建设一个普遍安全的世界。三是坚持合作共赢,建设一个共同繁荣的世界。四是坚持交流互鉴,建设一个开放包容的世界。五是坚持绿色低碳,建设一个清洁美丽的世界①。显然,在中国方案下,世界各国家之间、民族之间不再是相互对立、你输我赢的斗争关系,而是相互平等、你我共赢的互为主体关系。

英国伦敦经济与商业政策署前署长、世界百强企业顾问罗思义(John Ross)回顾世界历史的发展,预言中国将改变整个世界的历史。他指出:"正如德国伟大的哲学家黑格尔曾指出的,改变人类总体进步的特定历史时刻是由某个特定的国家决定的。列宁也同样指出,要抓住链条上的特殊环节以掌握整个链条,并切实准备过渡到下一个环节,就有必要在任何时间点都知道哪个链条是决定性的。以欧洲历史进程为例,荷兰在 16 世纪末发动了历史上的

---

① 习近平:《共同构建人类命运共同体——在联合国日内瓦总部的演讲》,《人民日报》2017 年 1 月 20 日。

首次反封建革命并取得了成功。荷兰是一个小国,但此次事件带来的影响极大,对世界历史的进程产生了积极的推动作用。1776 年,美国宣布发动独立于大英帝国的战争,然后取代英国成为世界上最强大的国家。18 世纪末,法国爆发自由斗争,动摇了欧洲的根基。1917 年,俄罗斯爆发革命,这不仅是世界史上最伟大的事件之一,而且也加速了所有殖民帝国的衰落,对中国也产生了决定性的影响。同样,今天中国人民在中国土地上追逐中国梦,对当代中国乃至全人类而言,都是迈出的最伟大一步。"①

据统计,改革开放以来,中国累计吸引外资超过 1.7 万亿美元,累计对外直接投资超过 1.2 万亿美元,为世界经济发展作出了巨大贡献。2008 年国际金融危机爆发以来,中国经济增长对世界经济增长的贡献率年均在 30% 以上。这些数字,在世界上都是名列前茅的。到目前,中国已累计派出 3.6 万余人次维和人员,成为联合国维和行动的主要出兵国和出资国。

三、中国共产党人一脉相承的世界理念

如何处理中国发展与世界发展的关系? 这是新中国成立以来中国始终面临的一个重大课题,几代中国领导人为此而夙兴夜寐,不断探索,形成了促进世界和平发展的一系列基本原则和理念。"中国威胁论"、"中国责任论"、"民族主义论"等都是对"中国模式"的误读、误解和歪曲。

(一)世界"和平共处"的理念

如何正确处理新中国与世界其他国家间的关系? 以毛泽东同志为代表的第一代中央领导集体积极倡导并制定"和平共处五项原则",广交朋友,支持弱小国家的正义斗争,受到世界各国的普遍欢迎,为反对苏美霸权主义,维护世界和平作出了卓越贡献。

---

① [英]罗思义:《一盘大棋? 中国新命运解析》,江苏凤凰文艺出版社 2016 年版,第 328—329 页。

1.首倡"和平共处五项原则"。早在 1949 年 6 月,毛泽东在新政协筹备会议上,就初步提出了包含和平共处五项原则思想的讲话:"任何外国政府,只要它愿意断绝对于中国反动派的关系,不再勾结或援助中国反动派,并向人民的中国采取真正的而不是虚伪的友好态度,我们就愿意同它在平等、互利和互相尊重领土主权的原则的基础之上,谈判建立外交关系的问题。中国人民愿意同世界各国人民实行友好合作,恢复和发展国际上的通商事业,以利发展生产和繁荣经济"。① 1950 年 2 月《中苏友好同盟互助条约》第五条明文规定:"缔约国双方保证以友好合作的精神,并遵照平等、互利、互相尊重国家主权与领土完整及不干涉对方内政的原则,发展和巩固中苏两国之间的经济与文化关系,彼此给予一切可能的经济援助,并进行必要的经济合作。"②1953 年 12 月中印双方共同提出互相尊重领土主权、互不侵犯、互不干涉内政、平等互惠、和平共处的五项原则。

1954 年 5 月 12 日,周恩来总理在日内瓦会议上,又把和平共处五项原则的基本内容作为解决印度支那问题、争取亚洲和平的新型国际关系的准则。日内瓦会议结束后,印度总理尼赫鲁和缅甸总理吴努应周恩来邀请来华访问。在尼赫鲁访华期间,毛泽东高度重视,先后四次会见他,发表谈话。并先后从四个层面,深入阐发了和平共处五项原则对于建构新型国际关系的重大意义。毛泽东指出:和平共处五项原则,对于中印这样西方东方古老文明国家、发展中国家的特殊重大意义;它不仅适用于中印两国、亚非各国,而且对于建构新型国际关系有普遍意义,应当成为一切国家都必须遵循的国际准则,每个国家必须承担国际义务,包括美英等国在内,概莫能外;"平等互利"原则,就当成为新型国际关系的基本特征;为了更好地在世界范围内倡导和平共处五项原则,建构新型国际关系,可以从中印两国做起,从亚洲做起,建立和扩大和平区域。我们需要"至少几十年的和平,以便开发国内的

---

① 《毛泽东选集》第四卷,人民出版社 1991 年版,第 1466 页。

② 何春超、张季良、张志:《国际关系史资料选编(1945—1980)》,法律出版社 1988 年版,第 190 页。

生产,改善人民的生活"①。

对于缅甸总理吴努的访问,毛泽东也同样十分重视。他指出:和平共处五项原则"是一个长期方针,不是为了临时应付的。这五项原则是适合我国的情况的,我国需要长期的和平环境。五项原则也是适合你们国家的情况的,适合亚洲、非洲绝大多数国家的情况的。对我们来说,稳定比较好,不仅是国际上要稳定,而且国内也要稳定"②。1954 年 6 月,英国工党代表团来华访问,毛泽东高度关注,接见了他们,并发表谈话,首次比较系统地发表了"关于社会制度、意识形态不同的国家之间是否可以实行和平共处五项原则"的基本观点,其中着重谈到了和平共处五项原则的重要意义,首先是对中国本身,以及中英关系、中美关系的重大意义。毛泽东认为,中国和非社会主义的事物,像资本主义、帝国主义、封建王国等是可以共处的。只需要一个条件,就是双方愿意共处。我们和你们也可以合作。我们之间首先就不会打仗,也不会和保守党开仗。③

1955 年万隆会议上,周恩来完整表述了和平共处五项原则:互相尊重主权和领土完整、互不侵犯、互不干涉内政、平等互利、和平共处。和平共处五项原则超越了意识形态和社会制度,符合联合国宪章的宗旨和原则,反映了和平与发展的时代潮流。1955 年 5 月 26 日,毛泽东在同万隆会议主持人印度尼西亚总理阿里·沙斯特罗阿米佐约谈话中,充分肯定了万隆会议与和平共处五项原则的世界意义。在起草党的八大政治报告时,明确提出和平共处五项原则是我国外交工作的基石。

2.强调"国家大小只是形式",应该平等相待。在对外交往中,毛泽东多次强调:"大国、小国应该平等相待","国家大小只是形式"④。各国人民之间相处要感到"一种平等的气氛",要以"平等的态度"相待。⑤ 1954 年 12 月,在与

---

① 《毛泽东外交文选》,中央文献出版社、世界知识出版社 1994 年版,第 168 页。
② 《毛泽东外交文选》,中央文献出版社、世界知识出版社 1994 年版,第 186—187 页。
③ 参见《毛泽东外交文选》,中央文献出版社、世界知识出版社 1994 年版,第 160、161 页。
④ 《毛泽东外交文选》,中央文献出版社、世界知识出版社 1994 年版,第 334 页。
⑤ 参见《毛泽东文集》第八卷,人民出版社 1999 年版,第 22 页。

吴努的谈话中,毛泽东阐述中国对待邻国和小国的立场:"国家不应该分大小。我们反对大国有特别的权利,因为这样就把大国和小国放在不平等的地位。大国高一级,小国低一级,这是帝国主义的理论。一个国家不论多么小,即使它的人口只有几十万或者甚至几万,它同另外一个有几万万人口的国家,也应该是完全平等的。"①毛泽东进一步指出:"既然说平等,大国就不应该损害小国,不应该在经济上剥削小国,在政治上压迫小国,不应该把自己的意志、政策和思想强加在小国身上。既然说平等,互相就要有礼貌,大国不能像封建家庭里的家长,把其他国家看成是它的子弟。"②毛泽东还强调指出:"不论大国小国,互相之间都应该是平等的、民主的、友好的和互助互利的关系,而不是不平等的和互相损害的关系。"③毛泽东关于大国与小国一律平等的和平思想,代表了当时广大新兴民族国家要求改变长期存在的不平等的国际关系的共同心声,受到亚非拉国家的普遍欢迎和赞同。这些主张不仅为我国赢得了邻国的理解,而且赢得了第三世界各国的广泛响应和支持。

　　3.对第三世界国家给予不附带任何条件的援助。新中国成立后,尽管自己的处境十分艰难,但对一些经济更加落后的国家却主动伸出援助之手。实际上,长期以来中国政府在对外援助方面一直是按照"八项原则"来执行的。按照毛泽东的要求,中国政府严格尊重受援国的主权,绝不附带任何条件,绝不要求任何特权;尽量减少受援国的负担,帮助受援国逐步走上自力更生、经济上独立发展的道路;而对中国政府派到受援国帮助进行建设的专家,同受援国自己的专家享受同样的物质待遇,不容许有任何特殊要求和享受,以体现中国遵循平等互利的基本原则。1957年5月,毛泽东在给蒙古人民革命党中央委员会第一书记达姆巴的信中,在谈到中方向蒙古派遣技术人员时明确表示:"总之,一切都应该根据你们的需要,并且对于你们方便,作出决定。"④1964年6月,毛泽东在同坦桑尼亚领导人谈话时表示:"我们一定要实行八项原

①　《毛泽东外交文选》,中央文献出版社、世界知识出版社1994年版,第191页。
②　《毛泽东外交文选》,中央文献出版社、世界知识出版社1994年版,第191页。
③　《毛泽东外交文选》,中央文献出版社、世界知识出版社1994年版,第192页。
④　《毛泽东文集》第七卷,人民出版社1999年,第301页。

则。如果我们不执行其中任何一项,那就不行,对你们不利,对我们也不利。到外国去剥削人家,对我们有什么好处?"①毛泽东代表中国政府发表的一系列主张和做法,赢得了广大发展中国家的支持和赞扬,也为中国打开外交新局面奠定了广泛的基础。

4.强调不同制度的国家,可以和平共处。不同制度国家间的和平共处是毛泽东和平外交思想的一个重要方面。毛泽东认为,意识形态和社会制度不应该成为发展国家关系的障碍,只要相互尊重,不干涉内部事务就可以和平共处。1954年8月,毛泽东在与英国工党代表团谈话时,在谈到和平共处的条件时指出,只要双方愿意共处,"不同的制度是可以和平共处的"。他认为中英之间是可以和平共处的,也是可以合作的。基于英美之间的特殊关系,毛泽东也希望通过英国来做美国的工作,他希望美国也采取和平共处的政策。美国这样的大国如果不要和平,我们就不得安宁,大家也不得安宁。后来,毛泽东在谈到发展与美国的关系时指出:"为了和平和建设的利益,我们愿意和世界上一切国家,包括美国在内,建立友好关系。我们相信,这一点,总有一天会要做到的。"②毛泽东晚年虽然受冷战因素的影响,备战想法一度成为主流,但和平外交思想在其思想中仍占有重要位置。他认为,中国作为世界大国,尤其更应该采取和平的外交政策。1960年10月,毛泽东在与斯诺谈话时说:"我们要维持世界和平,不要打世界大战。我们主张国与国之间不要用战争来解决问题。"③

5.学习他人之长,补我之短。毛泽东指出:"我们这类国家,如中国和苏联,主要依靠国内市场,而不是国外市场。这并不是说不要国外联系,不做生意。不,需要联系,需要做生意,不要孤立。有两个基本条件使我们完全可以合作:一、都要和平,不愿打仗;二、各人搞自己的建设,因此也要做生意。"④"中国是个很穷的国家,可以说什么都没有,世界各国,什么地方有好东西,统

① 《毛泽东外交文选》,中央文献出版社、世界知识出版社1994年版,第527页。
② 《毛泽东外交文选》,中央文献出版社、世界知识出版社1994年版,第246页。
③ 《毛泽东外交文选》,中央文献出版社、世界知识出版社1994年版,第453页。
④ 《毛泽东外交文选》,中央文献出版社、世界知识出版社1994年版,第161页。

统学来。"①"各民族都有特点和长处可以学习","各民族间应该交流长处"。②同时他还提出要有分析、有批判地学习西方国家的长处,"我们的方针是,一切民族、一切国家的长处都要学习,政治、经济、科学、文学、艺术的一切真正好的东西都要学。但是,必须有分析地批判地学,不能盲目地学,不能一切照搬,机械地搬运"③。当然,毛泽东提出的对外开放也是有原则的,那便是不能以牺牲国家利益为代价。"关于参加国际组织问题,如奥林匹克委员会、联合国的附属机构等,有些兄弟国家不太了解我们,一片好心,总希望我们参加这些组织……认为我们太'左'。我们的看法是:如果这些组织内有国民党代表,我们就不参加;如果参加了,那就是承认'两个中国'。"④但他又提出了以民间交流的方式加强往来:"民间来往、交流是很好的,可以增进了解,相互交换意见,交流经验。"⑤

6.坚决反对以强凌弱的大国沙文主义。1956年9月,毛泽东在同南斯拉夫共产主义联盟代表团谈话时,就明确表示:"在国际上,我们反对大国主义……有大国主义的人,只顾本国的利益,不顾人家。"⑥在与包括缅甸在内的多个邻国领导人谈话中,毛泽东反复表示中国不会干涉邻国的内政。他说:"我们坚决反对侵略,对任何国家的侵略都是一样反对。"毛泽东明确指出:"中国不会发生对外扩张的事。"⑦毛泽东还谈到,中国在国外的华侨也要遵守驻在国的法律法规。"中国政府一向鼓励华侨要遵守所在国的法令,不要从事政治活动,并且鼓励他们把他们的人力和财力为所在国的利益服务。"⑧毛泽东对外交人员也有明确的要求:"我们要检查工作,如果发现有人对外国态度不好,就必须责令他改正错误;如果他不改,就调回来。"⑨1963年5月,毛泽

---

① 《毛泽东外交文选》,中央文献出版社、世界知识出版社1994年版,第313页。
② 《毛泽东外交文选》,中央文献出版社、世界知识出版社1994年版,第186页。
③ 《毛泽东外交文选》,中央文献出版社、世界知识出版社1994年版,第234页。
④ 《毛泽东外交文选》,中央文献出版社、世界知识出版社1994年版,第287页。
⑤ 《毛泽东外交文选》,中央文献出版社、世界知识出版社1994年版,第462页。
⑥ 《毛泽东外交文选》,中央文献出版社、世界知识出版社1994年版,第256页。
⑦ 《毛泽东外交文选》,中央文献出版社、世界知识出版社1994年版,第303页。
⑧ 《毛泽东外交文选》,中央文献出版社、世界知识出版社1994年版,第250页。
⑨ 《毛泽东外交文选》,中央文献出版社、世界知识出版社1994年版,第528页。

东在同几内亚政府代表团谈话时向对方表示:"如果我们有人在你们那里做坏事,你们就对我们讲。例如看不起你们,自高自大,表现大国沙文主义态度。有没有这种人? 如果有这种人,我们要处分他们。"①晚年毛泽东提出"三个世界划分"的理论,希望第三世界国家团结起来,联合第二世界,共同反对苏美两个第一世界。毛泽东认为,"美国、苏联原子弹多,也比较富",属于第一世界。"欧洲、日本、澳大利亚、加拿大,原子弹没有那么多,也没有那么富",属于第二世界。中国和其他亚、非、拉国家属于第三世界。毛泽东指出:"不许世界上有哪个大国在我们头上拉屎拉尿。""不管资本主义大国也好,社会主义大国也好,谁要控制我们,反对我们,我们是不允许的。"②此外,毛泽东还提出了在思想文化层面反对帝国主义、霸权主义,维护精神独立的重要思想。"帝国主义者长期以来散布他们是文明的、高尚的、卫生的。这一点在世界上还有影响,比如存在一种奴隶思想。我们也当过帝国主义的奴隶,当长久了,精神就受影响。现在我国有些人中还有这种精神影响,所以我们在全国人民中广泛宣传破除迷信。"③"现在世界上帝国主义的日子不大好过。它们怕第三世界……要破除迷信,不要迷信那个什么帝国主义。"当然,他也解释:"不是说帝国主义国家的人民都要反对,也不是说帝国主义国家的技术不可以学习,而是说对帝国主义的政治的迷信,对它的那套欺骗,要破除。"④

(二)世界"和平发展"的理念

20世纪70年代末80年代初,邓小平重新判断国际形势,提出和平与发展成为时代主题,第三次世界大战是可以避免的,在这前提下,邓小平重新审视中国与世界各国的关系,建立独立自主的多边外交,打开大门,放手发展,把世界和平推向一个崭新的境界。

1.反复强调"中国的发展离不开世界"。早年的邓小平为寻求救国救民的

---

① 《毛泽东文集》第八卷,人民出版社1999年版,第317页。
② 《毛泽东文集》第八卷,人民出版社1999年版,第441、370页。
③ 《毛泽东文集》第七卷,人民出版社1999年版,第382页。
④ 《毛泽东文集》第七卷,人民出版社1999年版,第587—588页。

真理,毅然远渡重洋,西奔法国,北赴苏联,风尘仆仆,上下求索,终于找到了马克思列宁主义,并且在马克思主义精神的鼓舞下,投身革命,转战南北。20世纪50年代和60年代,他多次出访苏联并参与了中国与苏联的大论战。70年代,他受毛泽东、周恩来之托,前往联合国阐述毛泽东关于"三个世界"的理论。邓小平还是中日邦交正常化的缔结者。中美建交之后,他又是中国访问美国的第一位国家领导人。根据《邓小平思想年谱》,从20世纪70年代中期至90年代初期,邓小平出国访问和接见外国元首、政府要员、企业家、科学家以及政治、经济、文化等方面的团体和要人共计达321次之多。《邓小平文选》第三卷收录邓小平同志的著作119篇,其中有73篇是同国际或境外人士的谈话。这些交往活动为邓小平正确了解和把握世界发展大势,提供了重要的客观依据。在《邓小平文选》第二卷和第三卷中,邓小平有47次谈到"中国的发展离不开世界",有11次谈到要"学习和引进人类创造的一切文明成果",有20次谈到要"学习和引进国外先进的管理经验、技术、设备",有12次谈到要"吸引外资",有10次谈到中国的"开放政策不会导致资本主义"。

2.主张把和平与发展问题提到全人类的高度来认识。斯大林晚年在《苏联社会主义经济问题》一书中认为,世界资本主义体系的总危机不断加深,战争的不可避免性依然存在,统一的无所不包的世界市场已经瓦解不复存在。毛泽东晚年也坚持认为,当代世界依然是战争与革命的时代,不是战争引起革命,就是革命制止战争,因而要立足于世界大战不可避免,并且要立足于早打、大打、打核战争。这是一个严重的失误。邓小平指出:"过去我们的观点一直是战争不可避免,而且迫在眉睫。我们好多的决策,包括一、二、三线的建设布局,'山、散、洞'的方针在内,都是从这个观点出发的。这几年我们仔细地观察了形势,认为就打世界大战来说,只有两个超级大国有资格,一个苏联,一个美国,而这两家都还不敢打。""在较长时间内不发生大规模的世界战争是有可能的,维护世界和平是有希望的。根据对世界大势的这些分析,以及对我们周围环境的分析,我们改变了原来认为战争的危险很迫近的看法。"①当代世

---

① 《邓小平文选》第三卷,人民出版社1993年版,第126—127页。

界的主题是和平与发展。现在国际上有两大问题非常突出,一个是和平问题,一个是南北问题。还有其他许多问题,但都不像这两个问题关系全局,带有全球性、战略性的意义。"应当把发展问题提到全人类的高度来认识,要从这个高度去观察问题和解决问题。"①中国要在世界发展的转折点上发现和抓住自己发展的机遇,要紧紧抓住经济建设这个中心。"现在世界上有人在讲'亚洲太平洋世纪'。亚洲有三十亿人口,中国大陆就占十一亿多。所谓'亚洲太平洋世纪',没有中国的发展是形不成的"。"现在世界发生大转折,就是个机遇。人们都在说'亚洲太平洋世纪',我们站的是什么位置? 过去我们比上不足、比下有余,现在比下也有问题了。东南亚一些国家兴致很高,有可能走到我们前面。我们也在发展,但与他们比较起来,我们人口多,世界市场被别的国家占去了,我们面临着这么一个压力,算做友好的压力吧。我们不抓住机会使经济上一个台阶,别人会跳得比我们快得多,我们就落在后面了。要研究一下,我总觉得有这么一个问题。机会难得呀!"②邓小平的这种分析,不仅为中国社会主义的发展,而且为国际和平事业的发展提供了一个重要的认识平台。

3.反复声明中国要建设的是和平的社会主义,中国发展得越强大,世界和平越靠得住。早在 1982 年 9 月,在《中国共产党第十二次全国代表大会开幕词》中,邓小平就指出,"反对霸权主义,维护世界和平"是中国人民在 20 世纪 80 年代的三大重要任务之一。邓小平说:"中国人不比世界上任何人更少关心和平和国际局势的稳定。中国需要至少二十年的和平,以便聚精会神地搞国内建设。"中国的对外政策,主要是两句话。一句话是反对霸权主义,维护世界和平,另一句话是中国永远属于第三世界。……中国永远不会称霸,永远不会欺负别人,永远站在第三世界一边。中国对外政策的目标是争取世界和平。我们的现代化建设要取得成功,决定于两个条件。一个是国内条件,就是坚持现行的改革开放政策。如果改革成功,会为中国今后几十年的持续稳定发展奠定基础。还有一个是国际条件,就是持久的和平环境。我们奉行反对

---

① 《邓小平文选》第三卷,人民出版社 1993 年版,第 282 页。
② 《邓小平文选》第三卷,人民出版社 1993 年版,第 358、369 页。

霸权主义、维护世界和平的外交政策。谁搞和平,我们就拥护;谁搞战争和霸权,我们就反对。"我们搞的是有中国特色的社会主义,是不断发展社会生产力的社会主义,是主张和平的社会主义。"①中国坚持独立自主的和平外交政策,中国不打美国牌,也不打苏联牌,中国也不允许别人打中国牌。中国对外政策的目标是争取世界和平。在争取和平的前提下,一心一意搞现代化建设,发展自己的国家,建设具有中国特色的社会主义。"从政治角度说,我可以明确地肯定地讲一个观点,中国现在是维护世界和平和稳定的力量,不是破坏力量。中国发展得越强大,世界和平越靠得住。"②苏联的解体使原来的美苏对峙的两极世界格局被打破,多极化的新的世界格局在形成中,不管世界怎样多极化,中国都是多极化世界中的重要一极。中国是个穷国,却能够在世界多极格局中占有一极的地位,就因为中国是独立自主的国家。我们是独立自主的,就因为我们坚持有中国特色的社会主义道路。"中国不能把自己搞乱,这当然是对中国自己负责,同时也是对全世界全人类负责。"③

4.主张在和平共处五项原则下通过合作与对话改变国际经济政治秩序。邓小平认为,第二次世界大战以后,过去长期遭受政治压迫和经济剥削的殖民地和半殖民地国家,虽然通过社会主义革命或者民族解放斗争,挣脱了帝国主义、殖民主义的桎梏,但并没有从根本上改变不平等和强权型的国际旧秩序,没有摆脱不利的国际环境。在政治上,"发达国家欺侮落后国家的政策没有变"④。它们大搞霸权主义、强权政治,肆意使用武力侵犯别国的主权、政治独立和领土完整,企图把弱小国家变成附庸,由它们"垄断世界";它们以种种借口介入、插手、控制别国的内部事务,制造内战或内乱,浑水摸鱼,从中渔利;它们奉行弱肉强食的法则,以大欺小,以强凌弱,妄图以战争或其他方法剥夺别国的生存权利及其他权利。在经济上,发达国家利用其经济优势,通过资本输出、商品贸易、技术转让、经济援助等手段,对广大发展中国家实行不等价交

① 《邓小平文选》第三卷,人民出版社 1993 年版,第 50、328 页。
② 《邓小平文选》第三卷,人民出版社 1993 年版,第 104 页。
③ 《邓小平文选》第三卷,人民出版社 1993 年版,第 361 页。
④ 《邓小平文选》第三卷,人民出版社 1993 年版,第 319 页。

换、掠夺性开发、污染转嫁以及全面经济控制,严重影响了发展中国家的发展权的实现。其结果正如邓小平同志所说:现在世界上北方发达、富裕,南方不发达、贫困,而且相对地说,富的愈来愈富,穷的愈来愈穷。在这样的国际旧秩序下,和平与发展两大问题,和平问题没有得到解决,发展问题更加严重。要解决和平与发展这两大世界问题,就必须建立国际政治、经济新秩序。应当遵循什么样的准则来建立国际新秩序呢? 邓小平同志反复强调以和平共处五项原则,即"互相尊重主权和领土完整,互不侵犯,互不干涉内政,平等互利,和平共处"的原则为准则。

1984 年 10 月,邓小平在会见缅甸总统吴山友时说:"处理国与国之间的关系,和平共处五项原则是最好的方式。其他方式,如'大家庭'方式,'集团政治'方式,'势力范围'方式,都会带来矛盾,激化国际局势。总结国际关系的实践,最具有强大生命力的就是和平共处五项原则。"1988 年 12 月,邓小平在会见印度总理拉吉夫·甘地时讲道:"世界总的局势在变,各国都在考虑相应的新政策,建立新的国际秩序。霸权主义、集团政治或条约组织是行不通了",唯有"和平共处五项原则是最经得住考验的","我们应当用和平共处五项原则作为指导国际关系的准则"。1990 年 7 月,他在会见加拿大前总理特鲁多时指出:"现在确实需要以和平共处五项原则作为新的国际政治、经济秩序的准则"。"改变国际经济秩序,首先是解决南北关系问题,同时要采取新途径加强南南之间的合作。"①不应该用战争手段而应该用和平方式来解决国际争端,比如,解决中国统一的问题,可以用"一个中国,两种制度"的办法,"有些国际上的领土争端,可以先不谈主权,先进行共同开发"②。

(三)促进"世界格局多极化"的理念

20 世纪 90 年代前后,国际上发生了东欧剧变,苏联解体,中国国内也出现了"政治风波",社会主义何去何从,当时人们心头疑云重重。90 年代中期

---

① 《邓小平文选》第三卷,人民出版社 1993 年版,第 96、282—283、360、20 页。
② 《邓小平文选》第三卷,人民出版社 1993 年版,第 49 页。

以后,国际国内形势更是扑朔迷离。国际上以美国为首的北约悍然入侵南斯拉夫,炸毁我驻南斯拉夫大使馆;亚洲金融危机的爆发,也使整个东南亚地区一度处于慌乱之中。正是在这样的背景下,以江泽民同志为核心的第三代中央领导集体从实际出发,在国际事务中积极倡导和推进世界格局的多极化,坚定奉行独立自主和平外交,加强和推动国际合作,自觉承担国际义务,再次有力维护了世界的和平发展。

1.没有多样化,就不成其为世界。20世纪80年代末90年代初,随着苏联的解体,世界格局发生了重大变化,如何在新的历史条件下,防止国际霸权主义,维护世界和平,成为新的时代课题。首先,江泽民分析了世界走向多样化的客观性。他指出:多样性是世界存在的本质特征,也是现实世界的客观事实。"世界是多样性的。在我们这个星球上,由上千个民族所组成的近200个国家,不仅存在着自然环境的差异,而且经历了不同的社会历史发展过程,这就形成了各种社会制度、价值观念、生活方式、宗教信仰和文化传统。"①正是世界的多样性才带来了世界各国合作的可能性,只有承认并正确对待这种多样性才能最大限度地促进各国的共同发展。"各国人民在自身的发展进程中创造了丰富多彩的文明,各种文明相互交流和借鉴,是人类进步的动力。"②并且"人类社会的共同进步追求只能通过不同的文明来表达,各国人民的美好生活理想可以通过不同的发展道路来实现"。"这些差异不应是发展正常国家关系的障碍,而应成为加强相互交流与合作、促进共同发展与进步的动力。"③"没有多样化,就不成其为世界……不承认、不尊重世界的多样性,企图建立清一色的一统天下,是必定要碰壁的。"④其次,江泽民分析了世界形成多极化格局的曲折性。他认为,冷战结束后,世界多极化格局的形成需要经历相当长的时期,其间会充满各种政治力量之间的激烈斗争。世界各种力量正在进行新的分化组合。美国成为唯一的超级大国,欧盟、日本、俄罗斯、中国几大

---

① 《人民日报》1992年4月8日。
② 《江泽民文选》第三卷,人民出版社2006年版,第474页。
③ 《人民日报》1997年4月24日。
④ 《江泽民文选》第一卷,人民出版社2006年版,第480页。

力量也相对突出,广大发展中国家整体实力增强。多极化趋势,反映了国际关系的深刻变化和历史的发展,有利于削弱和抑制霸权主义、强权政治,有利于推动建立公正合理的国际政治经济新秩序。但也要看到,世界各种力量的发展仍很不平衡。① 最后,江泽民强调指出:世界多极化格局,不同于历史上大国争霸、瓜分势力范围的局面。各国应是独立自主的,各国的相互合作及各种形式的伙伴关系,不应针对第三方。大国对于维护世界和地区的和平负有重要责任,大国应该尊重小国,强国应该扶持弱国,富国应该帮助穷国。"我们需要的是世界各国平等、互惠、共赢、共存的经济全球化。"②

2.坚定奉行独立自主和平外交。独立自主和平外交政策是中国处理国际问题的基本准则。中国始终不渝地奉行独立自主的和平外交政策,其目的是维护我国的独立和主权,促进世界的和平与发展。江泽民反复强调,对于一切国际事务,我们都要从中国人民和世界人民的根本利益出发,根据事情本身的是非曲直,决定自己的立场和政策,不屈从于任何外来压力,不同任何大国或国家集团结盟,不搞军备竞赛,不进行军事扩张。中国奉行这一政策的基本根据在于:"我们已经有一定的经济实力和巨大的市场潜力,又是联合国常任理事国。中国作为世界上最大的发展中国家,对国际事务可以发挥一些重要的影响和作用,我们有广大发展中国家的支持,我们能够并且有条件做到有所作为。"③具体而言:在与发达国家的交往中,我们将以各国人民的根本利益为重,不计较社会制度和意识形态的差别,在和平共处五项原则的基础上,扩大共同利益的汇合点,妥善解决分歧,达到"互信、互利、平等、协作"的目的,以便"营造长期稳定、安全可靠的国际和平环境"④。在与周边国家的交往中,中国始终把发展睦邻友好关系作为外交工作的重点。"中国希望看到一个繁

---

① 参见《江泽民论有中国特色社会主义》(专题摘编),中央文献出版社 2002 年版,第515 页。

② 江泽民:《在 2000 年亚太经合组织工商界领导人峰会午餐会上的演讲》,《人民日报》2000 年 11 月 15 日。

③ 《江泽民论有中国特色社会主义》(专题摘编),中央文献出版社 2002 年版,第 529—530 页。

④ 《江泽民文选》第三卷,人民出版社 2006 年版,第 298 页。

荣、稳定、蓬勃发展的东南亚。同时,一个稳定的、迅速发展的中国也符合东南亚国家和人民的利益。"①1996 年 12 月 2 日,江泽民在《世代睦邻友好,共创美好未来》的演讲中,就共同构筑面向 21 世纪的、长期稳定的睦邻友好关系提出了五点主张:扩大交往,加深传统友谊;相互尊重,世代睦邻友好;互利互惠,促进共同发展;求同存异,妥善处理分歧;团结合作,共创美好未来。加强同第三世界国家的团结与合作是我国对外政策的基本点。1996 年 5 月 13 日,江泽民《在非洲统一组织的演讲》中明确提出构筑面向 21 世纪长期友好、全面合作的中非关系,并就全面发展中非关系提出了五点建议:真诚友好,彼此成为可以依赖的"全天候朋友";平等相待,相互尊重主权,互不干涉内政;互利互惠,谋求共同发展;加强磋商,在国际事务中密切合作;面向未来,创造一个更加美好的世界。这些原则同样适用于"南南合作"。"南南合作是发展中国家迎接国际形势变化以及经济全球化挑战的重要途径,它有利于发展中国家充分发挥自然和人力资源优势,深入挖掘各自的生产和科技潜力,取长补短,共同提高。各发展中国家的自我发展能力和实力的增强,是它们加快发展的根本保证。"②

3.积极参与国际合作,勇于承担国际义务。20 世纪 90 年代以来,中国以更加积极、热情、主动和全方位参与的姿态投身到联合国和其他国际组织的多边外交活动之中。中国的新多边外交政策反复强调:倡导建立面向 21 世纪的新型国家关系和公正合理的国际政治经济秩序;主张和平解决国际争端,摒弃冷战思维和由此而产生的各种强权行径;主张全面根本上和彻底销毁核武器,积极推动国际裁军进程;高度重视人权并为此作出不懈努力;与国际社会一道,加强合作,共同对付人类发展面临的环境恶化、资源匮乏、贫困失业、人口膨胀、疾病流行、毒品泛滥、国际犯罪活动猖獗等全球性问题;推动世界格局多极化,促进全球发展和世界进步。中国在经济、安全、军事等方面与邻近国家合作其成效是有目共睹的。在经济上,中国提议建立中国—东盟自由贸易区,

① 《江泽民论有中国特色社会主义》(专题摘编),中央文献出版社 2002 年版,第 551 页。
② 《江泽民论有中国特色社会主义》(专题摘编),中央文献出版社 2002 年版,第 556—557 页。

强调"10+3机制"可以发展成为东亚区域合作的主渠道,以逐步建立起区域经济、贸易、投资、安全的合作框架;在安全上,中国与俄罗斯、哈萨克斯坦等中亚国家创建上海合作组织,为中国参与主要大国的合作,在反恐、防止武器扩散、联合军事演习等方面体现出前所未有的积极姿态。在1997—1999年的亚洲金融危机中,中国作为负责任的大国,赢得了亚洲诸国乃至世界的尊敬。

(四)构建"和谐世界"的理念

2006年,温家宝总理在答记者问时明确宣示"中国已经成为一个负责任的国家",其负责任作用具体体现在促进国内发展、维护世界和平、推广睦邻互信、积极参与多边机制、参与反恐与防核扩散等十个方面。[①]

1.以和平发展树立新兴大国风范。中国正在以什么样的方式崛起?中国崛起对世界意味着什么?中国世界第一的人口规模和发展速度,招致国际社会对中国的担忧。温家宝总理在答中外记者问时明确指出:"中国的发展走向和战略意图就是4个字:和平发展,即对内求和谐求发展,对外求和平求合作。具体地讲,就是要通过和平的方式,通过对自身制度的不断改革和完善,通过中国人的艰苦奋斗和发明创造,通过同世界各国持久友好相处、平等互利合作来实现上述目标"[②]。和平发展是中国实现现代化和富民强国、为世界文明进步作出更大贡献的战略抉择。2011年发表的《中国的和平发展》白皮书指出:"和平发展道路归结起来就是:既通过维护世界和平发展自己,又通过自身发展维护世界和平;在强调依靠自身力量和改革创新实现发展的同时,坚持对外开放,学习借鉴别国长处;顺应经济全球化发展潮流,寻求与各国互利共赢和共同发展;同国际社会一道努力,推动建设持久和平、共同繁荣的和谐世界。这条道路最鲜明的特征是科学发展、自主发展、开放发展、和平发展、合作发展、共同发展。"[③]和平发展道路体现了中国为了人类共同未来对自身发展的一种审慎和约束,是对世界人民高度负责的表现。中国坚持科学发展,努

---

① 参见《温家宝总理答中外记者问》,《人民日报》(海外版)2006年3月15日。

② 戴秉国:《坚持走和平发展道路》,《人民日报》2010年12月13日。

③ 《〈中国的和平发展〉白皮书》,《人民日报》2011年9月7日。

力转变增长方式,走自主发展道路,使自己的发展成果惠及亿万国民的同时,不仅不累及他国利益、不祸及自然环境,而且还通过全方位地承担国际责任,为全人类作出更大贡献。这是一种史无前例的崛起方式,是新兴大国崛起的典范。这一新型崛起模式在国际金融危机中不仅经受了考验,还为全球经济复苏提供了动力。因此胡锦涛在金砖国家峰会上自豪宣布:"中国的发展是开放共赢的发展","中国的发展是负责任的发展"。[①]

2.推动建设和谐世界,造福全球。建设和谐世界是中国担当大国责任的集中表现。和谐世界战略是负责任大国战略,中国提出建设和谐世界主张突显了大国责任意识,体现大国责任目标。"推动建设和谐世界,回答的是中国将致力于建设什么样的世界、什么样的国际秩序,其实质是我们党的国际秩序主张与行为准则"[②]。中国与世界的关系经历了由主流世界的反抗者、批判者、游离者,到接受者、参与者、合作者,再到倡导者、建设者、塑造者的转变。日益强大的中国一改过去的受害者心态,以自信、乐观、开放的姿态融入到国际体系中来。中国是世界的,世界也是中国的。因此,承担国际责任就是责无旁贷的分内之事。和谐世界是中国作为负责任大国的积极宣示和政治承诺,突显了中国负责的信心与决心,体现了中国的自信与能力。"建设和谐世界与我国承担一个全球性大国的责任有着相辅相成的关系。"[③]建设和谐世界实际上是两个方面:一是表明了我们的战略抉择,把自身的发展与人类共同进步和共同利益联系在一起。二是确立新的价值取向,促进爱好和平、讲求正义、尊重秩序的大国责任意识的扩展。构建和谐世界是中国作为国际体系的局内人、参与方对国际体系建设的重要贡献,突出了中国承担国际责任的自觉性、建设性、开拓性、前瞻性。

3.全方位承担地区和全球责任。中国正在从一个负责任的地区大国走向全方位负责任大国。在亚洲事务中,中国采取负责任的内政外交政策,把睦

①　胡锦涛:《合作开放互利共赢——在"金砖四国"领导人会晤时的讲话》,《人民日报》2010 年 4 月 17 日。

②　戴秉国:《坚持走和平发展道路》,《人民日报》2010 年 12 月 13 日。

③　刘鸣:《中国国际责任论评析》,《毛泽东邓小平理论研究》2008 年第 1 期。

邻、富邻、安邻当作首要的外交政策,使中国的和平发展成果惠及周边国家,推进朝核问题六方会谈、支持东亚峰会和东盟一体化建设,大力援助周边灾难危机,劝和促谈伊朗核争端,尤其是在事关主权的领土领海争议中,中国自始至终顾全大局,保持克制,力尽一个地区大国维护区域和平稳定与繁荣的责任。然而,仅仅在地区承担责任是不够的,中国要履行的责任要与目前的身份地位和角色相一致。在政治地位上,中国是联合国五大常任理事国之一,是发展中国家的代言人,是联结南北东西国家的桥梁,是无可争议的政治大国,承担发展中大国责任义不容辞;在经济地位上,中国更加引人瞩目,第二经济大国、"最大世界工厂"、第一大货物贸易出口国、第二大进口国、最大外汇储备国、最大的发展中国家等头衔已经将中国推到世界舞台的中央。中国还没来得及享受实力、身份、地位、角色变化带来的荣光,便已经背负上国际舆论的巨大压力,"大国傲慢论"、"汇率操纵论"、"新殖民主义论"、"中国强硬论"等各种"责任论"、"威胁论"轮番上演,无不与此有关。中国海外利益流失现象频发,也促使我们需重新思考定位中国的国际责任。党的十八大报告宣示以更加积极的姿态参与国际事务,发挥负责任大国作用,明确了中国对大国责任的承诺与担当。

(五)打造"人类命运共同体"的理念

适应世情、国情的深刻变化,我国新一代领导人以宽广的全球视野、稳健的进取意识和积极的开创精神,不断采取新举措,推出新理念,展示新风貌,在坚持传统外交大政方针的同时,与时共进,开创外交的新思想和新道路,昭示中国作为新兴大国的外交特色,树立负责任大国形象,提出了打造"人类命运共同体"的理念。

1.和平发展、合作共赢。世界属于世界各国人民,不仅自己要发展,也要允许别人发展,合作发展、共同发展。在会见时任美国总统奥巴马时,习近平指出,太平洋足够大,能够容得下两个国家。在非洲访问期间,习近平主席多次发表重要讲话,提出中非是休戚与共的命运共同体,表示中国将永远做非洲"和平稳定的坚定维护者"、"繁荣发展的坚定促进者"、"联合自强的坚定支持者"和"平等参与国际事务的坚定推动者",并强调"中非关系发展没有完成时,只有进行时"。在与亚洲各国的交往中,他倡议与中亚共建"丝绸之路经济带",打造中国—东盟自贸区升级版、建立亚洲基础设施投资银行和建设21世纪"海上丝绸之路"等重大倡议,赢得热烈反响,还把同文莱、印度尼西亚、马来西亚三国双边关系提升到战略伙伴的高度。他一再指出:只有各国共同发展了,世界才能更好发展。那种以邻为壑、转嫁危机、损人利已的做法既不道德,也难以持久。习近平主席提出,国际社会应该倡导集体安全、共同安全、合作安全的理念,使我们的地球村成为共谋发展的大舞台,而不是相互角力的竞技场,更不能为一方之私把一个地区乃至世界搞乱。他与美国总统奥巴马达成构建新型大国关系的共识,把不冲突、不对抗列为核心内涵之一,表示愿与美国携手合作,成为世界稳定的压舱石、世界和平的推进器。"一带一路"倡议自2013年秋天提出,已有100多个国家和国际组织参与其中,30多个国家同中国签署共建合作协议,20多个国家同中国开展国家产能合作,一系列早期收获项目如雨后春笋蓬勃发展。

2.义利并举、义重于利。党的十八大以来,中国领导人根据新形势新任务,积极推动对外工作理论和实践创新。坚持正确义利观是外交理念转型的核心。中国的对外交往开始提倡义利兼顾、弘义融利。义与利不仅是维护人伦纲常的基础,更是维护地区秩序与世界和平的根本。扬正义、树道义,体现中国的价值取向。在非洲的访问以及在周边外交工作座谈会中,习近平用"真、实、亲、诚"四个字概括中国对非政策。中方将不折不扣落实援非承诺,不附加任何政治条件,重在帮助非洲国家把资源优势转化为发展优势,实现多元、自主、可持续发展。习近平指出:"义,反映的是我们的一个理念,共产党人、社会主义国家的理念。这个世界上一部分人过得很好,一部分人过得很不好,不是个好现象。真正的快乐幸福是大家共同快乐、共同幸福。我们希望全世界共同发展,特别是希望广大发展中国家加快发展。利,就是要恪守互利共赢原则,不搞我赢你输,要实现双赢。我们有义务对贫穷的国家给予力所能及的帮助,有时甚至要重义轻利、舍利取义,绝不能惟利是图、斤斤计较。"[1]在追

---

① 王毅:《坚持正确义利观积极发挥负责任大国作用》,《人民日报》2013年9月10日。

求本国利益时兼顾他国合理关切,在谋求本国发展中促进各国共同发展,建立更加平等均衡的新型全球发展伙伴关系。在这一基础上形成的"新型大国关系"、"周边外交工作方针"、"国际责任"等外交政策进一步拉近了我们与外部世界的距离,缓解了国际社会对中国崛起的担忧。

3.亲诚惠容,结伴不结盟。在定位中国与其他国家关系时,习近平表示,人类只有一个地球,各国共处一个世界。"这个世界,各国相互联系、相互依存的程度空前加深,人类生活在同一个地球村里,生活在历史和现实交汇的同一个时空里,越来越成为你中有我、我中有你的命运共同体。"因此,他多次提出,国与国之间要结成利益共同体,进而打造人类命运共同体。在这一理念基础上,他提出按照"亲、诚、惠、容"的理念发展周边关系,结伴但不结盟。中俄之间,构建"全方位、多层次"的全面战略协作伙伴关系;中美之间,构建"不冲突、不对抗,相互尊重,合作共赢"的新型大国关系;中欧之间,要建造和平、增长、改革、文明四座桥梁,建设更具全球影响力的中欧全面战略伙伴关系;中印之间,提出中国和印度要做更加紧密的发展伙伴、引领增长的合作伙伴、战略协作的全球伙伴,等等。"结伴不结盟"已经成为新时代中国外交的重要特征。截至 2016 年,中国已同 90 个国家和区域组织建立了不同形式、不同程度的伙伴关系,基本覆盖了世界上主要国家和重要地区。比如中美关系是针对全球性挑战问题上的建设性合作关系,中日关系是基于能源、经贸领域共同利益基础上的战略互惠关系,中俄是政治经济关系基础上的全面战略协作伙伴关系。2013 年以来,中国将与印度尼西亚、马来西亚、秘鲁、墨西哥、土库曼斯坦、白俄罗斯、哈萨克斯坦、阿尔及利亚、阿根廷、委内瑞拉、澳大利亚、新西兰等国的关系提升为全面战略伙伴关系,与吉尔吉斯斯坦、塔吉克斯坦、乌克兰、蒙古、卡塔尔等国建立了战略伙伴关系,同法国、德国加强了战略伙伴关系。中国的伙伴关系建设明显提速。[①]

4.独立自主、虚心学习。一方面,独立自主是立党立国、兴党兴国的根本,也是新中国和平外交的基石。在涉及中国核心利益和重大关切问题上,习近平明

---

① 参见高飞、肖玙:《中国外交正孕育一场重大转型》,《当代世界》2015 年第 11 期。

确表示,中国坚持和平发展道路,但也绝不会吞下损害我国利益的苦果。在钓鱼岛、南海等问题上,我国坚持通过对话谈判妥善处理有关争端,但同时也坚决维护我国领土主权与海洋权益。另一方面,又批驳"国强必霸论"、"中国威胁论",真诚表示向世界各国虚心学习,做学习型大国。反复向世界各国表示:如今中国这头狮子醒了,但这是一头和蔼可亲的狮子,世界各国完全可以放心。在会见21世纪理事会代表的讲话中,习近平指出:"中国愿同其他国家一起走和谐共生的发展道路"。不走对抗的绝路,不走冲突的老路,要走和谐共生的新路,建设一个包容有序的和谐共生世界,是中国对国际秩序的追求。

四、"中国威胁论"的认识论根源

对于中国这样一个大国的崛起,国际上产生种种揣测和议论,不足为怪。应该说,国外对中国的担心和警惕是可以理解的。这其中既有无知,也有偏见;既有利益的计算,也有政策的考虑;既有真实的担忧,也有恶意的挑拨,甚至有极其恶毒的诅咒。对于无知、担心和忧虑,我们应当加以解释;对于偏见、挑拨和诅咒,则必须加以驳斥。在笔者看来,"中国威胁论"之所以会在国际上泛滥,主要有三个方面的原因。

(一)西方斗争思维传统的惯性

西方文明源于古希腊文明。而古希腊文明在其产生之时,天人矛盾、人人矛盾就十分突出。而他们解决这种矛盾最有效的方法就是战争。正如古希腊哲学家赫拉克利特所说:"战争是万物之父"。战争毁灭一切,战争又产生一切。在西方人的思维中,国家的崛起必须通过战争,国强必霸,国强必然威胁他人。在这种理念的支配下,西方文明在其成长过程中,伴随着一系列的征服和称霸的战争。在古希腊时代,雅典同盟和斯巴达同盟曾经为争夺霸权而展开长达30年的伯罗奔尼撒战争。之后,罗马帝国又为建立新的地中海霸权而四处征战。中世纪,十字军东征长达194年。近代,为争夺大西洋霸权,葡萄牙、西班牙、荷兰、英国、德国之间又顺次展开新的争霸战争。工业革命后的英国,建立了一个"日不落大帝国"(直到 1997 年);拿破仑时代的法国(法国大革命之后),使整个欧洲大陆卷入 20 年的战争(1796—1815 年);明治维新后成为现代强国的日本,分别于 19 世纪(1894—1895 年)和 20 世纪(1931—1945 年)走向侵略亚洲大陆的军国主义道路;俾斯麦改革后的德国,在掌握了现代武器技术后发动了人类历史上最残酷的两次世界大战(1914—1918 年;1939—1945 年);斯大林统治以来的苏联,引起了 40 多年的冷战(1947—1900年);第二次世界大战胜利后的美国,成为自封的"世界警察"。例如,美国的老布什总统派军前往主权国家巴拿马(1989 年)并强行将其总统曼努埃尔·诺列加押回美国受审,被判服狱。而小布什总统则分别在 2002 年和 2003 年发动了对阿富汗和伊拉克的战争。由于上述的事例,"国际关系的现实主义学者得出结论,在不平衡的权力关系中,无论谁占优势,都会引起地缘政治的混乱,因此就是一种威胁。所以,坚信现实主义的国际关系理论的人就会无端质疑,中国的崛起能是'和平'的吗"①?

20 世纪 80 年代末 90 年代初,随着东欧剧变和苏联解体,冷战宣告结束。西方大国,特别是美国的保守势力妄图建立单极世界,推行霸权主义,掀起新的冷战。具体表现为:第一,冷战结束后,美国在全球失去对手,对自己的行为感到无所适从,急于树立新的敌人。第二,自身已经是世界最强大的国家了,仍担心来自别国的威胁,力图创造一种绝对的安全。第三,不理解别国的安全需要,把别国对安全的追求理解为对本国安全的威胁。第四,总把自己的观点强加别国,不尊重其他国家和民族,推选强权政治。第五,用争霸史、挑战史来看待新兴国家,将它的发展视作对自己的挑战。第六,推行渔翁战术,总是挑起争端,以从中渔利。这些方面综合起来就是一句话:一切为了本国,无视他国需要。郑永年在《西方为何惧怕"中国模式"》一文中抖出了西方国家的底牌。他指出,西方国家之所以惧怕"中国模式",一是担心被"中国模式"所取

---

① ［美］熊玠:《大国复兴:中国道路为什么如此成功》,李芳译,湖北教育出版社 2016 年版,第 169 页。

代。西方认为,西方世界基本上有着共同的价值体系和相似的政治制度,而中国崛起的价值取向和西方的并不一样,政治制度更有着非常大的差别,所以恐惧感顿时油然而生。西方感觉到"威胁"不仅仅是因为"中国模式"的崛起,更重要的是西方模式的失灵。二是有人故意将"中国模式"简单化。具体来说,他们先入为主地认为"中国模式"与西方那套模式是天然对立的,所以诸如"西方讲自由,中国不讲自由","西方讲人权,中国不讲人权","西方做生意讲很多条件,中国不讲条件"等说法就纷纷出笼。但实际上,中国模式和西方并不是完全矛盾的。即使是那些对中国经验感兴趣的第三世界国家,多数也并不认为"中国模式"就是西方天然的反面。在第二次世界大战以后和冷战终结之间,世界上一直只存在两个发展模式,一个是西方的那套模式,主要在西方阵营内部;另一个就是跟西方对着干的模式,比如,苏联的模式,以西方的对立面而存在,而且和西方几乎完全没有交叉点。而"中国模式"与上述两种完全不同,它是建立在吸收世界先进发展经验基础上的一个整合。①

中国的崛起过程不会重走西方现代化过程中向外扩张的老路。在早期工业化时期,资源是经济增长的主要因素,保障资源供应才能保障经济增长。所以西方国家为了自身的经济利益,采取了武力攫取国外资源的经济安全政策。到 20 世纪 90 年代,科技成为经济增长的决定性因素,技术占了生产成本中的主要份额。美国经济学家保罗·罗默(Paul Romer)的研究成果表明技术是内生的,其提高投资收益的作用已经是其他任何因素都不可比的。发达国家的经济就是靠技术的不断发展维持了长期的强劲增长的。② 中国人口约是美国的 5 倍,日本的 10 倍,靠扩大自然资源的方法实现经济腾飞是根本不可能的。只有提高本国经济的技术层次,中国才能赶上发达国家。中国领导人已经充分认识到了这一点,所以提出了到 2010 年实现经济增长由粗放型向集约型转变的目标。③ 党的十八届五中全会提出"创新、协调、绿色、开放、共享"五大发

① 参见[新加坡]郑永年:《西方为何惧怕"中国模式"》,《今日时政》2009 年第 9 期。

② 参见[美]保罗·罗默:《便宜、有效的技术和"无偿的"信息如何改变了经济学》,《福布斯》(增刊)1995 年 6 月 5 日。

③ 参见《中共中央关于制定国民经济和社会发展"九五"计划和 2010 年远景目标的建议》,《人民日报》1995 年 10 月 5 日。

展理念,对中国未来发展作了新的全面分析和部署,强调必须把创新摆在国家发展全局的核心位置,激发创新创业活力,推动"大众创业、万众创新",释放新需求,创造新供给,推动新技术、新产业、新业态蓬勃发展。国际上普遍认可的创新型国家,科技创新对经济发展的贡献率一般在70%以上,研发投入占GDP的比重超过2%,技术对外依存度低于20%。根据科技部统计,2014年,中国全社会研发投入(R&D)预计达到13400亿元,其中企业支出占76%以上;R&D占GDP比重预计可达2.1%;全时研发人员总量预计达到380万人/年,位居世界第一。到2016年中国科技工作取得一系列突破性进展,预计全社会R&D支出达到15440亿元,占GDP比重为2.1%,企业占比78%以上;全国技术合同成交额达11407亿元,科技进步贡献率增至56.2%,创新型国家建设取得重要进展。[①] 2016年11月瑞士日内瓦发布的《世界知识产权指标》年度报告指出,2015年世界各地的创新者提交290万件专利申请,中国专利申请数量首次超过了100万件,占全球总量近40%,位居全球第一。并以18.7%的增长速度位居全球首位。2015年全球共授权专利约124万件,中国专利授权量约35.9万件,超过美国的29.8万件,成为全球授权量最大的国家。[②]

(二)对中华文明特质的无知

张岱年先生认为,中国文化的基本精神:一是刚健有为;二是和与中;三是崇德利用;四是天人协调。[③] 在处理人与人、民族与民族、国家与国家之间的关系时,中国人历来强调"君子以厚德载物"、"德不孤必有邻"、"协和万邦"、"和为贵"的精神。老子讲:"大者宜为下","大国者下流,天下之交,天下之牝"。《论语》讲:"上好礼,则民莫敢不敬;上好义,则民莫敢不服;上好信,则民莫敢不用情。夫如是,则四方之民襁负其子而至矣","远人不服,则修文德

---

① 参见科技部:《预计2016年全社会研发支出达15440亿元》,中国新闻网2017年1月10日(http://news.163.com/17/0110/17/CAEE837R000187V5.html)。

② 参见常红等:《中国贡献感动世界》,人民网—国际频道2017年1月18日(http://world.people.com.cn/n1/2017/0118/c1002-29031844.html)。

③ 参见《张岱年全集》第五卷,河北人民出版社1996年版,第418—427页。

以来之"。孟子指出："交邻国以道"，"仁者为邻以大事小"，"智者为能以小事大"。墨子主张兼爱、非攻，甚至提出要求说"视人之国，若视其国"。汉代的大儒刘向则提出："好战穷兵，未有不亡者也"。

民族主义思想是19世纪末叶从西方传入中国的。从梁启超等向中国介绍民族主义思想起，中国的民族主义就成了一种自强救国的思想。而西方的民族主义则是强调自我中心的思想。显然自我中心的思想很容易发展成以我为中心向外扩张的思想，而自强救国的思想就不容易产生向国家外部扩张的要求。美国历史学家保罗·肯尼迪（Paul Kennedy）认为："根据中国儒学准则，战争活动与武装力量之所以有必要，仅是怕外部野蛮人的攻击和内部发生动乱。"①著名德国社会学家马克斯·韦伯在其1916年出版的《儒教与道教》一书中指出：儒教的本质是和平主义的，"儒教的'理性'是一种秩序的理性主义；儒教理性具有本质上和平主义的特征，这种性质在历史上逐步升级……"②马来西亚总理马哈蒂尔说："千百年来中国从来没有向国外拓展领土的野心。在历史上，中国虽然三度极其强盛，但中国也从来没有占领过东南亚。当年郑和来到马六甲并不是要占领马六甲，而是来同马来西亚的苏丹建立良好关系。"③中国民族主义的自强救国思想和传统文化重道德的特点，使中国的现代安全战略特别注重睦邻友好关系。出于睦邻友好的考虑，中国战略家制定安全战略时，无法忽视安全战略的正义性。随着中国成为世界贸易组织的成员国，中国将更加开放，中国与外界的交往更加频繁，中国民族主义"四海之内皆兄弟"的意识更强。

（三）极少数别有用心者的蓄意炒作

中国加强自己国防的现代化建设，主要是为了防御外敌的入侵和维护国家的统一和安全。中国国务院历年发表的国防白皮书，都明确地向世界传递

---

①　Paul Kennedy, *The Rise and Fall of the Great Powers: Economic Change and Military Conflict from 1500 to 2000*, Random House, 1987, p. 8.

②　转引自辛向阳、陈先奎：《中国和平崛起的民族文明特质》，《学习时报》2004年9月27日。

③　新华社吉隆坡1995年英文电讯。

了一个声音:中国的国防政策是防御性的,基本目标是巩固国防,抵御外敌侵略,捍卫国家领土、领空、领海主权和海洋权益,维护国家统一和安全。中国的国防建设服从和服务于国家经济建设大局,坚持走"平战结合"、"军民结合"的发展道路。2015 年中国国防白皮书《中国的军事战略》再次指出:"中国将始终不渝走和平发展道路,奉行独立自主的和平外交政策和防御性国防政策,反对各种形式的霸权主义和强权政治,永远不称霸,永远不搞扩张。"①中国于1985 年、1997 年和 2003 年,分别宣布裁减军队员额 100 万人、50 万人和 20 万人。2015 年,在纪念中国人民抗日战争暨世界反法西斯战争胜利 70 周年阅兵之际,习近平再次宣布中国单方面再裁军 30 万人,这是新中国成立以来第11 次裁军,再次表达了中国和平发展的决心和信心。中国实行积极防御的军事策略,坚持人民战争的思想。中国不谋求世界或地区霸权,中国不在外国派驻军队,不在外国建立军事基地,中国的国防建设不针对任何国家,不对任何国家构成威胁。中国之所以要坚持积极防御的国防政策,是因为霸权主义和强权政治还依然存在。它们仍在不断对我国制造麻烦。敌对势力在利用宗教、民族问题从事分裂活动,达赖集团等没有放弃他们的分裂行径。还有人企图制造"两个中国",挑拨我国同周边国家的关系,不公正、不合理的国际政治、经济旧秩序还未得到改变。

"中国威胁论"之所以在海外广为流传,还有一种原因就是一些不希望中国强大的人的蓄意夸张炒作,其目的:一是可以混淆视听,为自己发展军事实力寻找借口。如把"中国威胁论"叫得最响的日本和印度,都有扩大军事实力,争当地区霸主的野心,但它们要发展军事实力,受到国际社会很多因素的制约,强调外来威胁,树立对手,可以顺理成章而且毫无约束地发展各自的军事实力。二是制造舆论,把亚洲所谓不稳定因素的矛头引向中国。一些国家妄图利用人们希望和平与发展的心理,无中生有地指责中国的军事现代化目标"超出了防卫需要的范围",目的就是想要破坏中国在国际上的形象,造成

---

① 中国日报网 2015 年 5 月 26 日（http://www.chinadaily.com.cn/interface/toutiao/1138561/2015-5-26/cd_20821000.html）。

中国是地区威胁的假象,阻滞中国的发展与强大,"中国威胁论"的背后包藏着遏制中国发展的祸心。三是转嫁国内矛盾,麻痹国内人民,实现某些政治集团的利益。有个很有趣的现象,当哪个国家把"中国威胁论"叫得最响的时候,也是这个国家国内矛盾重重,步履维艰的时候,"中国威胁论"在此时出台,其作用很明显,那就是转移该国老百姓的视线,调整人们关注的焦点,用外来的矛盾取代国内矛盾,实现政治集团的统治利益。

第六章　国外中国模式未来发展研究

"中国模式"的未来前景如何？这是国外"中国模式"研究中的争论热烈的另一重要问题，出现了"悲观主义论"和"乐观主义论"两类论调，笔者拟从国外学者的观点出发，对"中国模式"的独特性做一个较为系统的分析，从历史和现实、理论和实践、主观和客观的结合上说明"中国模式"的未来前景。

一、国外关于这一问题的基本观点

国外关于中国未来发展的研究由来已久，总体可分为"悲观主义论"和"乐观主义论"两种类型。"悲观主义论"认为，中国的改革开放虽然取得了重大成就，但这种发展的背后却存在着难以克服的问题和矛盾，这些问题和矛盾必然导致中国发展的不可持续，有"中国崩溃论"、"中国失败论"、"未来不确定论"等几种观点。"乐观主义论"则高度评价中国模式，认为尽管中国面临这样那样的问题，但中国的发展是不可遏止的，21世纪必将是中国领导世界的世纪。还有"可持续发展论"、"中国统治论"、"多极发展论"等观点。

（一）"中国崩溃论"

这类观点历来已久，反映了国外一些学者对中国国情的无知、对中国人民创造能力的估计不足和对中国共产党领导能力的错误判断,中国发展的事实一次又一次证明了这类观点的虚假和错误。

　　早在 1994 年 9 月,美国《世界观察》杂志刊载了一篇题为《谁来养活中国?》的文章。该文作者系美国世界观察研究所所长莱斯特·布朗(Lester Brown)。他认为快速发展的中国在其持续的工业化进程中,伴随着人口增加和消费结构的改善,未来的粮食需求将大幅度增加,但由于发展中出现的"耕地减少"、"水资源匮乏"和"环境的破坏"等问题,未来中国的粮食产量将会下降,中国面临的问题将是巨大的粮食缺口。为此,中国将越来越依赖粮食进口,并因此冲击世界粮食供应和价格。即使中国有足够的外汇储备,国际市场也不可能向 13 亿多中国人提供如此巨量的粮食供应。作者预言中国的粮荒将冲击世界。1995 年下半年他又出版了专著《谁来养活中国?》。布朗的"中国粮食危机论"巧妙地隐藏起自己的真实动机,转而从生态环境的角度来谈论中国对世界上所有的国家、所有人的"威胁",并认为这种"威胁"要比军事上的"威胁"更为可怕,而且要求各国领导人把这种"威胁"放在第一位来考虑。2000 年,美国匹兹堡大学教授罗斯基先后发表《中国 GDP 统计出了什么问题》、《中国的 GDP 统计:该被警告?》,质疑中国经济增长统计数据的真实性。文章发表并没有引起媒体的关注,因为当时正是"中国威胁论"大行其道之时。

　　罗斯基的观点在沉寂一段时间之后,突然变得身价百倍,成为西方媒体关注的热点。美国的《新闻周刊》、《商业周刊》,英国的《金融时报》、《经济学家》等西方主流媒体纷纷把他的观点重新炒作起来,其原因是西方舆论此时已经改变了风向,而罗斯基的观点正符合他们的期望,即"中国的经济即将崩溃"。在这一背景下,种种怀疑中国经济增长的文章纷纷出笼,美国《中国经济》主编斯塔德维尔在其《中国梦》一书中把中国经济比喻为"一座建立在沙滩上的大厦",最为极端的是美籍华裔律师章家敦(Gordon G.Chang)的《中国即将崩溃》一书。章家敦断言:"中国现行的政治和经济制度最多只能维持 5 年","中国的经济正在衰退,并开始崩溃,时间会在 2008 年中国举办奥运会之前,而不是之后"!"中国即将崩溃"的理论基础是:第一,中国的经济增长主要来自中央政府的投资,而中央投资的资金来源是庞大的财政预算赤字,长此以往,任何一个经济体都支撑不下去;第二,中国加入世贸组织,长期会得利,但是必须承受短期的经济阵痛,在应付挑战方面不容乐观;第三,中国共产党目前正值第三代到第四代的权力转移期;第四,"9·11"事件后,国际经济气候进一步恶化,导致中国出口量减少。① 美国著名左翼学者詹姆斯·彼得拉斯认为,以美国为首的西方大国对中国的政策未来十年中将迎来一次质变:为了防止全球贸易体系的重大危机、中国的社会动荡以及美国的严重衰退或中美的军事对抗,跨国公司将从局部控制中国转向,通过发动一场全方位的经济进攻全面控制中国:控制银行和金融体系,控制关键的生产资料部门,控制中高端的国内消费市场,增加文化、娱乐、宣传和商业市场的份额。这样中国成为一个"世界大国"的努力将会遭遇失败。相反,中国将变成帝国主义大国控制和争夺的对象,后者将利用政治精英、军队、学生等激烈争夺对中国的控制权,中国国家性质和政权将被迫改变。②

2010 年以来,质疑中国经济发展的声音仍不绝于耳。2011 年 11 月,美国金融巨头高盛向其主要客户发送电子邮件,建议投资者停止对在香港上市的中国大陆公司股票继续投资,高盛认为,随着越来越多不利因素出现,中国经济前景正面临巨大挑战。2012 年 7 月 16 日,德国《世界报》以中国经济发展速度放缓为由头发出中国即将崩溃的论调;7 月 21 日,《纽约时报》发表题为《当中国谈论改革的时候,风险上升,恐惧就会加大》的文章,认为中国的政治已经绑架了经济改革,声称即使中国领导人有改革的意向,但是也必须有担当其中风险的勇气。2013 年美国自由撰稿人詹姆斯·R.高(James R. Gorrie)出版了《中国危机:中国经济如何导致全球大萧条》(*The China Crisis*: *How China's Economic Collapse Will Lead to a Global*, Wiley, 2013)。他认为,就经济发展而言,中国不仅面临内部极大的不稳定性,既有的发展模式难以持续,而且外部环境也日益恶劣,再考虑到中国并不令人乐观的政治形势,这些无不使

---

① 参见 Gordon G. Chang, *The Coming Collapse of China*, Random House, 2001。

② 参见[美]詹姆斯·彼得拉斯:《中国的过去、现在和未来:从半殖民地到世界大国?》,菲律宾《当代亚洲》杂志第 36 卷,2006 年第 4 期。参见《国外理论动态》2007 年第 5 期。

得中国经济处于崩溃边缘,世界诸大国需认真对待中国的倾覆。美国学者迈克尔·佩蒂斯(Michael Pettis)在 2013 年出版了《避免崩溃:中国的经济结构调整》(*Avoiding the Fall:China's Economic Restructuring*),认为中国经济的高速发展期已经结束,日益增长的债务和内部混乱使得中国经济结构务必进行有效调整,如果不调整的话,中国的崩溃就难以避免。①

令人感到不可思议的是:章家敦在其"中国崩溃论"被反复证伪后,2014年再度抛出他的"中国崩溃论"。他说:"中华人民共和国的历史主要可以分为两个大的阶段:由'新中国'的奠基者毛泽东主导的革命时代,由毛泽东的继任者邓小平主导下的改革开放时代。但现在,中国在政治、经济上非常有影响力的时间点已经过去。作为结果,中国的第三个时代——危险不稳定的时代已经开始。"②曾经对中国体制做过一些"正面解读",因而常被划入美国的"对华温和派学者"的美国乔治·华盛顿大学教授沈大伟(David Shambaugh),也一反常态,在《华尔街日报》上撰文激烈批评中国,宣称"中国共产党统治的最后阶段已经开始,并且它在最后阶段旅途上走得比很多人想象的还要远"。文章预测中国不可能出现"和平崩溃",将出现"长期、复杂、暴力"的阶段。沈大伟的论述有五个要点:第一,中国的富人正在逃离中国;第二,政治压迫和中共的不安全感越来越强烈;第三,中国官员给人的印象是木讷而无趣;第四,中国存在大量腐败现象;第五,中国经济增速正在放缓。受沈大伟的影响,最近围绕"中国崩溃论"不断出现新的叫嚣,美国《国家利益》杂志的一篇文章甚至呼吁美国政府要为即将到来的"中国崩溃"做好准备。③

此外,派伊(Lucian Pye)在 20 世纪 90 年代也曾认为,中国"是一个伪称国家的文明体",如果任其发展,将会分裂成几个独立的政治实体。三种潜在的离心力量将导致上述分裂。首先是中国历史的影响,特别是 20 世纪 20 年代的军阀混战,那时地方军阀各占一方,背叛中央政府;其次是世界范围内共

---

① 参见范鸿达:《中国:行将崛起还是面临崩溃?——海外中国形象和地位研究综述》,《国外社会科学》2015 年第 3 期。

② Gordon G.Chang,China's Third Era:The End of Reform,Growth and Stability,*World affairs*,September/Octorber 2014,p.41.

③ 参见《沈大伟突喊"中国崩溃"为哪般?》,《环球时报》2015 年 3 月 9 日。

产主义信仰的失败以及由此引发的政权地方合法性的危机,人们推测这也削弱了中国政府的统治力;最后是中央与各省区市的关系出现了问题,有人认为经济体制改革削弱了中央的权力,受北京直接控制的国民经济份额正在萎缩,中央缺乏足够的资源,其意志不能在地方上得以贯彻。除了中央权力的衰落外,不均衡的发展和各地区间日益出现的隔阂相伴而生,也使国家面临分裂的危险。①

(二)"中国失败论"

这类观点从西方思维出发,反映出对社会主义、共产主义的偏见和敌视,看不到中国特色社会主义不同于苏联模式的独特性,从苏东国家的崩溃来推断中国的前景,是一种主观的毫无根据的一厢情愿。

早在 1988 年,美国前总统尼克松在《1999:不战而胜》一书中,就系统地提出美国应该制定一个在铁幕里面同社会主义国家进行"和平竞赛的战略",即在军事遏制的基础上,发挥美国的经济优势,以经济援助和技术转让等条件,诱使社会主义国家"和平演变";开展"意识形态竞争",打"攻心战",扩散"自由和民主价值观",打开社会主义国家的"和平变革之门"。该书出版后不久,东欧局势发生了激烈的动荡,急转直下的政局变化,令全世界为之瞠目。在短短一年多的时间里,东欧的波兰、匈牙利、民主德国、捷克斯洛伐克、保加利亚、罗马尼亚 6 国,政权易手,执政 40 多年的共产党、工人党或下台成为在野党,或改变了性质。此时的中国也正处于"政治风波"之中,于是,"共产主义行将终结"的预言更加盛行。

1989 年,美国前总统国家安全事务助理布热津斯基立足于当时的东欧剧变,出版代表著作《大失败:二十世纪共产主义的兴亡》。认为共产主义作为一种运动支配了 20 世纪多数时间后已经走向衰落,进入"最后危机",断言共产主义因违背历史规律而将在 21 世纪"不可逆转地在历史上消亡"。该书出版两年后的 1991 年,由于在自身实践上出现重大失误,苏联最终解体,苏共被

---

① 参见[美]黄亚生:《解析"中国崩溃论"的神话》,尚英译,《战略与管理》1996 年第 1 期。

迫下台并宣布自行解散,这更加使西方诸国对于"共产主义终结论"确信不疑。紧随其后,阿尔巴尼亚劳动党于 1992 年 3 月在大选失败后下台;南斯拉夫在经历近一年之久的内战后,于 1992 年 4 月最终分裂为 5 个独立的共和国。剧变后的东欧各国,背离社会主义方向,共产党丧失了执政地位。东欧剧变后不久,日裔美国学者弗朗西斯·福山发表《历史的终结》一文,认为东欧剧变和资本主义取得冷战胜利的根源在于西式民主制度优于社会主义民主制度和其他非西方国家的各种民主制度,断言西式民主制度将成为"普世制度",而且西方的自由民主政体将作为政府的最终形式得到普遍推广。

在苏联和东欧共产主义政党—国家垮台以后,一些著名的中国问题研究专家曾公开宣称,中国正在走上同苏联、东欧相同的道路。在他们看来,中国的共产主义政权脆弱不堪,四面楚歌,正处在溃败的边缘。他们认为,中国以高投入、低产出为特征的经济模式和建立在廉价劳动力、巨大能耗基础上的发展模式正在走向死胡同,同时环境污染、金融体制僵化等阻碍经济增长的结构性因素导致中国经济高增长难以为继。即使中国经济持续发展,伴随着经济飞速增长而出现的贫富差距、沿海和内陆地区经济差距的无限扩大等问题,将导致中国走向崩溃。[①]

2006 年,麦克法夸尔在国会图书馆与黎安友(Andrew Nathan)的对话中更为直白地说:"我所分析的问题很可能会导致共产主义制度在 10 年内崩溃……中国共产党像个能力超群的消防队,它控制社会活动者,满足它的追随者。通过管理新闻界,它成功地控制了地方的抗议。我认为,在某些方面,这些'火星'会燎起全国之火……所有能够造成真正的大规模衰落的因素都在这里,问题是扳机会在哪里?"加州大学圣地亚哥分校的谢淑丽对中国的政治体制和未来有着相似的观点。"中国可能是一个正在出现的超级大国,但它又是一个脆弱的超级大国。导致极大危险的恰恰是其内部的脆弱性,而不是经济或军事实力。"[②]加州大学洛杉矶分校的理查德·鲍姆(Richard Baum)

---

① 参见 Jack A. Goldstone, The Coming Chinese Collapse, *Foreign Policy*, Vol. 99, Summer, 1995, pp. 35-52。

② Susan L. Shirk, *China: Fragile Superpower*, Oxford University Press, 2007, pp. 6-7.

(中文名鲍瑞嘉)认为,中国"充满活力的经济和社会,与僵硬的、过时的治理体制和政治控制体制之间的脱节越来越严重……这个制度的马列主义哲学基础已经被冲淡,它在本质上已经不再被 25 年的市场改革和合乎经济原则的改革所承认;党再也不能为中国的未来提出鼓舞人心的前景。渐渐地,社会上的许多团体和个人把党视为与他们的日常生活不相关的和令人厌恶的——能躲就躲,能忍则忍"①。以上几位国外知名中国问题研究专家都认为,中国共产党的日子屈指可数。

(三)"未来不确定论"

这类观点一方面充分肯定中国已经取得的成就,但另一方面又认为当下中国正处在重要的转型时期,面临诸多挑战问题,"认为中国已经抵达通向成功的完全安全通道,还为时尚早"②。中国能否实现未来可持续发展,取决于能否比较好地应对这些挑战。这类观点比较客观地看到了中国发展中的问题。的确,中国还处在发展的关键时期,虽然社会主要矛盾发生根本转变,但中国社会主义初级阶段的基本国情没有变,最大发展中国家的国际地位没有变,还面临许多难啃的"硬骨头"。

1.政治体制的挑战。英国皇家国际事务研究所(Chatham House)亚洲事务高级研究员凯瑞·布朗(Kerry Brown)指出:中国共产党目前有 8000 万党员,是人类历史上规模最大的政党,成为 21 世纪最强大的政治力量之一。然而,中国共产党目前也面临着诸多挑战,如果在某个问题上,处理不当,将从根本上威胁其政权。"在未来 20 年,中国共产党必须在两个领域进行根本性变革,改变目前的行为模式,改变当前单一的'共同选择'策略,采取更积极的策略,以达到水平更高、要求更严的大众的期望。这两个领域即实现真正的法治,包容民间社会团体。"接下来的 20 年,中国共产党需要进行根本的政治改

---

① Richard Baum, China's Road to "Soft Authoritarian" Reform, *U.S.-China Relations and China's Integration with the World*(Aspen Institute), Vol. 19, No. 1, 2004, pp. 15–20.

② [美]李侃如:《治理中国:从革命到改革》,胡国成、赵梅译,中国社会科学出版社 2010 年版,"前言"第 4 页。

革。中国共产党还需要采取策略,对付那些真正的政治反对派。"在这个生死攸关的时刻,中国共产党如何应对这些问题,将决定中国在未来20年的命运。"①郑永年和傅士卓在《中国的开放社会》一书中也认为,共产主义政权在苏联和东欧不能通过改革来挽救,政权的垮台导致民主化。尽管实行经济和社会的开放,但中国的政治体制依然是权威主义的。然而,随着不断开放以及社会的复杂化,这个政权也已经发现它统治的困难。中国要能持续它的统治有必要解决急剧变化的社会—经济问题吗? 这一问题是不易回答的,因为它是最近中国内外发展中"不确定性"因素的关键。"所有的变化引起不确定性。中国当前的变化在现代国家中是史无前例的,而与之相联系的不确定性也是史无前例的。"②不改革仍然是中国最大的风险。从历史上看,从来就没有"毕其功于一役"的改革。改革所产生的风险,是可以理性地加以控制和解决的,而对于不改革所产生的风险,任何人也控制不了。目前中国不改革的症结在于改革动力不足。一是从前的改革是分权式的,现在要改革就得集权,进行集权式的改革,有的人就觉得不习惯。二是今天的改革与反腐败同行,一些人担心自己会出事情,采取"静观其变"的态度。三是"不改革"的风险也来自改革的主体没有明确。改革的顶层设计由中央来做,但在大部分领域,尤其是地方、企业和社会层面的改革,改革的主体是地方、企业和社会。如何发挥地方、企业和社会的积极性是改革实行的关键。③

　　2.生态环境的挑战。现执教于美国斯克兰顿大学的辛西娅·W.卡恩(Cynthia W.Cann)和迈克尔·C.卡恩(Michael C.Cann)对中国可持续发展的环境问题进行了全方位的审视。其中,关于环境污染,他们指出:目前中国7条最大的河流——淮河、海河、辽河、松花江、长江、珠江和黄河,都受到严重的污染。在这些河流一半以上的受监测区域中,其水质都是五级或比五级还差。

---

　　① ［英］凯瑞·布朗:《2030年的中国》,载迈克尔·赫德森等主编:《中国未来30年》,中央编译出版社2013年版,第3—6页。

　　② Edited by Zheng Yongnian and Joseph Fewsmith, *China's Opening Society*, Routledge, 2008, pp.1-2.

　　③ 参见［新加坡］郑永年:《不确定的未来——如何将改革进行下去》,中信出版社2014年版,自序。

中国 5000 公里以上流程的主要河流污染程度严重,以至于有 80% 的流域不适合鱼类生存。黄河由于受到铬、镉以及其他有毒物质的严重污染,大部分已经不适于人类饮用和灌溉。在与中国接界的四个海域中,东海的污染最严重,其一半以上海域的水质是四级或者更差。中国也是世界上空气污染最严重的地区之一。根据世界卫生组织的资料,全球空气污染最严重的十个城市中,中国占七个。空气污染引发的后果是,中国人遭受着呼吸系统疾病(肺癌、肺心病和支气管炎)高发病率的痛苦。大量燃煤所释放的二氧化硫产生的酸雨影响到中国土地总面积的 30%,中部和西南地区受影响最重,其土地的 PH 值低到只有 3.7。①

3. 粮食生产的挑战。中国是世界上人口最多的国家,而且自封建社会以来一直如此。从 1949 年到 1999 年的 50 年里,中国的人口增长了 2 倍多。只有从 1979 年之后,中国才实施了一种明确的人口限制战略。从目前来看,到 2030 年中国的人口有望达到 16 亿的峰值。中国人口的规模给土地带来了巨大压力。20 世纪 90 年代末,政府的官方估算是中国大约有 9500 万公顷耕地,相当于人均 0.8 公顷,仅仅相当于全球平均水平的 1/4。② 虽然中国与美国的面积相仿,但由于中国国土的大部分都是山区或沙漠,因此只有 1/10 适宜耕种。1949 年以来,中国已经损失了近 1/5 的耕地。这一趋势由于过度放牧、过度开垦以及公路、停车场和住房的增加,仍在继续加大。中国人民生活水平的提高,对肉类、家禽、鸡蛋、牛奶、黄油和冰淇淋的需求大幅上升。现在美国年人均消耗的谷物是 800 公斤,而中国是 300 公斤。中国对动物产品需求的增长,将会大幅度增加人均谷物的消耗量,这将给中国的粮食资源和本来已经负担过重的水资源增加额外的压力。虽然人类每天需要的饮用水是 4 升,但对于那些依赖动物产品为食品者,他们每天用来保证食品供给所需的用水量则是 2000 升到 4000 升。美国农业部的数字显示,从 1999 年到 2003 年,中国每

---

① 参见[美]辛西娅·W.卡恩、迈克尔·C.卡恩:《中国的可持续发展之路》,载周艳辉主编:《增长的迷思:海外学者论中国经济发展》,中央编译出版社 2011 年版,第 24、25 页。

② 参见[美]杰瑞·马贝斯、杰妮弗·H.马贝斯:《中国的环境问题与粮食安全》,载周艳辉主编:《增长的迷思:海外学者论中国经济发展》,中央编译出版社 2011 年版,第 232 页。

年收获的谷物、玉米、大麦、高粱、燕麦和水稻从 4.11 亿吨下降到 3.78 亿吨。①

4.能源供求的挑战。总部位于芝加哥的全球经济学会的创办者、澳洲联邦银行全球经济顾问大卫·黑尔(David Hale)指出,过去 30 年,中国实现了三大突破,确立了在全球经济中的新地位:中国取代了日本,成为世界第二大经济体、第二大石油消费国;取代了德国,成为全球最大贸易商品出口国;取代了美国,成为全球制造业巨头。中国经济的繁荣引发了对原材料的大量需求。20 世纪 80 年代中期,石油和其他初级产品约占中国出口商品总量的一半。而现在,中国进口商品所占份额从 1986 年的 3% 上升到 2010 年的 37%。商品净进口总额占 2010 年国内生产总值的 7%。中国的铁矿石海运贸易总额占世界总量的 60%。目前,中国消耗全球铜产量的 39%,而欧洲仅占 20%,美国占 9%。中国铅消耗量占全球总量的 45%,欧洲占 17%,美国占 15%。中国的锌消耗量占全球总量的 43%,欧洲占 20%,美国占 7%。就铝消耗量而言,中国占 40%,欧洲占 20%,美国占 11%。镍消耗量中国占 37%,欧洲占 25%,美国占 8%。2011 年,中国共生产 6.83 亿吨钢材,进口 4900 万吨。而美国和日本的钢材总产量约为 1 亿吨。中国目前煤炭消耗量占全球总量的一半,其中 2/3 用于发电。过去十年,中国成为全球石油需求增长最快的国家,目前每天消耗近 900 万桶石油。英国石油公司(BP)预测,到 2030 年,中国对石油的需求将达到每天 1750 万桶,取代美国成为全球最大的石油消耗国。随着能源需求的不断增长,中国 80% 的石油和 42% 的天然气将不得不依靠进口。②

5.社会问题的挑战。季塔连科指出,中国取得成就花了巨大代价,产生了一系列新的重大矛盾、挑战和困难,而社会问题尤其尖锐,其中包括:失业现象在增长(城市大约有 3000 万人口,农村有 1.5 亿—2 亿人口),城市和农村发展不平衡,东西部地区发展不平衡,社会和财富两极分化,全国性社会保障、医

---

① 参见[美]辛西娅·W.卡恩、迈克尔·C.卡恩:《中国的可持续发展之路》,载周艳辉主编:《增长的迷思:海外学者论中国经济发展》,中央编译出版社 2011 年版,第 28 页。

② 参见[美]大卫·黑尔:《中国经济的崛起如何改变全球商品市场》,载迈克尔·赫德森等主编:《中国未来 30 年》Ⅲ,中央编译出版社 2013 年版,第 118—119 页。

疗保健和教育系统的建立等重大问题。这些问题在广大农村更加尖锐。还有中国目前是粗放型经济增长模式,其代价是居民生活环境遭到破坏,对外贸易失衡现象日益严重。① 西班牙巴塞罗那自治大学教授华金·贝尔特兰·安托林认为:从地缘经济和地缘政治的角度来说,中国已经达到了与30年前有天壤之别的新高度。但革命的年轻时代已经远去,成熟期的财富造成了不公正和腐败,现在迫切需要收复信心和重新平衡分配财富。② 凯瑞·布朗认为,中国的人口问题在不断加重。男女比例已经严重失调,达到106∶100,在农村甚至达到了140∶100。这样下去,到2020年,中国将有2000万至3000万单身男性。独生子女政策让中国面临着人口老龄化的危机,平均每两个工作者就要赡养一个退休老人。③

6.国际环境的挑战。美国著名经济学家、地缘政治学家威廉·恩道尔(F. William Engdohl)指出:中国自1978年起,经济一直沿着美国倡导的"自由市场"的模式快速发展,因而并未被美国视为威胁,但随着经济规模扩大,对原油、铁矿砂、铜等原材料的需求与日俱增,中国开始采取更为大胆和有效的对外经济政策,足迹遍布非洲、中东乃至全球各个角落,原本只被视为沃尔玛等美国跨国公司廉价劳动力来源的中国,却在不知不觉中对美国未来的霸权构成威胁,尤其是在非洲、亚洲和富产石油的中东地区。"也正是从2005年开始,华盛顿用'慢火煮蛙'的策略来对付中国,并且逐渐把火调大,妄图重创直至扼杀中国发展。虽然离沸点已经不远,但中国仍有时间,对于中国领导人和人民而言,现在绝对不能对对手的残酷和意愿抱些许幻想。"④美国对中国的"屠龙"战术是全面的,包括货币战争、石油战争、农业战争、健康战争、军事战

① 参见[俄]季塔连科:《前进中的中国:纪念新中国成立60周年及展望21世纪中国发展前景》,李瑞琴译,《中国社会科学》2009年第5期。

② 参见《革命与改革:新中国的六十华诞》,西班牙《中国政策观察》网站2009年9月6日。转引自中华网2009年9月9日(http://www.china.com.cn/international/txt/2009-09/09/content_18494140.Html)。

③ 参见[英]凯瑞·布朗:《2030年的中国》,载迈克尔·赫德森等:《中国未来30年》Ⅲ,中央编译出版社2013年版,第6—7页。

④ [美]威廉·恩道尔等:《目标中国:华盛顿的"屠龙"战略》,戴健等译,中国民主法制出版社2013年版,"前言"第5页。

争、经济战争、环境战争、媒体战争。西方势力,尤其是美国正处心积虑地对中国施加威胁性遏制。罗纳德·本尼迪克(Roland Benedikter)认为,中国的未来发展还是一个模棱两可的故事(a story of ambiguities)。这种两面性(dichotomy)突出表现在三个方面:一是模糊性、依赖性与透明性、长期可预见性同时并存;二是权威主义与自由主义同时并存;三是保持稳定与深化改革两种任务同时并存。① 中国的朋友是谁? 中国的朋友在哪里? 这些问题现在都还难以确定。

(四)"可持续发展论"

这类观点对中国的未来发展充满信心,认为中国崛起势在必行,中国的可持续发展具有多方面的优势和条件,并据以批判各种类型的"中国崩溃论"、"中国失败论"。这是难能可贵的。

在中国有 27 年工作经历的 W.约翰·霍夫曼(W.John Hoffmann)在《未来中国——世界最充满活力的地区》一书中,一一列举各种形式的"中国崩溃论",并予以批驳。他指出,自 20 世纪 80 年代早期改革以来,有关中国即将崩溃的预言已有好多次。的确有好几个版本的"中国崩溃论":例如改革压力将导致中国政治体制的崩溃,中国没有能力处理由改革引起的混乱而崩溃,反市场取向改革力量将导致经济崩溃,中国的国有企业不可能迈出具有决定意义的改革,等等。这些问题到目前为止依然十分重要,但没有一个单个的或相关的问题导致中国崩溃,尽管近来大多数宏观经济改革计划引起争议。当批评家们声明那只是一个崩溃到来之前或增长极限到来之前的简单问题时,人们不得不关注中国及其领导人留下深刻影响的能够管理改革进程的方法。当错误发生时,中国领导人表现出他们的机敏、实用、耐心、对新观念的开放,并从中发现新的方向。中国的适应能力以及影响变化的能力是无法估量的。② 威

---

① 参见 Roland Benedikter, Verena Nowotny, *China's Road Ahead: Problems, Questions, Perspectives*, Springer, 2014, pp. 97−103。

② 参见 W.John Hoffmann, *China into the Future: Making Sense of the World's Most Dynamic Economy*, John Wiley & Sons(Asia)Pte.Ltd., 2008, pp. 10−11。

廉·A.卡拉汉（William A.Callahan）在《中国梦：20 种未来前景》一书，对中国各类人关于未来的梦——加以概括，共有 20 种之多。① 说明中国人对自己的未来充满信心。在俄罗斯科学院远东研究所副所长波尔佳科夫看来，2016 年中国 GDP 增速达到 6.7%，用事实反驳了外界最初的怀疑。他认为，中国政府为优化经济结构采取"三去一降一补"等务实举措，是助力中国经济稳健发展的积极因素。他对中国的发展前景保持乐观，"中国的经济增速将继续远超欧美，世界经济发展将有赖于中国的经济形势"。② 美国著名经济学家、地缘政治学家威廉·恩道尔指出：尽管当今中国仍存在不少实质性问题，但中国也拥有其他国家无法相比的宝贵资源。"近些年在中国国内与学生、教授、工人和农民进行大量讨论后，笔者认为，大多数中国人都肩负着一种使命感，他们坚信中国会成为创造历史的大国。……过去 60 年，甚至过去 2500 年的历史告诉我们：在优秀国家领导人的卓越远见指引下，中华民族定能创造辉煌！"③ 黄亚生指出，很多人不自觉地仍以毛泽东时的中国作为对比分析的基础，殊不知当今中国社会已发生了根本性的变化。政府的目标、角色和动作方式都经历了重大的转变，因此需要不同的分析方法。更为重要的是中国现状与国际传媒中的中国形象有着天壤之别。实际情况是，政治系统依然有着权威性，管理能力有所提高，中央仍保持对地方经济、政治方面的实质性控制。在未来的 10 年中，中国的领导人将在政策制定中遇到大量艰难的挑战，但其中不大可能有国家解体问题。

马丁·雅克认为，中国走向成功具有多方面的条件和优势。其一，人口优势。当美国 1870 年开始经济腾飞时，其人口为 4000 万人。到 1913 年，该数字已达到 9800 万人。日本经济腾飞始于 1950 年，当时的人口是 8400 万人，到 1973 年年底经济腾飞结束的时候，人口数量已达 1.09 亿人。相比之下，中

---

① 参见 William A.Callahan, *China Dreams: 20 Visions of the Future*, Oxford University Press, 2013, pp. 146-147。

② 参见《海外看中国：中国方案为世界注入正能量》，中国经济网 2017 年 3 月 13 日 (http://news.eastday.com/eastday/13news/auto/news/world/20170313/u7ai6589911.html)。

③ ［美］威廉·恩道尔：《目标中国：华盛顿的"屠龙"战略》，戴健等译，中国民主法制出版社 2013 年版，第 211 页。

国 1978 年开始腾飞时的人口是 9.63 亿人,这个数字是美国 1870 年人口数的 24 倍,日本 1950 年人口数的 11.5 倍。其二,劳动力规模。中国目前的人口占世界总人口的 21%,其劳动力人数占全球劳动力总数的 25%,略高于前者。1978 年,中国农村人口占绝大多数,只有 1.18 亿非农业人口。截至 2002 年,非农业人口已经增至 3.69 亿,而发达国家加起来的总人口是 4.55 亿。其三,规模效应对世界其他地区产生的影响。自 1978 年以来,中国 GDP 的年均增长率一直保持在 9.4% 左右,超过美国 1870—1913 年 3.94% 增长速度的两倍。据预测,两个国家各自腾飞持续的时间将大致相同:美国约 43 年,中国约 42 年,因为虽然后者的增长速度快得多,但其人口规模也大得多。美国 1870 年开始腾飞时,其 GDP 占世界总量的 8.8%,到 1913 年时,该比例上升至 18.9%。与此相反,中国 1978 年时的 GDP 约占世界总量的 4.9%,但这一比例到 2020 年的时候,很可能会增加为 18%—20%。其四,中国对世界贸易的影响。1970 年,其出口贸易只占世界总量的 0.7%;20 世纪 70 年代末期,中国的进出口总额,只占本国 GDP 的 12%,处于世界最低水平。但是,自 1978 年以来,中国已非常迅速地成为世界上最开放的经济体之一。中国计划逐步将平均关税税率从 2001 年的 23.7% 下降到 2011 年的 5.7%。到 2010 年,中国将以一个发展中国家的身份,首次成为世界最大的贸易国。①

在新中国成立 60 周年之际,新加坡《联合早报》发表宋鲁郑的文章指出,中国的政治制度如果放到全球、两岸政治比较的视野下,就会发现中国真正与众不同的特色是有效的一党制,这才是中国经济成功的真正原因。中国的一党制优势之一在于可以制定国家长远的发展规划和保持政策的稳定性,而不受立场不同、意识形态相异政党更替的影响。中国的一党制优势之二在于高效率,对出现的挑战和机遇能够作出及时有效的反应,特别是在应对突发灾难事件时。2008 年的汶川地震,中国高速有效的救援能力,震撼全球。中国的一党制优势之三在于在社会转型期这一特殊时期内可以有效遏制腐败的泛

① 参见 Martin Jacques, *When China Rules the World:the End of the Western World and the Birth of a New Global Order*, Penguin Press, 2009, pp. 185–187。

滥。中国的一党制优势之四在于这是一个更负责任的政府。一谈到中国,西方往往套以"绝对权力,绝对腐败"的说辞。这实是意识形态的想当然,与当今政治实践不符(众多民主国家存在的严重腐败就是例证)。而且更重要的一点是西方没有认识到"绝对权力也往往意味着绝对责任"。中国的一党制优势之五在于人才培养和选拔机制以及避免人才的浪费。中国政治人才的培养是一个漫长的过程,尤其是高端政治精英,必须要有足够的基层历练,可以说能力是最主要的标准。中国的一党制优势之六在于它可以真正地代表全民。西方的多党制下,每个政党代表的利益群体是不同的。或者代表大众,或者代表财团。英、法、美三国均如此。中国台湾则比较独特,国民党代表主张统一的外省人,民进党则代表主张独立的本省人。但不管代表谁,没有一个政党是全民政党。①

(五)"中国统治论"

这类观点认为,随着中国经济及其国力的增长,中国的崛起将成为不争的事实,中国不但不会崩溃,而且要代替美国,成为世界的领导者。但中国的崛起与历史上其他大国的崛起有着本质的区别,将给世界带来完全不同于西方的贡献。这类观点虽然看到中国崛起是大势所趋,但又错误地认为中国崛起会代替美国,成为世界的统治者。

英国学贯中西的著名学者马丁·雅克(Martin Jacques)著有《当中国统治世界:中国的崛起和西方世界的衰落》一书,其中明确指出,直到现今,西方研究中国的主流思潮都倾向于认为,中国将不可避免地紧跟西方的脚步,发展成为一个西方式的国家。他完全不赞成这种说法,他认为以这种思路理解中国是完全行不通的。这也是西方世界对中国的预言为什么总是错误的原因。两个多世纪以来,占据统治地位的制度、思想、价值、规范等都是和西方世界联系在一起的——开始是欧洲,后来是美国。西方的衰落意味着它越来越没有能力,也无法以它以前的方式去塑造这个世界。"出于同样的原因,中国的崛起

①　参见宋鲁郑:《中国的政治制度何以优于西方?》,新加坡《联合早报》2010年3月10日。

将意味着她的历史、文化、语言、价值、机制和企业将会逐渐影响全世界。"①马丁认为，中国的崛起对世界不是一种威胁，相反，中国的崛起——伴随着印度的崛起（两个国家的人口总数占世界总人口的 38%）——是过去两个世纪以来对世界民主化进程最大的贡献。② 中国的崛起正在成为一个不争的事实。据高盛公司预测，到 2027 年，中国将超过美国成为世界最大的经济体。当中国开始成为全球大国时，其持续增强的实力将呈现出什么形式？换句话说，掌握全球霸权的中国是何种面貌？在这种情形下，它如何展现力量？如何作为？这是人们普遍关心的问题。在过去 200 年里，曾出现过两个世界霸主，分别是 1850 年的英国和 1945 年至今的美国。由于美国这个例子更具有时效性，因此人们往往会从美国模式去理解"中国治下的和平"。西方国家那种认为中国必将遵从西方发展道路的观念主要基于两个不可分割的观点：其一，世界上仅有一种可以想象得到的现代性，那就是西方的现代性；其二，世界将会一直由西方国家主导，因为按照它们的说法，西方国家的制度和模式影响着其他所有国家，西方主导的世界将会永久延续下去。"这完全是一种幻觉。"③现代性绝非只有一种，中国现代性的关键性特征包括八个方面：第一，中国不是真正传统意义上的民族国家，而是文明国家。第二，中国越来越有可能按朝贡体系而不是民族国家体系构想与东亚的关系。第三，中国对待种族和民族的态度与众不同。第四，中国人所生活工作的是一块与其他民族国家大不相同的大洲规模的土地，今后仍是如此。第五，中国政体的本质极具特色。第六，中国的现代性和其他东亚国家一样，以国家转型速度快而著称。第七，1949 年后中国一直由共产党执政。第八，未来数十年内中国将越来越多地表现出发达国家和发展中国家的综合特征。"中国将从根本上推动世界变革，其深度远

　　① ［英］马丁·雅克：《当中国统治世界：中国的崛起和西方世界的衰落》，张莉、刘曲译，中信出版社 2010 年版，"中文版自序"第 25 页。
　　② 参见［英］马丁·雅克：《当中国统治世界：中国的崛起和西方世界的衰落》，张莉、刘曲译，中信出版社 2010 年版，"中文版自序"第 26 页。
　　③ ［英］马丁·雅克：《当中国统治世界：中国的崛起和西方世界的衰落》，张莉、刘曲译，中信出版社 2010 年版，"中文版自序"第 26—27 页。

远超出过去两个世纪中任何新兴的全球大国。"①

　　瑞典著名经济学家,曾经担任瑞典首相顾问的克拉斯·埃克隆德(Klas Eklund)也著有《当中国统治世界的时候》一文。他指出,西方外交官经常批评中国的外交政策,宣称中国没有担负起人们有权利要求一个超级大国应该承担的全球性责任,但是中国近几十年在国际舞台上取得了很大成就。现在香港和澳门已经回归,和平统一台湾的前景也在改善。中国拥有巨大的外汇储备,正在建设成世界历史上最大的商业中心,拥有丰富的自然资源、证券和土地。中国的发展模式赢得了许多发展中国家的尊重。"在我个人看来,中国不可避免地要成为全球支配性大国。"②令人吃惊的是中国的迅速崛起迄今为止是在政治或军事上没有发生巨大冲突的情况下发生的。中国正在迅速成为拥有大批工程师、技工和受过高等教育的青年人的国家。在未来十年内,中国高等院校培养的学生将会翻番。实际上中国培养的理工科博士也在增加,每年2.8万名,而美国为2.5万名。这个差距看来会迅速扩大。③

　　由环球舆情调查中心发起的2014中国形象与国际地位多国调查数据报告显示,有64.3%的来自世界各地的受访者认为,中国已经成为一个世界性强国。当被问及"你认为中国已经具备世界性强国的哪些条件"时,有71.5%的受访者选择了"经济实力",36.5%的受访者选择了"政治及外交影响力",33.3%的受访者选择了"军事实力"。而认为中国具有世界强国应有的文化影响力的受访者仅占29.1%。④ 美国国家情报委员会2012年12月10日公布的《2030年全球趋势:不一样的世界》报告预测,中国经济可能会在2030年之前几年就超过美国,成为"全球第一"。届时,亚洲将成为世界中心,其实力

　　① 　[英]马丁·雅克:《当中国统治世界:中国的崛起和西方世界的衰落》,张莉、刘曲译,中信出版社2010年版,第340页。

　　② 　[瑞典]克拉斯·埃克隆德:《当中国统治世界的时候》,载迈克尔·赫德森等主编:《中国未来30年》Ⅲ,中央编译出版社2013年版,第51页。

　　③ 　参见[瑞典]克拉斯·埃克隆德:《当中国统治世界的时候》,载迈克尔·赫德森等主编:《中国未来30年》Ⅲ,中央编译出版社2013年版,第57、58页。

　　④ 　参见王欣:《超六成外国人认可中国是世界强国 十年内美仍占优》,《环球时报》2012年12月7日。

和全球影响力将超过美国与欧洲的总和。全球 6 大经济体的顺序将是：中国、美国、印度、日本、俄罗斯、巴西。1993 年诺贝尔经济学将得主罗伯特·福格尔的预测认为："到 2040 年，中国经济的总量将达到 123 万亿美元，几乎是 2000 年全球经济总产出的 3 倍。届时，中国的人均收入将达到 85000 美元，预计将比 2040 年的欧盟人均收入多一倍，同时也将大大高于印度和日本的人均收入。换句话说就是，当中国从 2000 年的发展中国家发展成为 2040 年的超级富国时，中国的大城市居民将过上比普通法国人好两倍的日子。尽管在人均财富上的排名，它还不会取代美国，但据我预测，30 年后中国在全球 GDP 中所占份额将达到 40%，这将使美国（14%）、欧盟（5%）相形见绌。这就是一个经济霸权未来的样子。"①

（六）"多极发展论"

与"中国统治论"不同，还有一类观点认为，21 世纪的中国仍然会持续发展，但中国只可能成为多极发展中的一员，至多成为亚洲强国，不可能取代美国而统治世界。这一观点的代表人物是现任美国瑞争证券公司投资研究部董事总经理、亚太区首席经济学家乔纳森·安德森（Jonathan Anderson），他对故意贬低和夸大事实的各种关于中国的"神话"进行了批驳。他指出：到 2025 年，中国会变成什么样子？ 根据合理的假设，中国大陆将跃居全球第一大贸易国，成为最主要的机械、钢铁、水泥、能源、食品和原材料进口国。如果按照市场汇率来计算，中国的经济总量将达到美国或欧盟的一半，但如果按照实物产出来计算，它将坐上头号交椅。中国农民的平均收入届时还将比较低，但新兴的城市中产阶级的人数可能达到 3 亿—4 亿，也就是说，超过了美国今天的全部人口。那么，最关键的问题也就出现了：中国这样剧烈的崛起过程会给世界其他国家带来什么样的影响呢？ 在某些评论家看来，中国是世界经济出现痛苦的紊乱过程的根源，而对其他一些人而言，中国的兴起与美国在一个多世

---

① ［美］罗伯特·福格尔：《预警：2040 年中国经济总量将达到 123 万亿美元》，载迈克尔·赫德森等主编：《中国未来 30 年》Ⅲ，中央编译出版社 2013 年版，第 127 页。

纪之前的情况非常类似,并且注定将取代美国,成为世界未来的经济和金融中心。这个假设成立吗?并非如此。中国不会改变世界有七个理由:第一,中国不会重新改写世界经济的增长史;第二,中国不会吞噬全球的制造业,也不会偷走高附加价值的工作岗位;第三,中国不会买光全世界的资产;第四,人民币不会成为下一个世界货币;第五,中国不会成为世界市场上通货紧缩的输出源头;第六,中国不会导致其他发展中国家陷入停滞;第七,中国不会破坏"华盛顿共识"。① 印度经济学家阿嘎瓦拉也认为,未来世界将是一个多极化的时代,不会出现中国对世界的统治。他指出:从根本上讲,中国的崛起与纳粹德国(基于种族仇恨)、苏联(基于市场压制)、石油输出国(基于卡特尔)的崛起是完全不同的。中国的崛起不可避免地导致世界向多极化转变。在 21 世纪,无论美国,还是中国或者欧洲,都不能统治世界。在多极世界里,多边制度将为和平、合作及快速发展提供最好的制度框架。利用可能由中国所创造的机遇的最好办法是建立一套国际行政管理框架,在这里接受法律规则和多元论。因此中国能够帮助世界建立一套新的国际秩序,不论中国还是美国都不能纯粹依靠国力大小而统治其他国家。全球将共同享有一个在人类历史上史无前例的繁荣。②

美国国家安全顾问埃里克·安德森(Eric C.Anderson)也指出:"从某些意义上讲,中国领导人投入的是一场非常现代的扭转历史的战斗。他们一心要抹去'屈辱世纪'的最后残余,重新在世界大国当中获得受人尊敬的地位。不过,北京显然无意参加争夺全球支配地位的竞赛。尽管中国为取得区域支配地位而展开的活动有时显得很危险,像是与美国展开了世界范围的直接对抗,但我认为这只是西方的看法,是误判了中国的意图。"③2013 年 10 月 14 日,美国《福布斯》杂志网站发表题为《中国能打造"去美国化"的世界吗?》的文章,

① [美]乔纳森·安德森:《走出神话:中国不会改变世界的七个理由》,徐江、黄志强译,中信出版社 2006 年版,第 202—204 页。
② 参见[印]阿嘎瓦拉:《中国的崛起:威胁还是机遇?》,陶治国等译,山西经济出版社 2004 年版,"原版前言"。
③ [美]埃里克·安德森:《中国预言:2020 年及以后的中央王国》,葛雪蕾等译,新华出版社 2013 年版,第 2 页。

作者帕诺斯·穆道库塔斯认为,答案可能是否定的。因为中国缺少使其经济可持续增长的四个条件:中国并没有为其制造产品建立一个"无限"的世界市场前沿;中国尚未培育出本土资源——企业精神;中国还不能正确协调市场与政府之间的关系;中国需要一个新的商业思维定式,把消费者而不是政府官僚置于经济宇宙的中心,让企业家选择如何分配经济资源,并允许职业经理人实现这些选择。① 美国约翰·霍普金斯大学社会学副教授孔诰烽(Ho-fung Hung)专门著书,对"中国热"中的四个观念,即中国作为另外一种经济增长模式将会破坏正统观念,中国强烈地改变了东方和西方的权利关系,中国有能力替代美国成为全球霸权,在 2008 年金融危机后,中国经济发展将能恢复全世界的财富,一一予以批驳。他指出:"虽然中国可能寻求一些方法来改变在这种安排下的权力平衡,但中国的真正兴趣其实在于保持现状,而非主导世界。中国自身的增长并不是世界经济危机的解决方案。就像所有其他资本主义国家的繁荣一样,'中国热'作为特定的历史进程和全球力量的结果,并不能永远持续下去。"②弗朗西斯·福山认为,虽然中国呈现出极强的竞争力,而且在某些方面,中国做起事情来比民主国家更有效率。因此,实际上世界上只剩下中国这样一支有活力的现代化力量。"但是由于各种原因,我不认为中国能够在未来几十年仍能保持住这种发展趋势,也不认为每个国家都会朝中国模式发展。我认为历史不会终结于中国模式。"③这是因为中国模式很难复制,它是中国文化所特有的,它的一部分是马克思列宁主义,一部分是儒家思想。而且,中国人也没有将其模式传播到其他国家。这一模式只适用于他们自己。

二、中国模式的独特性

党的十八大以来,以习近平同志为核心的党中央,运用马克思主义的基本

---

① 参见《美媒辩论新华社"去美国化"文章:中国能取代美国吗》,《参考消息》2013 年 10 月 16 日。

② [美]孔诰烽:《中国为何不会统治世界》,沈莉译,中信出版社 2016 年版,第 18 页。

③ 参见西村博之等:《历史的终结、中国模式与美国的衰落——对话弗朗西斯·福山》,禚明亮译,《国外理论动态》2016 年第 5 期。

原理,深入研究人类社会发展规律、社会主义建设规律、共产党执政规律,进一步总结国内外发展经验,不断开拓创新,解决了一系列过去无法解决的重大难题,取得了极不平凡的重大成就。正是根据我国社会主要矛盾的新变化,党的十九大提出习近平新时代中国特色社会主义思想,回答了"新时代坚持和发展什么样的中国特色社会主义,怎样坚持和发展中国特色社会主义"的课题,制定了新的战略目标和战略举措,把马克思主义中国化推向崭新境界,进一步发展和完善了"中国模式"。"中国模式"呈现出不同于世界其他发展模式的独特性。

(一)独特的价值指向

在世界现代化的进程中,围绕劳动、资本、国家的关系,先后形成了两类不同的发展模式:以资本为主体的资本主义发展模式和以国家为主体的苏联社会主义发展模式。资本主义本来就是靠剥夺劳动者起家的。劳动为富人生产了奇迹般的东西,但为工人生产了赤贫。恩格斯曾经指出,现代国家不管其形式如何,本质上都是资本主义的机器、资本家的国家、理想的总资本家。毋庸置疑,第二次世界大战后,资本主义国家内部一些先进的思想家和政治家曾经一再反思,对资本主义的生产关系进行部分调整。同时,随着科学技术的进步,工人阶级的劳动条件和生活条件有所改善,劳资矛盾相对缓和,但这并没有改变资本支配劳动和国家的实质。斯蒂格利茨指出:"已为公众所知的市场经济最黑暗的一面就是大量的并且日益加剧的不平等,它使得美国的社会结构和经济的可持续性都受到了挑战:富人变得愈富,而其他人却面临着与美国梦不相称的困苦。"[①]皮凯蒂在《21世纪资本论》中表明:在美国,10%最富有的人占有全国财富的70%以上,比1913年镀金时代的比例更高,其中一半是由最富有的1%的人占有。根本原因在于资本的收益率远远高于经济和收入的增长率,这是"资本主义的核心矛盾"[②]。据美国财经博客网披露,2007

---

① [美]斯蒂格利茨:《不平等的代价》,张子源译,机械工业出版社2014年版,第3页。
② [法]托马斯·皮凯蒂:《21世纪资本论》,巴曙松等译,中信出版社2014年版,第589页。

年至 2012 年期间,在政治方面最为活跃的 200 家企业共耗费 58 亿美元用于联邦游说和竞选捐款,而这些公司却从联邦政府的支持中得到了 4.4 万亿美元的回报,占美国个人纳税者向联邦政府所缴 6.5 万亿美元税款的 2/3。这意味着,企业为影响美国政治花费的每 1 美元可以获取 760 美元的回报。最近一届的美国总统选举同样反映了美国政治为资本所控制的事实。

"苏联模式"是国家主导的、以快速实现国家工业化、从而战胜法西斯侵略为主要目标的现代化模式。由于这是一种战时体制,因而过多强调国家的绝对支配权。问题在于在战争结束后,这种模式被教条化为社会主义的唯一模式而强加于各社会主义国家,其弊端也日渐明显。斯大林去世后,赫鲁晓夫试图通过改革,缓解和消除苏联模式的弊端,但由于缺少严密的理论思维,把问题的实质归结为斯大林的个人功过、个人品质、个人作风问题,在国际社会引起轩然大波,改革最终没有成功。勃列日涅夫执政后期,以党代政的官僚主义进一步升级,高级干部分成 14 个等级,他们远离普通百姓,享有各种各样的特殊权力,逐渐形成一个自成一体的贵族集团。20 世纪 80 年代,改革再次成为世界性浪潮,戈尔巴乔夫借着自己所谓"新思维",要根本改造"整个社会大厦:从经济基础到上层建筑"。他完全否定斯大林模式,否定社会主义建设的成就,"要一切从头做起",建设人道的民主的社会主义。结果反共反社会主义势力趁机出笼,大肆活动,大造舆论,终于使苏联在剧烈的动荡中陷入前所未有的危机状态,最终导致共产党下台,国家解体。

相比之下,中国模式强调劳动对资本和国家的主体地位。人民不仅是中国特色社会主义的建设者、依靠者,而且是资本的占有者、使用者,国家制度的评价者、监督者和利益的分享者。早在新民主主义革命时期,毛泽东就为我们党制定了"全心全意为人民服务"的宗旨,并且指出:"人民,只有人民,才是创造世界历史的动力。"[①]新中国一切国家机构的设置都贯以"人民"二字。如政府是"人民政府"、最高权力机构是"全国人民代表大会"、多党合作组织称为"中国人民政治协商会议",法院称为"人民法院",等等,这都突出反映了国

---

① 《毛泽东选集》第三卷,人民出版社 1991 年版,第 1030 页。

家的人民性质。党的十一届三中全会后,在推进改革开放的进程中,邓小平一再强调,改革要尊重人民群众的首创精神,注意集中人民群众的智慧。"农村搞家庭联产承包,这个发明权是农民的。农村改革中的好多东西,都是基层创造出来,我们把它拿来加工提高作为全国的指导。"①我们党突破苏联模式的束缚,着力解决党和国家领导体制中权力过分集中的现象、家长制现象和形形色色的特权现象,建立了公务员制度、反腐倡廉的各种制度。同时,通过创办经济特区,继而实行全方位的对外开放政策,吸引了世界大量的资金、技术、人才,以及各方面的管理经验,充分肯定资本在中国特色社会主义建设中的作用,让资本为人民服务。据统计,我国非公有制经济 GDP 所占的比重已超过60%,税收贡献超过 50%,就业贡献超过 80%,新增就业贡献达到 90%,约有70%的技术创新、65%的国内发明专利和 80%以上的新产品来自小企业,其中95%以上是非公有制企业。党的十八届三中全会提出,要毫不动摇鼓励、支持、引导非公有制经济发展。"让一切劳动、知识、技术、管理、资本的活力竞相迸发,让一切创造社会财富的源泉充分涌流,让发展成果更多更公平惠及全体人民。"②另一方面,习近平一再强调,我们是中华人民共和国,一切权力属于人民,决不允许任何人拿人民的权力为自己谋私利。从 2012 年到 2016 年,中央共查处违反"八项规定"精神的问题共计 14.6 万起,处理 19.7 万人,立案审查中管干部 240 人,处分厅局级干部 6600 余人,超过 800 只"狐狸"归案。这一切都充分体现了中国模式的独特价值取向。

(二)独特的经济特征

自秦始皇统一中国以来,中国历代统治者都实行"重农抑商"的政策。但在社会主义条件下,怎样处理社会主义与市场经济的关系? 这是马克思主义发展史上的重大难题。马克思和恩格斯曾设想未来社会将消灭私有制,取消商品生产,实行有计划生产。"一旦社会占有了生产资料,商品生产就将被消

---

① 《邓小平文选》第三卷,人民出版社 1993 年版,第 382 页。
② 《中共中央关于全面深化改革若干重大问题的决定》,人民出版社 2013 年版,第 3 页。

除,而产品对生产者的统治也将随之消除。社会生产内部的无政府状态将为有计划的自觉的组织所代替。"①20世纪初,列宁在经济和文化都比较落后的俄国进行"新经济政策"的试验,充分肯定市场、商品、货币在俄国存在的必要性。但在列宁去世后,苏联很快宣布停止"新经济政策",紧接着宣布建成"完全的社会主义",把市场、商品、货币等完全排除在社会主义之外。新中国成立后,以毛泽东同志为代表的中国共产党人,试图突破苏联模式的束缚,独立自主探索适合中国特点的现代化道路。20世纪50年代,在与黄炎培、陈叔通等工商界人士的谈话中,他批评苏联斯大林时期过早地结束了列宁的新经济政策,中国可以再搞一段新经济政策,"可以搞国营,也可以搞私营。可以消灭了资本主义,又搞资本主义。"②可惜的是这一思想并没有得到贯彻到底。

　　党的十一届三中全会后,邓小平总结国际共产主义运动的经验,认为计划和市场都是手段,本质上没有姓"社"姓"资"的区别,资本主义可以搞,社会主义也可以搞。党的十四大根据邓小平的建议,首次把建立社会主义市场经济体制确立为我国经济体制改革的目标,明确肯定使市场对资源配置起基础性作用,使经济活动遵循价值规律的要求。党的十四届三中全会进一步勾画了社会主义市场改革的蓝图和基本框架。2001年,中国加入世界贸易组织,标志着中国参与世界范围市场经济的决心。进入21世纪,我国市场经济快速发力,经济总量跃居世界第二位。2010年,我国制造业规模超过美国,居世界第一位。党的十八大提出:经济体制改革的核心问题是处理好政府和市场的关系,必须更加尊重市场规律,更好发挥政府作用。健全现代市场体系,加强宏观调控目标和政策手段机制化建设。反映了中国共产党人进一步完善的市场经济的决心。党的十八届三中全会的决定进一步指出:经济体制改革是全面深化改革的重点,核心问题是处理好政府和市场的关系,使市场在资源配置中起决定性作用和更好发挥政府作用。公有制经济和非公有制经济都是社会主义市场经济的重要组成部分,都是我国经济社会发展的重要基础。必须毫不

---

① 《马克思恩格斯选集》第3卷,人民出版社2012年版,第671页。
② 《毛泽东文集》第七卷,人民出版社1999年版,第170页。

动摇巩固和发展公有制经济,坚持公有制为主体地位,发挥国有经济主导作用,不断增强国有经济活力、控制力、影响力。必须毫不动摇鼓励、支持、引导非公有制经济发展,激发非公有制经济活力和创造力。完善产权保护制度,积极发展混合所有制经济。

近年来,民粹主义、贸易保护主义等逆全球化潮流在西方一些国家抬头。从 2008 年到 2016 年,美国对其他国家采取了 600 多项歧视性措施,仅 2015 年就采取了 90 项。在美国的"带领"下,2015 年各国实施的歧视性贸易措施,比 2014 年增加 50%。在贸易保护主义的冲击下,全球贸易跌入 10 年来的低谷。① 2018 年 3 月,美国总统特朗普又签署针对中国的《贸易备忘录》,将对从中国进口的商品大规模征收高额关税、对中资投资美国设限并在世贸组织采取针对中国的行动等。正是在这样的背景下,中国共产党人表现出捍卫和发展全球化,发展开放包容市场经济的坚定决心。在达沃斯世界经济论坛2017 年年会开幕式上的主旨演讲中,习近平总书记为世界经济发展把脉定向,提出了四点建议:一是坚持创新驱动,打造富有活力的增长模式;二是坚持协同联动,打造开放共赢的合作模式;三是坚持与时俱进,打造公正合理的治理模式;四是坚持公平包容,打造平衡普惠的发展模式。标志着中国从向世界学习和探索发展市场经济的经验,制定发展市场经济的规则和法律,继而号召和领导世界市场经济的重大转变。党的十九大报告进一步指出:"中国开放的大门不会关闭,只会越开越大。要以'一带一路'建设为重点,坚持引进来和走出去并重,遵循共商共建共享原则,加强创新能力开放合作,形成陆海内外联动、东西双向互济的开放格局。"②坚持全球一体化,建设开放包容的社会主义市场经济,反映了习近平新时代中国特色社会主义思想对社会主义市场经济乃至全球经济发展的新思考,展现出无限广阔的思想视野。

中国现行的经济制度,既不是高度集中的计划经济,也不是西方典型的自由市场经济,它是看得见的手(权力)和看不见的手(市场)互相结合,取长补

---

① 参见高飞:《反全球化难改全球化发展趋势》,《学习时报》2017 年 4 月 24 日。

② 习近平:《决胜全面建成小康社会 夺取新时代中国特色社会主义伟大胜利》,人民出版社 2017 年版,第 34—35 页。

短之后所产生的一种新的市场经济形态,这种市场经济体制在西方的教科书上几乎是空白,它与西方从农业社会向工业社会的过渡迥然不同。其要点和特色包括:公有制为主体和多种所有制经济共同发展相结合,国家调控作用和市场主导作用相结合,提高效率同促进社会公平相结合,坚持独立自主同参与经济全球化相结合,中央集权同地方分权相结合,等等。这种经济模式,既能调动各种所有制经济的积极性、创造性,又确保社会健康有序的竞争和发展环境。这是"中国模式"的独特经济特征。

(三)独特的政治保障

在整个改革开放的过程中,在政治制度上,中国共产党人一方面坚决反对照搬别国模式,另一方面又不断完善自己的制度。

在1987年召开的党的第十三次代表大会上,改革干部人事制度的总体构想被提了出来,决定将执行国家公务的人员从现有干部队伍中分离出来,建立国家公务员制度。1988年,全国七届人大一次会议决定成立国家人事部,负责全面实行公务员制度的准备工作。国家机关工作人员一律实行公开考试,择优录取的办法,取得了明显的社会效益。1993年,国务院正式颁发《国家公务员暂行条例》,国家行政机关开始推行公务员制度,新的干部人事制度框架初步形成。据载,2012年8月,国务院常务会议决定,在以往工作的基础上,再取消和调整314项行政审批项目,其中取消184项,下放117项,合并13项。至此,国务院10年来共分6批取消和调整了2497项行政审批项目,占原有总数的69.3%。同一时期,31个省(区、市)共取消调整了3.7万余项行政审批项目,占原有总数的68.2%。[①] 2013年,国务院体制改革进一步推行大部委制,国务院组成部门从1982年的100个减少到如今的18个。党的十八届三中、四中全会又进一步对中国未来"全面深化改革"和"全面依法治国"作出了新的战略部署,提出要实现国家治理体系和治理能力现代化。从2012年

---

① 参见新华网2013年6月25日(http://news.xinhuanet.com/2013-06/25/c_116286306.htm)。

至 2016 年,五年总体推出 1500 多项改革举措。党的十九大报告指出:"中国特色社会主义政治发展道路,是近代以来中国人民长期奋斗历史逻辑、理论逻辑、实践逻辑的必然结果,是坚持党的本质属性、践行党的根本宗旨的必然要求。世界上没有完全相同的政治制度模式,政治制度不能脱离特定社会政治条件和历史文化传统来抽象评判,不能定于一尊,不能生搬硬套外国政治制度模式"①。既保持坚定的原则性,不走西方国家的政治道路,充分发挥自己体制的优势,又采取果断措施,积极学习世界先进的政治管理经验,改革政治体制中的弊端,全面推进依法治国战略,不断完善中国特色的政治制度,这是"中国模式"的独特政治保障。

(四)独特的文化品格

自 1840 年鸦片战争打开中国大门,如何建构具有中国特点的民族文化,成为政治家、思想家思考的重要课题。起初有洋务派张之洞等人提出的"中学为体,西学为用"的主张。戊戌变法、辛亥革命时期,从康有为、梁启超到孙中山,实质上坚持的是"西学为体,中学为用"的方针。从五四运动开始,"全盘西化"的主张渐渐占了上风。李大钊、陈独秀、胡适、鲁迅的著作中都包含着大量否定传统文化的内容。而且这种观点影响着青年毛泽东,以致从新民主主义革命到新中国成立后相当长时间里,马克思主义与传统文化格格不入,传统文化被视为实现中国现代化的包袱而加以否定和批判。十一届三中全会后,我们党一再反思历史,总结经验,破除各种禁区、禁令,重申"三不主义",实行"双百"方针,批判了对待传统文化和西方文化问题上的极左和极右倾向,传统文化从不同视角不同层面得到开掘,中西文化交流空前繁荣,涌现出一大批创新型成果,为社会主义精神文明和中国现代化增添了崭新的内容。

党的十八大以来,习近平总书记发表系列重要讲话,对马克思主义与中国传统文化、西方文化的关系问题作了深入论述。马克思主义、共产主义是共产

---

① 习近平:《决胜全面建成小康社会 夺取新时代中国特色社会主义伟大胜利》,人民出版社 2017 年版,第 36 页。

党人精神支柱,也是我们立党立国的根本指导思想。背离或放弃马克思主义,我们党就会失去灵魂、迷失方向。在坚持马克思主义指导地位这一根本问题上,我们必须坚定不移,任何时候任何情况下都不能有丝毫动摇。而优秀传统文化是一个国家、一个民族传承和发展的根本,如果丢掉了,就割断了精神命脉。中华优秀传统文化包含着讲仁爱、重民本、守诚信、崇正义、尚和合、求大同的时代价值。像这样的思想和理念,不论过去还是现在,都有其鲜明的民族特色,都有其永不褪色的时代价值。我们要把继承传统优秀文化与弘扬时代精神结合起来,让收藏在禁宫里的文物、陈列在广阔大地上的遗产、书写在古籍里的文字都活起来。以此提高国家文化软实力,展示底蕴深厚、各民族多元一体、文化多样和谐文明大国形象,提高中国国际话语权。同时,习近平总书记高度重视对西方文化的吸收和借鉴。他说:马克思主义的诞生是人类思想史上的一个伟大事件,但如果没有 18、19 世纪欧洲哲学社会科学的发展,就没有马克思主义形成和发展。哲学社会科学工作者"要按照立足中国、借鉴国外,挖掘历史、把握当代,关怀人类、面向未来的思路,着力构建中国特色哲学社会科学,在指导思想、学科体系、学术体系、话语体系等方面充分体现中国特色、中国风格、中国气派"[1]。

既坚持马克思主义的指导地位,又弘扬中国优秀传统文化的时代价值,借鉴西方文明发展中的有益成果,"马中西"相结合,走综合创新之路。这是"中国模式"的独特文化品格。

(五)独特的世界构想

在西方文明发展的古地中海时代和大西洋时代,国强必霸、零和博弈、赢者全拿是一种普遍逻辑。在古希腊时代,雅典同盟和斯巴达同盟曾经为争夺霸权而展开长达 30 年的伯罗奔尼撒战争。之后,罗马帝国又为建立新的地中海霸权而四处征战。中世纪,十字军东征长达 194 年。近代,为争夺大西洋霸权,葡萄牙、西班牙、荷兰、英国、德国之间又顺次展开新的争霸战争。20 世纪

---

[1]　习近平:《在哲学社会科学工作座谈会上的讲话》,《人民日报》2016 年 5 月 19 日。

上半期,帝国主义又掀起两次世界大战,把几十个国家、几十亿人口卷入战争,给世界带来无尽的苦难。正是基于这种霸权主义的历史逻辑,近年来,国际上一些人推测中国崛起后也必然走上霸权之路,散布"中国威胁论"、"中国崩溃论"、"中国责任论"、"中国拖累论"、"中国失速论",百般遏制中国发展。

习近平在多种场合对这种论调进行了批驳,他指出:零和博弈、国强必霸、赢者全拿的逻辑不适合于中国。首先,时代发生了巨大变化,在这个世界里,各国相互联系、相互依存的程度空前加深,人类生活在同一个地球村里,生活在历史和现实交汇的同一个时空里,越来越成为你中有我、我中有你的命运共同体。宽阔的太平洋容得下中美两国乃至更多的国家。其次,中华民族是爱好和平的民族。"国虽大,好战必亡"、"四海之内皆兄弟"、"协和万邦"、"以和为贵"、"和而不同"、"化干戈为玉帛"、"国泰民安"、"睦邻友邦"、"天下太平"、"天下大同"等理念在中国世代相传,中国不存在霸权主义的文化基因。即使中国强盛到国内生产总值占世界 30% 的时候,也从未对外侵略扩张。新中国成立以来,从 1950 年至 2016 年,中国累计对外提供援款 4000 多亿元人民币。再次,文明是多样性的统一。现在,世界上有 200 多个国家和地区,2500 多个民族和多种宗教。如果只有一种生活方式,只有一种语言可以用,只有一种音乐,只有一种服饰,那是不可想象的。"我们应该推动不同文明相互尊重、和谐共处,让文明交流互鉴成为增进各国人民友谊的桥梁、推动人类社会进步的动力、维护世界和平的纽带。"①最后,中国的发展成就,不是抢别人的饭碗得来的,而是中国人民几十年含辛茹苦、流血流汗干出来的。"观察中国发展,要看中国人民得到了什么收获,更要看中国人民付出了什么辛劳;要看中国取得了什么成就,更要看中国为世界作出了什么贡献。这才是全面的看法。"②中国不仅是全球化的受益者,也是全球化的回报者。2001 年中国实际国内生产总值对全球贡献率仅为 0.53%,而到 2016 年这一指标跃升至33.2%。中国已连续 3 年稳居世界第一货物贸易大国地位,成为全球 120 多

① 《习近平谈治国理政》第一卷,外文出版社 2018 年版,第 262 页。
② 习近平:《共担时代责任　共促全球发展——在世界经济论坛 2017 年年会开幕式上的主旨演讲》,《光明日报》2017 年 1 月 18 日。

个国家和地区的最大贸易伙伴。近 10 年中国对外投资年均增长 25.4%,2015 年达到 1180 亿美元。预计未来 5 年,中国进口总额将达到 8 万亿美元,利用外资总额将达到 6000 亿美元,对外投资总额将达到 7500 亿美元,出境旅游将达到 7 亿人次。①

在批驳国外各种谬论的同时,习近平总书记提出"合作共赢,打造人类命运共同体"的中国构想。"世界命运应该由各国共同掌握,国际规则应该由各国共同书写,全球事务应该由各国共同治理,发展成果应该由各国共同分享"②。构建人类命运共同体,一要坚持对话协商,建设持久和平的世界;二要坚持共建共享,建设普遍安全的世界;三要坚持合作共赢,建设共同繁荣的世界;四要坚持交流互鉴,建设开放包容的世界;五要坚持绿色低碳,建设清洁美丽的世界。当前,最为迫切的任务是引领世界经济走出困境。而走出困境的途径,一是坚持创新驱动,打造富有活力的增长模式;二是坚持协同联动,打造开放共赢的合作模式;三是坚持与时俱进,打造公正合理的治理模式;四是坚持公平包容,打造平衡普惠的发展模式。近年来,以习近平同志为核心的党中央,积极倡导"一带一路",欢迎世界各国搭乘中国发展的便车。亚洲投资银行、丝路基金的创建得到世界各国的广泛支持和响应。2015 年巴黎气候大会及其《巴黎协定》的最后签署批准、2016 年杭州 C20 峰会的召开、2017 年年初习近平总书记在达沃斯经济论坛和日内瓦联合国总部的演讲,都彰显了"中国模式"的独特世界构想。

(六)独特的动力机制

马克思曾指出:"问题在于改变世界"。早在新中国成立前夕,毛泽东就向全党发出号召:我们不但要善于破坏一个旧世界,而且要善于建设一个新世界。20 世纪 50 年代,毛泽东发表《论十大关系》等文章,强调要破除对苏联模式的迷信和教条,以苏为鉴,引以为戒,调动一切积极因素,独立自主地干中国

---

① 参见国纪平:《推动世界经济迈向包容普惠的新时代》,《人民日报》2017 年 1 月 19 日。
② 习近平:《共同构建人类命运共同体——在联合国日内瓦总部的演讲》,《人民日报》2017 年 1 月 20 日。

式的现代化。他说:"地球上有二十七亿人,如果唱一种曲子是不行的。""不中不西的东西也可以搞一点,只要有人欢迎。"①可惜的是,这些正确的设想和试验因反右派斗争扩大化、"大跃进"、"文化大革命"等运动而中止。粉碎"四人帮"后,我们党突破"两个凡是"的教条,迎来全面改革创新的新时代。经济上从实行家庭联产承包责任制、设立经济特区,进而向全面建立社会主义市场经济体制转变;政治上从改革党和国家领导制度,废除终身制,实行党政分开,政企分开,进而向全面依法治国转变;文化上从恢复高考制度,向全面教育创新,建设人才强国、文化强国转变。世纪之交,江泽民进一步把改革创新提升到治党、治国和民族振兴根本之道的高度。他说:"创新是一个民族进步的灵魂,是一个国家兴旺发达的不竭动力,也是一个政党永葆生机的源泉。"②通过理论创新推动制度创新、科技创新、文化创新以及其他各方面的创新,不断在实践中探索前进,永不自满,永不懈怠,这是我们要长期坚持的治党治国之道。党的十八大要求以全球视野谋划和推动创新,提高原始创新、集成创新和引进消化吸收再创新能力,更加注重协同创新,推动创新驱动战略。

党的十八大以来,以习近平同志为核心的党中央,明确提出要把改革创新作为推进发展的第一驱动力。党的十八届三中、四中全会分别就全面深化改革、全面依法治国进行专门讨论,提出了推进国家治理体系和治理能力现代化的总任务。习近平总书记指出:"现在,改革到了一个新的重要关头,推进改革的复杂程度、敏感程度、艰巨程度,一点都不亚于三十多年前。""矛盾越大,问题越多,越要攻坚克难、勇往直前。"③党的十八届五中全会在综合国内外现代化经验的基础上,把创新摆在国家发展全局的核心位置,从培育发展新动力、拓展发展新空间、深入实施创新驱动发展战略、大力推进农业现代化、构建产业新体系、构建发展新体制、创新和完善宏观调控方式七个方面展开论述,进一步突出了创新的价值意义,用一系列新的举措落实了创新驱动战略。

---

① 《毛泽东文集》第七卷,人民出版社 1999 年版,第 77 页。

② 中共中央党校教务部编:《十一届三中全会以来党和国家重要文献选编》,中共中央党校出版社 2008 年版,第 447 页。

③ 中共中央文献研究室编:《习近平关于协调推进"四个全面"战略布局论述摘编》,中央文献出版社 2015 年版,第 64 页。

习近平总书记指出,一个国家和民族的创新能力,从根本上影响甚至决定国家和民族前途命运。目前世界范围正孕育着新一轮科技革命和产业变革,创新再次成为大国竞争的新赛场,谁主导创新,谁就能主导赛场规则和比赛进程。我们必须以巨大的勇气接受时代的挑战,通过创新引领和驱动发展,从根本上转变生产方式和发展方式,占领世界现代化新一轮发展的主动权。① 党的十八大以来,中央推出 1200 多项改革举措,为中国发展注入了强大动力。在政策上,围绕"创新驱动"密集出台了多项重大政策措施。投入上,创新研发资金增多。报告数据显示,预计 2016 年全社会研发支出达到 15440 亿元,首超 1.5 万亿元,科技进步贡献率增至 56.2%,创新型国家建设取得重要进展。成果上,中国已成为世界专利申请增长的"驱动器"。2016 年 11 月瑞士日内瓦发布的《世界知识产权指标》年度报告指出,2015 年世界各地的创新者提交 290 万件专利申请,中国专利申请数量首次超过了 100 万件,占全球总量近 40%,位居全球第一位。并以 18.7% 的增长速度位居全球首位。2015 年全球共授权专利约 124 万件,中国专利授权量约 35.9 万件,超过美国的 29.8 万件,成为全球授权量最大的国家。② 把改革和创新结合起来,以之作为治国理政的根本之道和第一驱动力,这是"中国模式"的独特动力机制。

(七)独特的方法论基础

坚持马克思主义的实践观、唯物史观、辩证法观,坚持以问题为引领,从整体上思考问题,这是我们党在思维方法上的重要特点。民主革命时期,毛泽东反复强调,战争的指挥员,一定要从全局、整体出发,注意研究战争中的关系,才能制定正确的战略战术。仅《中国革命战争的战略问题》一文中,他所列举的战争关系共有 40 对之多。③ 刘伯承元帅也强调,要赢得战争的胜利,必须注意周密安排,弄清"五行",即任务、敌情、我情、时间、地形。他说:"五行不

---

① 参见习近平:《在省部级主要领导干部学习贯彻党的十八届五中全会精神专题研讨班上的讲话》,《人民日报》2016 年 5 月 10 日。

② 参见常红等:《中国贡献感动世界——2016 我国经济发展亮点述评》,人民网 2017 年 1 月 18 日(http://world.people.com.cn/n1/2017/0118/c1002-29031844.html)。

③ 参见《毛泽东选集》第一卷,人民出版社 1991 年版,第 177 页。

定,输得干干净净。"①20 世纪 50 年代,在广泛调查研究的基础上,毛泽东将社会主义建设中的问题概括为"十大关系",强调要"统筹兼顾、适当安排",正确处理人民内部矛盾。在改革开放的新时期,邓小平认为,"现代化建设的任务是多方面的,各个方面需要综合平衡,不能单打一"②。他强调要协调处理好的关系,主要有经济内部各要素之间,经济建设与政治保证之间,经济与科技教育之间,经济建设与人口资源环境之间,物质文明、精神文明、制度文明之间,改革、发展、稳定之间,国家、集体和个人之间,国内发展与国际发展之间八个方面的关系。江泽民强调要处理社会主义现代化建设中的十二大关系:改革、发展、稳定的关系,速度和效益的关系,经济建设和人口、资源、环境的关系,第一、第二、第三产业的关系,东部地区和中西部地区的关系,市场机制和宏观调控的关系,公有制经济和其他经济成分的关系,收入分配中国家、企业和个人的关系,扩大对外开放和坚持自力更生的关系,中央和地方的关系,国防建设和经济建设的关系,物质文明建设和精神文明建设的关系。③党的十七大提出,要按照中国特色社会主义事业总体布局,全面推进经济建设、政治建设、文化建设、社会建设,促进现代化建设各个环节、各个方面相协调,促进生产关系与生产力、上层建筑与经济基础相协调,实现"五个统筹"。党的十八大进一步认识到生态文明建设的重要性,将生态文明纳入中国特色社会主义事业总布局,形成了"五位一体"的总体布局。

党的十八大以来,以习近平同志为核心的党中央,坚持问题引领和整体思考的思想方法,把中国特色社会主义推向新的境界。一是从哲学层面提高领导干部的驾驭全局的能力。中央政治局先后两次就历史唯物主义和辩证唯物主义进行集体学习,习近平指出:学哲学、用哲学是我们党的光荣传统,要学习掌握历史唯物主义和唯物辩证法的根本方法,不断增强辩证思维能力,提高驾驭复杂局面、处理复杂问题的本领。只有把生产力和生产关系的矛盾运动同经济基础和上层建筑的矛盾运动结合起来观察,把社会基本矛盾作为一个整

---

① 《邓小平文选》第三卷,人民出版社 1993 年版,第 187 页。
② 《邓小平文选》第二卷,人民出版社 1994 年版,第 250 页。
③ 参见《江泽民文选》第一卷,人民出版社 2006 年版,第 460—475 页。

体来观察,才能全面把握整个社会的基本面貌和发展方向。① 二是从总体布局把握和推进中国特色社会主义。习近平总书记指出:中国特色社会主义是全面发展的社会主义,"五位一体"的五个方面是相辅相成,相互促进,缺一不可的。只有按照这个总体布局,才可能促进现代化建设各方面相协调,促进生产关系与生产力、上层建筑与经济基础相协调。② 三是从战略高度解决中国特色社会主义的深层问题。"四个全面"战略布局的每一个"全面"都是一个"整体",比如,关于全面深化改革,习近平总书记指出:"要坚持整体推进,加强不同时期、不同方面改革配套和衔接,注重改革措施整体效果,防止畸重畸轻、单兵突进、顾此失彼。"③四是从总体角度谋划国家总体安全体系建设。随着改革开放和现代化建设的深入发展,各种可以预见和难以预见的风险因素明显增多。习近平总书记指出:必须坚持总体国家安全观,走出一条中国特色国家安全道路。既重视外部安全,又重视内部安全;既重视国土安全,又重视国民安全;既重视传统安全,又重视非传统安全;既重视发展问题,又重视安全问题;既重视自身安全,又重视共同安全。坚持问题引领和整体思想,这是"中国模式"的独特方法论基础。

(八)独特的历史环境

实现中国现代化是近代以来中国历史的重大主题。始于 1840 年的鸦片战争,开启了中国人探索自己的现代化道路、实现民族伟大复兴的航程。魏源、林则徐最早提出"师夷长技以制夷"的口号,把现代化等同于技术的现代化。始于 1861 年的"洋务运动",仿照西方工业技术和商业模式,采用官办、官督商办、官商合办等形式发展近代工商业,兴办西学,训练新式海陆军,将西方"器数工艺"及"政教义理"付诸实践。康有为、梁启超领导的"戊戌变法",

---

① 参见习近平:《推动全党学习历史唯物主义基本原理和方法论》,《人民日报》2013 年 12 月 5 日。

② 参见《十八大以来重要文献选编》(上),中央文献出版社 2014 年版,第 77 页。

③ 习近平:《在党的十八届三中全会第二次全体会议上的讲话》,中共中央文献研究室编:《习近平关于全面深化改革论述摘编》,中央文献出版社 2014 年版,第 44 页。

力图"变革祖宗之法",更为全面地向西方学习。孙中山高举"三民主义"大旗,一举推翻满清政府,创建"五权宪法",力图建立一个"驾乎欧美之上"的强大中国,实现"振兴中华"的梦想。但所有这些方案,均以失败而告终。它告诉中国人,没有国家主权的独立和统一,现代化就是一句空话。

以毛泽东同志为代表的中国共产党人,领导人民取得中国新民主主义革命的胜利,揭开了探索中国现代化道路的新篇章。早在1953年9月,党提出的过渡时期总路线明确指出:"要在一个相当长的时期内,逐步实现国家的社会主义工业化。"1956年9月,党的八大把四个现代化的目标写进党章,提出要使中国具有强大的现代化的工业、现代化的农业、现代化的交通运输业和现代化的国防。这就是党的八大的路线。1960年3月,在同尼泊尔首相柯伊拉腊的谈话中,毛泽东再次指出:我们的目标,"就是要安下心来,使我们可以建设我们国家现代化的工业、现代化的农业、现代化的科学文化和现代化的国防"。1964年年底,三届全国人大一次会议正式提出了新的四个现代化,即在20世纪内全面实现农业、工业、国防和科学技术现代化。1975年1月,四届全国人大一次会议又重申了四个现代化目标,提出要使我国国民经济走在世界的前列。

20世纪70年代后期,我们党重新反思新中国成立以来社会主义建设的历史。一是通过真理标准大讨论,进一步解放思想,清算极左思想的干扰,重新恢复实事求是的思想路线,把问题的研究和思考重新奠立在现实的基础之上,实现了世界观的重大转变,为中国特色社会主义道路的探索奠定了根本的思想前提。二是重新反思"什么是社会主义,怎样建设社会主义"的问题,对我国所处的发展阶段、根本任务、发展动力、外部条件、政治保证、战略步骤、领导力量和依靠力量、祖国统一等都作了新的思考,逐渐破除苏联僵化模式的影响,建设有中国特色的社会主义,实现了社会主义观的根本转变。三是重新认识国际形势,提出和平与发展已经成为时代主题,中国要紧紧抓住第三次科技革命浪潮带来的有利机遇,乘势而上,争取主动,实现了时代观的根本转变。四是明确提出我国还处在社会主义初级阶段,一切要从社会主义初级阶段的国情出发,以"三个有利于"为标准,以最终实现共同富裕为目标,实现了社会主义价值观的根本转变。正是由于不断解放思想,与时俱进,才开辟了中国特色社会主义道路,取得了举世瞩目的成就。它告诉中国人:要实现中华民族伟大复兴,必须始终不渝地走中国特色社会主义道路。

习近平总书记多次回顾和反思近代以来的中国历史。他指出:我国古代以农业立国,农耕文明长期居于世界领先水平。一些资料显示,16世纪以前世界上最重要的300项发明和发现中,我国占173项,远远超过同时代的欧洲。他认为,中华民族在近代突然急转直下,成为世界后列,原因主要有二:一是忽视科学发展和科学向现实生产力的转化。"问题是当时虽然有人对西学感兴趣,也学了不少,却并没有让这些知识对我国经济社会发展起什么作用,大多是坐而论道、禁中清谈。"①二是"错失了多次科技和产业革命带来的巨大发展机遇"。② 通过历史回顾,他告诫广大干部一定要抓住新一轮科技革命的历史机遇,加速培育新产业、新技术、新产品、新业态,采取"非对称"赶超战略,发挥自己优势,特别是在关键领域、"卡脖子"领域下功夫,拿出我们自己的"杀手锏"。同时要坚定不移走中国特色社会主义道路。这条道路来之不易,"它是在改革开放30多年的伟大实践中走出来的,是在中华人民共和国成立60多年的持续探索中走出来的,是在对近代以来170多年中华民族发展历程的深刻总结中走出来的,是在对中华民族5000多年悠久文明的传承中走出来的,具有深厚的历史渊源和广泛的现实基础。"③注重总结近代以来中国现代化的历史经验,这是"中国模式"的独特历史基础。

三、"中国崩溃论"缺乏逻辑根据

国外一些学者、人士凭借某些片面现象,提出所谓"中国崩溃论"、"中国失败论"、"未来难定论",这是极其主观的。持这种观点的学者、人士或者只

① 《十八大以来重要文献选编》(中),中央文献出版社2016年版,第24页。
② 习近平:《在省部级主要领导干部学习贯彻党的十八届五中全会精神专题研讨班上的讲话》,《人民日报》2016年5月10日。
③ 《习近平谈治国理政》第一卷,外文出版社2018年版,第39—40页。

看到表面现象,或者戴着有色眼镜看中国,其观点是经不起推敲的。

(一)中国经济平稳转型

当前我国经济虽有一些不确定性因素,但总体向形态更高级、分工更优化、结构更合理的阶段转变。这是在改革开放 40 年高速增长后,我国经济的必经过程。所谓"新常态"之"新",就在于我国经济发展的增长速度要从高速转向中高速,发展方式要从规模速度型转向质量效率型,经济结构调整要从增量扩能为主转向调整存量、做优增量并举,发展动力要从主要依靠资源和低成本劳动力等要素投入转向创新驱动。从长远来看,我国经济体量大、韧性好、潜力足、回旋空间大、政策工具多,经济运行态势总体平稳,既不会出现强劲的反弹,也不会出现明显的失速。近年来中国经济发展的数据也很好说明了这一点。2012 年中国 GDP 增速 7.8%,全年总量 51.93 万亿元;2013 年中国 GDP 增速 7.7%,全年总量 56.88 万亿元;2014 年 GDP 增速 7.4%,全年总量 63.65 万亿元;2015 年 GDP 增速 6.9%,全年总量 67.67 万亿元;2016 年中国 GDP 增速 6.7%,全年总量 74.4 万亿元;2017 年 GDP 增速 6.9%,全年总量 82.7 万亿元。从这组数据可以看出,我国经济虽然增速有所下降,但总量在稳步增长。中央强调,对一些经济指标回升,不要喜形于色;对一些经济指标下行,也不必惊慌失措。要力戒头脑发热、主观臆断,而应在实事求是的基础上,通过大力推进供给侧结构性改革,优化资源配置,培育新动力,形成新结构,实现新跨越,带动新发展。这才是唯物辩证的态度。

(二)反腐败斗争取得显著成效

党的十八大之后,中央成立全面深化改革领导小组,先后召开 24 次会议,审议 100 多份重要文件,把各领域具有四梁八柱性质的改革明确标注出来,排出优先顺序,突出重点,全面推进。习近平指出:"我们讲胆子要大、步子要稳,其中步子要稳就是要统筹考虑、全面论证、科学决策。经济、政治、文化、社会、生态文明各领域改革和党的建设改革紧密联系、相互交融,任何一个领域的改革都会牵动其他领域,同时也需要其他领域改革密切配合。如果各领域改革不配套,各方面改革措施相互牵扯,全面深化改革就很难推进下去,即使勉强推进,效果也会大打折扣。"①十八大以来,中央共推出 1200 多项改革项目举措。

十八大以来开展的严肃党内政治生活的实践探索,直面党内存在的现实问题,勇于进行自我解剖,向顽瘴痼疾开刀。一是着力精神"补钙",强化党员干部的理想信念;二是着力领导干部自身修养,强调执政为民,增强党同人民群众的血肉联系;三是坚持用制度治党、管权、治吏,把权力关进制度的笼子里,从严管理干部;四是固本培元,夯实基层组织,巩固党的组织基础,发扬民主,激发广大党员干部的创造活力;五是坚持"老虎""苍蝇"一起打,对腐败零容忍,不断健全惩治和预防腐败体系,推进反腐败体制机制创新;六是强调"四个坚持",严把选人用人关;七是增强"四个意识",用铁的纪律维护党的团结统一。严肃党内政治生活的实践,使全党受到一次普遍的马克思主义教育,广大党员的理想信念更为坚定;维护了全党的团结统一和中央的权威,增强了党的领导能力和执行力;反腐败成效显著,党风明显好转,与人民群众的血肉联系得到加强,监督体系和制度进一步健全。从 2012 年至 2016 年的四年间,全国共查处违反中央八项规定精神问题共计 14.6 万起,处理 19.7 万人;通报曝光违反中央八项规定精神问题 7392 起、10654 人。中央纪委共立案审查中管干部 240 人,是十七大期间审查中管干部总人数的 3.6 倍;处分厅局级干部6600 余人,是十七大期间的 3.2 倍。山西省发生系统性、塌方式腐败案后,相关党组织被问责;河南新乡市委原书记李庆贵因对该市连续发生的 3 名厅级领导干部严重违纪违法案件负有主要领导责任被免职;辽宁拉票贿选案共查处 955 人,其中中管干部达到 34 人,通报全党,受到广大群众的拍手称赞。

(三)推出严格周密的生态保护举措

党的十八大将生态文明建设纳入中国特色社会主义事业"五位一体"总

---

① 习近平:《关于〈中共中央关于全面深化改革若干重大问题的决定〉的说明》,《人民日报》2013 年 11 月 16 日。

体布局,"美丽中国"成为中华民族追求的新目标。人民群众从"盼温饱"到"盼环保",从"求生存"到"求生态",建设生态文明已经是全社会的共识。

一是全面补齐生态文明短板。2015年,大兴安岭、长白山脉、小兴安岭等重点国有林区停伐,宣告向森林过度索取的历史迈向终结。五年来,我国年均新增造林超过9000万亩。恢复退化湿地30万亩,退耕还湿20万亩,118个城市成为"国家森林城市"。中国沙化土地年均缩减1980平方公里,提前实现了联合国2030年沙化土地零增长的奋斗目标,联合国环境署盛赞中国是全球沙漠治理的典范。大气污染治理,还天空以蓝色。与2013年相比,2016年京津冀地区PM2.5平均浓度下降了33%、长三角区域下降了31.3%、珠三角区域下降了31.9%。万元GDP能耗从2012年0.83吨标准煤下降到2016年0.68吨标准煤。修复水生生态,还生命以家园。全国地表水国控断面Ⅰ—Ⅲ类水体比例增加到67.8%,劣Ⅴ类水体比例下降到8.6%,大江大河干流水质稳步改善。防治水土流失,还大地以根基。五年来,我国治理沙化土地1.26亿亩,沙化土地面积年均缩减1980平方公里,实现了由"沙进绿退"到"绿进沙退"的历史性转变。大熊猫国家公园、东北虎豹国家公园体制试点正式设立。

二是完善生态文明建设体系。生态文明建设顶层设计性质的"四梁八柱"日益完善。2015年4月,中共中央、国务院印发《关于加快推进生态文明建设的意见》,明确了生态文明建设的总体要求、目标愿景、重点任务、制度体系。同年9月,《生态文明体制改革总体方案》出台,提出健全自然资源资产产权制度、建立国土空间开发保护制度、完善生态文明绩效评价考核和责任追究制度等制度。生态文明建设创新实践不断涌现,为每条河流配备"河长",生态环保惠民工程成为投资重点,地方政府大力推进生态立县,建设生态乡村,生动诠释绿水青山就是金山银山。中国积极参与国际治理作出"绿色贡献"。2015年12月,在巴黎气候变化大会上,《联合国气候变化框架公约》196个缔约方通过《巴黎协定》这一历史性文件,为2020年后全球应对气候变化作出安排。中国不仅是达成协定的重要推动力量,也是坚定的履约国。2017年9月,在内蒙古召开的《联合国防治荒漠化公约》第13次缔约方大会上,在中国的推动下形成了"一带一路"防治荒漠化合作机制,在这一机制下中国将为沿线国家提供学习基地,搭建交流平台。联合国副秘书长、联合国环境署执行主任埃里克·索尔海姆说:"中国的生态文明建设理念和经验,正在为全世界可持续发展提供重要借鉴,贡献中国的解决方案。"

三是实行最严格生态保护制度。生态环保法制建设不断健全,中国初步建立起源头严防、过程严管、后果严惩的生态环保制度框架。《大气污染防治行动计划》、《水污染防治行动计划》、《土壤污染防治行动计划》陆续出台,被称为"史上最严"的新环保法从 2015 年开始实施,在打击环境违法犯罪方面力度空前。生态环保执法监管力度空前。压减燃煤、淘汰黄标车、整治排放不达标企业,启动大气污染防治强化督察⋯⋯一系列的环保重拳出击。完善经济社会发展考核评价体系犹如"指挥棒",是转变发展方式的根本,是推进生态文明建设的重要导向和约束。例如,将资源消耗、环境损害、生态效益等纳入经济社会发展评价体系。如果生态环境指标很差,一个地方一个部门的表面成绩再好看也不行。

环保问责风暴在各地掀起。2015 年年底,中央环保督察巡视从河北省开始,不到两年已覆盖全国 23 个省份。2016 年,中央环保督察对 16 个省份的6000 余人问责。2017 年 7 月,中办、国办就甘肃祁连山国家级自然保护区生态环境问题发出通报,包括 3 名副省级干部在内的几十名领导干部被严肃问责。为了更好地让生态文明的理念落实到实处,我国已经开始建立环保督察工作机制,强化环境保护"党政同责"和"一岗双责"要求,对领导干部实行自然资源资产离任审计,正在建立健全生态环境损害评估和赔偿制度①。

(四)高度重视社会公平正义

党的十八大以来,以习近平同志为核心的党中央,高度重视社会公平正义建设。城乡收入差距,2012 年为 3.1∶1,2013 年为 3.03∶1,2014 年为

---

① 以上资料均参阅侯雪静:《美丽中国新篇章——五年来生态文明建设成就综述》,人民网 2017 年 10 月 5 日(http://cpc.people.com.cn/n1/2017/1005/c412690-29573185.html)。

2.92：1,2015 年为 2.73：1,2016 年为 2.72：1,2017 年为 2.71：1,呈现逐年缩小势头。反映贫富差距的基尼系数,2012 年为 0.474,2013 年为 0.473,2014 年为 0.469,2015 年为 0.462,2016 年为 0.465,2017 年为 0.462。居民收入稳步增长为实现翻番目标又打下一个好基础。2010 年全国居民人均可支配收入为 12520 元,2017 年为 25974 元。我国农村贫困人口从 2012 年年末的 9899 万人,锐减到 2017 年年末的 3046 万人,五年减贫 6000 多万人。我国农村贫困发生率已从 2012 年年末的 10.2% 降到 2017 年年末的 3.1%,减贫成效举世瞩目! 社会养老保险已经覆盖 9 亿多人,基本医疗保险已经覆盖 13.5亿人。

我国基本公共服务水平进一步提高。2015 年城镇地区通路、通电、通电话、通有线电视,已接近全覆盖。农村地区"四通"也大幅改善,通路、通电、通电话基本接近全覆盖,所在自然村能接收有线电视信号的用户比重达96.4%,比 2013 年提高 6.6 个百分点。同时,信息化程度快速提高,2015 年平均每百户城镇居民和农村居民家庭分别拥有接入互联网的移动电话分别为112.3 和 69.2 部,比 2013 年分别增长 43% 和 52.8%;平均每百户城镇居民和农村居民家庭分别拥有接入互联网的计算机 67.3 和 18.8 台,比 2013 年分别增长 11.4% 和 28.9%。

社区卫生医疗及教育服务水平得到提升。2015 年城镇地区有 97.2%的户所在社区内垃圾能够做到集中处理,比 2013 年提高 0.9 个百分点;2015 年农村地区有 60.4% 的户所在社区内垃圾能够做到集中处理,比 2013年提高 11.4 个百分点。2015 年城镇地区有 82.5% 的户所在社区有卫生站,农村地区有 85.9% 的户所在自然村有卫生站,分别比 2013 年提高 2.4和 3.8 个百分点。2015 年城镇地区 98.4% 的户所在社区上小学较便利。农村地区有 83.4% 的户所在自然村上小学较便利,比 2013 年提高了 2.1 个百分点。

生活设施和条件进一步改善。2015 年城镇居民有水冲式卫生厕所的占88.1%,农村居民占 26.3%,分别比 2013 年提高 1.2 和 4.1 个百分点。2015年城镇居民家庭使用清洁燃料占比达 94.2%,农村居民家庭占 44.6%,分别比 2013 年提高 1.4 和 5.7 个百分点；2015 年城镇地区有 92.1% 的户饮用经过净化处理的自来水，农村地区这一比例也达到 44%，较 2013 年均有所提升。①

（五）管控国际风险的能力得到加强

党的十八大以来，习近平总书记多次出访，足迹遍布亚洲、非洲、欧洲、北美洲、南美洲、大洋洲，坚实步履铺就中国特色外交之路，人类命运共同体理念深入人心。中国—巴基斯坦，"打造成为中国同周边国家构建命运共同体的典范"；中国—越南，"不仅仅是山水相连的友好邻邦，更是利益相融、目标相同的命运共同体"；中国—老挝，"携手打造牢不可破的中老命运共同体"；中国—柬埔寨，"继续做高度互信的好朋友、肝胆相照的好伙伴、休戚相关的命运共同体"……命运共同体同亲诚惠容的周边外交理念一脉相承，成为中国同周边国家深化互利合作的务实行动。中国牵手地区发展，整体合作意愿不断提升。近年来，提出"中非是休戚与共的命运共同体"、"携手建设更为紧密的中国—东盟命运共同体"、"牢固树立亚太命运共同体意识"、"打造中阿利益共同体和命运共同体"、"推动中拉关系实现更大发展，打造携手共进的命运共同体"。2017 年 1 月，"构建人类命运共同体"理念也首次写入了联合国的决议。

中国与世界各国"你中有我，我中有你"的实际利益交往更多。数据显示，近十年中国对外投资年均增长 25.4%，2017 年，中国实际吸收外资金额 1360 亿美元，居世界第二位。面对日益激烈的国际竞争，中国仍是外商投资的热土。预计从 2017 年开始的未来 5 年，中国进口总额将达到 8 万亿美元，利用外资总额将达到 6000 亿美元，对外投资总额将达到 7500 亿美元，出境旅游将达到 7 亿人次。中国经济的发展并不仅仅惠及自身，更为世界经济注入了新动力、拓展了新思路、增添了新机遇。世界银行《全球经济展望》预计，2017 年世界经济增长 3.1%，中国经济增长 6.9%。对世界经济增长的贡献率

---

① 参见《十八大以来居民收入快速增长，收入差距缩小》，中国新闻网 2016 年 3 月 9 日（http://www.cankaoxiaoxi.com/finance/20160309/1095233.shtml）。

超过30%,超过美国、欧元区和日本贡献率的总和,成为世界经济增长的动力之源、稳定之锚。① 中国高铁、移动支付、共享单车、网购被称为"新四大发明",耀眼全球。党的十八大以来,以习近平同志为核心的党中央,根据战争形态演变和国家安全形势的需要,深化国防和军队现代化改革,其内容包括:组建深化国防和军队改革领导小组;成立陆军领导机构,火箭军,战略支援部队;撤销原四总部,成立军委多部门制;组建军委联合指挥和战区联合指挥机构;撤销七大军区,成立五大战区;提出军委管总,战区主战,军种主建的总方针;成立联勤保障部队和联勤保障机构;调整组建84个军级单位;撤销原18个陆军集团军,组建13个新型集团军;调整组建新的国防大学,军事科学院,国防科技大学;调整改制全军军校系统。强调要坚持政治建军、改革强军、依法治军,聚焦能打仗、打胜仗推进各项工作,聚精会神锻造"召之即来、来之能战、战之必胜"的精兵劲旅。将军事斗争准备基点放在打赢信息化局部战争上,突出海上军事斗争和军事斗争准备,有效控制重大危机,妥善应对连锁反应,坚决捍卫国家领土主权、统一和安全。军事现代化改革和强军目标的落实,为应对可能发生的国际风险做了扎实准备。

---

① 参见《世行报告:2017全球经济强劲增长 中国是主引擎》,《人民日报》2018年1月11日。

参考文献

一、外文文献

1. Benjamin I. Schwartz, *Chinese Communism and the Rise of Mao*, Cambridge, Massachusetts: Harvard University Press, 1952.

2. Karl A. Wittfogel, the Legend of "Maoism", *the China Quarterly*, No. 1 and No. 2, Jan.-Mar., 1960.

3. Benjamin I. Schwartz, the Legend of the "Legend of 'Maoism'", *The China Quarterly*, No. 2, 1960.

4. Stuart R. Schram, *The Political Thought of Mao Tse-tung*, New York: Praeger, 1963.

5. Donald M. Lowe, *The Function of "China" in Marx, Lenin, and Mao*, Berkeley: University of California Press, 1966.

6. Arthur Allen Cohen, *The Communism of Mao Tse-tung*, Chicago: University of Chicago Press, 1964.

7. Maurice Meisner, *Li Ta-chao and the Origins of Chinese Marxism*, Cambridge: Harvard University Press, 1967.

8. Edgar Snow, *Red Star over China*, Grove Press, Inc., New York, 1968.

9. Richard H. Solomon, *Mao's Revolution and the Chinese Political Culture*,

Berkeley：University of California Press，1971.

10.P.Fedoseyev and O.Ivanov，*Ideological and Political Essence of Maoism*，New Delhi：A.G.Gornov，1972.

11.Frederic Wakeman，Jr.，*History and Will：Philosophical Perspectives of Mao Tse-tung's Thought*，University of California Press，1973.

12.Richard M.Pfeffer，Mao and Marx in the Marxist-Leninist Tradition：A Critique of"The China Field"and a Contribution to a Preliminary Reappraisal，*Modern China*，Vol. 2，No. 4，1976.

13.Benjamin I.Schwartz，The Essence of Marxism Revisited：A Response，*Modern China*，Vol. 2，No. 4，1976.

14.Byung-joon Ahn，*Chinese Politics and the Cultural Revolution：Dynamics of Policy Processes*，University of Washington Press，1976.

15.Andrew G.Walder，Marxism，Maoism，and Social Change，*Modern China*，vol. 3，No. 1，1977.

16.Frederic Wakeman，Marxism，Maoism，and Social Change：A Reexamination of the " Voluntarism " in Mao's Strategy and Thought，*Modern China*，Vol. 3，No. 1，1977.

17.Stuart R.Schram，Some Reflections on the Pfeffer-Walder"Revolution" in China Studies，*Modern China*，Vol. 3，No. 1，1977.

18. Richard M. Pfeffer, Mao and Marx：Understanding, Scholarship, and Ideology-A Response，*Modern China*，Vol. 3，No. 4，1977.

19. Maurice Meisner, Mao and Marx in the Scholastic Tradition，*Modern China*，Vol. 3，No. 4，1977.

20.John Bryan Starr, On Mao's Self-Image as a Marxist Thinker，*Modern China*，Vol. 3，No. 4，1977.

21.John G.Gurley，The Symposium Papers：Discussion and Comments，*Modern China*，Vol. 3，No. 4，1977.

22.Arif Dirlik，The Problem of Class Viewpoint versus Historicism in Chinese

Historiography, *Modern China*, Vol. 3, No. 4, 1977.

23. Thamas S. An, *Mao and the Cultural Revolution*, Meerut: Sadhna Prakashan, 1978.

24. Vladimir Glebov, *Maoism: Slogans and Practice*, Moscow: Novosti Press Agency Publishing House, 1978.

25. Edited by Bill Brugger, *China: The Impact of the Cultural Revolution*, London: Croom Helm 1978.

26. Hong Yung Lee, *The Politics of the Chinese Cultural Revolution: A Case Study*, University of California Press, 1978.

27. John King Fairbank, *The United States and China*, Harvard University Press, 1979.

28. John Bryan Starr, *Continuing the Revolution: the Political Thought of Mao*, Princeton University Press, 1979.

29. Isabel and David Crook, *Mass Movement in a Chinese Village: Ten Mile Inn*, Pantheon Books, 1979.

30. Andres D. Onate, *Chairman Mao and the Chinese Communist Party*, Chicago: Nelson, 1979.

31. Bob Avakian, *Mao Tsetung's Immortal Contributions*, Chicago: RCP Publications, 1979.

32. Thomas Ralph Schroder, *Mao Zedong's Theory of Development*, Michigan: UMI, 1980.

33. Francis Y. K. Soo, *Mao Tse-tung's Theory of Dialectic*, Dordrecht, Holland: D. Reidel Publish Company, 1981.

34. Samir Amin, *The Future of Maoism*, New York: Monthly Review Press, 1981.

35. Maurice Meisner, *Marxism, Maoism, and Utopianism*, University of Wisconsin Press, 1982.

36. William A. Joseph, *The Critique of Ultra-Leftism in China 1958 – 1981*,

Standford University Press, 1984.

37. Colin Mackerras and Nick Knight, *Marxism in Asia*, New York: St. Martin's Press, 1985.

38. Maurice Meisner, *Mao's China and After: A History of the People's Republic*, Free Press, a Division of Macmillan, Inc., New York, 1986.

39. Taou Tang, *The Cultural Revolution and Post-Mao Reforms: A Historical Perspective*, Chicago Press, 1986.

40. John Bryan Starr, "Good Mao", "Bad Mao": Mao Studies and the Re-evalution of Mao's Political Thought, *The Australian Journal of Chinese Affairs*, No. 16, July 1986.

41. Nick Knight, the Marxism of Mao Zedong: Empiricism and Discourse in the Field of Mao Studies, *The Australian Journal of Chinese Affairs*, No. 16, July 1986.

42. Brantly Womack, Where Mao Went Wrong: Epistemology and Ideology in Mao's Leftist Politics, *The Australian Journal of Chinese Affairs*, No. 16, July 1986.

43. Graham Young, Mao Zedong and the Class Struggle in Socialist Society, *The Australian Journal of Chinese Affairs*, No. 16, July 1986.

44. Lowell Dittmer, *China's Continuous Revolution: The Post-Liberation Epoch*, 1949–1981, University of California Press, 1987.

45. David Wen-Wei Chang, *China under Deng Xiaoping: Political and Economic Reform*, Macmillan Press, 1988.

46. Stuart R. Schram, *The Thought of Mao Tse-Tung*, New York: Cambridge University Press, 1989.

47. Barrett L. McCormick, *Political Reform in Post-mao: China' Democracy and Bureaucracy in a Leninist State*, University of California Press, 1990.

48. Michael Franz, Carl Linden, Jan Prybyla, and Jurgen Domes, *China and the Crisis of Marxism-Leninism*, West View Press, 1990.

49. Robert Kleinberg, *China's Opening to the Outside World: The Experiment with Foreign Capitalism*, West View Press, 1990.

50.Edward A.Gargan, *China's Fate：A People's Turbulent Struggle with Reform and Repression 1980-1990*, Doubleday, 1991.

51.Dorothy J.Solinger, *China's Transition from Socialism：Statistic Legacies and Market Reforms 1980-1990*, Armonk, N.Y.：M.E.Sharpe, 1993.

52.Edited by Michael Ying-Mao Kau Susan H.Marsh, *China in the Era of Deng Xiaoping：A Decade of Reform*, M.E.Sharpe, 1993.

53.Susan L.Shirk, *The Political Economy of Economic Reform in China*, Berkeley, LA：University of California Press, 1993.

54.Gordon White, *Riding the Tiger：The Politics of Economic Reform in Post-Mao China*, London：Macmillan Press, 1993.

55. Lucian W. Pye, On Chinese Pragmatism in the 1980s, *The China Quarterly*, Summer 1986.

56.Arif Dirlik, Post-Socialism? Reflections on "Socialism with Chinese Characteristics", *Bulletin of Concerned Asian Scholars*, No.1, 1989.

57.Barry Sautman, Sirens of the Strongman' Neo-Authoritarianism in Recent Chinese Political Theory, *The China Quarterly*, No. 29, March 1992.

58.Tony Saich, The Fourteenth Party Congress, A Programme for Authoritarian Rule, *The China Quarterly*, No. 132, December 1992.

59. Gabriel Temkin, Mao Zedong's Thought and Chinese Marxism—Recent Documents and Interpretations, *The Australian Journal of Chinese Affairs*, January 1992.

60.James Townsend, Chinese Nationalism, *The Australian Journal of Chinese Affairs*, No. 27 January 1992.

61.Elizabeth J.Perry, China in 1992：An Experiment in Neo-Authoritarianism, *Asian Survey*, Vol. 33, No. 1, January 1993.

62.John W.Garver, the Cinese Communist Party and the Collapse of Soviet Communism, *The China Quarterly*, March 1993.

63.Benjamin Yang, The Making of a Pragmatic Communist：The Early Life of

Deng Xiaoping, 1904–1949, *The China Quarterly*, September 1993.

64. Robert A. Scalapino, China in the Late Leninist Era, *The China Quarterly*, Winter 1993.

65. Review Essay, China's Fuzzy Transition: Leninism to Post-Leninism, *The China Quarterly*, Winter 1993.

66. Barrett L. McCormick, Democracy or Dictatorship? A Response to Gordon White, *The Australian Journal of Chinese Affairs*, No. 31, January 1994.

67. Solomon M. Karmel, Emerging Securities Markets in China: Capitalism with Chinese Characteristics, *The China Quarterly*, No. 140, December 1994.

68. Yan Sun, The Chinese and Soviet Reassessment of Socialism: The Theoretical Bases of Reform and Revolution in Communist Regimes, *Communist and Post-Communist Studies*, No. 1, 1994.

69. Juliet Johnson, Should Russia Adopt the Chinese Model of Economic Reform? *Communist and Post-Communist Studies*, No. 1, 1994.

70. Margaret Pearson, The Janus Face of Business Associations in China: Socialist Corporatism in Foreign Enterprises, *The Australian Journal of Chinese Affairs*, No. 31 January 1994.

71. Stuart R. Schram, Mao Zedong a 100 years: On The Legacy of a Ruler, *The China Quarterly*, March 1994.

72. X. L. Ding, *The Decline of Communism in China: Legitimacy Crisis*, 1977–1989, New York: Cambridge University Press, 1994.

73. Joseph Fewsmith, *Dilemmas of Reform in China: Political Conflict and Economic Debate*, M.E. Sharpe, Armonk, 1994.

74. Richard Baum, *Burying Mao: Chinese Politics in the Age of Deng Xiaoping*, Princeton University Press, 1994.

75. Minxin Pei, *From Reform to Revolution: The Demise of Communism in China and the Soviet Union*, Cambridge: Harvard University Press, 1994.

76. Edited by Joel Migda, *State Power and Social Force: Domination and*

Transformation in the Third Word, Cambridge University Press, 1994.

77. Ting Gong, *The Politics of Corruption in Contemporary China: An Analysis of Policy Outcomes*, Praeger Publishers, Westport, 1994.

78. X. L. Ding, *The Decline of Communism in China: The Legitimacy Crisis, 1977−1989*, New York: Cambridge University Press, 1994.

79. Edward Friedman, *Confucian Lininism and Patriarhal Authoritarianism*, in *National Identity and Democratic Prospects in Socialist China*, Armonk, N.Y.: M.E. Sharpe, 1995.

80. Robert Benewick and Paul Wingrove, *China in the 1990s*, Macmillan, 1995.

81. David Shambaugh, *Deng Xiaoping: Portrait of a Chinese Statesman*, Oxford University Press, Oxford, 1995.

82. Andrew G. Walder, *The Waning of the Communist State: Economic Origins of Political Decline in China and Hungary*, University of California Press, Berkeley, 1995.

83. Stuart R. Schram, *Mao's Road to Power: Revolutionary Writings 1912 − 1949*, Armonk, N.Y.: M.E.Sharpe, 1995.

84. Frederick G. Teiwes, The Paradoxical Post-Mao Transition: From Obcying the Leader to "Normal Politics", *China Journal*, No. 34, July 1995.

85. Jonathan Unger and Anita Chan, China, Corporatism, and the East Asian Model, *The Australian Journal of Chinese Affairs*, January 1995.

86. Gabriella Montinola, Yingyi Qian, and Barry R. Weingast, Federalism, Chinese Style, *World Politics*, No. 48, October 1995.

87. Allen S. Whiting, Chinese Nationalism and Foreign Policy After Deng, *The China Quarterly*, June 1995.

88. Nan Lin, Local Market Socialism: Local Corporatism in Action in Rural China, *Theory and Society*, No. 24, 1995.

89. Joseph Fewsmith, Neoconservatism and the End of the Dengist Era, *Asian Survey*, Vol.xxxv. No. 7, July 1995.

90.Stephen M. Yong, Post-Tiananmen Chinese Politics and the Prospects for Democratization, *Asian Survey*, Vol.xxxv, No. 7, July 1995.

91.Jack A.Goldstone, The Coming Chinese Collapse, *Foreign Policy*, No. 99, Summer 1995.

92.Zongli Tang and Bing Zuo, *Maoism and Chinese Culture*, New York: Nova Science Publishers, 1996.

93.Merle Goldman, Politically-Engaged Intellectuals in the Deng-Jiang Era: A Changing Relationship with the Party-State, *The China Quarterly*, No. 145, March 1996.

94.Richard Baum, China after Deng: Ten Scenarios in Search of Reality, *The China Quarterly*, No. 145, March 1996.

95.Maria Hsia Chang, The Thought of Deng Xiaoping, *Communist and Post-Communist Studies*, Vol. 29, No. 4, 1996.

96.MinxinPei, Microfoundations of State Socialism and Patters of Economic Transformation, *Communist and Post-Communist Studies*, Vol. 29, No. 2, 1996.

97.Carl Linden and Jan S.Prybyla, *Russia and China: On the Eve of a New*, Transaction Publishers, 1996.

98.Edited by Jonathan Unger, *Chinese Nationalism*, Armonk, N. Y.: M. E. Sharpe, 1996.

99.Edited by Barrett L.McCormick and Jonathan Unger, *China after Socialism* Armonk, N.Y.: M.E.Sharpe, 1996.

100.James Shinn ed., *Weaving the Net: Conditional Engagement with China*, New York: Council of Foreign Relations Press, 1996.

101.Benjamin Yang, *Deng: A Political Biography*, M.E.Sharpe, 1997.

102.Edted by Michel Fouquin and Francoise, *The Chinese Economy Highlights and Opportunities*, London, Paris: Geneve, 1998.

103.Lance L. P. Gore, *Market Communism: The Institutional Foundation of China's Post-Mao Hyper-Growth*, Oxford University Press, 1998.

104. Edted by Merle Goldman & Roderick MacFarquhar, *The Paradox of China's Post-Mao Reform*, Massachusetts, London, England: Harvard University Press Cambridge, 1999.

105. Peter Harris, Chinese Nationalism: The State of the Nation, *the China Journal*, No. 38, July 1997.

106. Ting Gong, Forms and Characteristics of China's Corruption in the 1990s: Change with Continuity, *Communist and Post-Communist Studies*, Vol. 30, No. 3, 1997.

107. Richard Bernstein and Ross Munro, *The Coming Conflict with China*, New York: Alfred Knopf, Inc., 1997.

108. Li Cheng and Lynn White, The Fifteenth Central Committee of the Chinese Communist Party: Full-Fledged Technocratic leadership with Partial Control by Jiang Zemin, *Asian Survey*, Vol.xxxⅷ.No. 3, March 1998.

109. Russell Smyth, Property Rights in China's Economic Reforms, *Communist and Post-Communist Studies*, Vol. 31, No. 3, 1998.

110. Suisheng Zhao, A State-Led Nationalism: The Patriotic Education Campaign in Post-Tiananmen China, *Communist and Post-Communist Studies*, Vol. 31, No. 3, 1998.

111. Bruce Gilley, *Tiger on the Brink: Jiang Zemin and China's New Elite*, Berkeley: University of California Press, 1998.

112. Zalamay Khalizad et al., *The United States and a Rising China: Strategic and Military Implications*, RAND, 1999.

113. Lance L. P. Gore, The Communist Legacy in Post-Mao and Economic Growth, *The China Journal*, January 1999.

114. Thomas G.Rawski, Reforming China's Economy: What Have We Learned? *The China Journal*, No. 41, January 1999.

115. John P.Burns, *The People's of China at 50: National Political Reform*, The China Quarterly, Winter 1999.

116. Michael Schoenhals, Political Movements, Change and Stability: the Chinese Communist Party in Power, *The China Quarterly*, Winter 1999.

117. Robert F. Dernberger, The People's Republic of China at 50: The Economy, *The China Quarterly*, Winter 1999.

118. Lucian W.Pye, An Overview of 50 Years of the People's Republic of China: Some Progress, but Big Problems Remain, *The China Quarterly*, Winter 1999.

119. Kevin J. O'Brien, Hunting for Political Change, *The China Journal*, No. 41, January 1999.

120. Wing Thye Woo, The Real Reasons for China's Growth, *The China Journal*, No. 41, January 1999.

121. Edward Timperlake and William Triplet Ⅱ, *Red Dragon Rising*, Washington: Regnery Publishing, 1999.

122. Zengke He, Corruption and Anti-Corruption in Reform China, *Communist and Post-Communist Studies*, No. 33, 2000.

123. Sujian Guo, *Post-Mao China: From Totalitarianism to Authoritarianism?* Westport, Connecticut, London, 2000.

124. Li Cheng, Jiang Zemin's Successors: The Rise of the Fourth Generation of Leaders in the PRC, *The China Quarterly*, March 2000.

125. Bill Gertz, *The China Threat*, Washington: Regnery Publishing, 2000.

126. Lucian W.Pye, Jiang Zemin's Style of Rule: Go for Stability, Monopolize Power and Settle for Limited Effectiveness, *The China Journal*, No. 45, January 2001.

127. Thomas Christensen, Posing Problems without Catching Up: China's Rise and Challeng for US Security Policy, *International Security*, Vol. 25, No. 4, 2001.

128. Michel Oksenberg, China's Political System: Challenges of the Twenty-First Century, *The China Journal*, No. 45, January 2001.

129. John Wong and Zheng Yongnian, *The Nanxun Legacy and China's Development in the Post-Deng Era*, Singapore University Press, 2001.

410

130.Lowell Dittmer, The Changing Shape of Elite Power Politics, *The China Journal*, No. 45, January 2001.

131. Frederick C. Teiwes, Normal Politics with Chinese Characteristics, *The China Journal*, No. 45, January 2001.

132. Gordon G. Chang, *The Coming Collapse of China*, London: Random House, 2001.

133.D.Shlapentokh, Post-Mao China: An Alternative to"The end of History"? *Communist and Post-Communist Studies*, No. 35, 2002.

134.Joseph Fewsmith, The Sixteenth National Party Congress: The Succession that Didn't Happen, *The China Quarterly*, 2002.

135. Jonathan Unger Editor, *The Nature of Chinese Politics: From Mao to Jiang*, M.E.Sharpe, Inc., 2002.

136.Richard Daniel Ewing, Hu Jintao: the Making of a Chinese General Secretary, *The China Quarterly*, March 2003.

137.Dorothy J.Solinger, State and Society in Urban China in the Wake of the 16th Party Congress, *The China Quarterly*, March 2003.

138.Lowell Dittmer, Leadership Change and Chinese Political Development, *The China Quarterly*, March 2003.

139.Alfred L.Chan, China's Fourth Generation: the New Rulers and the Secret Files, *The China Journal*, No. 50, July 2003.

140.Bruce Dickson, *Red Capitalists in China: The Chinese Communist Party, Private Entrepreneurs, and Political Change*, New York: Cambridge University Press, 2003.

141. Gary Hamilton, *Chinese Capitalism? The Organization of Chinese Economics*, Routledge Curzon, 2003.

142.Henry Wai-Chung Yeung, *Chinese Capitalism in a Global Era: Towards Hybrid Capitalism*, London, New York: Routledge, 2004.

143.Peter Hays Gries and Stanley Rosen, *State and Society in 21st Century*

China: *Crisis*, *Contention*, *and Legitimation*, London: Routledge Curzon, 2004.

144. Zheng Yongnian, *Globalization and State Transformation in China*, New York, Cambridge: Cambridge University Press, 2004.

145. Robert Lawrence Kuhn, *The Man Who Changed China*: *The Life and Legacy of Jiang Zemin*, New York: Crown Publishers, 2004.

146. Joshua Cooper Ramo, *The Beijing Consensus*, London: The Foreign Policy Centre, 2004.

147. Yiu-chung Wong Lanham, *From Deng Xiaoping to Jiang Zemin*: *Two Decades of Political Reform in the People's Republic of China*, University Press of America, 2005.

148. Peter Hugh Nolan, China at the Grossroads, *Journal of Chinese Economic and Business Studies*, 2005, Vol. 3, No. 1.

149. Satyananda J. Gabriel, *Chinese Capitalism and the Modernist Vision*, London: Routledge, 2006.

150. Willy Wo-Lap Lam, *Chinese Politics in the Hu Jintao Era*: *New Leaders*, *New Challenges*, Armonk: M.E.Sharpe, 2006.

151. Tun-jen Cheng, China under Hu Jintao: Opportunities, Dangers, and Dilemmas, *World Scientific*, 2006.

152. Bonnie S. Glaser and Evan S. Medeiros, The Ascension and Demise of the Theory of "Peaceful Rise", *The China Quarterly*, No. 190, June 2007.

153. Susan L. Shirk, *China Fragile Superpower*: *How China's Internal Politics Could Derail Its Peaceful Rise*, Oxford University Press, 2007.

154. James Mann, Rejoind to David M. Lampton, *China Modernizes*: *Threat to the West or Model for the Rest?* Oxford University Press, 2007.

155. Edited by Zhong Weizhao and Fei Guo, *Transition and Challenge*: *China's Population at the Beginning of the 21ˢᵗ Century*, Oxford University Press, 2007.

156. Warren I. Cohen, Chinese Lesson, *Foreign Affairs*, Vol. 86, No. 2, March-April 2007.

157.David M.Lampton, The Faces of Chinese Power, *Foreign Affairs*, Vol. 86, No. 1, January-February 2007.

158.Sebastian Heilmann, From Local Experiments to National Policy: The Origins of China's Distinctive Policy Process, *The China Journal*, Issue 59, January 2008.

159.Huang Yasheng, *Capitalism with Chinese Characteristics: Entrepreneurship and the State*, Cambridge University Press, 2008.

160. David Shambaugh, *China's Communist Party: Atrophy and Adaptation*, *Washington*, D.C.: Woodrow Wilson Center Press, 2008.

161. Michel Oksenberg, Confronting a Classic Dilemma, *Journal of Democracy*, Vol. 9, 1998.

162. Harry Harding, *China's Second Revolution: Reform after Mao*, Washington, D.C.: The Brookings Institution, 1987.

163. Merle Goldman, *From Comrade to Citizen: The Struggle for Political Rights in China*, Cambridge: Harvard University Press, 2005.

164.George Zhibin Gu, *China and the New World Order*, Fultus Books, 2006.

165. Christopher R. Hughes, *Chinese Nationalism in the Global Era*, Routledge, 2006.

166.Edited by W. John Hoffmann, Michael J.Enright, *China into the Future: Making Sense of the World's Most Dynamic Economy*, John Wiley & Sons (Aisa) Pte.Ltd, 2008.

167. Edited by Shiping Hua and Sujian Guo, *China in the Twenty-First Century: Challenges and Opportunities*, NewYork: Palgrave Macmillan, 2008.

168.Ohn L.Thornton, *Long Time Coming: The Prospects for Democracy in China*, Foreign Affairs, January/February 2008.

169. Edited by Zheng Yongnian and Joseph Fewsmith, *China's Opening Society*, Routledge, 2008.

170. Martin Jacques, *When China Rules the World: the End of the Western*

World and the Birth of a New Global Order, New York: the Penguin Press, 2009.

171. Edited by Roderick MacFarquhar, *The Politics of China: Sixty Years of the People's Republic of China(Third Edition)*, Cambridge University Press, 2011.

172. Edited by William C. Kirby, *The People's Republic of China at 60: An International Assessment*, Harvard University Asia Center for the Fairbank Center for Chinese Studies, 2011.

173. John and Doris Naisbitt, *China's Megatrends: The 8 Pillars of a New Society New Society*, 2010.

174. Gordon Redding and Michael A. Witt, *the Future of Chinese Capitalism: Choices and Chances*, Oxford Uneversity Press, 2007.

175. Joseph Fewsmith, *China Since Tiananmen: From Deng Xiaoping to Hu Jintao*, Cambridge University Press, 2008.

176. Edited by Guoguang Wu and Helen Lansdowne, *Socialist China, Capitalist China: Social Tension and Political Adaptation under Economic Globalization*, Routledge, 2009.

177. Edited by Elaine Jeffreys, *China's Governmentalities: Governing Change, Changing Government*, Routledge, 2009.

178. Jean-pierre Cabestan, Is Xi Jinping the Reformist Leader China Needs? *China Perspectives*, No. 3, 2012.

179. Edited by Minglu Chen and David S. G. Goodman, *Middle Class China: Identity and Behaviour*, The University of Sydney, 2013.

180. Ming Wan, *The China Model and Global Political Economy: Comparison, Impact, and Interaction*, Routledge, 2014.

181. Ronald Coase and Ning Wang, *How China Became Capitalist*, Macmillan: Palgrave, 2012.

182. Willian A. Callahan, *China Dreams: 20 Visions of the Future*, Oxford University Press, 2013.

183. David M. Lampton, *Following the Leader: Ruling China, from Deng*

Xiaoping to Xi Jinping, University of California Press, 2014.

184. Rosemary Foot, "Doing Some Things" in the Xi Jinping Era: the United Nations as China's Venue of Choice, *International Affairs*, No. 5, 2014.

185. Kerry Brown, *Carnival China: China in the Era of Hu Jintao and Xi Jinping*, Imperial College Press, 2014.

186. Roland Benedikter, Verena Nowotny, *China's Road Ahead: Problems, Questions, Perspectives*, Springer, 2014,

187. Laurence J. Brahm, *Fusion Economics: How Pragmatism is Changing the World*, Palgrave, 2014.

188. Xiaoshuo Hou, Dissecting China's Rise: Controversies over the China Model, *China Perspectives*, No. 2, 2014.

189. Alvin Y. So, the Chinese Model of Development: Characteristics, Interpretations, Implications, *Perspective on Globle Development and Technology*, No. 13, 2014.

190. Jonathan Fenby, The New Emperor, *New Statesman*, June 2015.

191. China's Two Silk Roads Initiative What it Means for Southeast Asia, *Southeast Asian Affairs*, 2015.

192. Carl Gershman, China's Dreams: The Fight for Democratic Pluralism, *World Affairs*, Summer 2015.

193. Willy Wo-Lap Lam, *Chinese Politics in the Era of Xi Jinping: Renaissance, Reform, or Retrogression?* Routledge, 2015.

194. James C. Hsiung, *The Xi Jinping Era: His Comprehensive Strategy toward of China Dream*, Beijing Times Chinese Book Co., LTD. Press, 2015.

195. David Kerr, *China's Many Dreams: Comparative Perspectives on China's Search for National Rejuvenation*, Springer, 2015.

196. Daneil A. Bell, *The China Model: Political Meritocracy and Limits of Democracy*, Princeton University Press, 2015.

197. Edited by Steve Tsang and Honghua Men, *China in the Xi Jinping Era*,

Palgrave,2015.

198.Edited by John Garrick and Yan Chang Bennett,*China's Socialist Rule of Law Reforms Under Xi Jinping*,Routledge,2016.

199.Bruce J. Dickson, *The Dictator's Dilemma*：*The Chinese Communist Party's Strategy for Survival*, Oxford University Press, 2016.

200.Carl Minzner, *End of an Ear*：*How China's Authoritarian Revival is Undermining its Rise*, Oxford University Press, 2018.

201. Elizabeth C. Economy,*The Third Revolution*：*Xi Jinping and the New Chinese State*, Oxford University Press, 2018.

二、中文文献

1.《马克思恩格斯文集》第 1—10 卷,人民出版社 2009 年版。

2.《列宁选集》第 1—4 卷,人民出版社 1995 年版。

3.《毛泽东选集》第一——四卷,人民出版社 1991 年版。

4.《邓小平文选》第一——三卷,人民出版社 1993、1994 年版。

5.《江泽民文选》第一——三卷,人民出版社 2006 年版。

6.《胡锦涛文选》第一——三卷,人民出版社 2016 年版。

7.《习近平谈治国理政》第一——二卷,外文出版社 2018、2017 年版。

8.《十八大以来重要文献选编》(上),中央文献出版社 2014 年版。

9.《十八大以来重要文献选编》(中),中央文献出版社 2016 年版。

10.《十八大以来重要文献选编》(下),中央文献出版社 2018 年版。

11.中共中央宣传部:《习近平总书记系列重要讲话读本》,学习出版社、人民出版社 2016 年版。

12.中共中央文献研究室编:《习近平关于实现中华民族伟大复兴的中国梦论述摘编》,中央文献出版社 2013 年版。

13.中共中央文献研究室编:《习近平关于全面深化改革论述摘编》,中央文献出版社 2014 年版。

14.中共中央文献研究室编:《习近平关于协调推进"四个全面"战略布局

论述摘编》,中央文献出版社 2015 年版。

15.中共中央文献研究室编:《习近平关于全面依法治国论述摘编》,中央文献出版社 2015 年版。

16.中共中央文献研究室编:《习近平关于科技创新论述摘编》,中央文献出版社 2016 年版。

17.中共中央文献研究室编:《习近平关于社会主义政治建设论述摘编》,中央文献出版社 2017 年版。

18.中共中央文献研究室编:《习近平关于社会主义社会建设论述摘编》,中央文献出版社 2017 年版。

19.中共中央文献研究室编:《习近平关于社会主义生态文明建设论述摘编》,中央文献出版社 2017 年版。

20.中共中央文献研究室编:《习近平关于社会主义经济建设论述摘编》,中央文献出版社 2017 年版。

21.[美]莫里斯·迈斯纳:《毛泽东的中国及后毛泽东的中国》,杜蒲、李玉玲译,四川人民出版社 1992 年版。

22.[美]爱德华·E.赖斯:《毛泽东的路》,《国外研究毛泽东思想资料》编辑组编译,北京出版社 1992 年版。

23.李君如、张勇伟编:《海外学者论"中国道路"与毛泽东》,上海社会科学院出版社 1993 年版。

24.俞可平:《美国德利克教授谈当代资本主义和中国特色的社会主义》,《国外理论动态》1993 年第 26 期。

25.[美]费正清:《美国与中国》,张理京译,世界知识出版社 2001 年版。

26.[澳]科伊乔·佩特罗夫:《戈尔巴乔夫现象》,葛志强、马细谱等译,社会科学文献出版社 2001 年版。

27.萧延中主编:《外国学者评毛泽东》第 1—4 卷,中国工人出版社 2002 年版。

28.[美]戴维·W.张:《邓小平领导下的中国》,喻晓译,法律出版社 1991 年版。

29.[澳]大卫·古德曼:《邓小平政治评传》,田酉如等译,中共中央党校出版社 1995 年版。

30.[英]理查德·伊文思:《邓小平传》,武市红等译,上海人民出版社 1996 年版。

31.[俄]阿·切尔尼亚耶夫:《在戈尔巴乔夫身边六年》,徐葵、张达楠等译,世界知识出版社 2001 年版。

32.[俄]罗伊·麦德维杰夫:《普京时代》,王桂香等译,世界知识出版社 2001 年版。

33.[美]罗伯特·劳伦斯·库恩:《他改变了中国——江泽民传》,谈峥、于海江等译,上海译文出版社 2005 年版。

34.[日]天儿慧:《日本人眼里的中国》,范力译,社会科学文献出版社 2006 年版。

35.[俄]罗伊·麦德维杰夫:《普京总统的第二任期》,王尊贤译,社会科学文献出版社 2006 年版。

36.[俄]А.Г.雅科夫列夫:《俄罗斯、中国与世界》,孟秀云、孙黎明译,社会科学文献出版社 2007 年版。

37.陈葆华主编:《国外毛泽东思想研究评述》,陕西人民出版社 1993 年版。

38.张树德:《国外毛泽东军事思想研究》,军事科学出版社 1998 年版。

39.覃火杨:《海外人士谈中国社会主义》,北京大学出版社 1990 年版。

40.金羽、李惠让、温乐群主编:《海外人士心中的邓小平》,红旗出版社 1993 年版。

41.冷溶主编:《海外邓小平研究》,山西人民出版社 1993 年版。

42.刘洪潮、蔡光荣主编:《外国要人名人看中国(1989—1992)》,中共中央党校出版社 1993 年版。

43.俞可平:《海外学者论中国经济改革》,中央编译出版社 1997 年版。

44.刘海藩、杨春贵主编:《邓小平理论研究文库》第 5 卷,中共中央党校出版社 1997 年版。

45.中共中央党史研究室第三研究部编译研究处编（译文集）:《国外中共党史　中国革命史　研究译文集》,中共党史出版社 1999 年版。

46.中国社会科学院情报研究所编:《外国研究中国》第 1—3 卷,中国社会科学出版社 1979 年版。

47.［美］吉尔伯特·罗兹曼主编:《中国的现代化》,国家社会科学基金"比较现代化"课题组译,上海人民出版社 1989 年版。

48.康绍邦主编:《世界的反响:国外人士论建设有中国特色社会主义理论与实践》,学习出版社 1997 年版。

49.齐欣等编译:《世界著名政治家、学者论邓小平》,上海人民出版社 1999 年版。

50.马启民:《国外邓小平理论研究评析》,山东人民出版社 1999 年版。

51.李仁臣:《外国人看中国改革开放 20 年》,湖北人民出版社 1999 年版。

52.［法］米歇尔·阿尔贝尔:《资本主义反对资本主义》,杨祖功等译,社会科学文献出版社 1999 年版。

53.俞可平、倪元编:《海外学者论中国经济特区》,中央编译出版社 2000 年版。

54.牟卫民主编:《外国政要眼中的中国》,中国社会出版社 2000 年版。

55.［英］戴维·柯茨:《资本主义的模式》,耿修林、宗兆昌译,江苏人民出版社 2001 年版。

56.［美］莱斯利·巴顿等:《人民的资本主义?》,朱赛霓译,重庆出版社 2001 年版。

57.［美］诺姆·乔姆斯基:《新自由主义和全球秩序》,徐海铭、季海宏译,江苏人民出版社 2000 年版。

58.中国人民外交学会编:《世界政要和名人谈 21 世纪的中国与世界》,商务印书馆 2002 年版。

59.郭万超:《中国崛起——一个东方大国的成长之道》,江西人民出版社 2004 年版。

60.［印度］阿嘎瓦拉:《中国的崛起:威胁还是机遇?》,陶治国等译,山西经济出版社 2004 年版。

61.[俄]贝格尔:《中国的社会经济问题》,俄罗斯《远东问题》2004 年第 3 期。

62.[新加坡]郑永年:《"中国模式"概念的崛起》,新加坡《联合早报》2004 年 4 月 20 日。

63.成龙:《海外邓小平研究新论》,北京大学出版社 2004 年版。

64.[美]马丁·哈特–兰兹伯格、保罗·伯克特:《解读中国模式》,庄俊举译,《经济社会体制比较》2005 年第 2 期。

65.李其庆:《法国学者托尼·安德烈阿尼批驳两种否定中国特色社会主义的观点》,《当代世界与社会主义》2005 年第 4 期。

66.[德]托马斯·海贝勒:《关于中国模式若干问题的研究》,《当代世界与社会主义》2005 年第 5 期。

67.[美]阿里夫·德里克:《中国发展道路的反思:不应抛弃社会主义革命的历史遗产》,远山编译,《当代世界与社会主义》2005 年第 5 期。

68.俞可平:《关于"中国模式"的思考》,《红旗文稿》2005 年第 19 期。

69.黄平、崔之元主编:《中国与全球化:华盛顿共识还是北京共识》,社会科学文献出版社 2005 年版。

70.[比]博杜安·德克思:《中国社会主义发展若干问题解答》,吕华译,《当代世界与社会主义》2005 年第 5 期。

71.[美]詹姆斯·R.汤森、布兰特利·沃马克:《中国政治》,顾速、董方译,江苏人民出版社 1994 年版。

72.俞可平等主编:《中国模式与"北京共识":超越"华盛顿共识"》,社会科学文献出版社 2006 年版。

73.[美]乔纳森·安德森:《走出神话:中国不会改变世界的七个理由》,余江译,中信出版社 2006 年版。

74.[美]大卫·施韦卡特:《超越资本主义》,宋萌荣译,社会科学文献出版社 2006 年版。

75.[日]堀悦夫:《在崛起与衰退之间——一个日本学者对中国改革开放

的思考》,林新奇译,复旦大学出版社 2007 年版。

76.[美]乔恩·厄尔斯特、[挪威]卡尔·欧夫·摩尼编:《资本主义的替代方式》,王镭等译,重庆出版社 2007 年版。

77.韩保江:《中国奇迹与中国发展模式》,四川人民出版社 2008 年版。

78.[英]里奥·霍恩:《中国模式背后的真相》,英国《金融时报》2008 年 7 月 29 日。

79.[美]戴维·兰普顿:《中国模式为何吸引世界目光》,《环球时报》2008 年 8 月 25 日。

80.[美]哈利·R.阿尔罗德汉、李冬梅编:《"中国威胁论"批判》,《当代世界与社会主义》2008 年第 3 期。

81.成龙:《海外马克思主义中国化研究历史追溯》,《马克思主义研究》2008 年第 8 期。

82.[新加坡]郑永年:《国际发展格局中的中国模式》,《中国社会科学》2009 年第 5 期。

83.[新加坡]郑永年:《中国模式能够被围堵吗?》,《人民论坛》2009 年 19 期。

84.朱可辛:《国外学者对"中国模式"的研究》,《科学社会主义》2009 年第 8 期。

85.杨金海、吕增奎:《国外学者眼中的中国改革开放》,《上海党史与党建》2009 年第 1 期。

86.庄俊举、张西立:《近期有关"中国模式"研究观点综述》,《红旗文稿》2009 年第 2 期。

87.成龙:《国外马克思主义中国化研究中的九个挑战性观点》,《河北学刊》2009 年第 3 期。

88.唐晓:《欧美媒体对"中国模式"的评价及其启示》,《外交评论》2010 年第 1 期。

89.刘爱武:《国外中国模式研究评析》,《山东社会科学》2010 年第 12 期。

90.徐崇温:《关于如何理解中国模式的若干问题》,《马克思主义研究》

2010 年第 2 期。

91.潘维主编:《中国模式:解读人民共和国的 60 年》,中央编译出版社 2009 年版。

92.[美]劳伦·勃兰特、托马斯·罗斯基编:《伟大的中国经济转型》,方颖、赵扬译,格致出版社、上海人民出版社 2009 年版。

93.[美]约翰·奈斯比特、[德]多丽丝·奈斯比特:《中国大趋势:新社会的八大支柱》,魏平译,中华工商联合出版社 2009 年版。

94.[美]方绍伟:《中国热:世界的下一个超级大国》,柯雄译,新华出版社 2009 年版。

95.张首映、戴莉莉编:《外国人眼中的新中国》,人民出版社 2009 年版。

96.《中国未来走向》编写组编:《中国未来走向:聚焦高层决策与国家战略布局》,人民出版社 2009 年版。

97.[美]大卫·哈维:《新自由主义简史》,王钦译,上海译文出版社 2010 年版。

98.成龙:《海外马克思主义中国化理论研究》,广东人民出版社 2009 年版。

99.[新加坡]郑永年:《中国模式:经验与困局》,浙江人民出版社 2010 年版。

100.[美]罗伯特·巴伯拉:《资本主义的代价》,朱悦心译,中国人民大学出版社 2010 年版。

101.[日]中谷岩:《资本主义为什么会自我崩溃?》,郑萍译,社会科学文献出版社 2010 年版。

102.[美]李侃如:《治理中国:从革命到改革》,胡国成、赵梅译,中国社会科学出版社 2010 年版。

103.赵剑英、吴波主编:《论中国模式》(上、下),中国社会科学出版社 2010 年版。

104.[英]马丁·雅克:《当中国统治世界:中国的崛起和西方世界的衰落》,张莉、刘曲译,中信出版社 2010 年版。

105.玛雅:《中国不可能复制美国模式》,《红旗文稿》2011年第5期。

106.姚洋:《中国道路的世界意义》,北京大学出版社2011年版。

107.王新颖主编:《奇迹的建构:海外学者论中国模式》,中央编译出版社2011年版。

108.吕增奎主编:《民主的长征:海外学者论中国政治发展》,中央编译出版社2011年版。

109.周艳辉主编:《增长的迷思:海外学者论中国经济发展》,中央编译出版社2011年版。

110.吕增奎主编:《执政的转型:海外学者论中国共产党的建设》,中央编译出版社2011年版。

111.[美]埃里克·安德森:《中国预言:2020年及以后的中央王国》,葛雪蕾等译,新华出版社2011年版。

112.[新加坡]郑永年:《通往大国之路:中国与世界秩序的重塑》,东方出版社2011年版。

113.[新加坡]郑永年:《中国国际命运》,浙江人民出版社2011年版。

114.[韩]文正仁:《中国崛起大战略:与中国知识精英的深层对话》,李春福译,世界知识出版社2011年版。

115.秦宣:《邓小平论中国发展模式》,《中国特色社会主义研究》2011年第4期。

116.肖贵清:《论中国模式研究的马克思主义话语体系》,《南京大学学报》2011年第1期。

117.程伟礼:《理论创新不应当回避"中国模式"问题》,《马克思主义研究》2012年第11期。

118.王缉思:《世界发展趋势及中美关系前景》,《美国研究》2012年第9期。

119.[美]沈大伟:《中国共产党:收缩与调适》,吕增奎、王新颖译,中央编译出版社2012年版。

120.[美]亨利·基辛格:《论中国》,胡利平等译,中信出版社2012年版。

121.[美]卡齐米耶日·波兹南斯基:《中国、俄罗斯及东欧市场改革中的国家条件、外国影响及替代模式》,佟宪国译,《马克思主义研究》2013年第2期。

122.王香平:《"中国模式"与中国特色社会主义道路》,《当代中国史研究》2013年第5期。

123.[美]威廉·恩道尔:《目标中国:华盛顿的"屠龙"战略》,戴健等译,中国民主法制出版社2013年版。

124.[美]格雷厄姆·艾利森、阿里·温尼编:《李光耀论中国与世界》,中信出版社2013年版。

125.[意]洛丽塔·纳波利奥尼:《中国道路:一位西方学者眼中的中国模式》,孙豫宁译,中信出版社2013年版。

126.[英]罗纳德·哈里·科斯、王宁:《变革中国:市场经济的中国之路》,徐尧、李哲民译,中信出版社2013年版。

127.[新加坡]郑永年:《中国的"行为联邦制"——中央—地方关系的变革与动力》,邱道隆译,东方出版社2013年版。

128.程恩富主编:《中国模式之争》,中国社会科学出版社2013年版。

129.陈曙光:《多元话语中的"中国模式"论争》,《马克思主义研究》2014年第4期。

130.[丹]托本·M.安德森、[芬]本特·霍尔姆斯特朗等:《北欧模式:迎接全球化与共担风险》,陈振声等译,社会科学文献出版社2014年版。

131.王东:《系统改革论:列宁遗嘱,苏联模式,中国道路》,吉林人民出版社2014年版。

132.韩庆祥:《思想的力量:新一届中央领导集体治国理政的基本思路》,中共中央党校出版社2014年版。

133.[新加坡]郑永年:《不确定的未来——如何将改革进行下去》,中信出版社2014年版。

134.梁怡主编:《国外马克思主义中国化研究评析》,学习出版社2014年版。

135.成龙:《新世纪国外邓小平研究特点分析》,《中共党史研究》2014 年第 8 期。

136.成龙:《国外"毛主义"与"后毛主义"关系研究评析》,《现代哲学》2014 年第 6 期。

137.陶季邑:《"中国模式"概念三题——与陈曙光、程伟礼先生商榷》,《马克思主义研究》2015 年第 1 期。

138.范鸿达:《中国:行将崛起还是面临崩溃?——海外中国形象和地位研究综述》,《国外社会科学》2015 年第 2 期。

139.徐海燕:《俄罗斯政要眼中的中俄发展道路与国家治理》,《国外社会科学》2015 年第 1 期。

140.罗平汉:《通往共产主义的"金桥"——"大跃进"时期的人民公社化》,河北人民出版社 2015 年版。

141.陈学明等:《中国道路的世界意义》,天津人民出版社 2015 年版。

142.[美]熊玠:《大国复兴:中国道路为什么如此成功》,李芳译,湖北教育出版社 2016 年版。

143.成龙:《国外"中国模式"研究争论问题评析》,《学术研究》2016 年第 7 期。

144.路克利:《海外马克思主义中国化研究》,人民出版社 2016 年版。

145.[美]孔诰烽:《中国为何不会统治世界》,沈莉译,中信出版社 2016 年版。

146.[美]加里·J.斯密特:《中国的崛起:美国未来的竞争与挑战》,韩凝、黄娟、代兵译,新华出版社 2016 年版。

147.[英]罗思义:《一盘大棋? 中国新命运解析》,江苏凤凰文艺出版社 2016 年版。

148.白果、米歇尔·阿格列塔:《中国道路:超越资本主义与帝制传统》,李陈华、许敏兰译,上海人民出版社 2016 年版。

149.吴苑华:《世界体系视野中的中国道路:以沃勒斯坦、阿瑞吉、弗兰克和阿明为例》,天津人民出版社 2016 年版。

150.董必荣:《面向 21 世纪的中国模式研究》,上海人民出版社 2016年版。

151.韩庆祥、黄相怀等:《中国道路能为世界贡献什么》,中国人民大学出版社 2017 年版。

152.曹景文:《海外视阈下的中国模式及其世界影响》,《南京政治学院学报》2017 年第 1 期。

153.成龙:《对国外"中国模式"是否存在的历史解答》,《南京政治学院学报》2017 年第 1 期。

154.[美]龙安志:《世界的未来:中国模式对全球新格局的重塑》,石盼盼译,中国人民大学出版社 2017 年版。

155.张明:《国外当代中国治理研究:理论进展与理性审视》,《中共党史研究》2017 年第 1 期。

后　记

　　岁月悠悠,时光荏苒。我从事国外中国研究始于 2000 年,而对国外"中国模式"的专门研究始于 2011 年。2016 年我承担了主持国家社科基金重大专项"十八大以来党中央治国理政新理念新思想新战略的理论体系研究"(批准号:16ZZD018)的任务。我试图把以往关于国外"中国模式"的研究与习近平新时代中国特色社会主义思想理论体系的研究结合起来。我认为这样的结合是可能的。因为"中国模式"研究本质上是对中国特色社会主义的研究,而习近平新时代中国特色社会主义思想又是对中国特色社会主义理论体系的新发展。两者的结合不仅有助于在更为广阔的视野中理解国特色社会主义,澄清国内外争论的各种问题,也更有助于在严密的逻辑下理解习近平新时代中国特色社会主义思想,弄清其理论来源、性质特点、哲学基础、价值取向、世界意义、未来发展等问题。书稿是反复修改的结果。2017 年,电脑里共保存了36 个修改稿。在中国改革开放四十周年之际,本书能够在人民出版社出版,喜悦之情,溢于言表!

　　这是一个难度极大的课题。首先碰到的是"中国模式"的合法性问题。中国到底有没有自己的模式? 国内外绝大多数学者认为,"中国模式"是存在的。但也有学者认为,"模式"意味着凝固化、输出和复制。中国还处在社会主义初级阶段,只有"中国道路",没有"中国模式"。甚至有人认为,"中国模式"是外国企图颠覆中国、打压中国的另一个阴谋。持这种观点的人虽是少数,但影响却不可谓不大。受这种思想倾向的影响,上自中央领导,下至普通学者,对"中国模式"可谓慎之又慎,以至有关"中国模式"的研究起伏颠簸,时热时冷。报刊大多望之却步,不愿刊载有"中国模式"字眼的文章。基于以上的原因,本书"导论"部分专注于"中国模式"发展进程及其合法性的考察。在厘清了基本逻辑关系后,便放心前进。各章间的逻辑关系是一目了然的。

本书能够出版是多方面支持帮助的结果。感谢导师北京大学哲学系王东教授的启发和教导!他对"中国道路"、"中国模式"的研究使我从中获得重要思想营养。王东老师门下诸位师弟师妹,如北京大学刘军教授、林锋教授,中共中央党校李宏伟教授,中共广东省委党校郭丽兰教授,中央社会主义学院王珍教授,北京师范大学李海春副教授,中国人民大学赵玉兰副教授,中央民族大学王晓红副教授,中山大学哲学系陈长安博士,北京大学党委宣传部刘赖勇博士等,都曾给我不同方面的支持和帮助。特别是中央编译局李百玲副研究员在美国哥伦比亚大学访学期间,帮我查阅相关资料。同时,黄楠森教授、张翼星教授、赵家祥教授、丰子义教授、程恩富教授、杨金海教授、韩庆祥教授、肖贵清教授、谢林平教授、黄铁苗教授、郑志国教授等学术界同仁师友的大量前期相关研究,给我从不同角度予以启发,为本书的写作提供了重要思想参考。

感谢浙江大学马克思主义学院刘同舫院长,吕有志、李小东两任书记及诸位领导和同事提供的诸多帮助!正是他们的厚爱、真诚和热情,使我走上了更为广阔的学术平台,提升了我从事学术事业的理想和信念。特别要感谢王晓梅副教授在英国牛津大学访学期间为我收集的诸多资料,并且在她的帮助下,我顺利前往牛津大学中国研究中心进行访学,在面对面的交流和国外大量资料的支持下提升了我对"中国模式"及习近平新时代中国特色社会主义思想的深入理解。感谢国家社科基金、浙江大学社会科学院、浙江大学马克思主义学院为本书研究和出版提供的资助。感谢本书责任编辑李之美、郭彦辰两位老师,她们对本书提出了中肯修改意见并进行了精心编校。她们卓有成效的工作,使得本书最终在人民出版社出版,得以和读者见面。

最后,感谢家人多年来的无私奉献和鼎力支持!我特别想说的是:我的父亲是一位 1949 年参加革命工作的老共产党员。一生历经革命、建设和改革开放的过程，遭遇坎坷，备受艰辛。他是"中国模式"的见证者、思想者、实践者。他对中国改革开放的坚定信念和不断思考给我以极大影响，这部书的写作无疑浸润着他多年的情感和期待。愿这本书化作一朵小小的礼花，献给敬爱的父亲！

　　在本书即将出版之际，美国发起对中国的贸易战，国内外形势的变化对"中国模式"提出新的挑战。显然，像任何事物一样，"中国模式"的发展也不可能一帆风顺，未来发展仍有待众多政治家、理论工作者和广大人民在理论和实践上的深入探索。由于本书涉及的范围相当广阔，而我本人对国外研究资料的掌握有限，对相关问题的理解水平有限，因而对这一问题的研究也只是一个阶段性的成果，望各位师长和同仁不吝赐教。

成　龙

于杭州西子湖畔

2018 年 5 月 10 日

策划编辑:李之美

责任编辑:郭彦辰

图书在版编目(CIP)数据

国外中国模式研究评析/成龙 著. —北京:人民出版社,2018.10

ISBN 978－7－01－019501－8

Ⅰ.①国… Ⅱ.①成… Ⅲ.①社会主义建设模式-研究-中国 Ⅳ.①D616

中国版本图书馆 CIP 数据核字(2018)第 142698 号

国外中国模式研究评析

GUOWAI ZHONGGUO MOSHI YANJIU PINGXI

成 龙 著

人民出版社 出版发行

(100706 北京市东城区隆福寺街 99 号)

北京汇林印务有限公司印刷 新华书店经销

2018 年 10 月第 1 版 2018 年 10 月北京第 1 次印刷

开本:710 毫米×1000 毫米 1/16 印张:27.5

字数:400 千字

ISBN 978－7－01－019501－8 定价:70.00 元

邮购地址 100706 北京市东城区隆福寺街 99 号

人民东方图书销售中心 电话 (010)65250042 65289539